이화여자대학교 한국문화연구원 해제번역총서

근대 역사 교과서

5

|저자|

유옥겸(兪鈺兼, 1883～1922)은 개화기의 교과서 편찬자다. 구한말 개화사상가 유길준(兪吉濬)의 조카로, 전문학교를 졸업하고 법률과 역사 분야의 교수를 지냈다. 일본어로 된 교과서와 중국책들을 참고하여 동양사, 서양사, 외국지리, 교육학, 법학 등의 교과서 편찬에 힘썼다. 『동양사교과서』 이외에도 『중등외국지리』(1900), 『중등동양사』(1908), 『간명교육학』(1908), 『소학교수법(小學教授法)』(1909), 『대조서양사연표(對照西洋史年表)』(1909), 『서양사교과서』(1910), 『정선 법학통론』(1911) 등의 저서를 남겼다.

|역자|

박기수(朴基水)는 성균관대학교 사학과를 졸업하고 동대학원에서 석박사 학위를 받았다. 1994년 이래 성균관대학교 사학과 교수로 재직하고 있다. 주요 논저로는 『중국 역대 도시구조와 사회변화』(공저, 서울대출판부, 2003), 『전통사회의 사회질서와 경제발전 : 17～19세기 일본과 중국』(공저, 선인, 2007), 『전근대 동아시아 국제관계와 대외무역』(공저, 선인, 2008), 『중국 전통상인과 근현대적 전개』(공저, 한국학술정보, 2010) 등이 있고, 역주한 책으로는 『사료로 읽는 중국 고대 사회경제사』(공역주, 청어람미디어, 2005) 등 다수가 있으며 이외 수십 편의 논문이 있다.

차경애(車瓊愛)는 이화여자대학교 사학과를 졸업하고 동대학원에서 석박사 학위를 받았다. 현재 이화여대 이화사학연구소 연구원이다. 저서로는 『의화단운동과 제국주의 열강』(유영사, 1997)이 있고, 역서로는 『기후의 반역 : 기후를 통해 본 중국의 흥망사』(공역, 성균관대학교출판부, 2005), 『중국 여성 운동사』(공역, 한국여성개발원, 1991), 『마카오의 역사와 경제』(공역, 성균관대학교출판부, 1999) 등이 있다. 논문으로는 「1900년 전후 동북아 3대 전쟁과 군위안소」, 「청일전쟁 당시의 전쟁견문록을 통해서 본 전쟁지역 민중의 삶」, 「의화단운동 진압전쟁이 한국의 사회 경제에 미친 영향」 등 다수가 있다.

이화여자대학교 한국문화연구원 해제번역총서

근대 역사 교과서 5

초판 인쇄 2011년 6월 20일 **초판 발행** 2011년 6월 30일

저자 유옥겸 **역자** 박기수 차경애 **펴낸이** 박성모 **펴낸곳** 소명출판 **출판등록** 제13-522호

주소 서울시 서초구 서초동 1621-18 란빌딩 1층

전화 02-585-7840 **팩스** 02-585-7848 **전자우편** somyong@korea.com **홈페이지** www.somyong.co.kr

값 26,000원

ISBN 978-89-5626-574-2 94810
ISBN 978-89-5626-569-8 (세트)

이 책은 이화여자대학교의 '2010년 교내특성화사업'의 지원을 받아 출판되었습니다.

이화여자대학교 한국문화연구원 해제번역총서

근대 역사 교과서 5

동양사 교과서

박기수 차경애

소명출판

발간사

이화여자대학교는 한국의 전문 근대교육기관의 선두주자로서, 한국학 연구에 대한 꾸준한 관심을 기울여 왔습니다. 본교가 2005년 이후 지속적으로 지원하고 있는 '한국학특성화사업'은 한국학 연구의 정체성 확립을 위한 새로운 연구방향을 모색하고자 하는 끊임없는 노력의 일환이라 하겠습니다. 이 사업의 결과물로 출간된 『고서해제』 1, 2권과 한국어 · 역사 · 현대문화 · 예술 분야의 국제화 교재들은 본교의 한국학특성화 사업이 '우리 것에 대한 학문적 성찰'이라는 수렴적 방향과 '우리 것의 세계화'라는 확장적 방향을 동시에 지향하고 있음을 잘 보여주고 있습니다.

한국학 연구자들에게 있어서 가장 절실한 연구의 동력은 새로운 자료의 발견과 그에 대한 해석에서 비롯된다고 알고 있습니다. 따라서 아직 학계에 보고되지 않은 자료를 소장하고 있다는 것은 그 자체로 한국학 연구 분야에서는 대단히 중요한 경쟁력이며, 그것의 발굴 및 해석의 선편을 이끄는 것은 곧 한국학 연구 역량을 획기적으로 확장시킬 수 있는 중요한 관건이 될 것입니다. 그런 의미에서 2010년 특성화사업의 결과로 『이화여자대학교 한국문화연구원 해제번역총서－근대 수신 교과서, 근대 역사 교과서』를 출간하게 된 것은 매우 기쁜 일입니다.

2010년 특성화사업은 본교 소장 고서의 특징적 자료군인 근대 귀중본을 대상으로 해제와 번역, 그리고 원문 영인을 동시에 진행하여 자료에 대한 학문적 접근성과 학술적 가치를 체계적으로 드러내주고 있습니다. 특히 그 중에서도 근대 교과서를 특징적으로 부각시킨 본 총서는 최근 한국학 연구 분야에서 매우 민감한 이슈로 떠오르고 있는 근대성 연구 분야에서 중요한 기초 자료를 제공하고 다양한 연구를 촉발시켜줄 것으로 기대합니다.

1년간의 짧은 사업기간에 알차고 내실 있는 성과를 만들어내기 위해 노력한 많은 분들의 수고가 있었습니다. "한국학 · 한국문화 교육의 국제화 사업단"의 단장으로서 본 사업을 실질적으로 기획하고 추진해주신 전혜영 전 원장님, 자료의 지원을 흔쾌히 해주신 문숙재 전 중앙도서관장님께 특별한 감사를 드립니다. 그리고 한국문화연구원의 모든 관계자 선생님들과 사업의 실무를 담당한 연구원들께도 고마운 마음을 전합니다. 또한 본교의 심화된 한국학 연구 역량을 확인시켜준 교내 번역위원님들과 본 사업에 참여하신 번역 · 교열위원 선생님들 한분 한분께 깊은 감사의 말씀을 전합니다.

앞으로도 "한국문화연구원 해제번역총서" 작업이 계속 순조롭게 진행되기를 바랍니다.

2011년 2월

이화여자대학교 총장

김선욱

서문

한국문화연구원—한국학 · 한국문화 교육의 국제화 사업단에서 추진한 2010년 특성화사업은 이화여대 중앙도서관 소장 근대귀중본 중에서 수신 및 역사 분야의 근대 교과서를 해제 · 번역 · 영인하는 것이다. 이는 이전 고서해제사업 과정에서 특히 그 가치를 높이 인정받아 후속 작업의 필요성이 강하게 제기되었던 본교 소장 근대자료를 최대한 활용하여 이를 체계적으로 정리할 수 있는 학술적 결과물을 만들고자 시도되었다.

2010년 3월 1일부터 시작된 2010년 특성화사업의 경과는 다음과 같다. 먼저 본교 소장 근대서 귀중본의 목록과 범주를 정리하고, 타교나 타 한국학 기관의 소장 및 해제 여부를 확인하는 기초 작업을 진행하였다. 다음 단계로 근대 초기의 시대적 전형성과 이데올로기적 영향력 면에서 학술적 중요성과 의의를 고려하여 근대서 귀중본 중 '수신 · 역사 교과서'류를 사업 대상으로 선정하였다. 이후 전문가를 초빙하여 본교에 소장된 '수신 · 역사 교과서' 자료의 가치와 의의에 대한 감수를 진행하고 그에 의거하여 사업대상 목록을 확정하였으며, 전문 집필진을 구성하여 번역과 해제를 진행하였다.

본 근대 교과서 해제 및 번역 사업은 이화여대 소장 귀중본 자료의 존재와 가치를 학계와 일반 대중 누구에게나 그 내용을 읽고 접할 수 있도록 직접 해제, 번역하고 뒤에 원문까지 영인하여 공간(公刊)한 것이다. 이는 자료의 학문적 인지도와 활용도를 높일 수 있는 가장 효율적인 방식이라고 자부하며, 더욱이 최근 들어 높아지고 있는 근대성 논의에 대한 학계의 높은 관심과 학제간적 연구 경향에 비추어 볼 때, 역사적 가치가 높은 근대 교과서를 해제하고 번역한 본 사업단의 결과물은 학계와 일반의 큰 관심과 반향을 불러일으키기에 충분하다고 판단된다.

『이화여자대학교 한국문화연구원 해제번역총서—근대 수신 교과서, 근대 역사 교과서』의 발간으로 본교에 소장된 귀중한 자료들이 지속적으로 소개되고 연구의 대상으로 주목을 받게 되길 바란다. 또한 본서가 한국의 개화기 및 근대의 역사, 문화적 자료에 관심을 갖고 있는 모든 분들과 학계의 연구자들께 작은 도움이 되었으면 한다. 그동안 본서의 발간을 위해 노력을 아끼지 않은 모든 관계자 여러분께 감사의 마음을 전한다.

2011년 2월

한국문화연구원 원장

최준식

근대계몽기 교과서 해제

허재영

1. 근대계몽기 교과서의 성격

교과서는 '교과용 도서(教科用圖書)'의 준말이다. 달리 말해 교과(教科) 운영을 전제로 교육용 재료를 모아 편찬한 책이 교과서이다. 교과서는 한 사회의 교육 이념을 반영할 뿐 아니라 그 사회의 구조 및 지식 발전 정도를 반영한다.

우리나라 최초의 근대식 교과서는 1895년 학부에서 편찬한 『국민소학독본』으로 알려져 있다. 이 시기 한성사범학교령, 소학교령이 공포되고 이에 따라 한성사범학교 규칙과 소학교 교칙이 만들어졌다. 학교령과 학교 규칙에서는 학교 운영에 필요한 교과를 제시하고 해당 교과에서 사용할 수 있는 교과서의 범위를 정해 놓았다.

학제 도입 초기의 교과서 개발은 『국민소학독본』, 『소학독본』, 『신정심상소학』과 같이 학부에 의해 편찬되었다. 그러나 편찬한 종수가 많지 않았고 보급도 활발하지 않았기 때문에 대부분의 학교에서는 『사민필지』(1886~1892년 사이 육영공원 교사였던 헐버트가 지은 지리서), 『서유견문』과 같은 서적이나 『고문진보』, 사서 등의 서적을 교과서로 사용하였다.

그러나 학제가 정비되고 교육에서 교과서가 중요한 의미를 갖게 됨에 따라 좀 더 체계적인 교과서 개발이 이루어지기 시작했다. 엄밀히 말하면 초기의 교과서는 학부 편찬의 교과서와 민간 차원의 저술이 공존했다. 학부대신이 인정한 교과서는 전통적인 한문 고전과 『사민필지』, 『서유견문』 같은 책들이었다. 그렇지만 통감시대에 이르러 교과서 편찬이나 보급 과정에서 학부의 역할이 커져갔는데 이 시대는 을사늑약 이후 일제의 식민 지배가 시작되던 시기로 '교과용 도서 검정 규정' 발포(1908.8)와 같은 교과서 통제가 강하게 이루어졌다. 근대계몽기의 교과서 변화를 두 시기로 나누어 그 특징을 표로 나타내면 다음과 같다.

근대계몽기 교과서 변천사

시기	특징	비고
제1기 (1895~1905)	근대식 학제 도입에 따른 교과서 개발기	ㅇ학부 편찬의 교과서 출현 ㅇ개인 저술의 비교적 자유로운 교과서 출현 ㅇ학부대신이 인정한 고전이나 개인 저술
제2기 (1906~1910)	통감시대 학정 잠식기의 교과서	ㅇ일본인의 학부 관여 및 교과서 편찬 간섭 ㅇ학부 편찬 교과서를 일본에서 발행함(국어독본, 수신서 등) ㅇ교과용 도서 검정 규정 발포와 교과서 검정 조사 사업 실행 ㅇ일본문(日本文) 교과서 편찬 발행(일어독본, 이과서) ㅇ검정 규정에 따른 검정 교과서의 내용 변질 ㅇ기존의 교과서 가운데 국권회복이나 민지 계발과 무관한 교과서만 인정 ㅇ기존의 교과서 가운데 국권회복이나 민지 계발 등이 들어 있을 경우 불인정 도서로 규정

특히 통감시대 이후 학부의 교과서 편찬은 식민 지배를 전제로 하였기 때문에 이 시기 개발된 『보통학교학도용국어독본』(1907, 일본 도쿄의 대일본주식회사에서 인쇄), 『보통학교학도용일어독본』(1908, 일본 도쿄의 대창서점에서 인쇄), 『보통학교학도용수신서』(1908, 일본 도쿄의 삼성당서점에서 인

쇄)는 1910년 강제 병합 이후 병합과 관련된 사항을 수정한 정정본(이 정정본에서 국어는 '조선어'로, '일본어'는 '국어'로 책명을 바꾸었음)을 발행할 수 있었다. 이와 같이 통감시대 교과서 통제 정책으로 인하여 학부에서 인정하지 않은 교과서가 늘어났으며, 검인정을 통과한 교과서의 내용에도 적지 않은 변화가 일어났다. 교과용 도서 검정 규정 이후 해마다 실시된 '교과서 조사 사업'의 결과 1910년의 교과용 도서 가운데 학부 검정을 통과한 교과서는 33종 47책이었으며, 인정 교과는 40개 교과 305종이었다. 이에 비해 교과용 도서로 인정을 받지 못한 도서가 70종, 검정 무효 및 검정 불허가 교과용 도서가 13종이었는데 이들 도서의 대부분은 '수신, 국어, 역사' 관련 교과서였다.

이처럼 근대계몽기의 교과서는 근대식 학제 도입과 전개 과정, 근대 한국 사회의 구조와 역사성, 지식 수입 정도를 반영하는 중요한 자료라고 할 수 있다.

2. 근대계몽기 교과서의 양상과 특징

근대계몽기 교과서는 교과별로 다양한 양상과 특징을 보인다. 1895년 소학교령 발포 당시의 소학교 교과목은 '수신, 독서, 작문, 습자, 산술, 본국지리, 본국역사, 외국지리, 외국역사, 이과, 도화, 체조, 외국어'였는데, 이 가운데 '수신, 독서, 작문, 습자' 교과는 별도의 교과서를 편찬하지 않고 '독본(讀本)' 형태로 개발하였다. 『국민소학독본』(1895, 학부), 『소학독본』(1895, 학부), 『신정심상소학』(1895, 학부)은 모두 소학용 수신 및 독서를 전제로 개발한 교과서이다. 이들 독본류는 과별 편제를 원칙으로 하였으며, 전통적인 수신 윤리와 근대국가의 이념, 서구의 과학 사상, 우화를 중심으로 한 교훈적인 내용 등을 중심으로 하였다.

교과별 교과서의 편찬은 1905년 이후에 본격적으로 이루어졌다. 이 시기 수신과 교과서는 기존의 소학용 독본과는 달리 '수신교과서', 또는 '윤리학교과서'라는 책명을 사용하였다. 이 시기 수신교과서 개발은 대부분 민간 차원에서 이루어졌으며 대표적인 것으로 『윤리학교과서』(1906, 신해영), 『초등윤리학교과서』(1907, 안종화), 『녀자소학슈신서』(1907, 노병희), 『중등수신교과서』(1907, 휘문의숙), 『초등소학수신서』(1908, 유근), 『고등소학수신서』(1908, 휘문의숙), 『초등수신』(1909, 박정동) 등이 있다. 이들 교과서는 개인 저작물로 편제 방식은 과별 편제, 장절식 편제 등 다양한 방식을 취하였으며, 주요 내용은 전통적인 수신 윤리와 근대적 사회 이념 및 국가 윤리를 담고 있다. 다만 1908년 공포된 '교과용 도서 검정 규정' 이후의 교과서에서는 자주 독립을 전제로 한 근대국가 이념은 교과서 통제 정책에 따라 포함될 수 없었다. 이와는 별개로 학부에서 편찬한 『보통학교학도용수신서』(1909, 학부)는 식민 지배를 전제로 만들어진 교과서여서 내용 면에서 개인 저작물과는 차이가 있다. 이 교과서는 강제 병합 직후 일부 내용을 수정한 상태에서 재발행되었다.

역사과 교과서는 근대식 학제 도입 이후 꾸준히 발행되었다. 1895년 학교령 발포 이후 발행된 『조선역사』(1895, 학부), 『조선역대사략』(1895, 학부), 『동국역대사략』(1899, 학부), 『대한역대사략』(1899, 학부) 등은 기존의 역사 편제 방식을 바탕으로 사실 위주의 설명 방식을 취한 학부 편찬의 교과서이며, 『보통학교동국역사』(1899, 현채)는 개인 저작의 교과서이다.

1905년 이후의 역사 교과서 편찬은 을사늑약과 통감부 설치라는 시대 상황에서 개인 차원의 저술이 활발하게 이루어졌다. 이 시기 개인 저술의 교과서는 학교별 수준을 고려하여 '초등', '중등'을 구별하였으며, '본국역사'와 '외국역사'를 구분하여 편찬하였다. 『초등본국역사』(1909, 유근), 『초등대한역사』(1908, 조종만), 『초등대한역사』(1908, 정인호), 『초등본국역사』(1909, 안종화), 『초등대동역사』(1909, 박정동), 『초등본국역사』(1909, 홍사단), 『신찬초등역사』(1910, 유근) 등은 초등용 본국역사를 대상으로 한 교과서이며, 『중등교과 동국사략』(1905, 현채), 『신정동국역사』(1906, 원영의, 유근) 등은 중등용 교과서이다. 또한 초등과 중등을 구분하지 않았지만 『역사집략』(1905, 김택영), 『대동역사』(1905, 최경환), 『대동역사』(1905, 정교), 『보통교과 대동역사략』(1906, 국민교육회), 『대한력사』(1908, 헐버트, 오성근) 등이 편찬되기도 하였다. 외국역사를 대상으로 한 『만국사』(1906, 김상연), 『동양사교과서』(1908, 유옥겸), 『만국사물기원역사』(1909, 장지연), 『서양사교과서』(1910, 유옥겸) 등이 편찬되었다.

지리교과서는 주로 개인 차원에서 개발하였는데 본국지리교과서로는 『대한지지』(1899, 현채), 『대한신지지』(1907, 장지연), 『초등대한지지』(1907, 안종화, 유근), 『초등지리교과서』(1907, 국민교육회), 『최신 고등대한지지』(1909, 정인호), 『중등지문학』(1907, 윤태영), 『신찬지문학』(1907, 민대식), 『초학디지』(1906, 밀러) 등이 있으며, 외국지리교과서로는 『중등만국지지』(주영환, 노재연), 『만국지리』(1907, 황윤덕), 『초등만국지리대요』(1909, 안종화) 등이 있다.

산술, 교육학 등과 관련된 교과서도 다수 편찬되었다. 산술교과서에는 『정선산학』(1908, 남순희), 『신정교과 산학통편』(1908, 이명칠), 『중등교과 산술신서』(1908, 이상설), 『신식 산술교과서』(1908, 이상익) 등이 있으며, 교육학교과서로는 『간명교육학』(1908, 유옥겸), 『신찬 보통교육학』(1908, 김상연), 『보통교육학』(1910, 학부) 등이 있다. 그 밖의 박물학이나 위생학, 기하학, 법제와 경제, 광물, 잠업 등의 특수 분야의 교과서도 다수 편찬되었는데, 1909년(융희 3년) 3월 20일부터 1910년(융희 4년) 7월까지 학부에서 조사한 '교과서 조사 사업'의 결과를 바탕으로 할 때 근대계몽기에 개발·보급된 교과서는 대략 440종이 넘을 것으로 추산된다.

3. 이화여자대학교 소장본의 가치

지금까지 근대계몽기 교과서에 대한 기초 연구는 강윤호(1973), 박붕배(1987), 이종국(1992) 등을 통해 이루어져 왔다. 또한 한국교과서연구재단(2000)에서도 전수 조사의 차원에서 근대계몽기 교과서 목록을 작성한 바 있다. 그러나 전수 조사를 목표로 한 앞선 연구에도 불구하고 이 시기 교과서 발행이나 교과서 통제에 대한 체계적인 연구가 충분히 이루어지지는 못했다. 그 주된 이유 가운데 하나는 기초 조사의 차원에서 발행 교과서를 확보하는 일이 쉽지 않았기 때문이다.

이러한 상황에서 이화여자대학교 중앙도서관(이하 중앙도서관)에 소장되어 있는 근대계몽기 교과서는 매우 값진 자료적 가치를 지닌다. 중앙도서관과 이화여자대학교 한국문화연구원의 협력 하에 진행된 조사 결과 이 시기 교과서는 일제강점기를 포함하여 365종에 이른다. 이들 교과서를 교과별로 분류하면 국어 · 일어 · 문학 등의 '어학' 교과서 80종, '역사' 교과서 30종, '지리' 37종, '수신 · 소학 · 윤리서' 36종, '수학 · 산술' 32종, '물리 · 화학 · 과학' 29종, '동식물학' 15종, '생리 · 위생학' 11종, '경제학' 4종, '법학' 4종, '교육학 · 심리학' 6종, '농업 · 광업' 15종, '창가 · 음악' 22종, '가정 · 재봉' 18종, '도화 · 서법' 15종, '박물학 · 기타' 10종으로 나눌 수 있다.

근대계몽기 개발 · 보급되었던 교과서 가운데 이화여자대학교 소장본은 양적으로 방대할 뿐만 아니라 아직까지 학계에 알려지지 않은 것들이 상당수 포함되어 있으므로 이에 대한 체계적인 연구가 시급하다.

4. 번역의 의의

근대계몽기 교과서 연구는 교육학, 국어교육학, 국어학, 국문학, 역사학 등의 모든 분야에 걸쳐 중요한 의미를 갖는다. 교과서의 지식과 언어는 규범적인 성격을 지니므로 그 교과서가 제작된 시대의 사회와 문화를 가장 정확하게 드러내는 자료라고 할 수 있다.

지금까지 근대계몽기의 교과서 연구는 교과서 발행 실태 조사에 그

친 경우가 많았고 그나마 전수 조사의 차원에서 교과서의 제작 · 보급 과정을 파악하는 데도 소홀한 면이 있었다. 이와 같은 입장에서 이화여자대학교 소장본의 교과서를 체계적으로 정리하여 번역 · 소개하는 일은 근대계몽기의 문화 사상사를 이해하는 데 중요한 의미를 갖는다. 이 작업은 이 시기의 언어와 문화를 이해하는 실증적인 작업이 될 것이다.

이에 한국문화연구원에서는 이화여자대학교 중앙도서관 소장본 근대계몽기의 수신과와 역사과 교과서 가운데 교육사적 가치가 높은 것을 선별하여 우선적으로 번역을 하였다. 이번에 번역 · 소개하는 교과서는 다음과 같다.

교과	책명	저자 및 편자	발행 연도	출판사
수신 교과	초등여학독본(初等女學讀本)	이원경(李源競)	융희 2년(1908)	보문사(普文社)
	초등윤리학교과서(初等倫理學敎科書)	안종화(安鍾和)	융희 1년(1907)	광학서포(廣學書鋪)
	초등수신교과서(初等修身敎科書)	안종화(安鍾和)	융희 3년(1909)	광학서포(廣學書鋪)
	고등소학수신서(高等小學修身書)	휘문의숙(徽文義塾)	융희 1년(1907)	휘문관(徽文舘)
	초등소학수신서(初等小學修身書)	유근(柳瑾)	융희 2년(1908)	광학서포(廣學書鋪)
	보통교육 국민의범(普通敎育國民義範)	진희성(陳熙星)	융희 2년(1908)	의진사(義進社)
	윤리학교과서(倫理學敎科書)	신해영(申海永)	융희 2년(1908)	보성관(普成館)
	녀자소학슈신서	노병선(盧秉鮮)	융희 3년(1909)	박문서관(博文書館)
	초등수신서(初等修身書)	박정동(朴晶東)	융희 3년(1909)	동문사(同文社)

	보통교과수신서 (普通教科修身書)	휘문의숙 (徽文義塾)	융희 4년(1910)	휘문관(徽文舘)
	중등수신교과서 (中等修身教科書)	휘문의숙 (徽文義塾)	광무 10년(1906)	휘문관(徽文舘)
역사 교과	정선 만국사 (精選萬國史)	김상연 (金祥演)	광무 10년(1906)	황성신문사 (皇城新聞社)
	초등본국역사 (初等本國歷史)	안종화 (安鍾和)	융희 3년(1909)	광덕서관(廣德書館)
	초등대한역사 (初等大韓歷史)	정인호 (鄭寅虎)	융희 2년(1908)	옥호서림(玉虎書林)
	동양사 교과서 (東洋史 教科書)	유옥겸 (兪鈺兼)	융희 2년(1908)	우문관(右文館)
	보통교과 동국역사 (普通教科東國歷史)	현채 (玄采)	광무 3년(1899)	발행지, 발행자 불명
	중등교과 동국사략 (中等教科東國史略)	현채 (玄采)	광무 10년(1906)	중앙서관(中央書館)
	초등대한력사	조종만	융희 2년(1908)	한양서관
	보통교과 대동역사략 (普通教科大東歷史略)	미상	광무 10년(1906)	대한 국민교육회 (大韓國民教育會)

근대 역사 교과서 해제

강영심(이화여대 한국문화연구원)

1. 근대 교육제도의 도입과 역사 교과서 편찬

구한말은 문호를 개방한 조선이 봉건사회의 개혁을 통한 근대화와 제국주의 열강에 대한 국권수호 란 민족적 당면과제를 해결하려는 다양한 움직임이 모색되었던 시기였다. 당시의 지식인들은 개화운동→개화개혁운동→계몽운동의 맥을 이어가며 근대화와 자주독립을 목표로 민족운동을 전개하였다. 그 중 하나가 근대적 '교육'을 통한 자강운동이며 교육 중에서도 시대인식과 밀접하게 관련된 것이 다름아닌 역사교육이다. 특히 근대적 공교육제도가 출범한 이후 국권이 상실되는 1910년까지의 역사교육은 자국사인식은 물론 근대계몽기 새롭게 대두되는 국민, 국권의식의 형성과 더 나아가 민족의식과 민족정체성의 강화란 측면에서 중요한 문제였다.

또한 1895~1910년 사이에 역사교과목을 위해 편찬된 역사 교과서가 갖는 역사적 의의는 다른 어느 시기보다 크다. 그 이유는 조선후기에 저술된 실학사서 이후의 역사편찬은 바로 1895년의 관찬교과서에서 비롯되었기 때문이다. 일반적으로 사서는 그 시대적 인식 및 사상과 밀접한 관련 속에서 저술되었다는 점을 고려해 볼 때 이 시기에 편찬된 역사 교과서는 시대적 산물이자 당대 역사인식의 결정체라 할 수 있다. 따라서 대한제국시기에 간행된 22종의 국사교과서는 물론 외국 역사 교과서 12종 역시 이 분야 연구에 있어 상당히 중요한 자료임에 틀림없다. 더구나 1895~1910년의 한국사학은 중세사학에서 근대사학으로 발전하기 시작하는 시기이므로 더욱 그러하다.

이러한 격동기의 교육제도는 1894년 갑오개혁에서 새롭게 시작되었다. 사실 1894년 갑오개혁 이전 조선의 교육제도는 성균관, 사학, 향교, 서원 및 서당으로 구성되어 있었으며 고등교육은 성균관에서 담당하고 있었다. 그렇지만 당시 모든 교육기관은 과거(科擧)를 지상목표로 하여 자국사에 대한 학습은 외면한 채 사마천의 『사기(史記)』를 비롯한 『삼국지(三國志)』, 『한서(漢書)』, 『통감(統鑑)』, 『사략(史略)』 등 중국 역사를 읽고 가르치는 것이 역사교육의 실상이었다.

그런데 개항이후 1882년 조선정부는 미국과 조미수호통상조약를 체결한 이후 서양 여러 나라와 국교를 맺게 되면서 신교육의 필요를 절감하고 이를 담당할 교육기관의 설립을 서둘렀다. 그리하여 정부주도의 관립학교를 세우면서 교육의 내용도 변화되기 시작하였다. 그 외 배재학당, 이화학당 등의 근대식 사립학교도 설립되었으며 새로운 학교교육에 따른 교과과정 및 교과목들이 확정되었고 새로운 교과과정에 역사과목으로 세계역사, 각국역사 등이 개설되었던 것이다.[1]

이후 1894년 조선정부는 갑오개혁을 단행하면서 교육제도도 개혁

1 손인수, 『韓國開化教育研究』, 일지사, 1992, 28면.

하였다. 1894년 6월 조선시대의 학무(學務)를 담당하던 예조(禮曹)를 폐지하고, 학무아문(學務衙門)을 신설하여 교육제도의 주관부서를 정비하였으며, 과거제도를 폐지함으로써 신교육제도가 확립되기에 이르렀다. 또한 1895년 2월 고종은 자주독립과 내정개혁의 실시를 주요한 내용으로 하는 '교육조서(敎育詔書)'를 반포하여 교육입국(敎育立國)의 이상을 천명하였다. 고종은 교육조서반포 이후 교육담당 부서가 학무아문임에도 불구하고 내무아문에서까지 "인민은 먼저 본국사와 본국문(本國文)을 가르칠 것"[2]이라고 특별히 역사교육의 필요성에 대한 훈시를 통해 교육의 방향을 강조하고 있다. 이 조서는 교육에 의해 나라를 정립하겠다는 교육입국의 의지를 천명한 것으로, 근대식 학제를 성립시킬 수 있는 계기가 마련되었다.

드디어 1895년 4월에 교사양성을 목적으로 하는 한성사범학교관제(漢城師範學校官制)를 공포하였는데 이것이 우리나라 최초의 근대식 학교법규였다. 그 뒤 정부는 1895년 5월에 외국어학교 관제를 제정하고 외국어학교(外國語學校)를 설립하였다. 또한 1895년 학무아문이 학부로 재편된 후 1895년 7월 19일 '소학교령(小學校令)'을 공포하고 국고에 의해 서울의 수하동, 재동, 저동 등에 관립소학교를 설립하였으며, 이후 공립소학교와 사립소학교도 전국적으로 설립되어 비로소 초등교육이 가능해졌다. 뒤이어 1889년 4월 공포된 중학교관제에 의해 처음 중학교도 설립되었다.

앞서 1895년에 발표된 각급 학교령에는 학과정도표(교과과정표)도

2 『高宗實錄』, 33권, 1895.3월 초, 10일조.

포함되어 있으며 학과목 중에는 '본국역사(本國歷史)'란 과목의 국사교과와 '외국역사'가 역사교과에서 교수되도록 규정하고 있다.[3] 예컨대 한성사범학교에서는 본과(2년과정)의 역사과목은 '본국역사 및 만국역사'로, 속성과(6개월과정)는 '본국역사 및 만국역사대요'란 역사교과과정으로 개설되었다. 또한 관립외국어학교의 교과과정에서는 역사로 '본국역사'를 별도로 두어 자국사를 더 중시한 것이다. 관립소학교의 경우 3년의 심상과(尋常科)와 2~3년의 고등과로 구분된 수업연한 중 심상과에서는 역사로 '본국역사'(선택)를, 고등과에서는 '본국역사'(필수)와 '외국역사'(선택)가 역사과목으로 규정되었다. 그 외에 전통적인 고등교육기관인 성균관의 경학과(經學科)에서도 '본국 및 만국역사'가 교수되도록 경학과규칙을 발표하여 역사교육의 강화에 주력하였다. 그런데 1895년 4월 19일에 발표된 한성사범학교의 학생 모집광고에서는 속성과(速成科)의 입학시험 중 조선역사와 지리가 포함되어 그 과목의 비중을 짐작케 한다.

한성사범학교에서 제시한 '교과목과 교수내용 및 유의점'에 대한 조항 중 특히 본국역사에 관한 내용을 보면, 당시 국가에서 의도하였던 역사교육은 국민된 지조(志操)를 기르는 것, 즉 국민된 긍지를 지니고 국가발전에 대한 자신을 갖도록 함에 그 목적을 두었음을 간파할 수 있다.[4]

한편 민간에서 설립한 사학(私學)은 그 건학정신(建學精神)을 민족주의

---

3 개국 504년 7월 22일, 勅令 제145호 「小學校令」 제8~10조(官報 제119호); 동년 7월 24일, 學部令 제1호 「漢城師範學校規則」(官報 제121호); 동년 8월 9일, 學部令 제2호 「成均館經學院規則」(官報 제135호) 참조.

4 「漢城師範學校規則」 참조.

에 토대를 두고 있었기 때문에 거의 모든 학교에서 국사교육이 이루어졌다. 1898년에 설립된 광흥학교, 한성의숙은 물론 민영환(閔泳煥), 정교(鄭喬) 등이 발기한 흥화학교, 시무학교, 상업전문의 광성학교, 한성법학교, 보성학교 등과 지방 대다수의 사립학교에서 역사가 주요과목으로 교수되었을 뿐 아니라 입학시험의 시험과목 중에 본국사가 포함되었던 것이다. 그 외에 이화학당은 역사가 정규과목으로 개설되었고, 배재학당도 세계역사, 한국역사, 일본역사, 중국역사 등을 교수하였다.

이처럼 역사과목을 중요시한 교과과정은 1906년 통감부설치 후 통감정치의 통제 하에서 실시된 학제개편에 따라 변화를 겪게 되었다.

1906년 이후 개편된 역사과목의 교과과정은 본국역사와 외국역사의 구별을 없애 자국사 과목의 중요성을 희석시켰으며, 역사과목의 시간수도 축소하는 방향으로 왜곡 편성되었다. 우선 소학교를 개편해 4년제로 신설한 보통학교의 경우 역사과목으로 통합하여 자국사개념을 배제시켰다. 이러한 양상은 시간이 지날수록 더욱 강화되어 1909년의 학제 개편에서는 지리와 역사를 한 과목으로 통합시켜 '지리역사'로 명하여 역사과목의 독립성을 제거하였을 뿐 아니라 아예 주당 과목시간 배정도 없애버렸던 것이다. 즉, 보통학교 1, 2학년은 '본국역사 · 지리의 대요(大要)'를 3, 4학년은 '본국역사 · 본국 및 외국지리의 대요'라는 과목명은 두고 있으나 수업시간을 배정하지 않았던 것이다. 이러한 역사와 지리과목의 통합은 다른 학교에서도 동일하였다. 1908년에 신설된 고등여학교에서도 역시 '역사지리'과목에 1주당 1~2시간을 배정하였지만, 1909년의 개편에 따라 과목명만 남기고 그나마 교과시간을 배정하지 않았다.[5] 일제의 학제개편이 조선을 식민지화하는 과정에서 세계관, 시대관, 현실인식을 가르치는 역사과목과 민족의식을 강화하고 항일의식을 심어주는 자국사를 학교교육에서 의도적으로 제외시키려 했던 식민지교육방침의 일환이었음은 짐작하고도 남는다.

전술한 바대로 조선정부가 추진한 새로운 학제 및 교과과정이 정비되자 무엇보다도 각 과목의 교재편찬에 착수하였으며, 학부의 담당자를 중심으로 역사 교과서의 편찬도 서둘렀다. 그러나 당시의 상황은 근대교육을 주관해 갈 인적, 물적자원의 부족은 물론 교과서편찬의 경험이 없었을 뿐 더러 새로운 국사교육의 교재개발을 위한 본국역사에 대한 통사적 서술작업은 더욱 어려운 문제가 아닐 수 없었다. 그러므로 근대교과서 편찬의 경험이 있던 일본의 선례가 참작되거나 일인의 참여 하에 교과서편찬 작업이 진행된 것은 당시의 상황에서는 불가피한 선택이었다. 예컨대 1895년 5월 24일 외부(外部)에서 주일공사관에 사범학교 및 소학교 교과서 편찬참고용으로 일본의 각종 교과서를 보내줄 것을 훈령한 것이 그 중 하나다. 이후 편찬된 최초의 국어교과서인 『심상소학(尋常小學)』과 최초의 교육학 교과서 『신찬교육학(新撰教育學)』은 일본인의 협력과 참여로 비로소 만들 수 있었던 것이다. 이 시기 교육근대화를 위한 조선인의 주체적 역량이 부족한 데 더하여 일제의 침략적 간섭 하에 진행된 교육개혁은 출발부터 자주성을 크게 손상시키는 한계성을 지니고 있었다.[6]

---

5 「私立學校規則」 제2장 학과과정 및 교수시수 제10, 13, 14조. 강윤호, 『개화기의 교과용도서』, 교육출판사, 1973, 42~49면 참조.

6 박걸순, 「韓末 學部 편찬 사서와 그 역사인식」, 『충북사학』 5집, 2000.

교과서편찬사업의 주무부서인 학부는 1895년 3월에 교과용도서의 번역과 편찬 등을 담당할 편집국을 설치하고 교과서 편찬에 착수하였다. 마침내 1895년 10월경 최초의 관찬 역사 교과서 『조선역사(朝鮮歷史)』가 국한문 혼용체로 간행되었고, 이어 『조선역대사략(朝鮮歷代史略)』과 『조선략사(朝鮮略史)』가 편찬되었다.[7] 3책이 비슷한 시기에 출간된 점으로 미루어 보건대, 학부에서 『조선역사』와 『조선역대사략』을 간행하였지만 그 내용이 너무 어려워 초등학교 입문용으로 쉽게 풀어 서술한 『조선략사』를 편찬한 것으로 추측된다.

이후 학부는 이 사서를 보충하여 1899년에 『동국역대사략(東國歷代史略)』, 속간본인 『대한역대사략(大韓歷代史略)』 및 국한문혼용의 『보통교과 동국역사(普通教科東國歷史)』를 편찬하였다.

이 시기 이후의 역사 교과서는 학부보다는 일반인이나 계몽 단체에 의해서 간행되는 경향으로 전환되었다. 그런데 역사 교과서 편찬에서 나타난 변화는 편찬주체에 그치는 것이 아니라 역사 교과서의 서술방식이나 그 내용에도 나타나기 시작하였다. 즉 교과서 서술문체에서 순한문은 거의 사라지고 국한문 또는 순한글로 정착되었던 점이 주목된다. 또한 전근대적인 왕조중심의 편년체 서술을 하면서도 통사를 고대-중세-근대로 시대를 구분하여 기술하는 '신사체(新史體)'가 등장하고 있어 역사 서술 방법론상의 변화도 보인다.

그런데 조선정부의 의도 하에 진행되었던 교과서편찬사업은 1905년 을사조약체결이후 일제의 통감부가 설치되고 학제 개편이 본격화

7 金興洙, 「歷史教科書 및 歷史 圖書의 편찬과 內容」, 『韓國近代歷史教育研究』, 삼영사, 1990, 121면.

되면서 일제 주도의 교과서통제정책으로 전환되었다. 즉 1904년 제1차 한일의정서(韓日議定書)가 체결되고 1905년 제2차 한일협약(韓日協約)이 조인되어 학부참여관(學部參與官)이 부임하자 기존의 한국인위주 교육정책에서 자주적 성격이 크게 약화되었다. 특히 1905년 2월 일본정부의 추천으로 일인관리가 학부 고문관격인 학부참여관으로 임명되자 일본의 한국교육에 대한 간섭이 노골화되었다. 통감부는 1905년부터 학부 편집국을 일인 학부참여관의 지도 감독 하에 두고 교과서에 대한 일정한 제한을 두기 시작하였다. 우선 1906년 각급 학교령을 공포하고 여기에 각 학교의 '교과서사용규정'을 포함시켰다. 이시기 학부의 교과서정책은 교과용도서 번역, 편찬, 검정에 대한 통제가 주된 방향이었으며, 궁극적으로 조선을 강제로 병합할 경우를 전제로 한 성격의 조치였던 것이다.

뒤이어 통감부는 1908년 8월 '사립학교령(私立學校令)'과 '교과용도서검정규정(教科用圖書檢定規程)'을 발표하고 본격적으로 교과서 내용에 대한 간섭과 통제를 가하였다. 사립학교령에 의하면 사립학교를 설립할 때는 학부대신의 인가를 얻어야 하며 인가 신청시 교과용도서명도 제시하도록 규제한 것이다. 즉 '교과용도서검정규정'은 모든 교과용도서가 학부대신의 검정을 받도록 압박한 것이므로 사립학교에도 그대로 적용되어 사립학교의 교육이 통감부의 통제 하에 놓이게 되었다.

1910년 5월말의 교과용도서검정 상황을 보면 역사는 16부가 출원하여 6부만이 인가(불인가 3부, 조사 중 7부)되었으며, 인가상황도 역사는 19부가 출원하여 7부만이 인가되고 있어 큰 제약을 받고 있음을 알 수 있다. 1911년 말 검정된 교과서는 유옥겸의 『동양사교과서(東洋史教科

書)』, 『서양사교과서(西洋史教科書)』, 박정동의 『초등대동역사(初等大東歷史)』, 『초등본국략사(初等本國略史)』, 안종화(安鐘和)의 『초등본국역사(初等本國歷史)』, 유근(柳瑾)의 『신찬초등역사(新撰初等歷史)』로 국사교과서는 고작 4종에 불과하였다. 이는 모두 초등용으로 일제의 조선사왜곡 및 조선인우민화정책의 산물인 바, 특히 한일관계의 기술에서 일본의 우월성을 인정하고 일본이 조선의 근대화와 독립을 위해 노력하고 있다고 서술한 것이 공통된 특징이다. 불인가된 역사 교과서는 국사 9종과 세계사 12종 등 총 21종에 달하였다. 이로써 민족사서는 물론 학부, 문부성 및 일인이 편찬한 다수 도서까지 인가하지 않고 있는데 이는 강제병탄 이후 일제의 식민지배가 강경해져 감을 반영하는 것이다.

근대교육제가 시행된 1895년부터 1910년까지 편찬된 역사 교과서를 국사와 외국역사로 정리한 것이 아래의 표1과 표2이다.

표1 1895~1910년간 편찬된 국사교과서

	교과서명	편집자	연도	대상시대	체제	기타	책수
1	조선역사 (朝鮮歷史)	학부	1895	단군~조선	편년 국한문	최초의국사교과서, 최초국한문, 건국기원사용, 초등용	3권3책
2	조선역대사략 (朝鮮歷代史略)	학부	1895	단군~조선	편년 한문	고등용	3권3책
3	조선략사 (朝鮮略史)	학부	1895	단군~조선	신사체 국한문	1, 2를합쳐 쉽게 초등용	5권2책
4	동국역대사략 (東國歷代史略)	학부	1899	단군~고려	편년 한문	중(고)등용, 95년보다 정돈	6권3책
5	대한역대사략 (大韓歷代史略)	학부	1899	조선	편년 한문	중(고)등용	2권2책
6	보통교과 동국역사 (普通教科東國歷史)	학부	1899	단군~고려	편년 국한문	중등용 동국역대사략을 초등용으로, 문예 추가 역사총체적 파악 노력, 후일 중등교과동국사략의 기초됨	5권2책
7	역사집략 (歷史輯略)	김택영 (金澤榮)	1905	단군~고려	편년 한문	고등용, 관학 대표한 사찬	1권2책

8	대동역사 (大東歷史)	최경환 (崔景煥)	1905	단군~마한	편년 한문	독립협회 간행 (1896년 필사본을 출판)	5권2책
9	대동역사 (大東歷史)	정교 (鄭 喬)	1905	신라	편년 한문	중등이상, 독립협회 간행	12권4책
10	중등교과동국사략 (中等敎科東國史略)	현채 (玄 采)	1906	고대~조선	신사체 국한문	하야시의 『조선사』 역술, 사립중등용, 학부불인가	4권2책
11	보통교과 대동역사략 (普通敎科大東歷史略)	국민교육회	1906	단군~고려	편년 국한문	초등용, 계몽주의사서	7권1책
12	신정동국역사 (新訂東國歷史)	원영의 (元泳義), 유근(柳瑾)	1906	단군~고려	편년 국한문	초등용, 계몽주의사서	2권2책
13	초등대한역사 (初等大韓歷史)	정인호 (鄭寅琥)	1908	고대~조선	신사체	사립초등용, 학부불인가	1책
14	대한력ᄉᆞ(상)	헐버트, 오성근 (吳聖根)	1908	단군~고려	편년 한글	선교계 대동역사번역 교회나 선교계학교용	1책
15	초등본국역사 (初等本國歷史)	유근	1908	상고~조선	신사체 국한문	사립초등용, 학부인가	1책
16	초등대한력ᄉᆞ	조종만	1908	상고~조선	신사체 한글	초등용	1책
17	초등본국역사 (初等本國歷史)	안종화 (安鍾和)	1909	상고~조선	신사체 국한문	사립초등용, 학부검정	1책
18	초등본국략사 (初等本國略史)	홍사단	1909	단군~조선	신사체 국한문	사립초등용, 학부검정	2권2책
19	초등대동역사 (初等大東歷史)	박정동 (朴晶東)	1909	단군~조선	신사체 국한문	사립초등용, 학부검정	1책
20	대동청사 (大東青史)	황의돈 (黃義敦)	1909	단군~	신사체 국한문	북간도 명동학교교재	1책
21	신찬초등역사 (新撰初等歷史)	유근	1910	단군~조선	편년 국한문	사립초등용, 학부검정	3권3책
22	국조사 (國朝史)	원영의	1910	조선	편년 국한문	해외민족학교 교재용, 『신정동국역사』의 속편인 듯, 의병, 구국운동, 일제침략 기술	1책

표2 1895년~1910년 간 편찬된 외국 역사 교과서

교과서명	편집자	연도	교과서명	편집자	연도
만국략사(萬國略史) 상권	학부	1895	미국독립사(美國獨立史)	황성신문사 서양서일역본 번역	1899
중일략사론(中日略史論)	학부[輯譯]	1898	파란말년전사(波蘭末年戰史)	어용선(漁瑢善)	1899
태서신사(泰西新史)	학부	1897	만국사기(萬國史記)	학부	1905
아국략사(俄國略史)	학부	1897	중등동양사(中等東洋史)	유옥겸(兪鈺兼)	1908
중국략사론(中國略史編)	학부	1898	동양사교과서(東洋史教科書)	유옥겸	1908
중동전기(中東戰記)	현채중역	1899	정선만국사(精選萬國史)	김상인	1908
애급근대사(埃及近代史)	황성신문사	1899	서양사교과서(西洋史教科書)	유옥겸	1910

2. 근대 역사 교과서의 특징과 양상

구한말 역사 교과서는 그 편찬정책과 구성방식에 따라 크게 3시기로 나눌 수 있다. 제1기는 1895년~1904년까지 제2기는 1905년~1907년까지 제3기는 1908년~1910년까지로 구분해 볼 수 있다. 각 시기구분은 일제의 조선에 대한 지배력강화의 정도를 기준으로 하여 1905년 을사조약체결과 통감정치시행, 그리고 1907년 차관정치실시를 각 시기 구분의 분기점으로 설정하였다.

우선 역사 교과서 저술에 참여한 사람들을 살피면, 김택영, 현채와

같은 학부관리, 보성중학교 교사 원영의, 대한매일신보의 유근, 관립 소학교 교원 박정동, 독립협회의 정교, 흥사단, 국민교육회 등 인텔리 중산층으로서 민중계몽의 전위적 지도자들이었고, 실재 교단에서 교수한 경험이 있는 사람들이 많았고 언론에 관여했던 인사들의 결사가 주축이 되고 있음을 알 수 있다. 그 외 정인호와 조종만은 옥호서림(玉虎書林)과 한양서관(漢陽書館)을 각각 운영하던 출판사경영인이었으며 외국 역사 교과서의 저자로 법률역사교수인 유옥겸과 일본유학파 김상인을 꼽을 수 있다. 그러나 이들은 전문적이고 근대적인 역사교육을 받지 못했지만 학부, 혹은 출판사의 번역원으로 종사하는 과정에서 교과서 편찬의 중요성에 대한 자각을 계기로 저사(著史)에 참여한 경우가 많다. 따라서 이들의 역사인식과 서술에는 일정한 한계가 있다. 즉 일제침략의 본질을 간과하고 무비판적으로 식민사학을 수용한다든가 서술내용의 오류, 역사 서술 방법론상의 전근대성 등이 지적될 수 있을 것이다. 그 중 학부관리였던 김택영과 현채의 경우 저자의 학문적 기반에 따라 교과서의 성격이 결정되는 양상을 확인할 수 있다. 김택영은 전통적인 유학자의 입장에서 저술한 교과서 모두 한문본, 편년체로 정통론과 문헌고증을 중시한 역사인식에 입각해 중국 연호를 고집하고 있어 전통적 역사 서술의 한계를 벗어나지 못하고 있다. 게다가 단군조선을 부인한 그가 근대적 역사방법론을 무리하게 도입하면서 일본학자의 식민사학을 수용해 한국사서술에 왜곡된 한국사상(韓國史像)을 덧입히는 전형(典型)이 되는 우를 범하고 말았다.

한편 현채는 역관출신으로 다양한 외국서적을 접할 수 있는 기회가 많아서인지 23종에 달하는 역, 저서를 출판하는 등 새로운 학문을 신속하게 받아들였다. 그 결과 김택영 보다는 앞서서 근대적 역사 서술 체제를 교과서편찬에 적용해 이후 역사 교과서편찬에 영향을 끼쳤던 인물이었다.

다음으로 각 시기별 교과서의 특징을 살펴보자. 제1기(1895~1904)의 국사교과서는 모두 6종으로 학부에서 만든 관찬사서였으며, 그 체제는 1종을 제외한 나머지 5종 모두가 편년체였다.(표1 참조) 교과서 모두가 단군에서 조선까지를 서술하였다. 물론 『보통교과 동국역사』는 고려까지 서술하였지만 원래 계획에서는 조선까지를 대상으로 하였던 것인데 고려까지 서술하고 중단되었다고 전해진다. 그 중 『조선역사』는 최초의 국한문 국사교과서였다는 점과 최초로 개국기원을 사용해 독립의식을 표현했으며 이후 교과서의 방향을 제시한 것에서 그 의의가 크다. 1899년에 간행된 『대한역대사략』에서 '대한'이라는 명칭이 처음 등장하였는데 이는 대한제국의 출범에 따른 변화라 보인다. 이후 제2기와 제3기에서 '대한'이 접두된 역사 교과서는 모두 이 책에서 그 제목을 취했다고 하겠다. 『보통교과 동국역사』에서는 단군조선의 위치를 격상시켜 단군조선에 대한 자주적 인식이 확대되는 서술로 변화하였다는 점이 주목된다.

이시기 외국 역사 교과서도 역시 다수가 학부에서 편찬되었으며 그 외 황성신문사가 출간한 책도 있었다. 최초의 책은 『만국략사 상권』 그 외 중국, 러시아, 이집트역사 및 미국의 독립을 다루고 있다. 대부분 약소국의 역사나 흥망사 및 제국주의 식민지가 된 나라의 역사를 다루고 있어, 당시 애국심을 기르고 국가를 지켜내야 한다는 정신을 고취시키려는 역사교육의 특성이 잘 드러나고 있다.

제2기(1905~1907)의 국사교과서는 제1기와 달리 사찬이 등장하였으며 1905년에 간행된 3종은 모두 한문본이었다. 전체 6종 중 현채의 『중등교과동국사략』은 일본의 하야시 다이스케[林泰輔]가 취한 시대구분법을 도입하여 통사를 태고(太古)—상고(上古)—중고(中古)—근세(近世)로 시대를 구분하여 기술하는 '신사체(新史體)'로 구성되었으며 나머지는 모두 편년체 서술이다. 서술대상 시기를 살피면 현채의 교과서를 제외한 5종은 단군—고려(신라)까지만 다룬 채 당대사를 제외시켜 당시 민족의 현실문제 해결을 외면했다고 비판받고 있다. 또한 『역사집략』은 일본의 식민사학을 무비판적으로 수용해 임나일본부설과 신공황후의 신라 침공설을 조선역사에 서술하여 식민사학의 전형이 되었다. 또한 현채의 『동국사략』은 일본국수주의 국학에 의해 서술한 하야시 다이스케의 『조선사』를 역술하였으니 제국주의적 식민사학의 역사인식으로 국사교과서를 구성한 모양새가 되었다. 뒤이은 제3기의 교과서 모두 이 『동국사략』의 체제를 따랐으니 그 영향을 짐작케 한다. 이 시기의 외국 역사 교과서는 학부에서 편찬된 『만국사기』로 동서양 만국의 고금역사를 국한문으로 편찬한 책으로 문명의 발달에 주안점을 두었다.

제3기(1908~1910)의 교과서는 일제의 교과서통제정책 하에서 편찬된 까닭에 민족적 의미나 자주성을 띤 내용을 담을 수 없다는 한계를 안고 간행된 것으로 대다수 사찬이었다. 초등용 교과서인 탓에 분량도 적고 간략하게 국한문으로 단군—조선까지 서술하면서도 대부분 강화도조약 이후의 역사적 사실은 다루지 않거나 소략하게 처리해 버려 역사 교과서의 역할을 소홀히 하고 있다. 이시기 교과서는 『동국사략』의 신사체인 태고–상고–중고–근세 등의 시기구분을 적용하는 경우가 일반적인 경향이다. 그중에서 정인호의 『초등대한역사』는 37종의 삽화와 2종의 역사지도를 삽입하여 학생들에게 시각자료를 제공한 특징적인 교과서였다. 또한 이 책은 다른 교과서와 달리 개항 이후의 시기에 대한 많은 분량을 할애하여 다양한 민족운동에 대한 기사와 반일조의 서술 등을 포함시켰으므로 이시기 유일하게 불인가판정을 받았던 국사교과서가 되었던 것이다.

제3기의 외국 역사 교과서는 앞선 시기와 달리 '동양사' 혹은 '서양사'교과서란 명칭을 채택하고 있어 일제의 교과서통제정책의 영향을 드러내고 그 내용에서도 역시 일본중심적인 성향이 강했다. 역사 서술 방식에서도 고대사–중세사–근세사라는 시대 구분을 채택하여 신사체를 도입했다는 점이 주목된다. 또한 중국 중심의 외국사에서 벗어나 인식의 대상을 확대하여 세계 각 지역의 여러나라를 대상으로 서술하였으며 문명사에 관한 내용이 많았다는 것은 근대문화에 대한 인식과 더불어 당대 지식인의 역사인식의 시야가 확대되고 있다는 것을 의미한다. 종래의 정치사, 제도사만이 아니라 대외관계사, 학술사, 종교사까지 서술하여 역사적 인식의 폭을 확대시킨 점은 특징적이다.

3. 이화여대 소장본 '근대 역사 교과서'의 가치와 번역의 의의

구한말의 역사인식을 대변하는 역사 교과서 중 이화여대 도서관에 소장된 책을 선별하여 각 시기의 대표적인 역사 교과서 9종을 번역·해제하였다. 제1기는 학부의 『보통교과 동국역사』, 제2기는 현채의 『중등교과동국사략』과 국민교육회의 『보통교과 대동역사략』을 선정하였다. 또한 제3기는 정인호의 『초등대한역사』, 조종만의 『초등대한력亽』, 안종화의 『초등본국역사』 등 초등용 국사교과서와 유옥겸의 『동양사교과서』, 김상인의 『정선만국사』 등 외국 역사 교과서를 각각 선정하였다.

이화여자대학교 도서관에는 이번에 번역·해제되는 9권의 역사 교과서를 포함하여 다양한 종류의 구한말 근대교과서가 소장되어 있다. 개화기 이후 국민교육 체제가 확립되는 과정에서 기독교 선교사들이 설립한 사립선교학교와 민족학교가 차지하는 위치나 역할은 자못 컸다. 예컨대 기독교 선교사들이 중심이 되어 설립한 이화전문학교는 이화여자대학교로 발전하여 현재 우리나라 여성교육의 중심축 역할을 넘어서서 글로벌이화를 추구하며 세계 속의 여자교육의 메카로 발돋움하고 있다. 이같은 대학의 역할에 걸맞게 이화여대 도서관은 개화기와 대한제국기, 일제 식민지 통치기의 역사 교과서를 비롯해 각종 근대교과서 및 다양한 자료를 수집해서 장기간 소장하고 있어 좋은 자료의 보고로서의 역할을 평가받을 만하다.

이번에 번역되는 역사 교과서들은 물론 이화여대 도서관에만 소장되어 있는 것은 아니다. 그러나 이화여대 소장본은 보존 상태가 양호하여 이 분야 연구에 기초가 되는 양질의 자료로 활용될 충분한 가치가 있다고 판단된다. 그러므로 이번 번역대상으로 선정된 역사 교과서 이외에도 반드시 번역하고 연구해야 할 귀중한 자료들이 적지 않으므로 한국학 관련기관과 연구자들에게 문호를 개방하는 방안을 모색해 보는 것이 바람직하다.

근대 역사 교과서의 번역과 해제를 통하여 도서관에 소장된 중요한 역사 교과서 일부가 공개되어 이 분야에서의 연구와 역사교육분야에 교육 자료로 활용할 수 있게 되었다. 또한 이를 토대로 개화기와 근대의 교육에 관한 연구가 활성화되는 계기가 마련되었다는 점도 주목할 만한 성과다. 아울러 현재 우리가 해결해 나가야 할 난제들을 인식할 수 있는 준거는 물론 바람직한 대응방법을 찾아가는 데 좋은 참고 자료로서의 역할도 충실히 완수할 것이라 생각된다.

근대 역사 교과서 번역은 원문에 충실한 직역을 원칙으로 하면서도 현재 우리말 수준에서 이해할 수 있는 글로 다듬었다. 또한 현재의 관점에서 이해할 수 있도록 재해석하는 과정을 거쳤으므로 단순한 역사적 자료로서 과거 교과서를 확인하는 정도를 넘어서서 우리 역사교육의 좌표와 지향점을 찾는 과정에서도 중요한 시사점을 줄 것이다. 각 역사 교과서 번역자들의 문투를 존중하면서도 전문가들의 치밀한 감수 과정을 거쳤으므로 가독력이나 완성도 측면에서도 일정한 완결성을 갖추고 있는 점도 이번 번역본의 장점으로 꼽을 수 있다. 특히 교육현장의 역사 교사들이 적극적으로 수업자료로 활용하여 학생들이 이 교과서를 통해 구한말의 학생들과 혹시 당대의 지식인들과 대화하며 서로의 역사의식을 논할 수 있는 통로 역할을 해줄 수 있기를 기대한다.

참고문헌

손인수, 『韓國開化敎育硏究』, 일지사, 1981.

김홍수, 『韓國近代歷史敎育硏究』, 삼영사, 1990.

한기언, 『日帝의 敎科書政策에 관한 硏究』, 한국정신문화연구원, 1993.

조동걸 외, 『한국의 역사가와 역사학』, 창작과 비평사, 1994.

박걸순, 『韓國近代史學史硏究』, 국학자료원, 1998.

김여칠, 「開化期 國史敎科書의 歷史認識」, 단국대학교 박사학위논문, 1985.

홍영백, 「한말세계사 관계사서의 내용과 그 한계」, 『素軒南都泳博士華甲紀念史學論叢』, 1982.

조동걸, 「한말사서와 그의 계몽주의적 허실(상)」, 『한국독립운동사연구』 제1집, 독립기념관 한국독립운동사연구소, 1987.

조동걸, 「한말사서와 그의 계몽주의적 허실(하)」, 『한국학논총』 10, 국민대학교 한국학연구소, 1988.

동양사 교과서 해제

박기수

1. 저자

융희(隆熙) 2년(1908) 우문관(右文館)에서 간행한 동양사교과서(東洋史教科書)는 저자가 유옥겸(兪鈺兼, 1883~1922)이고, 교열자는 유성준(兪星濬, 1860~1934)이다. 유옥겸의 경력은 자세히 알려져 있지 않다. 족보에 의하면 본관은 기계(杞溪)이며, 전문학교를 졸업하고 법률 역사 교수를 지낸 것으로 되어 있다. 묘소가 경기도 파주(坡州) 유현리(杻峴里) 기독교 공원묘지에 안장된 점으로 보아 일찍이 기독교인이었던 듯하다. 한국 최초로 일본과 미국에 유학한 개화사상가 유길준(兪吉濬, 1856~1914)의 조카이다. 저자는 1907년 이래 일본어로 된 교과서와 중국책들을 참고하여 우리나라 동양사, 서양사, 외국지리, 교육학, 법학 등의 교과서 편찬에 힘썼다.

그가 저술한 교과서와 저서는 이 『동양사교과서』(230면, 실물길이 22cm) 이외에도 1907년 저술한 『중등외국지리(中等外國地理)』(발행처 불명, 155면, 23cm), 1908년 저술한 『중등동양사(中等東洋史)』(발행처 불명, 190면, 22cm), 1908년 우문관에서 간행한 『간명교육학(簡明教育學)』(이풍호(李豊鎬) 교열,

282면, 22.2cm), 1909년 융문관(隆文館)에서 간행한 『소학교수법(小學教授法)』(142면, 18.8cm), 1909년 제작한 『대조서양사연표(對照西洋史年表)』(유일서관(惟一書館) 간행, 1910년 유일서관에서 재간행, 66면, 22cm), 그리고 1910년 광한서림(廣韓書林)에서 간행한 『서양사교과서(西洋史教科書)』(232면, 21.6cm), 1911년 주정균(朱定均)과 공저한 『정선(精選) 법학통론(法學通論)』(문화당(文華堂) 간행, 190면, 22cm) 등이 있다. 즉 동양사 · 서양사 · 서양사연표 등의 역사 관련 교과서와 교재용 참고자료, 교육학 · 교수법 등 교육학 관련 교과서, 외국 지리 교과서, 법학 개설서 등이다. 주로 구한말의 근대적 교과서 편찬자로서의 위상을 지니고 있었다고 보여진다.

한편 교열자인 유성준은 구한말의 법률가, 관리이며, 일제강점기의 친일관료였다. 서울 출신으로 유길준의 친동생이자 저자의 막내삼촌이다. 1883년에서 1899년 사이 일본의 게이오의숙[慶應義塾], 도쿄 부기전문학교, 도쿄 메이지 법률학교[明治法律學校]에서 수학하였고, 몇 차례 일본을 견학하였다. 그후 농상공부의 주사 · 회계국장, 통진군수, 내부경무국장, 학부학무국장 등을 지냈으며, 1907년 내부협판이 되었고, 이어 내각법제국장이 되었다. 12월에는 보성전문학교 교장이 되었다. 1910년 한일합병과 함께 충청북도 참여관으로 발탁되었고, 그 후 경기도 참여관, 중추원참의, 충청남도지사, 강원도지사 등을 역임했다. 1929년 중추원칙임참의가 되어 여러 차례에 걸쳐 중임했다. 경기도 참여관으로 있을 때 송진우(宋鎭禹)가 3 · 1운동에 참가할 것을 제의하자 "독립은 시기상조이며 온건점진주의로 조선도 문화의 정도가 발달하면 자치가 실시될 수 있을 것"이라는 입장을 내세워 거절했다. 일본제국주의의 관리생활을 하면서 실력 양성을 주장하는 민족주의 계열의 운동에 참여해 1922년에는 민립대학기성준비회에 참여했고, 1923년에 조직된 조선물산장려회의 1 · 2대 이사장을 지냈다.

2. 구성

이 교과서의 전체 면수는 230면으로 다섯 부분으로 나뉘어져 있다. 동양사의 의의나 범위, 시기구분을 논한 서론이 수편(首編)으로 되어 있다. 태고(太古)로부터 주말(周末)까지 다룬 상고사(上古史), 진(秦)의 흥기로부터 송대(宋代)까지 서술한 중고사(中古史), 몽골[蒙古]의 발흥으로부터 명말(明末)까지 취급한 근고사(近古史), 청조(淸朝)의 개국으로부터 1908년 현재까지를 근세사(近世史)로 하여 중국의 역사를 네 시기로 구분하고 있다. 특정한 역사관에 의해서 구분한 것은 아니고 왕조의 흥망과 변천에 따라 구분한 전통적 왕조사관의 일종이라 여겨진다.

다음으로 이 다섯 부분의 면수와 비중을 살펴보면, 수편 서론이 3장 3면, 제1편 상고사 부분이 9장 31면, 제2편 중고사가 29장 99면, 제3편 근고사 부분이 15장 44면, 제4편 근세사 부분은 13장 55면이다. 중고사 부분이 전체의 약 43%로 가장 큰 비중을 점한다. 다음이 근세사로 23%, 근고사가 19%, 상고사가 13.4%를 점한다. 중고사에 진한제국, 위진남북조, 수당제국 그리고 송왕조 등 다른 시기보다 훨씬 많은 왕조가 속하므로 서술량이 많아졌을 것이라 생각되지만, 저자가 일러두기에서 "먼 과거를 간략히 하고 가까운 시기를 자세히 하여 독자로 하여금 동양의 현세(現勢)를 신속히 이해하게 한다"라고 한 방침에 부합되지 않는 서술태도라고 생각된다.

저자는 동양사 서술의 범위로 협의의 아시아를 대상으로 하여 아시아 대륙 전체가 아니라 동방 아시아에 국한하겠다고 하였다. 그러나 실제로는 중국(저자는 지나라고 표현하였다)을 위주로 하되 조선과 일본, 동남아시아, 몽골은 물론 인도, 페르시아도 곁들여 언급하고 있다. 전체 69장(한 곳에서 두 지역을 언급한 곳을 포함하면 71장) 중에서 중국이 49장으로 무려 69%의 비중을 차지하고 조선과 일본이 8장으로 11.3%, 인도가 4장, 몽골과 북아시아가 3장, 동남아시아가 2장, 서아시아 1장, 그리고 교류사가 1장이다. 중국사 중심의 동양사 서술임을 지면의 비중을 통해 확인할 수 있다.

기타 본 교과서의 구성에 있어 부기할 점은 당시의 언어 사용 습관을 반영하여 국한문 혼용체로 서술되었다는 점, 본문의 상단에 각 문단마다 그 내용을 요약한 어구를 배열하여 독자의 이해를 도왔다는 점, 외래어를 일본이나 중국에서 사용하는 한자어를 이용해 표현하기도 하고, 일부는 당시 사용하던 한글 자모로 표기하였다는 점들이다. 특히 외래어 표기 중에는 현재 쓰이지 않는 자모들이 사용되어 국어학 전공자에게 매우 귀중한 연구 자료로도 이용될 수 있으리라 판단된다.

3. 내용

본 교과서의 내용은 주로 중국 대륙에 존재했던 왕조의 흥망성쇠에 관한 것이다. 오호십육국이나 위진남북조 그리고 오대 시기 왕조의 흥망과 교체가 지리할 정도로 반복적으로 서술된다. 결국 정치적 변화 과정이 중심을 이루고 있다. 아울러 정치사와 관련이 있는 제도사나 대외관계사 서술도 일정한 비중을 점하고 있다. 아직 근대적 역사학의 발전 정도가 미약하여 사회경제사, 문명사, 예술사 등의 분야에 대한 연구가 미흡하고 따라서 그 분야에 대한 서술이 거의 없다.

저자와 같은 전통적 지식인들은 중국의 역사서, 예컨대 『사기(史記)』나 『한서(漢書)』, 『자치통감(資治通鑑)』 또는 『통감절요(通鑑節要)』 등을 필독하는 것이 일반적이었다. 이러한 영향으로 본 교과서의 내용 중에 하은주(夏殷周) 삼대에 관한 기술이나 진한수당 시대 등의 왕조시대 정치와 제도에 대한 서술이 비교적 자세한 편이다. 아울러 유학(儒學)에 대한 소양이 풍부하다 보니 유학을 중심으로 한 학술발달사에 대해 상당한 지면을 할애하고 있다. 또한 저자가 기독교인이어서 그런지 불교, 배화교(拜火教), 브라만교[婆羅門教], 경교(景教), 회교(回教), 기독교 등 여러 종교에 대해서도 비교적 자세한 언급을 하였다.

저자는 전통시대의 왕조사관을 답습하여 교과서를 편찬한 결과 민중적 시각을 결여하고 있고, 민중봉기에 대해서도 전통적 시각에 따라 부정적 측면에서 서술하고 있다. 태평천국 운동을 '장발적(長髮賊)' 혹은 '태평적(太平賊)'이라 칭하는 사례, 의화단운동을 '의화단비(義和團

匪)의 난'이라 부르는 사례, 동학농민운동을 동학의 난이라 지칭하는 사례에서 그러한 점을 볼 수 있다. 반면에 역사가 제왕이나 장군, 재상, 제후 등 지배층의 인물에 의해 전개된 것으로 묘사된다. 이들에 의한 왕조의 창업, 왕조의 경영과 흥성, 전쟁과 반란에서의 공적, 정치상의 치적, 제도의 수립과 문화적 업적 등을 중심으로 서술이 진행된다. 일종의 지배층 중심사관, 영웅사관이라고 할 만하다.

전통적 왕조사관을 지닌 저자는 자신이 살고 있던 조선왕조와 대한제국 시대를 황제국으로 묘사하여 서술하고 있다. 태조 이성계를 태조 황제로 표기한다든가 고종을 태황제로 표현하는 것들이 그것이다. 아울러 조선왕, 황제라는 글자 바로 앞에 한 칸을 비워 존경을 표시하는 형식인 공격(空格)이 자주 출현한다. 이는 저자가 대한제국의 신민(臣民)이었던 만큼 당연히 이러한 형식을 이용해야만 했다고 판단된다.

1908년이라는 간행 시점의 상황을 반영하여 이 교과서는 친일적 내용과 반러시아적 경향을 보이고 있다. 예컨대 일청전쟁(日淸戰爭), 일로전쟁(日露戰爭)처럼 일본을 앞에 두는 용어 사례를 보이기도 하고, 동해를 일본해로 호칭하기도 하여 친일적 입장을 드러낸다. 아울러 이 교과서의 마지막 장에서 "러시아가 동양에 대하여 야심을 품은 것은 하루 이틀의 일이 아니었다. 한국과 청 양국에 대한 러시아의 정략은 갈수록 음험하고 폭압적이었으므로 열강이 모두 경계하였다. 이에 일본이 동양의 대국면을 장악하기 위하여 영국과 동맹을 체결하였는데 단기 4235년(1902)의 일이었다"라고 하는 표현에서 반러적 입장과 친일적 경향을 동시에 확인할 수 있다. 또한 "일본이 러시아에 만주철병조약을 실행하도록 누차 교섭하였으나 러시아는 이에 아랑곳하지 않고 만주지방에 육군과 해군의 군비를 더욱 증강시켰다. 이렇듯 평화의 우의를 고려함이 없이 적의가 명백히 드러나는 데에다 조정을 시도할 여지가 없게 되자 일본은 어쩔 수 없이 단기 4237년(1904) 러시아에 교섭 단절을 통지하였다"라는 서술에서는 러시아의 전쟁 도발자적 측면과 일본의 평화를 위한 부득이성을 강조하는 의도를 읽을 수 있다.

이처럼 이 교과서가 친일적, 반러적 입장을 지니게 된 것은 어떤 이유에서일까? 우선, 교열자의 정치적 성향에서 그 원인의 일단을 찾을 수 있다. 저자의 막내삼촌인 유성준은 친일적 행각을 보인 관료로 한일합방 후에는 중추원 참의로까지 승진하고 있는 점이 이를 잘 보여준다. 삼촌이 감수하면서 조카의 저서에 대해 영향력을 행사했음을 쉽게 추측할 수 있다. 둘째는 1908년이라는 시점이다. 1905년 을사조약 이후 사실상 조선은 일본의 식민지로 전락하였다고 할 수 있다. 1905년부터 학부(學部) 내의 편집국에서는 일본인의 지도하에 교과서를 편찬하기 시작하였다. 역사 교과서의 경우, 편집국에서 제작하지 않고 민간인이 저술하였지만, 학부대신의 검정을 받아 인가를 받은 교과서에 한하여 학교에서 교재로 택할 수 있었다. 자료에 의하면 검정과 인가를 신청한 35종의 역사 교과서 중에 13종만이 인가되었고 15종은 인가되지 않았다고 한다. 이러한 정치적 상황하에서 저술되고 인가된 교과서가 친일적 성향을 띠게 되었음은 당연하다고 하겠다.

친일적 성향을 띠면서도 민족적 정신을 포기하지 않는 부분을 곳곳에서 발견할 수 있다. 대한제국이 황제국이 되었음을 반영하는 서술방식이라든가, 연대를 표기할 때 모두 단군기원(檀君紀元) 즉 단기를 사용한 점이 그러하다.

4. 가치

이 책이 지니는 가치의 하나는 아무래도 최초의 '근대적 동양사 교과서'의 형태를 보여준다는 점을 꼽아야 할 것이다. 근대적 교육제도 하에서 학교 교과과정에 의한 동양사 교육을 진행하기 위한 체계적이고 계통적인 교과서 편찬이 이루어졌다는 것도 인정해야 할 것이다. 아울러 이 교과서는 단순한 왕조사에 그치지 않고 나름대로 시기를 구분하여 역사의 전개를 설명하고 있다. 물론 명백하고 뚜렷한 기준과 원칙은 없지만 동양사를 상고사, 중고사, 근고사, 근세사라는 시기로 구분하는 방식을 채용하고 있다. 종래에 없던 새로운 시기 구분이라 할 것이다.

전통적 지식인이 알고 있던 동양에 대한 지식은 사실상 중국이 전부라고 해도 과언이 아닐 것이다. 그러나 이 교과서에서는 물론 중국이 중심을 이루지만 중국 이외에도 일본, 동남아, 북아시아, 남아시아 인도, 동남아시아, 서아시아까지 취급하고 있다. 이 부분은 전통적 지식인이 쉽사리 접근하기 어려운 새로운 역사세계라고 생각된다. 그러한 점에서 학교 교육을 통한 동양 전반에 대한 역사지식을 확산시키는 데 일정한 공헌을 했다고 평가할 수 있을 것이다. 또한 종래 지식인이 전통적 중국 역사서에서 접하는 정치사, 제도사만이 아니라 대외관계사, 학술사, 종교사까지 서술하여 역사적 인식의 폭을 어느 정도 확대시켰다고도 할 수 있을 것이다.

이상과 같이 이 동양사교과서는 몇 가지 부분에서 긍정적인 측면을 보여주고 있다. 그렇지만 아쉬운 점 역시 존재한다. 그중의 하나가 아직 동양사학에 대한 연구나 교육수준이 높지 않아 서술 상의 많은 오류가 발견된다는 점이다. 객관적 사실의 서술에서 잘못된 부분이 보이는 곳이 15곳, 연도의 표기 오류가 7곳, 인명의 한자 표기 오류가 5곳, 지명의 오기와 한자 오기가 각 3곳, 배상금 액수 오기가 2곳, 국호나 부족명 표기의 오류가 2곳, 그리고 내용상 모순되는 부분이 1곳이다. 그러나 이제 막 동양사에 대한 교과서가 출현한 시기였던 1908년 단계로서는 피치 못할 현상이라고 생각된다. 동양사에 대한 근대적 학문이 아직 발아하기 전이라서 객관적 사실에 대한 오류가 많을 수 밖에 없었을 것이다.

둘째로 이와 같은 동양사의 연구수준, 교육수준을 반영하여 한국 나름대로의 독창적 교과서를 제작하기보다는 주변 국가의 교과서나 서적을 주로 참고하였던 점이다. 특히 당시는 일본의 준식민지 시기이고 많은 일인 관료가 정치에 간섭하던 시기이므로 일본 동양사학계의 서적이나 교과서를 참고하여 교과서 편찬이 이루어졌다고 판단된다. 서양 국가명이나 지명, 인명 등에서 일본식 용어나 독법을 그대로 따른 곳이 많았다. 이 역시 한반도에 근대적 동양사의 학문적 발전이 이루어지지 않은 상황에서는 어쩌면 당연한 일이라고도 해야 할 것이다.

보다 완성되고 수준 높은 동양사 교과서의 출현은 아무래도 해방 이후를 기다려야 했을 것으로 생각되지만, 이 교과서는 그러한 교과서 출현을 위한 하나의 토대가 되었다는 점을 정당하게 평가해야 되리라 생각한다.

차례

제3편 근고사(近古史) – 단기 3539년부터 3977년까지 –

제4편 근세사-단기 3977년 이후-

동양사 교과서

|근대 역사 교과서 일러두기|

1. 번역의 저본은 이화여자대학교 중앙도서관 소장 『東洋史敎科書』를 사용하였다.
2. 편차와 체제는 저본을 따랐다. 단 독자의 편의를 위하여 저본의 내용을 해치지 않는 범위에서 문장 길이를 조정하거나 문단을 나누었다.
3. 번역은 직역을 원칙으로 하되, 문맥이 통하는 자연스러운 현대역의 의의를 살리도록 하였다.
4. 맞춤법과 띄어쓰기는 '한글맞춤법통일안'을 따르는 것을 원칙으로 하였다.
5. 한글 표기를 원칙으로 하고, 고유명사나 이름, 관직, 지명, 기타 전문용어는 한자 또는 원어를 ( ) 안에 표기하였다. 반복되어 나올 경우에는 한글로만 표기하였다.
6. 연대는 원문에 있는 표기 방식을 살려 쓰되, '( )' 안에 서력 기년을 부기한다. 필요에 따라 한국 연호나 역조 임금의 즉위 기년을 환산하여 부기한다. 추정연도는 '[ ]'를 사용한다.
   예) 673년(문무왕 13)
7. 부호는 다음과 같이 구별하였다.
   ( ) : 음이 같은 한자 표기
   [ ] : 한글과 발음이 다른 한자 표기
   " " : 인용문, 대화
   ' ' : 재인용, 대화 안의 대화
   「 」: 항목명, 편명, 조명, 논문명
   『 』: 서명

동양사 교과서

유옥겸(兪鈺兼) 저술[8]

유성준(兪星濬) 교열[9]

일러두기

1. 본서는 중학교 교육정도의 여러 학교에서 동양사를 가르치는 교과용에 충당하기 위하여 편술한 것이다.

1. 기사(記事)는 간명함을 위주로 하나 사실의 연관[聯絡]관계에 주의하며 문법은 평이하도록 힘쓰되 문자가 번잡[煩冗]하거나 만장(蔓長)한 것을 피한다.

1. 기사의 간단함이 본디 교과서 성질상 당연할 뿐만 아니라 또한 다른 교과와 균형을 유지하여 정해진 시간에 수업을 마칠 수 있도록 지면수를 적게 하여 매주 두 시간 1학년에 배당하기에 적합하게 한다.

---

8 유옥겸(兪鈺兼, 1883~1922) : 본관은 기계(杞溪). 구한말 개화사상가 유길준(兪吉濬)의 조카로 근대 계몽기 교과서 편찬자이다. 전문학교를 졸업하고 법률 역사교수를 지냈다. 저술에는 『동양사교과서』 이외에도 『중등외국지리』(1900), 『중등동양사』(1908), 『간명교육학』(1908), 『서양사교과서』(1910), 『정선 법학통론』(1911) 등이 있다.

9 유성준(兪星濬, 1860~1934) : 구한말의 관리, 일제강점기의 친일관료이다. 본관은 기계(杞溪). 유길준의 친동생이며 유옥겸의 막내삼촌이다. 1883~1899년 사이 일본의 게이오의숙, 도쿄메이지 법률학교 등에서 수학하였고, 몇 차례 일본에 견학하였다. 농상공부 회계국장, 학부 학무국장 등을 지냈다. 1910년 한일합병과 함께 충청북도 참여관으로 발탁되었고, 중추원참의, 충청남도지사 등을 역임했다.

1. 본서는 중요한 여러 민족의 성쇠와 각국의 흥망 사실을 서술하되 먼 과거를 간략히 하고 가까운 시기를 자세히 하여 독자로 하여금 동양의 현세(現勢)를 신속히 이해하게 한다.

1. 본서는 교사로 하여금 충분히 활동할 여지가 있게 하므로 교수하는 자는 매일 항상 시간의 여유에 따라 책 속의 사실에 관련한 일화, 전설, 전고(典故) 등을 이야기하여 학생의 흥미를 불러일으키는 것이 좋다.

1. 본서에 기재하는 사실의 범위는 서론(緖論)에 서술하였다.

1. 본서는 외국 사적(史蹟)을 기재하는 것이기에 국사(國史)와는 문호(門戶)가 달라 본국 사실은 국사에 맡기되 다만 외국과 연관되는 것은 특별히 기입한다.

1. 연대(年代)는 모두 단군기원(檀君紀元 : 이후 단기로 표기)으로 계산하여 국사와 연결시키며 또한 그 다음에 서력[耶蘇]기원(즉 AD)을 부기하여 장차 가르칠 서양사와 관련시키고자 한다.

1. 지명과 인명은 현저한 것 이외에는 거론하지 않으며 또 고대 지명에 변천이 있는 것은 현재의 지명과 그 위치를 주기한다. 또한 인명, 지명 등의 서양어를 한자로 번역한 것 중 습관적으로 사용하는 것은 그대로 사용하고 그렇지 않은 것은 국문으로 쓴다.

1. 연표는 시기가 끝난 뒤에 학생으로 하여금 제작하게 하는 것이 편리하므로 본서의 끝에 부기하지 않는다.

융희(隆熙) 2년(1908) 4월 저자 씀.

〈목 차〉

제3장 청의 제도와 학술

제4장 동양에서 유럽 여러 나라의 경쟁

제5장 대영제국[大不列顚] 지배하의 인도제국

제6장 아편전쟁(阿片戰爭)

제7장 장발적(長髮賊)의 난과 북청전쟁(北淸戰爭)

제8장 러시아[露西亞]의 동진과 파미르(파미어) 문제

제9장 프랑스[佛蘭西]의 후인도(後印度) 경략과 청과의 전쟁

제10장 일본의 명치유신(明治維新)

제11장 한(韓)·일(日)·청(淸)의 관계 및 일청전쟁(日淸戰爭)

제12장 청국의 내란과 외침

제13장 일로전쟁(日露戰爭)과 동양의 현세

수편(首編) 서론(緖論)

제1장 동양사(東洋史)의 의의

역사는 시대의 순서에 따라 인류의 행한 바를 기록하여 사물의 변천을 보이는 것이다. 따라서 인류가 있는 곳에는 역사가 반드시 존재하니, 세계의 광활함과 연대의 구원[邃遠]함으로 인하여 사물이 극히 번잡하므로 역사의 다양함을 모두 다 열독할 수는 없다. 무릇 세계의 문명과 관계가 없는 것은 역사적 가치가 본디부터 없다. 그러므로 현재 세계에서 문화의 관리자로는 동양, 서양의 2대 민족이 있으므로 강습(講習)하기에 편리하도록 세계사를 2부로 나누어 하나는 동양사라 칭하여 서양사에 대응하게 한다. 동양 여러 민족의 성쇠 및 나라의 흥망을 서술한다.

제2장 동양사의 범위

세상사람 중에 역사를 서술하는 자가 많지만 통상 만국사(萬國史)라 칭하고서도 동양의 역사를 편입시키는 자가 적다. 서양인은 혹시 그러할지라도 동양인으로서 이와 같이 함은 동양에 존재한 민족과 나라를 무시하고 스스로 버리는 것이 아니겠는가. 무릇 눈을 들어 세계를 보면, 오래된 문화의 기원으로써 말을 하든 혹은 오늘날 나라 간의 교류로써 말하든 동서양의 역사를 구분함은 사실상 불가능하다. 이는 오로지 전술한 부득이한 사정에 기인한다. 그러므로 동양의 지리적 범위를 먼저 명확히 한 연후에 비로소 그 역사를 기술할 수 있다. 이에 관해서는 또 반드시 지리상 및 문화상의 두 방면으로 관찰할 수 있으며, 또한 관찰할 때 광의(廣義)와 협의(狹義)의 구별이 있다. 지리상으로 말하면 광의로는 아시아[亞細亞] 대륙 전체를 가리키고 협의로는 동방 아시아를 가리키는 것이다. 또 문화상으로 말하면 광의로는 지리상 동방 아시아 여러 나라 이외에 인도, 페르시아[波斯], 소아시아 및 이집트[埃及]까지 포괄하여 소위 서양풍과 문화상 상이한 지방을 가리키고, 협의로는 오로지 지리상의 동방 아시아를 가리킨다. 이에 모두 협의를 취하여 지나(支那)[1]를 위주로 하되 나아가 인도, 페르시아도 곁들여 언급하고 기타는 서양사에 맡긴다. 대개 종래 서양사에서 고대 동방 여러 나라라 칭하고 서방 아시아 여러 나라를 편입시킨 구례(舊例)를 답습하여 편리함을 취한다.

1 지나(支那) : 고대 인도, 그리스와 로마 등지의 사람들은 중국을 Cīna, Thin, Sinae 등으로 불렀다. 사람들은 모두 진(秦)나라의 '秦'의 대음(對音)이라 여긴다. 중국인 스스로는 사용하지 않는다. 중국인이 이런 명칭을 알게 된 것은 불교경전에 의해서이다. 불교경전에는 지나(支那), 지나(至那), 지나(脂那) 등의 용어가 나온다. 이는 중국의 불교도가 인도인으로부터 전해들은 자국의 명칭을 음역한 것으로, 어원은 모두 동일하다. 근대 일본에서도 일찍이 중국을 지나라고 하였다. 이 교과서가 출간된 1908년경은 일본이 사실상 조선을 지배한 시기이므로 일본사람이 쓰는 지나라는 용어를 저자가 채택한 것 같다.

제3장 시기의 구분

역사상 시기의 구분은 역사가의 편의에 따르는 것이므로 세운(世運)[2]의 대세와 사회의 면목을 일신케 하는 현저한 사실에 의하여 시기의 분계를 정한다. 지금 동양사의 대세 및 현저한 사실을 참고하여 아래와 같이 네 시기로 나눈다.

제1기 상고(上古) 태고(太古)로부터 주말(周末)까지

제2기 중고(中古) 진(秦)의 흥기로부터 몽골[蒙古]의 발흥까지

제3기 근고(近古) 몽골의 발흥으로부터 명말(明末)까지

제4기 근세(近世) 청조(淸朝)의 개국으로부터 현재까지

2 세운(世運) : 세상의 운수. 시세의 변천.

제1편 상고사–태고로부터 단기 2085년(BC 249)까지–

제1장 지나(支那)의 상고(上古)

지나는 세계의 오래된 나라이다. 동방문명의 발원지가 되어 점차 그 영향을 사방으로 파급하였으며 또한 그 사이에 왕조가 여러 차례 변하였으나 점차로 그 판도를 확장해 나가 오늘의 청조(淸朝)에 이르렀다.

지나의 국호는 창건 이래로 왕조의 변경이 있을 때마다 매번 바뀌어 일정한 칭호가 없었다. 또한 지나인(支那人)이 자칭하는 바 중화(中華) 혹은 중국(中國)은 자존적 칭호에 불과하다. 오늘날 지나라고 하는 명칭은 외국인이 부르는 칭호로 자기의 국명은 아니다. 그러나 지금에 이르러 세계가 모두 지나로써 호칭을 삼고 왕조의 변혁으로 인하여 생긴 명칭은 개의하지 않으므로 여기서도 이를 따랐다. 지나의 어원에 관해서 살펴보자면 이설이 많이 있으나 통상 믿을 수 있는 바는 진(秦)에서 와전되었다는 것이다.

지나 태고의 개벽에 관한 일은 황당무계한 설이 많고 또한 한족(漢族)의 발원지도 자세히 알기가 불가능하다. 사가(史家)의 믿을 만한 주장에 의하면 대략 지금으로부터 오천 년 전에 중앙아시아로부터 황하(黃河)를 따라 동쪽으로 내려와 토착인인 묘족(苗族)[3]을 쫓아내고 황하 연안지대를 중심으로 삼았다고 한다. 지금 그 아득히 먼 사실을 상세

---

3 묘족(苗族) : 귀주성(貴州省)을 중심으로 호남(湖南)·사천(四川)·광서(廣西)·운남(雲南) 등 중국 남부의 여러 성에 거주하는 소수민족이다. 일찍이 양자강(揚子江) 이북에 있었으나 한족의 진출에 밀려 남하하여 오늘에 이른 것으로 생각된다.

히 탐구하기는 어렵지만, 사실상 중원(中原)[4] 지방이라 칭하는 황하 연안지대에서 점차 번창하여 유목의 풍속을 경작으로 바꾸고, 족장 정치의 조직을 취하여 수많은 소부락이 추장을 각기 추대하다가 점차 겸병하고 정복하여 지나 건국의 기원을 이루게 되었음은 분명하다.

지나 고대에 천지인(天地人) 삼황(三皇)의 설이 있으나 이는 믿기 어렵다. 그 후에 수인씨(燧人氏)가 부싯돌을 두들겨 화식(火食)을 가르치고 유소씨(有巢氏)가 소거(巢居)[5]를 창안하였다. 복희씨(伏羲氏)는 팔괘(八卦)[6]를 그리고, 나무에 새긴 글자[書契]를 만들며, 혼인의 제도를 정하되 한 쌍의 가죽으로 예물을 삼고, 그물을 얽어 고기잡이[佃漁]를 가르치며, 희생 가축을 길러 부엌[庖廚]에 제공하였다. 신농씨(神農氏)는 농경의 방법을 가르치고 교역제도를 창안하며 의약의 기술을 발명하였다. 세상 사람들이 그 덕을 추앙하여 수인씨, 복희씨, 신농씨를 삼황이라 칭하여 존중하고 칭송하였다. 이때에 이르도록 국가가 단합하지 못하자 복희는 성기(成紀)[7]감숙성(甘肅省) 진주부(秦州府) 사람으로 진(陳)하남성(河南省) 진주부(陳州府)에 도읍하고 신농씨는 강수(姜水)[8]섬서성(陝西省) 봉상부(鳳翔府) 기산현(岐

---

4 중원(中原) : 중국 본토의 중심지대로 낙양(洛陽)과 개봉(開封)같은 고도가 있는 하남성(河南省)을 주로 가리킴. 즉 황하(黃河) 중하류지대에 해당한다.

5 소거(巢居) : 금수의 피해를 피하기 위하여 나무 위에 집을 짓고 삶.

6 팔괘(八卦) : 역(易)을 구성하는 64괘의 기본이 되는 8개의 도형(圖形). 건(乾) · 태(兌) · 이(離) · 진(震) · 손(巽) · 감(坎) · 간(艮) · 곤(坤)을 말함. 『사기(史記)』 「삼황기(三皇紀)」에 보면, 팔괘는 중국 최고(最古)의 제왕 복희(伏羲)가 천문지리를 관찰해서 만들었다고 하며, 뒤에 이 괘 두 개씩을 겹쳐 중괘(重卦) 육십사괘(六十四卦)를 만들어 이로써 사람의 길흉 · 화복(禍福)을 점치게 되었다.

7 성기(成紀) : 전설에 따르면 복희가 출생한 지방이다. 역사 기재에 따르면 원대 성기현(成紀縣)이 존재하였었다. 중국 최대 성씨 이씨(李氏)의 발상지이기도 하다.

8 강수(姜水) : 강수의 위치에 대해서는 여러 가지 설이 있다. 하나는 『수경주(水經注)』의 저자 역도원(酈道元)이 말하는 강수 즉 기수(岐水)설이다. 지금의 기산현(岐山縣)과 부풍현(扶風縣)의 교계처에 있다. 다른 하나는 근대 학자 곽말약(郭沫若)과 전백찬(翦伯贊) 등의

山縣) 사람으로 곡부(曲阜)산동성(山東省) 연주부(兗州府) 곡부현에 도읍하였다.

삼황 이후에 유웅국(有熊國)하남성 개봉부(開封府) 임금의 아들 황제(黃帝) 헌원씨(軒轅氏)는 영민하고 비범한 자질로 방패와 창을 처음으로 사용하여 사방을 정복하였다. 이 당시 신농씨의 후손 유망(楡罔)[9]이 실정하여 사방이 소란하였고 또한 치우(蚩尤)[10]가 병란을 좋아하여 여러 소국을 겸병하거늘 이때 황제가 유망을 공격하여 이기고 치우를 격파하여 사로잡음으로써 지나 제국 통일정치의 기초를 세웠다. 그 판도가 동쪽으로는 바다에 이르고 서쪽으로는 공동(崆峒)[11]감숙성 숙주(肅州)에 이르며 남쪽으로는 양자강(揚子江)에 달하고 북쪽으로는 부산(釜山)직예성(直隸省) 선화부(宣化府)에 미쳤다.

이때에 황제가 탁록(涿鹿)[12]직예성 순천부(順天府) 탁주(涿州)에 도읍하여 내정을 정돈하고 도로를 개통시키며 배와 수레를 발명하고 화폐를 주조하며 궁실을 건조하고 의관을 만들며 관제를 정하였다. 원비(元妃) 누저[嫘姐][13]는 누에를 기르고, 신하 창힐(倉頡)[14]은 문자를 만들었으며, 예수(隷首)[15]는 산수(算數)를 만들었고, 용성(容成)[16]은 달력을 만들었으며, 영

주장으로, 지금 기산(岐山)의 동쪽으로 위수(渭水)의 한 지류이다. 다른 주장은 보계시(寶鷄市) 위수(渭水)의 남쪽에 있는 청강하(淸姜河, 원명 淸澗水)라는 설이다.

9 유망(楡罔, 생몰년 미상) : 염제(炎帝) 유망을 가리킨다. 성씨는 강(姜)이고, 이름은 유망(楡罔)이다. 중국 씨족 연맹 시대 신농씨 정권의 제8대 임금으로 전설상의 염제이다.

10 치우(蚩尤, 생몰년 미상) : 치우에 대한 기록은 『사기』「오제본기(五帝本紀)」를 비롯한 중국의 여러 자료에 나타난다. 치우는 신농의 후예로 황제 헌원과 전쟁을 벌였다.

11 공동(崆峒) : 산 이름. 현재의 감숙성 평량(平凉)시 서쪽이다. 空同, 空桐이라고도 쓴다.

12 탁록(涿鹿) : 탁록 고성(故城)은 지금의 하북성(河北省) 탁록현(涿鹿縣) 남쪽에 있다.

13 누저(嫘姐)라 한 것은 저자의 오류이다. 『사기(史記)』 권1 「오제본기(五帝本紀)」 및 원초(元初) 김이상(金履祥)의 『통감강목전편(通鑑綱目前編)』에는 누조(嫘祖)로 기록되어 있다.

14 창힐(倉頡, 생몰년 미상) : 중국 고대의 전설적인 제왕인 황제(黃帝)의 사관(史官).

15 예수(隷首, 생몰년 미상) : 황제(黃帝)의 사관(史官)인데, 처음으로 계산법의 일종인 산수(算數)를 만들었다. 또한 산수를 잘하는 자를 가리킨다.

륜(伶倫)[17]은 악률(樂律)을 만들었다. 황제의 시대는 대략 단군(檀君) 이전 2백 년(BC 2533) 무렵이다.

황제 이후에 전욱(顓頊) 고양씨(高陽氏),[18] 제곡(帝嚳) 고신씨(高辛氏)[19]가 있으나 치적이 별로 없다. 사가는 황제, 전욱, 제곡 및 요임금[帝堯], 순임금[帝舜]을 오제(五帝)라 부른다.[20]

제2장 당(唐)[21]과 우(虞)[22]

제곡 이후에 아들 요(堯)가 즉위하여 평양(平陽)산서성(山西省) 평양부(平陽府)에 도읍을 정하였다. 요에게는 성덕(聖德)이 있어 민치에 노력하였는데 역법을 개정하여 일 년을 366일로 정하고 윤달을 두며 사시(四時)를 정하였다. 이때 황하가 범람하여 홍수가 하늘에까지 차오르니 곤(鯀)[23]

16 용성(容成, 생몰년 미상) : 황제의 대신으로 역법을 발명했다고 전해진다.

17 영륜(伶倫, 생몰년 미상) : 전설에 따르면 황제 시기의 악관(樂官)이다.

18 전욱(顓頊) 고양씨(高陽氏) : 중국 신화 상의 오제의 한 인물. 『사기(史記)』에는 황제(黃帝)의 손자이며 창의(昌意)의 아들로서, 그의 아들은 곤(鯀), 손자는 우왕(禹王)이라고 한다. 처음 고양(高陽)이라는 곳에 나라를 세웠기 때문에 고양씨(高陽氏)라고 불렸다.

19 제곡(帝嚳) 고신씨(高辛氏) : 제곡은 중국 고대 신화상의 제왕이다. 이름은 고신(高辛)이고 고신씨(高辛氏)라고도 부른다. 오제의 하나로 전욱의 뒤를 이어 제위에 올랐다.

20 오제에 대해서는 여러 가지 설이 있다. 그 중 여기서 말하는 오제는 『사기』 「오제본기」를 따른 것이다. 『예기(禮記)』와 『여씨춘추(呂氏春秋)』에서는 태호(太皞, 즉 복희伏犧), 염제(炎帝, 즉 신농神農), 황제(黃帝), 소호(少皞), 전욱(顓頊)을 오제라 하였고, 『상서(尙書)』 「공안국서(孔安國序)」에서는 소호(少皞), 전욱(顓頊), 고신(高辛, 즉 제곡), 당요(唐堯, 즉 요임금), 우순(虞舜, 즉 순임금)를 꼽았으며 『주역(周易)』 「계사전(繫辭傳)」에서는 포희(庖犧, 즉 복희), 신농(神農), 황제, 요, 순을 들고 있다.

21 당(唐) : 제곡의 아들인 요는 처음 도(陶)에 봉해졌다가 후에 당(唐)으로 옮겼으므로 제요(帝堯)의 조정을 도당(陶唐) 또는 당요(唐堯)라고 한다. 아들 단주(丹朱)가 불초하여 순임금에게 전위(傳位)하였다. 98년 간 재위하였다고 한다.

22 우(虞) : 고대 성천자(聖天子)인 순임금의 성씨이다. 보통 우순(虞舜)이라 한다. 따라서 요순 두 임금의 시대를 당우(唐虞)라고 한다.

에게 명하여 치수하게 하였으나 성과가 없었다. 요임금은 순(舜)이 효도로 유명하다는 소문을 듣고 미천한 인물이지만 그를 등용하여 그에게 두 딸[24]을 내려 아내 삼게 하고 국정을 섭정하게 하였다. 요임금이 늙어 장차 순에게 선양하려 하자 곤, 공공(共工),[25] 환두(驩兜)[26]가 삼묘(三苗)[27]족과 결합하여 반란을 일으켰다. 순은 요를 도와 이들 사흉(四凶)[28]을 주멸하고 요임금의 선양을 받아 제위에 즉위하였다. 이는 요의 25년으로 우리 단군의 기원 원년(BC2333)이다.

제순(帝舜)은 전욱의 6세손이다. 요임금이 초야에 묻혀있는 순을 등용하여 정무를 섭정하게 하였다. 이에 천문을 관측하여 역상(曆象)[29]을 바로잡고 율법(律法)과 도량형(度量衡)을 동일하게 하며, 오례(五禮)[30]를

---

23 곤(鯀, ?~唐堯70年) : 성은 희(姬)이고 자는 희(熙)이다. 황제(黃帝)의 후손으로 창의(昌意)의 손자이며, 우임금의 아버지이다. 요임금 때의 치수 책임자로 9년이 지나도록 성과가 없기에 처형당하였다.

24 요임금의 두 딸 아황(娥皇)과 여영(女英)은 순의 부인이 되었다. 순이 죽자 아황과 여영은 상강(湘江)에 몸을 던졌다. 이에 이들을 상군(湘君)이라 부르며 호남성(湖南省) 동정호(洞庭湖)의 군산도(君山島)에 사당[湘妃祠]이 현존한다. 인류학자들은 이를 푸나루아 결혼제도라고 평가한다.

25 공공(共工, 생몰년 미상) : 중국 고대 신화속의 천신이다. 서북의 홍수(洪水)의 신으로 전설에는 그는 황제족 전욱과의 전쟁에서 패배하자 머리를 부주산(不周山)에 부딪혀 천지가 이 때문에 기울어졌다. 다른 설에 의하면, 공공은 요의 대신으로 환두(驩兜), 삼묘(三苗), 곤과 함께 '사흉(四凶)'으로 병칭되어 요에 의해 유주(幽州)에 추방되었다 한다.

26 환두(驩兜, 생몰년 미상) : 환두(歡兜) 또는 환두(驩頭)라고도 하는데, 중국 고대 전설속의 삼묘족(三苗族) 수령이다. 반란에 실패하여 순에 의해 숭산(崇山)에 유배되었다 한다. 숭산은 호남(湖南) 장가계로 그곳에는 환두묘(歡兜墓), 환두옥장(歡兜屋場), 환두묘(歡兜廟) 등의 유적이 남아있다.

27 삼묘(三苗) : 중국 전설중의 황제에서 요순우 시대에 존재하였던 종족이름이다. 또 '묘민(苗民)', '유묘(有苗)'라고도 한다. 주로 동정호(洞庭湖)와 파양호(鄱陽湖)사이에 분포한다.

28 사흉(四凶) : 요임금 때의 네 명의 악인. 곤, 공공, 환두, 삼묘, 곤. 또는 환두는 혼돈(渾敦), 공공은 궁기(窮奇), 곤은 도올(檮杌), 삼묘는 도철(饕餮)이라고도 함.

29 역상(曆象) : 책력을 추산(推算)하여 천문을 봄.

30 오례(五禮) : 『서경(書經)』「순전(舜典)」에 "오례를 숭상했다"는 말이 보이고, 그 주(註)에, 오례는 길례(吉禮) · 흉례(凶禮) · 빈례(賓禮) · 군례(軍禮) · 가례(家禮)라 하였다.

정비하고 오형(五刑)[31]을 정하며, 사흉을 주멸하였다. 요임금이 붕어(崩御)[32]함에 순이 대신 즉위하여 포판(蒲坂)산서성 포주(蒲州)에 도읍하였다. 즉위 초에 곤의 아들 우(禹)에게 명령하여 홍수를 다스리게 하였다. 조정에 사공(司空), 사도(司徒) 이하의 구관(九官)[33]을 설치하고 직무를 분장케 하여 중앙정부를 조직하니 우(禹), 기(夔),[34] 직(稷),[35] 설(契),[36] 익(益),[37] 수(垂),[38] 백이(伯夷),[39] 고요(皐陶),[40] 용(龍) 9명이 그 직을 맡았다. 밖으로는

31 오형(五刑) : 다섯가지 형벌을 말함. 우순(虞舜)시대 오형(五刑)은 묵형(墨刑), 의형(劓刑 : 코를 베는 형벌), 비형(剕刑 : 발 즉 종지뼈를 끊는 형벌), 궁형(宮刑 : 생식기 거세 형벌), 대벽(大辟 : 사형)이다.

32 『예기(禮記)』「곡례하(曲禮下)」에 의하면 천자의 죽음은 붕(崩), 제후(諸侯)의 죽음은 홍(薨), 대부(大夫)는 졸(卒), 사(士)는 불록(不祿), 서인(庶人)은 사(死)라고 한다.

33 구관(九官) : 순임금 때의 아홉 대관(大官). 즉 사공(司空), 사도(司徒), 후직(后稷), 사(士), 공공(共工), 우(虞), 질종(秩宗), 전악(典樂), 납언(納言).

34 기(夔, 생몰년 미상) : 전하는 바에 따르면 요순시대 악관(樂官)이다. 기(夔)의 활동 시기는 기원전 2179년 전후이다.

35 직(稷, 생몰년 미상) : 후직(后稷)을 말함. 고대 주족(周族)의 시조. 전설에 따르면 유태씨(有邰氏)의 딸 강원(姜原)이 거인의 발자국을 밟고 회임하여 낳았다. 사생아라 하여 버림받은 적이 있어 이름을 기(棄)라고 한다. 각종 식량작물의 재배에 뛰어나 요순시대에 농관(農官)이 되어 백성에게 농업을 가르쳤다.

36 설(契, 생몰년 미상) : 중국 은왕조의 시조. 전설에 따르면 제곡(帝嚳)이 보낸 제비 알을 먹고 간적(簡狄)이 설을 낳았다. 순임금의 신하가 되어 우를 도와 치수사업에 공을 세워 상(商)에 봉토를 받았다.

37 익(益, 생몰년 미상) : 백익(伯益)을 말한다. 요순시대의 대신이다. 백익은 또 伯翳, 柏翳, 柏益, 伯鷖이라 하고 또 대비(大費)라고 한다. 『사기』「진시황본기」에 의하면 진(秦)의 선조 백예(伯翳)는 일찍이 요순시기에 공로가 있어 봉토를 받고 성씨를 하사받았다. 순(舜)시기 백익은 우(禹)와 함께 조정에서 관이 되었는데 수렵과 축목을 잘하였기 때문에 추천되어 구관(九官)의 하나인 우관(虞官)이 되어 산택의 치리를 책임지고 초목조수(草木鳥獸)를 관리하였다.

38 수(垂, 생몰년 미상) : 순임금때 공공(共工)을 맡은 대신으로 궁시(弓矢)를 만드는 데 뛰어났다.

39 백이(伯夷, 생몰년 미상) : 요순시대 사람. 염제의 제14대 손이고, 공공(共工)의 종손이다. 대략 기원전 2300년 전후에 생존하였다. 그는 은나라 말엽 고죽군(孤竹君) 장자 백이와는 다른 사람이다. 고죽국(孤竹國)의 백이는 대략 기원전 1140년 전후에 생존하였다. 백이는 요순시기 관직으로 사방 제후의 사무를 관장하는 사악(四岳)을 맡았었고 순임금 때는 질종(秩宗)에 임명되었다.

40 고요(皐陶, 생몰년 미상) : 순임금의 신하로 자는 정견(庭堅)이다. 사구(司寇) 즉 옥관(獄官)의 장을 지냈다. 고요(咎繇)라고도 한다.

사악(四岳)[41]과 12목(牧)[42]을 두고 지방정치를 행하였다. 아울러 군신의 예를 제정하고 순수(巡狩)와 조근(朝覲)의 제도를 세우며 기타 형법, 교육, 예악(禮樂), 공부(貢賦) 등이 모두 정립되어 풍속이 순량해지고 문화가 크게 발전하였다. 이에 후세 사람들이 이 시대를 요순의 성세(盛世)라 하여 한족의 모범적 시대로 삼았다.

순임금은 이처럼 문덕(文德)이 성할 뿐 아니라 무공이 뛰어나 묘족을 남방으로 몰아내었는데 재위 39년에 남순(南巡)하다가 창오(蒼梧)호남성 영주(永州)에서 붕어하였다. 이에 우임금이 대를 이어 즉위하였다.

제3장 하(夏)와 은(殷)

우는 순임금을 보좌하여 치수함으로써 백성의 거주를 안정시켰다. 우의 사람됨이 인자하고 검소하며 공손하고 근면하여 치수사업을 할 때 모두 13년을 밖에서 보내면서 그 집 문 앞을 세 번 지나갔으나 한 번도 집안으로 들어가지 않았다. 구하(九河)[43]를 열고 구주(九州)[44]를 정하며 공부(貢賦)를 제정하고 구정(九鼎)[45]을 주조하였다. 이에 순임금이 그 공을 가상히 여겨 하(夏)하남성 개봉부에 봉하고 다시 국정을 모두 맡기며

---

41 사악(四岳) : 전설에 의하면 중국 요순시대 사방 제후의 수장을 말한다.

42 12목(牧) : 순임금 시기의 12주(州)의 장관.

43 구하(九河) : 우임금 때 황하(黃河)의 9개 지류를 말한다. 현재는 고대 황하 하류의 수많은 지류의 총칭이라고 이해한다.

44 구주(九州) : 고대에 중국을 구주로 나누었는데, 요순우 시대에는 『상서(尙書)』「우공(禹貢)」에 따르면 기(冀), 연(兗), 청(靑), 서(徐), 양(揚), 형(荊), 예(豫), 양(梁), 옹(雍)으로 나누었다 한다.

45 구정(九鼎) : 우임금이 구주(九州)를 상징하는 구정을 주조하였는데 하은주 삼대에서는 이를 국가 정권을 상징하는 전국(傳國)의 보물로 여겼다.

그에게 후사를 잇게 하였다. 순임금이 붕어함에 대를 이어 즉위하여 국호를 하(夏)라 하고 안읍(安邑)산서성 해주(解州)에 도읍을 정하였다. 우임금은 인정을 시행하여 요순의 제도를 계승하고 백익(伯益)[46]을 등용하여 후사로 삼으려고 하였다. 그러나 우임금이 붕어함에 이르러 인민이 그 덕을 사모하고 또 우의 아들 계(啓)가 어질었기 때문에 백익에게 돌아가지 않고 계에 귀의하였다. 계가 드디어 제위에 즉위하여 지나 군주 세습의 단서가 열렸다.

제계(帝啓)가 즉위한 후에 유호씨(有扈氏)가 반란을 일으켰으나 계는 이를 정벌하였다. 계의 아들 태강(太康)에 이르러 음란하고 정치를 제대로 못하여 끝내 후예(后羿)[47]에게 나라를 빼앗기고 밖에서 죽었다. 그 아우 중강(仲康)을 거쳐 제상(帝相)에 이르러 후예의 신하 한착(寒浞)이 후예를 살해하고 또 제상을 시해하였다. 제상의 왕후가 유잉(有仍)산동성 연주부 제녕현(濟寧縣)에 돌아와 유복자 소강(小康)을 낳았다. 소강이 그 신하 미(靡)와 더불어 남은 병사를 수습하여 한착을 베고 하왕실을 회복하였다.

소강으로부터 10대를 지나 후계(后癸)에 이르니 그가 곧 걸(桀)이다. 걸은 포학무도하고 주색에 탐닉하여 민심이 이반하였다. 상군(商君) 탕(湯)이 단기 590년(BC 1744)경에 걸임금을 공격하여 명조(鳴條)로 추방하니 하왕조가 드디어 끝났다.우임금으로부터 17대 458년.

---

46 앞의 익(益)에 대한 각주를 참고.

47 중국 고대에는 2명의 후예(后羿)가 있다. 하나는 화살을 잘 쏘는 후예로 10개의 태양이 동시에 출현하여 천하가 곤경에 처했을 때 요임금을 도와 9개의 해를 쏘아 떨어뜨려 천지가 평상을 되찾게 한 대예(大羿)이다. 다른 하나는 하왕조시기의 후예이다. 전하는 바에 따르면 하왕조시기 동이족(東夷族)에는 궁씨(窮氏)가 있었고 그 수령이 역시 화살을 잘 쏘았다 한다.

상왕(商王) 탕은 순임금의 사도(司徒)인 설의 13세손이다. 대현(大賢) 이윤(伊尹)을 등용하여 내정을 다스리고 제후들과 사귀어 그 덕을 드러냈다. 당시 마침 하(夏) 임금 걸이 무도하여 국내가 크게 혼란스러웠다. 탕이 이에 군사를 일으켜 제후의 부도(不道)함을 정벌하고 끝내 걸을 공격하고 추방하여 지나 혁명의 단서를 열었다. 탕이 하를 대신하여 왕이 되어 박(亳)하남성 귀덕부(歸德府)에 도읍하고 국호를 상(商)이라 칭하였다. 탕은 교육에 힘쓰고 금폐(金幣)를 주조하며 조법(助法)[48]을 실행하여 조부(租賦)를 징수하였다.

탕의 손자 태갑(太甲)에 이르러 그가 무도한 정치를 하자 이윤이 그를 동(桐)산서성 강주(絳州) 문희현(聞喜縣)으로 추방하고 스스로 섭정하였다. 3년 뒤에 태갑이 과오를 회개하자 이윤이 그를 다시 맞이하였다. 이후 태갑은 국정을 잘 다스렸다. 그의 손자가 나라의 도읍을 무려 다섯 번이나 옮겼다. 반경(盤庚)에 이르러 탕의 고도인 박(亳)에 환도하고 국호를 은(殷)으로 고쳤다.[49] 그 후 무정(武丁)[50]이 통치할 때에 미천한 신분이지만 현명한 재상 부열(傅說)[51]을 등용하여 국정을 잘 다스렸다. 이

48 조법(助法) : 은대의 세법. 은나라 때 정전(井田)의 중앙에 있는 공전(公田)을 주위의 8 가호(家戶)가 함께 경작하여 그 수확을 관에 바치던 전조(田租)를 말한다.

49 이 부분은 저자의 오류라고 판단된다. 탕이 은나라를 세우고 도읍한 곳은 박(亳)으로 오늘날의 하남성 귀덕부(歸德府) 상구현(商丘縣)에 해당된다. 상왕조의 19대왕 반경(盤庚)이 천도한 곳은 은허(殷墟)로 현재의 하남성 안양현(安陽縣)이지 옛 도읍이었던 박은 아니다. 아울러 은(殷)이란 국호도 후일 주(周)나라가 은허에 있는 상(商)을 무너뜨리고 은이라 불렀다는 것이 일반적인 학설이다. 은이란 국호는 상나라의 자칭은 아니고 주에 의한 타칭인 것이다.

50 무정(武丁, 생몰년 미상) : 이름은 소(昭)이고, 시호는 양(襄)이며, 묘호(廟號)는 고종(高宗)이다. 재위기간은 BC 1259~BC 1201이다. 꿈에 만난 성인 부열(傅說)을 발탁하여 은나라 중흥의 대업을 이루었다.

51 부열(傅說, 대략 BC 1335~BC 1246) : 중국 은나라 고종(高宗) 때의 재상(宰相). 토목공사의 일꾼(성쌓는 노예)이었는데, 당시의 재상(宰相)으로 등용(登用)되어 무정중흥(武丁中興)

가 곧 은 고종(高宗)이다. 이로부터 8대를 전위하여 은왕 수(受)에 이르니 이가 곧 주(紂)이다. 포학하고 음탕하며 형벌을 혹독하게 하고 세금을 무겁게 징수하며 어진 신하의 간언을 듣지 않고 왕자(王子) 비간(比干)[52]을 살해하였다. 숙부[諸父]인 기자(箕子)의 서형(庶兄) 미자(微子)가 도망쳐 나라 안이 크게 혼란하였다. 이때에 서백(西伯)인 주후(周侯) 발(發)이 제후를 이끌고 주왕(紂王)을 치니 주왕의 군대가 모두 창을 거꾸로 들고 주나라 군대를 환영하였다. 이에 주왕이 목야(牧野)에서 대패하였고, 주왕은 분신 자살하였다. 주후 발이 그 머리를 베어 백기에 높이 매달아 죄를 공포하고, 죄수로 갇힌 어진 이를 석방하며, 자립하여 왕이 되어 은을 대신하니 이가 곧 주(周) 무왕(武王)이다. 은이 이에 망하였으니은은 모두 30대 6백여 년이다 때는 단기 1200년(BC 1134) 경이다. 이때에 기자(箕子)는 뜻을 같이하는 무리 5천 명을 이끌고 조선(朝鮮)에 귀의하여 조선의 왕위에 올랐다.[53]

의 대업을 이루었다. 그는 판축(版築) 공법을 발명한 장본인이기도 하여 중국건축사에서도 중요한 역할을 하였다.

52 비간(比干, BC 1092~BC 1029) : 성씨는 자(子)이며 상왕(商王) 태정(太丁, 은왕조 29대 임금)의 차남이다. 태정이 주왕(紂王, 은 31대 임금)의 조부이니 비간은 주왕의 숙부인 셈이다. 여기서 왕자(王子)라고 한 것은 주왕의 아들이란 의미는 아니고 29대 은왕 태정의 아들이란 의미이다. 형인 30대 임금 제을(帝乙)의 부탁을 받고 주왕을 보좌하기 위해 간언하다가 죽임을 당한 것이다.

53 기자가 조선에 와서 왕이 되었다는 사실을 전하는 대표적인 역사책은 복생(伏生)의 『상서대전(尚書大傳)』, 사마천의 『사기(史記)』, 반고의 『한서(漢書)』 등인데, 사서마다 내용이 약간씩 다르다. 그 밖의 기자에 관한 기록들은 모두 이들 세 사서에 그 유래와 근거를 두고 있다. 고려와 조선시대에는 기자조선의 실체를 인정하였지만, 최근에는 이를 부정하는 견해가 지배적이다.

제4장 주(周)의 초기

주 무왕은 성씨가 희(姬)이다. 순임금 시기 후직 기(棄)의 후손이고, 서백(西伯) 창(昌)의 아들이다. 후직이 태(邰)섬서성 건주(乾州) 무공현(武功縣)에 봉해졌는데 그 후손이 나라를 잃고 융적(戎狄) 속으로 도망하였다. 공류(公劉)에 이르러 과거의 업적을 회복할 수 있었고, 그 아들 경절(慶節)이 빈(豳)섬서성 합주(邰州)으로 옮겼다. 고공단보(古公亶父)가 융적을 피하여 기산(岐山)섬서성 봉상부(鳳翔府) 기산현(岐山縣) 아래에 도읍하고 국호를 비로서 주라 칭하였다. 그 손자 창문왕(文王)이 은나라 주왕의 시대에 서백이 되어 제후를 정벌할 수 있는 권한을 얻었다. 이에 사방의 이웃을 군사력으로 정복하고 학문의 덕(德)으로써 회유하여 당시 지나 판도의 삼분의 2를 소유하였다. 그러나 아직 주왕에게 신하로서 복종하고 내정을 정비하여 실력을 키웠다. 그 아들 발(發)이 서백의 지위를 계승하고 여상(呂尙)[54] 등의 계책을 이용하여 주왕의 폭정을 성토하며 제후를 이끌고 은 왕실을 격멸하였다. 이로써 천자가 되어 호경(鎬京)섬서성 서안부(西安府)에 도읍하고 그 아버지 창을 문왕이라 추존하였다. 기자(箕子)에게 정치의 도를 물어 홍범(洪範)[55]을 얻고 종실, 공신 및 선왕의 후예를 봉하여 봉건제도(封建制度)를 완성하였다. 이로써 국가의 기초를 공고히

---

54 여상(呂尙, 대략 BC 1128~BC 1015) : 성은 강(姜), 자는 자아(子牙). 강태공(姜太公), 태공망(太公望)이라고도 한다. 은나라를 격파하고 제(齊)나라의 후(侯)로 봉해졌다. 태공망이라는 명칭은 주나라 문왕(文王)이 위수(渭水)가에서 낚시질을 하고 있던 여상을 만나 조부인 태공(太公 즉 고공단보)이 오랫동안 바라던[望] 어진 인물이라고 여긴 데서 유래했다고 한다.

55 홍범(洪範)은 홍범구주(洪範九疇)를 말한다. 『尙書 · 洪範』에 의하면 그 내용은 "初一曰五行, 次二曰敬用五事, 次三曰農用八政, 次四曰協用五紀, 次五曰建用皇極, 次六日乂用三德, 次七日明用稽疑, 次八曰念用庶征, 次九曰向用五福, 威用六極"이다.

하니 제후가 모두 1천 8백 국이었다.

무왕이 붕어하고 아들 성왕(成王) 송(誦)이 뒤를 이었으나 나이가 어려 그 숙부 주공(周公) 단(旦)이 총재(冢宰)의 지위에 있으면서 섭정하였다. 성왕의 다른 숙부 관숙(管叔), 채숙(蔡叔)이 이를 의심하여 반란을 일으켰다. 주공은 왕명을 받들어 관숙과 채숙을 토멸하고 섭정 5년에 동도(東都) 낙읍(洛邑)하남성 하남부(河南府)을 건설하고 섭정 7년에 성왕에게 정권을 반환하였다. 그런데 후세에 이것으로써 주공을 의심하는 자가 많았으나 그러한 의심은 가당치 않다. 주공의 사람됨이 온화하고 공손하며, 인자하고 근면하며, 재주와 기예가 많고 성스러운 덕이 있어 섭정 7년 사이에 제도와 예악을 완성하고 문물이 찬란하여 주왕조 8백 년의 기초를 세움이 모두 그의 공로였다. 이 때문에 세상 사람들이 하 · 은과 병칭하여 삼대의 질치(郅治)[56]라고 하였다.

성왕 이후에 아들 강왕(康王) 쇠(釗)가 즉위하자 조상의 사업을 능히 계승시켜 문화가 크게 번성하였고, 이에 40년 간 형벌이 필요 없을 정도로 나라가 잘 다스려졌다. 그 아들 소왕(昭王) 하(瑕)에 이르러 주왕실이 쇠미해지는 단서가 열렸다. 소왕은 남순(南巡)하여 초(楚)를 정벌하다가 한수(漢水)에서 익사하였다. 그 아들 목왕(穆王) 만(滿)이 이를 교훈으로 삼아 국정을 잘 다스려 조상의 옛 사업을 이어받았다. 그러나 중년에 먼 지방에서 노니는 것을 좋아하고 사방을 정복하다가 제후의 마음을 크게 잃었다. 이 이후 왕도가 더욱 쇠퇴하고 외융(外戎)이 침입하여 국세가 점차 약해졌다. 여왕(厲王) 호(胡)가 즉위한 후 포악한 정치

56 질치(郅治) : 곧 질륭지치(郅隆之治). 왕화(王化)가 고루 미친 태평한 시대의 통치를 말함. 따라서 하은주 삼대의 황금시대라고 말하기도 한다.

를 멋대로 하니 국민이 이를 탄식하고 원망하여 왕을 축출하였다. 여왕이 체(彘)산서성 곽주(霍州)로 달아나고 재상 주공(周公)과 소공(召公)이 공화정(共和政)을 14년 간 행하였다.[57] 여왕이 죽자 이에 주공과 소공이 태자 정(靖)을 맞이하여 세우니 이가 선왕(宣王)이다.

선왕이 즉위하여 윤길보(尹吉甫), 중산보(仲山甫) 등 어진 신하를 등용하여 조상의 옛 사업을 성실히 수행함으로써 내란과 외침을 진압하고 방어하여 주왕실을 중흥시켰으나 만년에는 실정을 저질렀다. 아들 유왕(幽王) 열(涅)이 즉위해서 포학한 정치를 일삼고 주색에 탐닉하며 포사(褒姒)를 총애하였다. 아울러 왕후와 태자 의구(宜臼)를 폐위하니 왕후의 아버지 신후(申侯)가 견융(犬戎)을 불러들여 유왕을 여산(驪山) 아래에서 시해하였다. 이에 제후들이 견융을 격퇴하고 태자 의구를 맞이하여 옹립하니 이가 곧 평왕(平王)이다. 평왕이 견융을 두려워하여 동도(東都)로 천도하고 그 과거의 도읍지는 모두 진(秦)에게 주었으니 이것이 주왕실의 동천(東遷)이다. 동천 이전을 서주(西周)라 하고, 이후를 동주(東周)라 칭한다. 그 때가 단기 1561년(BC 773)[58]이다. 이로부터 제후는 완강하게 왕의 명령을 따르지 않고 만이(蠻夷)는 쉬임없이 침입하여 왕가(王家)의 이름은 있으나 통치의 실권은 없는 춘추의 시대가 되었다.

---

57 공화(共和) 원년은 기원전 841년에 해당되는데 『사기』에서는 이해부터 년표를 작성하여 중국 역사에서 확실한 기년을 알 수 있는 시점이 된다. 한편 공화의 시작에 대해서는 두 가지 설이 있다. 하나는 이 책에서처럼 주공(周公)과 소공(召公)이 공동으로 집정하였기에 공화라 불렀다는 것이고, 다른 하나는 공백(共伯)인 화(和)가 정사를 대리하였기 때문이라 한다.

58 단기를 서력 기원으로 환산할 때 기원전 1년이 단기 2333년이 되고 기원후 1년은 단기 2334년이 된다. 저자는 단기를 계산할 때 숫자 계산에 착오를 한 것 같다. 평왕이 즉위한 것은 기원전 771년이고 그의 연호는 기원전 770년부터 계산된다.

제5장 주의 제도와 문물

주대 이전의 제도는 고서(古書)를 통하여 그 일단을 겨우 볼 수 있을 뿐이다. 주대에 이르러 완성된 것을 비로소 볼 수 있는데 이는 모두 주공의 업적이다. 이후 지나 역대 왕조의 모범이 되기 때문에 그 대요를 설명하겠다.

주의 제도가 외관으로는 지극히 완미(完美)한 것 같지만 번잡한 데서 의미를 상실하였고 문약(文弱)에 흐른 결과 나라가 일찍이 쇠퇴하였다. 후인은 이를 지키려고[保守] 노력하여 자연히 진보 정신이 결핍하게 되었다.

봉건제도는 하나라 은나라 등 선대로부터 존재하였다. 주왕조에 이르러 공후백자남(公侯伯子男) 5등작으로 나누고 다시 그 나라를 대중소 삼등급으로 구별하였다. 공(公)과 후(侯)는 대국(大國)으로 사방 백리이고, 백(伯)은 중국(中國)으로 사방 70리이며, 자(子)와 남(男)은 소국(小國)으로 사방 50리이다. 50리 미만인 것은 부용(附庸)이라 하여 제후에 예속케 하였다. 또한 전국을 9주로 나누어 왕기(王畿) 천리는 중앙에 위치하고 기타 8주는 각기 사방 천리씩이니 매 주(州)마다 백리의 나라 30개, 70리의 나라 60개, 50리의 나라는 120개를 세운다. 5국(國)을 1속(屬), 2속을 1연(連), 3연을 1졸(卒), 7졸을 주(州)라 하고 속에는 장(長), 연에는 수(帥), 졸에는 정(正), 주에는 백(伯)을 두어 통솔케 한다. 기내(畿內)는 전복(甸服)이라 하고 그 밖은 후복(候服), 빈복(賓服), 요복(要服), 황복(荒服)으로 나누어 각기 공부(貢賦)를 다르게 하였다.

관제(官制)를 설명하면 주왕(周王)이 직할하는 곳은 기내(畿內)라 하고,

중앙정부에는 천지춘하추동의 6관이 있어 정무에 임한다. 천관(天官)의 우두머리 총재(冢宰)는 모든 정사를 총리하고, 지관(地官)의 우두머리 사도(司徒)는 교육과 농업을 관장하며, 춘관(春官)의 우두머리 종백(宗伯)은 예악과 제사를 관장하고, 하관(夏官)의 우두머리 사마(司馬)는 병마를 관장하며, 추관(秋官)의 우두머리 사구(司寇)는 형법을 관장하고, 동관(冬官)의 우두머리 사공(司空)은 공상업을 관장한다. 또한 삼공(三公)태사(太師), 태부(太傅), 태보(太保)과 삼고(三孤)소사(少師), 소부(少傅), 소보(少保)가 있으니 천자의 고문으로서 정치의 대강을 다스리고 실무에 간여하지 않으며 상설하는 관직은 아니다. 육경(六卿) 아래에 대부(大夫), 사(士)가 있고 제후도 이에 준하되 인원수가 적을 뿐이다. 중요한 경(卿)은 천자가 임명한다.

전제(田制)는 하나라와 은나라 제도를 참고하였다. 하나라에서는 매호마다 50무(畝)를 주고 생산량의 십분의 일을 납부케 하였는데 이를 공법(貢法)이라 하였다. 은나라에서는 한 구획[一區] 70무의 토지 9구를 합하여 1정(井)이라 하고 8가(家)에 나누어 주며 그 중 한 구획의 수입을 세금으로 납부하게 하였는데 이를 조법(助法)이라 한다. 주에서는 1정(井)을 9백무로 하여 1가에 백 무를 나누어 주고 중앙에 있는 공전(公田)을 함께 경작하여 상납케 하는데 이를 철법(徹法)이라 한다. 지방의 형세에 따라 공법과 조법을 병행하니 이는 속미(粟米)[59]를 거두는 것이오, 이외에 역역(力役)과 포루(布縷)를 거두는 것이 있으니,[60] 이는 후세 조

59 속미(粟米) : 곡식 낟알로서 껍질을 벗기지 않은 것을 속(粟)이라 하고 반면에 곡식 낟알을 찧어 껍질을 벗긴 것을 미(米)라 한다. 후한(後漢) 허신(許愼)이 저술한 『설문해자(說文解字)』의 속자(粟字)에 대해 청대(淸代) 단옥재(段玉裁, 1735~1815)는 "좋은 곡식의 낟알(嘉穀之實)을 속(粟)이라 하고, 속의 껍질을 강(穅)이라 하며, 껍질 속에 있는 알맹이를 미(米)라 한다"고 주석하였다. 당시 화북지방은 기후나 강우량의 제한으로 조를 주로 재배하였으므로 여기서의 속미는 주로 조와 좁쌀을 의미한다.

(租), 용(庸), 조(調)의 기원이다.

병제(兵制)는 전제(田制)에 의거한다. 징집 방법은 8가(家)를 1정(井), 4정을 1읍(邑), 4읍을 1구(丘), 4구를 1전(甸)으로 정하고 1전에서 병거(兵車) 1승(乘), 융마(戎馬) 4필, 소 13두, 갑사(甲士) 3명, 보졸(步卒) 72명, 치중병(輜重兵) 25명을 내게 한다. 농한기에 병사를 훈련시키고 복역 연한은 20세에서 60세에 이르며 현역(現役)이 1년이다. 그 편제는 5명을 1오(伍), 5오를 1량(兩), 4량을 1졸(卒), 5졸을 1여(旅), 5여를 1사(師), 5사를 1군(軍)으로 정한다. 천자의 왕기(王畿)는 대략 만 전(甸)이므로 만승(萬乘)의 주인이고, 제후는 사방 백리에 천 전이므로 천승(千乘)이라 한다. 그 출정 군대는 천자는 6군(軍)이고 제후는 3군, 2군, 1군이다.

법제(法制)는 대개 형사(刑事)에 관한 것이고, 민사(民事)에 관한 것은 거의 없다. 형률(刑律)은 이전 왕조에 이미 오형(五刑)[61]이 있었고 주대에 유형(流刑), 도형(徒刑), 속형(贖刑),[62] 복형(扑刑)[63] 등을 추가하고 그 후에 다시 이족(夷族),[64] 차열(車裂)의 혹형이 생겨났다.

---

60 『맹자(孟子) · 진심하(盡心下)』에 "有布縷之征, 粟米之征, 力役之征"라 하였고 이에 대해 주희(朱熹)는 "포루는 여름에 취하고 속미는 가을에 취하며, 역역은 겨울에 취한다[布縷取之於夏, 粟米取之於秋, 力役取之於冬]"고 하였다.

61 오형은 보통 묵형(墨刑 : 먹물로 이마에 글자를 새기는 형벌), 의형(劓刑 : 코를 베는 형벌), 비형(剕刑 : 발꿈치를 베는 형벌), 궁형(宮刑 : 생식기를 거세하는 형벌), 대벽(大辟 : 死刑)을 말한다. 이들 오형은 하왕조부터 점차 형성된 것이라 한다.

62 속형(贖刑)은 재물로 속죄하는 것인데 상고시기부터 존재하였다. 속죄할 때의 재물은 상고에는 구리, 전한시기에는 황금(黃金)을 사용하였으며, 때때로 동전을 사용하였다. 후한에는 겸(縑)을, 위진 이후에는 대개 견(絹)을 사용하였다. 수대에는 다시 구리를 사용하였고, 당송(唐宋)시기에는 수의 제도를 따랐다. 원대에는 초(鈔)를 이용하였고, 명청시기에는 동전을 사용하였다.

63 원문은 박형(朴刑)이나 복형(扑刑)의 잘못이다. 복형은 일종의 신체형벌이다. 태(笞), 편(鞭), 장(杖)을 포괄한다. 태는 대나무로, 편은 가죽으로, 장은 가시나무[荊]로 때린다.

64 이족(夷族) : 종족을 주멸하는 형벌로, 중국 고대의 혹형의 하나이다. 연좌되는 범위는 역대 일정치 않았다. 진한시대에는 삼족을 멸하는 夷三族이 있었고 후대에는 夷九族까지 있었다.

학제(學制)는 우와 하나라 사이에 이미 학교가 설립되었고 주나라에 이르러 크게 갖추어졌다. 국학(國學)고등교육과 향학(鄕學)보통교육의 두 종류로 나뉘어졌고 향학은 다시 이(里)의 숙(塾), 당(黨)의 상(庠), 주(州)의 서(序)로 나뉘는데 모두 소학(小學)이다. 천자의 태자 이하 공, 경, 대부 및 서민의 아들이 8세가 되면 모두 소학에 들어가 보통교육을 받는다. 그 교과목은 육덕(六德),[65] 육행(六行),[66] 육예(六藝)[67]이다. 소학을 졸업하면 나이가 15세인데 그중 총명하고 준수한 자는 대학 즉 국학에 입학하여 고등교육을 받는다. 국학은 천자의 국도에 설치하는데 그 교과목은 시서(詩書), 예악(禮樂)과 궁리(窮理), 정심(正心), 수기(修己), 치인(治人)의 대도(大道)를 배워 9년 만에 졸업한 후 비로소 벼슬길에 올랐다.

문자는 상고에 상형문자를 썼다. 선왕(宣王) 시기에 사주(史籒)[68]가 대전(大篆)을 만들어 간편함을 취하였고, 대나무와 나무를 엮어 두루마리를 만들며 철필을 사용하였다 한다. 서적은 『삼분(三墳)』, 『오전(五典)』, 『구구(九丘)』, 『팔색(八索)』이 있었다고 하지만 모두 전해지지 않는다.

풍속은 그 앞 시대로부터 만물을 신령으로 보아 천지와 산천에 제사 지내고 또한 조상을 제사하였다. 왕자(王者)는 태산(泰山)에서 봉선

---

65 육덕(六德) : 주나라의 대사도(大司徒)가 백성을 가르치는 6가지 도덕 표준을 말한다. 『주례(周禮) · 지관(地官) · 대사도(大司徒)』에 의하면 육덕은 지(知), 인(仁), 성(聖), 의(義), 충(忠), 화(和)이다.

66 육행(六行)은 여섯가지 선행(善行)을 말한다. 『주례 · 지관 · 대사도』에 따르면 육행(六行)은 효(孝), 우(友), 목(睦), 인(婣), 임(任), 휼(恤)이다. 정현(鄭玄)에 따르면 목(睦)은 구족(九族)에 친한 것이고, 인(婣)은 외친(外親)에 친한 것이며, 임(任)은 벗에게 신의가 있는 것이고, 휼(恤)은 가난한 사람을 걱정하여 구휼하는 것이다.

67 육예(六藝)는 고대에 학생을 교육시키는 6가지 과목이다. 『주례 · 지관 · 대사도』에 의하면 육예는 예(禮), 악(樂), 사(射), 어(御 : 말을 부리는 것), 서(書), 수(數)이다.

68 사주(史籒, 생몰년 미상) : 주나라 선왕(宣王) 때의 태사(太史)로, 고문(古文)을 고쳐 대전(大篆)을 만들었다. 그의 이름을 따서 이것을 주문(籒文)이라 한다.

(封禪)[69]하는 것을 성대한 일로 여기고 또한 복서(卜筮)[70]로 의문 나는 일을 결정하였다.

주나라 사람은 계급을 중히 여겨 귀천과 상하의 구별이 매우 엄격하였다. 사농공상을 사민(四民)이라 하여 그 본업을 대대로 지키며 가정에는 남녀 장유 사이에 엄격한 예법이 있었다. 부인은 부권(夫權)에 복종하여 규방에서 가정을 다스리는 것을 본무로 하였다. 따라서 일반적으로 부인을 업신여기었고 일부일처의 제도는 오직 서인에게 행하였다. 관혼상제를 사대례(四大禮)라 칭하여 그 예가 매우 번잡하였다. 남자는 20세에 관(冠)을 쓰고 30세에 결혼하였으며, 여자는 15세에 비녀를 하고 20세에 시집갔다.[71] 부모의 상은 3년이고, 기타 친척은 멀고 가까움에 따라 일정한 상복 착용의 기한이 있었다.

제6장 춘추(春秋)시대

평왕이 동천(東遷)한 후 250년 간의 역사를 공자(孔子)가 노(魯)나라 역사 『춘추(春秋)』 속에 필삭(筆削)[72]하여 존왕(尊王)의 의의를 드러내었으

69 봉선(封禪) : 고대 제왕이 천지를 제사 지내는 대전(大典)이다. 태산(泰山) 위에 흙을 쌓아 단(壇)을 만들어 하늘에 공적을 보고하는데 이를 봉(封)이라 한다. 태산 아래의 양보산(梁父山)에 제사 지낼 곳을 깨끗이 치워 땅에 덕(德)을 보고하는데 이를 선(禪)이라 한다.

70 복서(卜筮) : 옛날에 길흉을 예측할 때, 귀갑(龜甲)을 이용하여 점치는 것을 복(卜)이라 하였고, 시초(蓍草)를 이용하여 점치는 것을 서(筮)라 하였다. 이를 합하여 복서(卜筮)라 한다.

71 『예기(禮記)』「곡례상(曲禮上)」에 의하면 "인생은 (…중략…) 이십세에는 약하므로 관을 쓰고(소위 弱冠), 30세에는 장성하였으므로 아내를 둔다[二十日弱冠, 三十日壯, 有室]"고 하였고, 『예기』「내칙(內則)」에는 "15세에 비녀를 하고 20세에 시집을 가는데 일(부모상)이 있으면 23세에 시집간다[十有五年而笄, 二十而嫁, 有故二十三年而嫁]"고 하였다.

72 필삭(筆削) : 쓸 만한 것은 쓰고 삭제하여야 할 것은 삭제함.

므로 이 시기를 춘추시대라고 한다.

이 무렵에 이르러서는 주왕실이 극도로 미약해졌다. 안으로는 제후가 겸병하여 제후국의 수가 일백 남짓에 불과하였고, 밖으로는 여러 종류의 만족(蠻族)이 침입하여 형세가 위태로웠다. 그러나 왕실의 명목은 아직 존재하였고, 제후 중 유력한 자가 왕명을 빌려 일시의 위급을 구하고 천하에 호령하여 그의 야심을 채우니 이가 곧 패자(覇者)이다. 당시 제후 중 강자에는 주나라와 동성(同姓)인 노(魯), 위(衛), 진(晉), 정(鄭), 조(曹), 채(蔡), 연(燕)이 있었고, 이성(異姓)인 제(齊), 송(宋), 진(秦), 진(陳), 초(楚)가 있었다. 이외에도 오(吳)와 월(越)이 있었다. 이 중에서 패업(覇業)을 달성한 자는 제의 환공(桓公), 송의 양공(襄公), 진(晉)의 문공(文公), 진(秦)의 목공(穆公), 초의 장왕(莊王)이었다. 이들이 소위 오패(五覇)이다. 또한 오왕 부차(夫差)와 월왕 구천(句踐)도 일시의 패업을 달성하였다.[73]

제 환공은 성씨가 강(姜)이고 이름은 소백(小白)으로 여상(呂尙)의 후손이다. 그 지역이 바다에 임하여 물고기와 소금의 이익이 풍부하고 그 정치가 또한 간편하였다. 환공은 관중(管仲)[74]을 등용하여 옛 정치를 개혁하고 시의(時宜)에 맞도록 하였다. 즉 재정을 정리하고 병제를 쇄신하여 부강의 실질을 얻었다. 이후 주왕실을 존중하고 융적을 물

73 춘추오패에 대해서는 기록마다 약간의 차이가 있다. 『순자(荀子)』「왕제편(王制篇)」에 의하면 제 환공(齊 桓公), 진 문공(晋 文公), 초 장왕(楚 莊王), 오왕 합려(吳王 闔廬), 월왕 구천(越王 勾踐)이 거명되고, 한대의 『백호통(白虎通)』에서는 제 환공, 진 문공, 진 목공(秦穆公), 송 양공(宋 襄公), 초 장왕을 들고 있다. 한편 『한서(漢書)』에서는 제 환공, 진 문공, 진 목공, 송 양공, 오왕 부차(吳王 夫差)를 제시하고 있다.

74 관중(管仲, BC ?~BC 645) : 이름은 이오(夷吾). 영상(穎上, 지금의 안휘성 서북부) 사람으로 제나라 환공 때에 경(卿)의 벼슬에 올랐으며, 환공의 개혁을 성공적으로 이끌었다. 토지 등급에 따라 세금을 걷고, 농업을 발전시켰다. 동시에 염전 · 제철업을 일으켜 제나라를 춘추시대 가장 막강한 맹주로 만들었다.

리쳐 천하를 바로잡아 다스렸으며 제후를 규합(糾合)하여 패업을 달성하였다. 그러나 관중이 사망하자 환공은 소인을 임용하여 국정이 크게 문란해졌고, 환공이 사망하자 제나라의 패업은 쇠퇴해졌다.

송 양공은 성씨가 자(子)이고 이름은 자보(玆父)로, 은나라 종실 미자(微子)의 후손이다. 제 환공을 이어 패업을 이룩하여 일시 제후를 통합하였다. 초나라와 홍(泓)하남성 귀덕현(歸德縣)에서 싸우다가 대패하여 패업을 상실하고 송양지인(宋襄之仁)[75]의 조롱을 당하였다.

진(晉) 문공은 성씨가 희(姬)이고 이름은 중이(重耳)이다. 처음 부친 헌공(獻公)에게 받아들여지지 않아 19년 간을 여러 나라에 유랑하다가 나이가 62세가 되어서야 진(秦)나라의 힘을 빌려 귀국하고 정권을 잡을 수 있었다. 호언(狐偃), 조쇠(趙衰) 등 현량한 신하를 등용하여 패업을 달성하였다. 융적을 물리치고 주왕실을 안정시켰으며 초를 성복(城濮)산서성 조주부(曹州府) 복주(濮州)에서 격파하여 초의 북상을 저지하였다. 그 후 자손이 모두 그의 유업을 잘 지켜 2백여 년에 이르렀다. 그러나 그 후손 영공(靈公)의 실정으로 인하여 초나라가 일시 패업을 달성하였다.

초 장왕은 성씨가 미(羋)이고, 이름은 려(侶)이다. 전욱의 후손 웅역(熊繹)[76]이 봉을 받은 곳이 그들의 터전이었다. 양자강 부근의 땅을 점하여 은연중에 주왕실에 저항하고 춘추의 초기에 왕호(王號)를 참칭하며 제나라, 진(晉)나라와 다투었다. 장왕(莊王)에 이르러 진(晉)을 격파하

---

75 송양지인(宋襄之仁) : 송 양공이 초나라와 싸울 때 송의 공자(公子) 자이(自夷)가 적이 포진하기 전에 치자고 청하였으나 양공은 군자는 남이 곤경에 처하였을 때 공격해서는 안 된다고 하며 적이 포진하기를 기다리다가 도리어 패전하고 자신도 부상을 당하여 당시 사람들에게 웃음거리가 되었다.

76 웅역(熊繹, 생몰년 미상) : 서주 주공이 초나라를 분봉하였을 때의 미(羋) 부락 수령이다. 주 문왕의 스승 육웅(鬻熊)의 후예이다.

고 위엄을 중국에 떨쳐 제후들 사이에서 패업을 이룩하였다가 몇 대를 전하여 소왕(昭王)의 시기에 국세가 크게 쇠퇴하였다.

진(秦) 목공은 성씨가 영(嬴)이고, 이름은 임호(任好)이다. 대대로 서융(西戎) 사이에 있다가 주 평왕 시기에 점차 강대해져서 제후의 일원이 되었다. 목공이 즉위하여 백리해(百里奚), 건숙(蹇叔) 등을 등용하여 진(晉)나라의 곤란을 해결하고[77] 하서(河西)의 땅을 얻었다. 또한 서융을 물리치고 토지를 개척하여 후래 굴기할 기초를 쌓았으나 아직 중원에서 패업을 다투지는 못하였다.[78]

오(吳)의 조상은 주(周) 문왕의 백부 태백(太伯)의 후손이다. 고소(姑蘇) 강소성(江蘇省) 소주부(蘇州府)에 도읍하였다. 월(越)은 하(夏) 소강(小康)의 후손이다. 회계(會稽)절강성(浙江省) 소흥부(紹興府)에 도읍하였다. 오와 월은 모두 만이(蠻夷)라 불렸다. 오는 수몽(壽夢) 시기에 왕을 참칭하고 초나라와 여러 차례 교전하였다. 합려(闔廬) 시기에 초나라에서 망명한 신하 오자서(伍子胥)를 등용하여 초를 대파하였고, 월을 공격하다가 월왕 구천(句踐)에게 크게 패하였다. 아들 부차(夫差)가 오왕에 즉위한 후 군대를 권면하여 구천을 대파하였고, 북상하여 중원과 패업을 다투었으나 마침내 월에게 망하였다. 월왕 구천은 오왕 부차에게 크게 패하고 오에 항복한 후 그 수치를 설욕하고자 범려(范蠡)와 문종(文種)을 등용하였다. 이후 백성을 가르쳐 힘을 양성하고 군대를 훈련시켜 예기(銳氣)를

---

77 진 목공은 그의 딸 회영(懷嬴)을 장차 진(晉) 문공이 되는 희중이(姬重耳)와 결혼시켰다. 목공은 사위가 귀국하여 진(晉)의 국군(國君)이 되도록 협력하였으며 그를 도와 성복전투(城濮之戰)에서 주나라를 격파하였다.

78 저자는 진 목공을 오패의 하나로 들었으나 여기에서의 설명은 패업을 이루지 못하였다는 것으로 내용상 모순된다.

축적한 지 20년 만에 오를 격멸하여 그 땅을 병합하고 북상하여 패왕(霸王)이라 자칭하였다. 그 후 몇 세대를 지나 초에게 망하였다.

제7장 전국(戰國)시대

전국시대는 춘추시대 이후 진(秦)의 통일에 이르는 모두 260여 년 간이다. 춘추의 말기에 이르러 주왕실은 더욱 쇠퇴하여 없는 것과 거의 같았다. 또한 존왕의 의를 주창하는 패자도 없어 천하가 대란에 빠지고 제후의 나라도 배신(陪臣)[79]이 권력을 독점하여 그 군주를 시해하고 그 나라를 찬탈하였다. 진(晉)나라의 한(韓), 위(魏), 조(趙) 삼 씨가 모두 진나라를 나누어 영유하고 주왕(周王)에게 청하여 제후가 되었다.[80] 제(齊)의 전씨(田氏)도 국군의 지위를 찬탈하였다.[81] 이에 따라 겸병의 풍조가 크게 유행하여 당시 제후의 사직(社稷)을 보유한 자가 10여국에 불과하였다. 송, 위(衛), 정(鄭), 노(魯) 같은 제후국은 남은 목숨을 근근이 연명할 뿐이었고 오직 한, 위(魏), 조, 제(齊)의 신흥국가와 오래된 나라인 연, 초, 진(秦)이 가장 강성하였다. 이것이 바로 전국의 칠웅(七雄)이다.

칠웅 중에 국력이 가장 강한 것은 진(秦)이었다. 진이 목공 이후로 대

---

79 배신(陪臣) : 신하의 신하를 말함. 즉 천자의 신하인 제후의 신하.

80 진(晉)은 헌공(獻公) 이래로 군주권을 강화하기 위하여 주변의 종실을 정리하였는데 오히려 이것이 공족(公族)의 기반을 약화시키고 이성(異姓) 씨족의 득세를 가져왔다. 그 결과 기원전 453년 한, 위, 조 삼가가 진(晉)을 분할함으로써 진은 멸망하고 삼진이 성립되었다.

81 전씨(田氏)의 조상은 진(陳) 여공(厲公)의 아들 완(完)이었는데 진에 내란이 일어나자 제나라로 도피하였다. 제 환공의 보호로 관직과 전씨(田氏)의 성을 하사받았다. 이후로 전씨는 백성들과 공족(公族)의 신망을 얻어 날로 세력이 커졌으며 제의 계승문제에 관여하여 마침내 정권을 장악하였다. 그리고 제 강공(康公)이 죽자 전섬(田剡)이 왕위를 찬탈하였다. 여기서 여씨의 제는 멸망하고 전씨의 제가 건국되었다.

대로 서융에서 패권을 차지하다가 16대의 효공(孝公)에 이르러 정치에 힘써서 빈객(賓客)과 군신(群臣) 중에 진나라를 부강하게 할 수 있는 자를 구하였다. 위(魏)에서 망명한 상앙(商鞅)이 귀부하여 패도(覇道)를 유세하니 효공이 크게 기뻐하며 국정을 전담하도록 하였다. 상앙이 드디어 변법(變法)을 실행하여 부국강병의 정책을 강구하였다. 그 변법의 대강은, 작위(爵位)를 군공(軍功)에 따라 수여하고, 아들이 둘 이상인 가정이 분가하지 않으면 부세를 두 배로 내게 하며, 경작과 직조에 힘쓰는 자에게는 역역(力役)을 면제하는 것이었다. 변법을 행한 지 10년에 진국이 크게 다스려져 그 국세가 더욱 강성해졌고, 다른 6국 가운데 진의 침략을 받지 않는 곳이 없었다.

효공의 아들 효문왕(孝文王) 때에는 주나라 사람 소진(蘇秦)이 6국 겸병책을 유세했지만 수용되지 않았다. 이에 소진은 산동(山東)[82] 여러 나라에 가서 6국의 군주를 알현하고 도도한 웅변으로 공수동맹의 필요를 설파하였다. 이것이 곧 합종(合從)이다. 종(從)은 종(縱)을 뜻하는데, 당시 6국이 남북으로 종렬(縱列)하였기 때문이다. 열국 군왕이 모두 기뻐하며 소진으로 하여금 종약(從約)의 장으로 삼고 6국의 재상을 겸하여 장차 진의 침략을 막게 하였다. 그러나 불행히도 각국이 모두 공약을 중히 여기지 않았고, 게다가 진의 이간책에 말려들어 합종책의 효과를 보지 못하였다.

이때 소진의 벗 장의(張儀)가 진을 위하여 6국을 복종시키고자 연횡

82 산동(山東) : 산동이라는 지명은 시대에 따라 가리키는 지역이 상이하였다. 전국(戰國), 진(秦), 한(漢) 시기에는 효산(崤山) 혹은 화산(華山) 이동 지역을 칭하였다. 또는 관동(關東)이라고 하였다. 또 전국시기에는 진(秦) 이외의 6국을 의미하였다.

책(連衡策)을 제안하였다. 횡(衡)은 횡(橫)을 뜻하는데, 당시 6국은 동쪽에 있고 진은 서쪽에 있어 동서가 서로 연(連)하는 방책이다. 장의가 위(魏)로부터 시작하여 다른 5국을 모두 속여 진에 복속하게 하고 진나라 도읍에 귀의케 하고자 하였다. 그러나 그렇게 되기 이전에 진 혜왕(惠王)의 아들 무왕(武王)이 즉위하여 장의를 불신하였고, 다른 6국도 모두 횡약(衡約)을 배신하였다.

열국이 다시 합종을 맺었으나 그 이익을 얻지 못하고 쟁란은 더욱 심해졌다. 모사와 유세객이 도처에서 분기하여 모두 일신의 영달을 도모하기에 급급하였고, 거취가 일정하지 않았다. 명군양주(明君良主)도 오직 눈앞의 이해관계만을 따져서 먼 미래의 계책을 세울 겨를이 없었다. 게다가 6국의 경계는 지리상 교착하였기 때문에 충돌이 누차 발생하였고, 이로 인하여 진에 병탄의 기회를 제공하였다.

진은 이때를 이용하여 병탄에 온 힘을 쏟았다. 함곡관(函谷關)의 험준함에 의거하여 항상 공격하는 위치에 섰고, 또 범저(范雎)[83]의 원교근공책(遠交近攻策)을 채용하여 제후를 고립시켰으며 백기(白起) 등 훌륭한 장수를 등용하여 타국을 침략하였다. 장평(長平)의 전투[84]에서 조(趙)나라 병사 40만을 하루 아침에 매장하였고 또 이사(李斯)의 반간책(反間策)[85]을 채용하여 제후의 군신(君臣)을 이반시켰다. 이에 6국은 서로 공

---

83 범저(范雎) : 전국시대 위(魏)나라 사람으로 원교근공책을 진(秦)의 소양왕(昭襄王)에게 진언하여 진의 재상이 되고 응후(應侯)에 봉하여졌다.

84 장평(長平)은 전국시대 조(趙)나라 읍이다. 현재의 산서 고평시(高平市) 서북이다. 『사기』 「진본기(秦本紀)」에 의하면 소양왕 47년(BC 260) 무안군(武安君) 백기로 하여금 조괄(趙括)이 이끄는 조나라 군대를 치게 하였다.

85 장평의 전투로 조나라는 쇠약해졌으나 명장 이목(李牧)이 있어 진에 대항하고 있었다. 진은 반간책을 써 조왕(趙王)의 총신 곽개(郭開)를 매수하여 이목이 반란을 음모한다고 무고케

격하여 피폐가 막심해졌다. 당시 조나라에 염파(廉頗), 이목(李牧) 등의 훌륭한 장수와 위(魏)나라에 신릉군(信陵君)의 지략이 있었지만 소용이 없었다. 당시 마침 주(周)의 난왕(赧王)이 제후를 종약(從約)하여 진나라를 정벌하고자 하였으나 오히려 진나라가 서주(西周)[86]를 멸망시켰다. 단기 2078(BC 256)[87]년의 일이었다. 7년이 지나 진이 동주(東周)를 또 멸망시켰다. 주는 모두 37대 873년이다.

제8장 주말(周末)의 학술

상고의 지나 학술은 대개 전하는 바가 적고, 시대를 내려와 춘추 전국시대에 이르러 지나 사상계는 정점에 도달하였다. 이는 대개 주왕조에 조언률(造言律)[88]이 있어서 사람의 사상을 속박하여 춘추시기에 이르도록 새로운 학문이 흥성하지 못하였기 때문이다. 춘추시기에 이르러 기강이 해이해지고 문물이 쇠퇴하게 되자 오히려 언론의 자유가 크게 신장되었다. 가장 먼저 노자(老子)와 공자(孔子)가 출현하여 2대 교의를 정립하여 지나 사상계를 주재하였다.

하였다. 이목이 피살되자 조나라는 진나라 병사에 대적할 수 없어 수도 한단(邯鄲)이 함락되고 멸망당하였다.

86 서주(西周) : 여기서의 서주는 전국시대 소국으로 동주(東周) 고왕(考王, BC 440~BC 426 재위)시기 분봉되었다. 개국군주인 서주의 환공(桓公)은 동주 고왕의 동생 게(揭)로 하남(河南, 洛陽 서쪽)에 도읍하였다. 기원전 256년 동방 각국이 합종하여 진(秦)에 대항하는 전쟁에 참여하였다가 진나라에 멸망당하였다.

87 단기 2078년은 기원전 256년이 맞다. 그러나 저자는 계산의 착오를 일으켜 기원전 257년이라 하고 있다. 기원전 256년으로 바로잡았다.

88 조언(造言)은 요언(謠言)을 만드는 것을 말한다. 『주례(周禮)』「대사도(大司徒)」에 의하면 향(鄉)에서는 8형(刑)으로 만민을 단속하였는데 7번째가 조언지형(造言之刑)이다. 정현(鄭玄)은 조언을 "헛소문으로 대중을 미혹시킨다[訛言惑衆]"고 주해하였다.

공자는 이름이 구(丘)이고, 자는 중니(仲尼)로, 노나라 사람이다. 단기 1783년 (BC 551) 11월에 태어났는데 성덕이 있고 재지(才智)가 풍부하였다. 요, 순, 우, 탕에게서 발원한 한족 고유의 윤리사상을 집대성하여 유교를 확립하였다. 그 학문의 주지(主旨)는 수신(修身), 제가(齊家), 치국(治國), 평천하(平天下)에 있다. 당시 주왕실이 미약하고 제후가 발호하자 세상의 도가 점차 쇠퇴해짐을 탄식하고 주나라 초기의 성세를 재차 만회하고자 하였다. 이를 위해 천하를 두루 돌아다니면서 그 도를 실행하려 했지만 실현시킬 수 없어 수사(洙泗)[89] 지방으로 돌아가 제자에게 도를 강의하였다. 아울러 시서와 예악을 정리하여 후세에 전하였고 춘추를 필삭하여 명형(名刑)을 정하고 나이 73세에 졸(卒)하였다.단기 1855년(BC 479). 공자의 제자는 3천 명인데 그 중에 육예(六藝)에 능통한 자는 70인이었다.

노자는 초나라 사람이니 성은 이(李)씨이고, 이름은 담(聃)이다. 역시 천하를 구하려는 뜻이 있었는데 공자와 그 견해가 크게 달랐다. 천하가 어지러운 까닭은 제도와 문물의 번잡함에서 말미암는다고 생각하였다. 『도덕경(道德經)』 오천언(五千言)을 저술하여 예악을 배척하고 무위도덕(無爲道德)의 설을 창도하였다. 후에 세상을 등지니 세상 사람들이 그 종국을 알 수 없었다. 이에 후세 사람이 신선이 되었다는 주장을 부회(附會)하여 도교(道敎)를 만들었다.

위와 같이 공자는 유교(儒敎)를 주창하여 세간적(世間的) 교의를 주장하고, 노자는 자연을 위주로 하는 도교를 창도하여 출세간적(出世間的)

---

89 수사(洙泗) : 산동성 일대를 흐르는 수수(洙水)와 사수(泗水)로 공자가 이 강들 근처에서 제자들에게 도를 가르쳤으므로 공자의 문하 또는 공자의 학파를 뜻한다.

교의를 주장하였다. 이 2대 사조는 지나인의 정신계를 관리하여 이후 제자백가가 상호 비판하되 그 요체는 이 2교를 넘지 않았다.

전국시대에는 유가(儒家)에 공자의 제자 증삼(曾參)과 공자의 손자 자사(子思)가 있다. 자사는 『중용(中庸)』을 지었으며 그의 제자에 맹가(孟軻)가 있고 다시 그 후에 순황(荀況)이 있다. 도가(道家)에는 열어구(列禦寇), 장주(莊周) 등이 있었다. 각기 조사(祖師)의 교의를 발휘하고 확충하였는데 그 중 유가에는 맹가, 도가에는 장주가 가장 두드러졌다.

맹가는 추(鄒)나라 사람으로, 성선설을 주창하였으며 왕도(王道)로써 열국을 유세하고 유도(儒道)로써 천하를 다스리려 하였으나 뜻을 이루지 못하였다. 그 문인과 함께 『맹자(孟子)』라는 서적을 저술하여 유교를 천명하였다. 장주는 맹가와 같은 시기 인물로, 노자의 책을 조술·부연하여 『장자(莊子)』를 저술하였는데 문장이 호방웅건(豪放雄建)하고 종횡무진함은 백대(百代)가 지나도록 탁월하였다. 자연을 위주로 하였으며 이 학문을 노장(老莊)이라 칭한다.

유가와 도가 이외에 묵적(墨翟)은 겸애설(兼愛說)을 주창하였고, 양주(楊朱)는 자애설(自愛說)을 주창하였다. 법가(法家)는 관중(管仲)이 그 효시인데 명실(名實)의 일치를 요구하고 법술이 정치에 필요함을 주장하였다. 그 후에 신불해(申不害)는 오로지 술(術)을 논하였고, 상앙(商鞅)은 오로지 법(法)을 주장하였으며, 한비(韓非)는 법과 술을 겸론하였다. 이사(李斯)가 이에 근거하여 진(秦)의 대업을 달성하였다. 병가(兵家)에는 여상(呂尙)의 육도(六韜)가 있고, 그 후에 손무(孫武), 오기(吳起) 등이 병술과 전략에 관한 책을 저술하였다. 공손룡(公孫龍)과 혜시(惠施)의 무리는 궤변을 잘하였는데 대개 지금의 논리가인 셈이다. 소진과 장의의 무리는 종횡술(縱橫術)로 저명하였고, 시부(詩賦)와 가곡(歌曲)에 이르러서는 『시경(詩經)』 이외에 초나라의 굴원(屈原)이 『이소(離騷)』를 짓고, 사가(史家)에는 좌구명(左丘明)이 있었다.

제9장 상고의 인도(印度) 및 불교의 흥기

인도는 지나와 마찬가지로 세계에서 가장 오래된 나라의 하나이다. 히말라야 산맥과 힌두쿠시 산맥의 남쪽에 돌출한 큰 반도 국가이다. 처음에는 토인(土人) 드라비다 종(種)이 주거하였다. 대략 5천 년 전 무렵에 중앙아시아의 아무다리야 강 및 시르다리야 강 사이에 거주하는 백인종의 일파 아리안 종(種)인도유럽어종이라 칭함이 인더스강을 따라 먼저 펀잡 지방에 정착하였다. 다시 더욱 동진하여 갠지스강 유역을 점거하고 드라비다 족을 정복하였는데 그 사적은 망연하여 고찰하기 어렵다. 당시는 여러 많은 부락으로 나뉘어 추장을 각기 추대하다가 점차 국가를 형성하였다. 그중 가장 저명한 나라들인 코살라[憍薩羅]국은 요디아지금의 아우드라에 도읍하였고, 배라타국은 헤스티나푸라에 도읍하였으며, 판찰라(팬찰라)국은 배라타국의 남쪽에 위치하였다. 배라타국과 판찰라국이 헤스티나푸라에서 교전한 일은 그 나라의 마하바라타 시(詩)에 기술되어 있다. 코살라국의 라마 대왕(大王) 사적은 라마야나 시(詩)에 기술되어 있는데 역사상 이 시대를 서사(敍事)시대라 한다. 대략 단기 1천 년경(BC 1334)이다.

이후에 또 마가다[摩揭陀] 왕국이 일어났고 이외에도 많은 소국이 존재하였다. 이때에 이르러 인도 내에 아리안의 여러 나라가 서로 이어서 수립되어 무기를 들고 싸웠지만 문화는 점차 증진되었다. 다만 사회에는 계급제가 드디어 생겨나 인민이 네 계급으로 나뉘었다.[90] 즉 브라만[婆羅門], 크샤트리아[刹帝利], 바이샤[吠舍], 수드라[首陀羅]이다. 브라만족은 최고급의 승족(僧族)으로, 종교와 학술을 오로지 관장한다. 크샤트리아족은 무사로, 전쟁과 정치의 권한을 장악한 왕족이다. 바이샤족은 상공업 등의 실업에 종사하는 평민이다. 이 세 계급은 모두 아리안 종이다. 처음에는 엄격한 구별이 없었으나 점차 구별이 뚜렷해져 각 족 사이에 서로 혼인하지 않았고, 또 생업도 고정되어 대대로 이어졌다. 수드라족은 정복당한 구래의 토인으로, 노예로서 여러 가지 천업에 종사하였다.[91]

승족은 아리안 종 조상으로부터 전래한 경전 베다[吠陀]지식(智識)을 의미를 연구하였다. 이에 우주의 진상과 인생의 목적을 해석하고자 하여 브라만교를 창시하였다. 그 개조(開祖)와 기원지, 연대는 모두 자세히 알 수 없으나 이 승족으로부터 철학의 여러 학파가 일어나 진리를 연찬하였고 또 기하학, 수학, 천문학, 의학 및 논리학 등에 통달하여 일체 지식적 연구는 그들 일족의 특권이 되었다. 그들 세력이 동일 종족

---

90 인도의 계급제도로 알려진 카스트제도에서, 카스트라는 말은 포르투갈이 인도에 들어온 이후에 생겨난 근대적 언어이다. 여기에 해당되는 인도어는 바르나(varna)로 브라만, 크샤트리아, 바이샤, 수드라 등 4개의 계층을 가리킨다. 그리고 혈연의 동족 집단을 뜻하는 3천~4천개의 자띠(jati)라는 것이 있다. 현재 사용되는 카스트라는 말은 이 바르나와 자띠를 모두 포함하는 계급제도의 통칭이며, 바르나보다는 카스트가 더 넓은 의미를 가진 말이다.

91 마누 법전에는 4개의 바르나에 속한 사람들이 종사할 수 있는 직업에 대한 규정이 있다. 브라만은 베다를 가르치고 학습하는 일, 자신과 다른 사람을 위해 희생제를 올리는 일, 보시를 하거나 받는 일을 할 수 있다. 크샤트리아는 백성을 보호하고 보시를 행하며 희생제를 올리고 베다를 학습하는 일 등을 할 수 있다. 바이샤는 희생제의 거행과 베다의 학습, 목축, 보시, 상업, 금융업 그리고 경작을 담당하는 계층이다. 마지막으로 수드라는 오직 상위의 세 계층에 대한 봉사만 할 수 있다고 규정되어 있다.

중에 수반(首班)의 지위에 있으므로 드디어 이기적인 사정(私情)에 근본하여 그 권력을 남용하였다. 대략 단기 1300년(BC 1034)경에 마누 법전을 제정하여 다른 세 계급의 사람들을 억압하였다. 이때 왕족이 먼저 일어나 반항하였으며 이윽고 또 승족 중에서도 그들의 부패함을 공격하는 자가 있었다. 마침내 불교가 흥기하여 사회, 종교의 혁신을 도모하였다.

위와 같이 브라만 족의 전횡을 여러 족이 모두 혐오하여 공격하였다. 대략 지나의 유가나 도가의 창시와 같은 시기에 인도에서 불교가 흥기하였다. 그 교조는 석가모니불(釋迦牟尼佛)이다. 석가모니는 단기 1778년(BC 558)에 탄생하였으며 크샤트리아 족이다. 중인도 카필라[迦毘羅]지금의 고락푸성주 정반왕(淨飯王)의 태자로, 이름은 고타마 싯다르타[喬答摩悉達多]이다. 석가(釋迦)는 종족의 이름이고, 모니(牟尼)는 현자라는 의미이며 불(佛)은 깨달은 자라는 의미이다. 따라서 이 가르침을 불교(佛敎)라고 한다.

석가가 본시 부귀한 신분으로 태어나 성장한 사람이나 항상 인생의 무상함을 느끼고 브라만의 전횡에 개탄하여 세상을 구할 뜻이 있었다. 29세의 나이에 부모와 처자, 진귀한 보물과 왕위를 버리고 입산하여 난행고행(難行苦行)[92]한 지 6년 만에 하루아침에 활연히 정각(正覺)을 얻었다. 인과응보(因果應報)의 이치를 밝히고 생로병사에서 해탈하는 방법을 깨달아 한 종교를 새롭게 만들고 산을 내려와 설법하였다. 그 교의에 따라 계급을 엄격히 지키려는 브라만교를 배척하고 평등주의

92 난행고행(難行苦行) : 정신적 수련을 쌓기 위해 짐짓 고된 수행을 쌓음. 또 그러한 수행을 의미.

를 주창하였다. 일체의 중생이 능히 미몽을 떨쳐 버리고 인간 세상의 속박을 이탈하여 도를 수행하면 누구든지 모두 내세에 무한한 행복을 누릴 수 있다고 하였다. 이에 종래 브라만교의 폐단에 고통 받던 자들이 서로 이끌어 귀의하여 위로는 왕공(王公)으로부터 아래로는 서민과 부녀자 어린이에 이르기까지 출가 사신(捨身)[93]하여 승려와 비구니가 되었으며 재산을 헌납하고 땅을 내어 사찰을 짓는 일이 아주 많았다.

석가가 무릇 50년 간을 각지에서 포교하다가 단기 1856년(BC 478)에 드디어 입멸하였다. 그 후에 제자 및 신도가 결집하여 교법(敎法)의 포교에 진력하였으나 크게 떨치지 못하였다. 약 2백 년 후에 마가다 국왕 아소카왕[阿育王]이 불교에 귀의하였다. 그는 불교를 국교로 삼고 천 명의 승려를 파트나 성(城)에 회집시켜 경전을 주석하였고 전국에 칙령으로 포교하였으며, 포교승을 사방에 파견하였다. 이에 불교의 포교가 지극히 광활하게 전개되었다.

그러나 당시 인도의 상황을 살펴보면, 무수한 소왕국이 분립하여 통일되지 못하고 쟁란이 그치지 않다가 마침내 외민족의 침입을 받았다. 단기 1816년(BC 518)에 페르시아 왕 테라이어스(쩨라이어쓰)가 침략하여 인더스 강변의 땅을 탈취하였다. 그 후 약 190년이 지나 단기 2006년(BC 328)에 그리이스[希臘]의 마케도니아(마시도니아) 왕 알렉산더(알넥샌더)가 굴기하여 페르시아를 멸망시키고 그 창끝을 동쪽으로 돌렸다. 알렉산더는 인더스 강을 건너 펀잡 지방을 정복하였고, 북부 인도의 포러스 왕을 격파하고 장차 중부 인도의 마가다 왕국을 격파하고

93 사신(捨身) : 자기 몸을 버림. 수행 · 보은(報恩)을 위하여 속계에서의 몸을 버리고 불문에 들어감.

자 하였으나 폭염으로 인하여 후퇴하였다. 그 장수인 셀레우코스(셀뉴커스)를 남겨두었는데 이때에 마가다 왕국의 찬드라 굽타[旃陀羅笈多]라고 하는 자가 왕위를 찬탈하고 마우리아[毛利耶] 왕조를 열고 셀레우코스의 침략을 격파하였다. 굽타 왕이 강력한 병사 60만을 거느리고 중부, 북부, 서부의 세 인도를 점령하여 위세가 강대하였다. 그 손자 아소카왕에 이르러 더욱더 강성해졌으며 왕은 불교의 보호자였다. 그러나 왕의 사후 40년에 대신 푸샤미트라[弗沙密多]가 왕위를 찬탈하였다.

제2편 중고사 –단기 2086년(BC 248)으로부터 3539년(1206)까지–

제1장 진(秦)의 통일 및 멸망

앞서 단기 2085년(BC 249)[1] 진이 동주(東周)를 멸망시켰고 3년이 지나 진왕 정(政)이 즉위하여 왕전(王翦), 왕분(王賁) 등으로 하여금 6국을 정복하게 하였다. 즉위 17년에 처음으로 한(韓)을 멸망시키고 이어서 그 후 9년 동안에 조(趙), 위(魏), 초(楚), 연(燕), 제(齊)를 모두 멸망시켰다. 즉위 26년인 단기 2113년(BC 221)에 통일의 대업을 달성하였다. 이때 진왕 정이 스스로 생각해보니 덕은 삼황을 겸하였고, 공은 오제를 초과한다 하여 왕호를 황제(皇帝)로 고쳐 존엄을 나타내었다. 또 시법(謚法)을 폐지하고[2] 대수로 계산하도록 하여 시황제(始皇帝)라 자칭하였으며 이후로 2세, 3세로 만세에 전하고자 하였다.

시황제가 도읍을 함양(咸陽)호경(鎬京)의 북쪽으로 정하고 정치와 법률 제도의 개혁을 단행함에 있어서 주왕실의 봉건(封建)의 폐해를 거울 삼고 이사(李斯)의 건의를 좇아 지방에서는 봉건제를 폐지하고 군현제(郡縣制)를 창설하였다. 즉 전국을 36군(郡)으로 나누고 또 군을 현(縣)으로 나누었다. 중앙정부는 행정, 군사[兵馬], 감찰의 삼권을 분립시켜 대정(大政)은 승상이 총리하고, 군사는 태위(太尉)가 장악하며 어사대부(御史大夫)는 감찰을 담당하였는데 각 군에도 수위감(守尉監)의 삼관을 두었

1 저자가 단기 1085년으로 오기한 것을 바로 잡았음.

2 진왕 정은 황제의 존호(尊號)를 제정한 후 시호를 폐지하였다. 시호는 원래 군주의 사후에 그 군주의 업적에 따라 적당한 시호를 정하였는데, 진왕 정은 자손 및 신하들에 의한 시호 제정은 부(父) 또는 선왕을 비판하는 것으로 간주하여 이를 폐지한 것이다.

다. 이들 모두는 중앙정부가 임명하고 황제가 위에서 통치의 대권을 모두 장악하여 황제의 위세를 무겁게 하고 신권을 가볍게 하여 군주전제(專制), 중앙 집권의 실질을 도모하였다. 그리고 부세(賦稅)를 나누어 여러 아들과 공신에게 지급하였다.

시황제는 또한 국내의 민심을 통일하고 천하 소란의 원천을 없애기 위하여 문자를 통일하였고, 법률과 도량형을 하나로 하였다. 아울러 민간의 병기를 함양에 모아 이를 녹인 후 금인(金人) 12개를 주조하였고, 여러 군의 부유한 집 12만 호를 함양에 이주시켰다. 황위를 선양하기 위하여 토목사업을 크게 일으켜 위수(渭水)의 남쪽에 아방궁(阿房宮)을 새로 지었는데 극히 장엄하였다. 또 각 군에 이궁(離宮) 7백 곳을 건설하고 도로를 닦아 교통을 편리하게 하였다. 아울러 빈번히 지방을 순수(巡狩)하고 돌에 글을 새겨 진나라의 공덕을 칭송하였다. 장생을 위하여 서불(徐市)을 바다에 보내 신선의 불사약을 구하도록 하였다.[3]

시황제는 또 그 판도를 확장하고자 외정에 전력함으로써 국위를 선양하였다. 이때 터어키 인종의 일종인 흉노지난날의 훈육(獯鬻) 또는 험윤(玁狁)이다가 점차 강성해져 북변을 누차 침범하므로 장군 몽념(蒙恬)으로 하여금 30만 군대를 인솔하여 이를 격퇴하게 하고 하남(河南)[4]의 땅을 장악

---

3 서불(徐市, 일명 徐福, 생몰년 미상)은 영생을 가져다 줄 신선을 모셔오겠다고 기원전 219년(시황 28) 진시황제에게 상소를 올렸다. 시황은 크게 기뻐하여 동남동녀 수천을 뽑아 그에게 주고 바다로 나가 신선을 찾아오게 하였다. 『삼국지』와 『후한서』에는, 서불이 중국을 떠나 단주(亶洲) 또는 이주(夷洲)에 도달하였다고 나온다. 중국 학자는 이주(夷洲)는 대만을, 단주(亶洲)는 일본을 가리킨다고 주장한다. 한국의 학자들은 정방폭포의 서불과지(徐市過之)라는 글자를 근거로 단주(亶洲)를 제주도라고 주장하고 있다.

4 오늘날의 하남성(河南省)이 아니다. 섬서성과 내몽골자치구에서 황하가 북류하다가 동류하고 다시 남류하는 하투(河套 : 오로도스) 지방을 의미한다. 즉 내몽골자치구를 흐르는 황하 이남의 땅이란 의미이다.

하였다. 또한 '진나라를 망하게 하는 것은 호(胡)'라는 참언(讖言)[5]을 두려워하여 몽념으로 하여금 전국시대 제후국이 경영하였던 장성(長城)을 증축하도록 함으로써 그들의 침입을 방지하였다. 장성은, 서쪽으로는 임조(臨洮)감숙성 공창부(鞏昌府) 민주(岷州)에서 시작하여 동쪽으로는 요동에 이르렀는데 이것이 곧 만리장성이다. 시황제는 또 남으로 백월(百越)양광지방(兩廣地方) 및 남월(南越)안남지방을 정복하고 군(郡)을 설치하였으니 그 판도의 광활함이 북으로는 몽골의 막역(漠域)으로부터 남으로는 안남에 달하였으며 서로는 감숙으로부터 동으로는 요하(遼河)에 이르렀다.

시황제가 이와 같이 장대한 업적을 이루었으나 당시는 전국시기를 지난 지 얼마 되지 않는 까닭에 제자백가의 설이 횡행하였다. 따라서 진의 신정(新政)이 급격함을 보고 비방하는 자가 많았다. 이에 시황제가 크게 노하여 승상 이사의 건의를 좇아 의약, 복서(卜筮), 농업 이외의 책은 박사관(博士官)이 소장한 것 외에는 모두 불사르도록 명령하였으며 서적 소장을 금하는 금령을 내리고 유생 4백인을 함양에서 산채로 구덩이에 묻어 죽였다. 인민 중에 법령을 배우고자 하는 자가 있으면 이(吏)로써 스승으로 삼게 하여 언론의 자유를 속박하였다. 그러나 이로 인하여 진나라의 멸망은 그 시기가 점차 무르익어갔다.

단기 2124년(BC 210)에 시황제가 동쪽으로 순행을 나갔다가 밖에서 붕어하였다. 환관 조고(趙高)와 승상 이사가 황제 명령이라 사칭하며 장자 부소(扶蘇)를 살해하고 막내아들 호해(胡亥)를 세웠는데 이가 바로

---

5 연(燕) 출신의 한 방사인 노생(盧生)이 「녹도서(錄圖書)」(일종의 예언서)를 시황제에게 헌상하였는데 거기에는 "망진자호야(亡秦者胡也)"라고 쓰여 있었는데 시황제는 여기서 호(胡)를 흉노(匈奴)로 이해하여 만리장성을 쌓고 흉노정벌을 단행하였다고 전해진다. 일부 사람들은 호가 그의 막내 아들로 2세황제가 된 호해(胡亥)라고 이해한다.

2세 황제이다. 조고가 2세 황제의 어리석음을 이용하여 정권을 농락하였다. 형벌을 엄격하게 하여 여러 대신과 공자(公子)를 살해하고 토목사업을 크게 일으켜 궁실을 건조하며 인민을 몰아 변방에 멀리 나가 지키게 하니 천하 인민이 모두 진의 폭정을 원망하였다.

민심이 반란을 생각함이 오래되었으나 다만 시황제를 두려워하여 감히 일어나지 못하였었다. 진시황의 무덤이 있는 여산(驪山)의 흙이 채 마르기도 전에 초나라 사람 진승(陳勝)과 오광(吳廣)이 형도(刑徒)[6]로서 일어나 기(蘄)안휘성(安徽省) 봉양부(鳳陽府) 숙주(宿州)에서 반기를 드니 이에 군웅이 사방에서 봉기하여 서로 호응하였다. 그 중 가장 저명한 자는 초의 옛 신하 항적(項籍)[7]과 패(沛)강소성 서주부(徐州府) 사람 유방(劉邦)이었다. 항적은 그의 숙부 항량(項梁)과 오(吳)강소성 소주(蘇州)에서 일어나 초의 회왕(懷王)을 옹립하고 유방은 패에서 일어나 역시 초 회왕에 귀부하였다.

이때에 이르러 굴기한 여러 세력이 모두 왕을 자칭하여 민심을 모으자 2세가 크게 놀라 장함(章邯) 등을 파견하여 진승과 오광의 군대를 격파하고 항량을 격살하니 진나라의 위세가 크게 떨쳤다. 항적과 유방이 초 회왕의 명을 함께 받들어 진나라를 공격하였다. 이때 초 회왕은 유방이 성품이 너그럽고 후하므로 진나라 도읍지역 관중(關中)으로

---

6 『사기』 「진섭세가(陳涉世家)」에 따르면 진승(陳勝)은 평소 남을 위해 용경(傭耕)을 하였다고 하니 일종의 고농(雇農)인 셈이다. 그리고 900명의 농민과 함께 변방에 파견되었고 그 무리의 둔장(屯長)이었다고 한다. 저자가 그들을 형도로 파악한 것은 어떠한 근거에서인지 모르겠다.

7 항적(項籍, BC 232~BC 202) : 초나라 명문의 후손으로, 자는 우(羽). 즉 항우를 가리킨다. 진 말에 진승과 오광이 거병하자 숙부 양(梁)과 오중(吳中)에서 병을 일으켜 진나라 군대를 격파하고 스스로 서초(西楚)의 패왕이라 일컬었다. 한고조와 천하를 다투다가 해하(垓下)에서 패하였다.

진격하도록 하였고, 항적은 상장군(上將軍) 송의(宋義)와 함께 장함을 방어하며 하북에서 싸우도록 하였다. 그런데 송의가 중도에서 싸우지 않고 체류하자 항적이 송의를 죽이고 스스로 분발하여 진나라 군대를 쳐서 거록(鉅鹿)직예성(直隸省) 순덕부(順德府) 평양현(平陽縣)에서 대파하고, 장함 등을 항복시키고 제후의 상장군이 되었다.

이때에 조고가 전권을 휘두르고 오로지 2세를 기만하더니 그가 성낼까 두려워 이사를 모함하여 죽이고 나아가 2세를 시해하였다. 조카인 자영(子嬰)을 옹립하자 자영은 즉위한 후 조고를 주살하였다. 그러나 이때 유방의 군대가 함양에 육박하였고, 자영은 이를 막지 못할 것을 알고 흰 수레와 백마로 유방의 군대에 나아가 항복하였다. 이로써 진나라가 망하였으니 때는 단기 2128년(BC 206)이었다. 시황제 사후 4년이요, 칭제한 후 도합 15년이다.

제2장 초한(楚漢) 전쟁

처음 초 회왕이 여러 장수를 파견할 때에 관중에 먼저 들어간 자를 왕으로 삼는다고 약속하였었다. 유방이 진나라를 멸망시키면서 진나라의 가혹한 법률을 폐지하고 삼장(三章)의 법[8]으로 간단히 하여 백성의 신망을 크게 얻었다. 항우(項羽)항적의 자(字)이다가 하북으로부터 관(關)[9]

8 진나라의 법이 지나치게 가혹하였으므로 "살인한 자는 죽이고, 사람을 상하게 하고 남의 물건을 훔친 자는 죄를 준다"는 약법삼장(約法三章)만을 공포하고 일체의 법을 전부 폐지하였다.

9 고대 진한 제국의 수도 지역은 관중(關中)이라 불렸는데 동서남북의 네 관문으로 둘러싸여 있었기 때문이다. 그중 동쪽 관문이 함곡관(函谷關)이고 남쪽은 무관(武關), 북쪽은 소관(蕭關), 서쪽은 산관(散關)이었다. 이 글에서의 관문은 바로 함곡관을 가리킨다.

에 이르러 유방이 관중에 들어간 것을 보고 그의 공적을 시기하였다. 게다가 유방의 군대가 항우를 저지하였다. 이에 항우가 홍문(鴻門)함양의 동쪽에 주둔하며 모사꾼 신하 범증(范增)의 말을 좇아 장차 유방 군대에 진격하고자 하여 유방의 운명은 위기일발의 순간에 처하였다. 유방의 모신 장량(張良)이 이를 알고 유방에게 고하여 유방이 친히 항우에게 가서 사죄함으로써 겨우 평화를 얻게 되었다.

그러나 항우는 분노를 이기지 못하여 함양을 도륙하고 아방궁을 불태우며 시황제의 무덤을 파헤치고 항복한 자영을 살해하였다. 그 후 동쪽으로 돌아가 팽성(彭城)강소성 서주부에 도읍하고 서초패왕(西楚覇王)이라 자칭하며 회왕을 의제(義帝)[10]라 존중하는 체하며 강남(江南)침(郴)에 도읍하였으니 침은 지금의 호남성 침주부(郴州府)이다으로 옮겨가도록 하였다. 항우는 스스로 제후를 분봉시키고 과거의 약속을 위반하여 유방을 파촉(巴蜀)과 한중(漢中)의 땅에 봉하며 진의 항복한 장수 장함 등 3인을 관중에 분봉하여 유방을 제어하게 하였다. 유방은 국호를 한(漢)이라 칭하였다.

한왕(漢王)은 결국 그 분노를 참고 한나라에 나아가 소하(蕭何), 장량, 한신(韓信) 등을 등용하여 실력을 양성하였다. 얼마 지나지 않아 동으로 나아가 장함을 격파하고 관중에 웅거하며 낙양(洛陽)으로 진격하여 평정하였다. 마침 항우가 사람을 보내 의제를 시해하자 한왕이 드디어 항우의 시역(弑逆) 행위를 천하에 포고하고 제후의 군대를 모아 팽성으로 진격해 함락시켰다. 항우가 이때 제나라 땅에 있다가 정예 병

---

10 의제(義帝)라는 말은 언뜻 보면 매우 좋은 의미처럼 들린다. 그러나 우리가 친아버지가 아닌 수양 아버지를 의부(義父)라 하고 팔 다리가 없어 다른 것으로 만든 경우 의수(義手), 의족(義足), 의안(義眼)이라 한다. 즉 진짜가 아니라 가짜라는 의미이다. 따라서 의제(義帝)도 진짜 황제가 아니라 가짜 황제라는 의미로 이해될 수 있다.

사를 거느리고 수수(睢水)가에서 한나라 군대를 습격하여 대파하였다. 그러나 한(漢)은 소하가 관중에 있으면서 내정을 잘 담당하였고, 한신이 병사(兵事)를 관장하였으며 또 장량, 진평(陳平)의 계책을 써서 형양(滎陽)하남성 개봉부 형양현에서 초를 대파하였다. 이로 인해 홍구(鴻溝)를 기준으로 천하를 반분하였으나 오래지 않아 한나라가 항우를 추격하여 해하(垓下)안휘성 봉양부 영벽현(靈壁縣)에서 여러 겹으로 포위하였다. 이때에 항우는 범증이 이미 떠났고, 또 응원하는 세력이 없어 고립되어 있었다. 항우가 강개한 슬픈 노래를 스스로 금하지 못하고 포위망을 뚫고 나아가 오강(烏江)안휘성 화주성(和州城) 동북에서 스스로 목을 베었다. 이로써 5년의 전쟁은 드디어 종결되었다. 이에 한왕 유방이 통일의 대업을 달성하여 제위에 오르니 이가 곧 한고조(漢高祖)이다. 때는 단기 2132년(BC 202)이었으며 지나의 미천한 필부로서 제업을 달성한 자는 한고조가 그 처음이었다.

제3장 한(漢)의 초기

한고조의 사람됨이 활달한 도량이 있고, 또한 사람을 잘 등용하기 때문에 제업을 달성할 수 있었다. 즉위 초에 드디어 장안(長安)주(周)의 호경(鎬京)에 도읍을 정하였다. 조정의 규모는 진나라 제도를 많이 사용하였으나 지방제도는 주나라와 진나라의 성패를 거울삼아 군현제와 봉건제의 양 제도를 병용하였다. 군(郡)과 국(國)을 정하여 군에는 수(守), 국에는 왕을 두고 여러 종실 및 공신을 왕으로 봉하였다. 그러나 이성(異姓)인에게의 봉왕은 한고조가 원하지 않는 바였다. 그러므로 만년에 한신, 팽월(彭越), 영포(英布) 등의 여러 공신이 차례차례 반란의 명목으로 주륙당하였다. 이들 왕은 종실로 대체되어 동성(同姓)의 왕국 9개가 있었다. 이들 왕국의 땅이 광대하였으므로 근본과 곁가지의 균형이 그 마땅함을 잃어 후일 7국의 반란을 양성(釀成)하였다.

앞서 초한 전쟁 때에 북방의 흉노가 하남(河南) 오로도스에 침입하였으며 고조 말년에 대거 침략해 들어왔다. 고조가 친정하다가 묵특(冒頓) 선우(單于)[11]에게 평성(平城)산서성 대동부(大同府) 백등산(白登山)에서 포위당하였다. 부득이하게 화약을 맺고 폐물을 선사하며 공주를 시집보내 환심을 사야만 하였다.

고조 사후에 아들 혜제(惠帝)가 즉위하였으나 나이가 어려 모후인 여씨(呂氏)가 섭정하였다. 여후(呂后)는 고조를 내조한 공이 많아 군신이 모두 어려워하였다. 이에 이르러 정권을 전적으로 장악하고 고조의 총애를 받던 아들 여의(如意)와 그 어미 척씨(戚氏)를 학살하였다.[12] 혜제가 죽은 후에는 여씨의 족속을 사방에 분봉하여 여씨가 장차 유씨(劉氏)의 제위를 찬탈하고자 하였다. 주발(周勃), 진평(陳平) 등이 종실과 도모하여 여씨를 제거하고 혜제의 동생 문제(文帝) 항(恒)을 옹립하였다.

즉위한 문제는 공손하고 검소하며 어진 인물로, 정무를 부지런히 하였으며 민력을 휴양하였다. 또한 토지세를 감면하고 엄한 형벌을

---

11 묵특 선우(冒頓 單于, 생몰년 미상) : 기원전 3세기 말 흉노의 선우이다. 재위기간은 BC 209~BC 174이다. 묵특이라는 이름은 투르크어의 Bayatur(바야투르, 용감한 자)를 한자로 음사한 것으로 알려져 있다.

12 여후(呂后, BC 241~BC 180) : 이름은 치(雉), 자는 아후(娥姁)이다. 한 고조 유방의 황후로, 고조가 죽은 후 어린 아들 혜제(惠帝 : BC 195~BC 188 재위)가 제위에 오르자, 황태후가 되어 권력을 행사하였다. 16년 간 정권을 장악하였으며 무측천(武則天), 자희태후(慈禧太后)와 함께 중국 역사상 3명의 여성통치자 가운데 하나이다.

폐지하였다. 그리하여 국내가 편안하고 조용하였으며 재화가 풍족하여 한 세대의 성군이라 할 만하였다. 또한 가의(賈誼)의 대책을 채용하여 제후의 세력을 감쇠시켰다.[13] 그가 붕어한 후 아들 경제(景帝)가 즉위하였는데 또 조조(鼂錯)의 건의를 채용하여 강대한 제후의 봉지를 삭감하였다.[14] 이에 오왕(吳王) 유비(劉濞)[15]가 먼저 반기를 들고 교서(膠西), 교동(膠東), 치천(菑川), 제남(濟南), 초(楚), 조(趙) 6국이 모두 군대를 일으켜 오에 호응하였다. 조조를 친다고 칭하면서 북으로는 흉노와 연합하여 그 세력이 지극히 강대하였다. 경제가 조조를 주살함으로써 사과하였으나 복속하지 아니하였다. 이에 주아부(周亞夫)[16]에게 명령하여 토벌케 하니 이것이 바로 7국의 난이다. 이후로는 제후왕이 봉국에 나아가는 것을 허락하지 않게 되었고 특별히 그 봉국의 상(相)을 임명하였다. 따라서 이름은 비록 봉건이었으나 사실은 군현이었다. 이로써 황실의 권력이 더욱 더 공고해졌다. 그러나 그 결과는 마침내 왕망(王莽)의 찬탈을 낳게 되었다.

---

13 가의(賈誼, BC 200~BC 168) : 낙양출신으로 유가사상과 법가사상을 포함한 제가(諸家)의 사상을 공부한 인재였다. 원대한 개혁안을 상주하였는데 특히 제후왕의 세력을 분산시키고 약화시키기 위해 중건제후(衆建諸侯) 정책을 건의하였다. 이는 제후왕국을 다수로 분할시켜 많은 자손에게 분봉시킴으로써 각 제후국의 영토와 호구를 감소시켜 제후국의 힘을 약화시키는 방법이었다.

14 조조(鼂錯, BC 200~BC 154) : 어려서 신상학(申商學)과 유가사상을 공부하였다. 경제의 태자시절 태자가령(太子家令)이었으므로 즉위한 후 좌내사(左內史)가 되어 경제와 함께 국정을 논의하였다. 삭지(削地) 정책을 제안하였는데 제후왕이 황실에 범한 죄과(罪過)에 따라 제후국의 영토 일부를 중앙정부에서 몰수하는 조치였다.

15 유비(劉濞, BC 215~BC 154) : 한 고조의 조카로, 오왕에 봉해졌다. 조조가 경제에게 제후의 봉지를 삭감하자고 건의하자 초(楚), 조(趙) 등 7개 봉국과 연합전선을 결성하여 조조를 제거한다는 명분으로 반란을 일으켰다. 소위 오초칠국의 난이다.

16 주아부(周亞夫, BC 199~BC 143) : 저자는 주아보(周亞父)로 오기하고 있다. 명장 주발(周勃)의 차자로, 오초칠국의 반란이 일어나자 한군을 이끌고 3개월만에 반군을 진압하였다. 후에 옥중에서 사망하였다.

제4장 무제(武帝)의 업적 및 왕망(王莽)의 찬탈

경제의 뒤에 무제 철(徹)이 이어서 즉위하였다. 웅대하고 영명한 자질로 부조(父祖)의 풍부함을 계승하여 재위 50여 년 간에 안으로는 학술을 장려하고 문교를 부흥시켰으며, 밖으로는 국위를 발양시킨 무공이 현저하여 실로 동양 역사상 굴지의 뛰어난 군주였다.

진나라가 분서갱유를 할 때 관청의 서적은 아직 남아 있었으나 항우가 함양을 불사르고 초한의 전쟁으로 인하여 선진(先秦)의 전적이 거의 모두 없어졌고, 나이든 유학자도 늙어 쇠잔하여 문학의 전승도 장차 어렵게 되었다. 한 고조가 숙손통(叔孫通)[17]을 등용하고 혜제가 협서율(挾書律)[18]을 폐지함으로 인하여 문제, 경제 시대에 황로(黃老),[19] 신한(申韓)[20]의 학문이 상하에 성행하였기에 유학은 아직 미미하였다. 무제가 즉위하자 즉위 원년에 연호(年號)를 창건하고, 어질고 실력있는 인사를 구하면서 유학을 크게 좋아하여 동중서(董仲舒)[21]의 건의를 채용

---

17 숙손통(叔孫通, BC ?~ 대략 BC 194) : 호는 직사군(稷嗣君). 전한의 유생으로, 한 고조를 섬겨 조의(朝儀)를 제정하였다. 혜제 때는 봉상경(奉常卿)으로서 종묘 등의 의법(儀法)을 정하였다. 유학자들은 진나라 황제와 항우, 유방 등 주군을 수없이 바꿔가며 섬겼던 숙손통을 절개가 없다며 비웃었지만 사마천은 한나라의 의례를 정립해 400년 왕조의 기틀을 다졌다고 높이 평가했다.

18 협서율(挾書律) : 협서는 서적을 사사로이 소장하는 것이다. 진시황 34년, 승상 이사의 건의를 수용하여, 민간에서 『시』, 『서』와 제자백가의 서적을 사사로이 소장하면 일족을 멸한다는 법령을 반포하였다.

19 황로(黃老) : 황제(黃帝)와 노자(老子)의 병칭으로, 후세 도가에서는 이들을 받들어 시조로 삼았다. 황로사상은 전국시기 정치사상인데 전한시기 성행하였다. 황로학파는 황제의 명의에 가탁하고, 법가 철학을 끌어들여 노자의 도가 사상을 개조하였으며 아울러 음양 사상이나 유가, 묵가 등의 관점을 채용하여 하나의 학설을 이루었다.

20 신한(申韓) : 신(申)은 신불해(申不害)를 의미하고, 한(韓)은 한비자(韓非子)를 의미한다. 모두 법가 사상가이다.

21 동중서(董仲舒, BC 170~BC 120 경) : 일찍부터 『공양전(公羊傳)』을 익혔으며 경제 때는 박

하였다. 즉 대학을 세우고 오경박사(五經博士)를 두어 제자를 양성하며 천하의 유서(遺書)를 수집하고 학술과 덕행이 있는 자를 채용하며 제자백가를 배척하니, 유교는 비로소 국교가 되어 학술계를 독점하여 이후 역대 왕조에서 영구히 정치 도덕의 법칙이 되었다. 당시 유가의 이름난 자로는 동중서, 공손홍(公孫弘) 등이 있고, 문학에 저명한 자로는 산문에 사마천(司馬遷), 사부(詞賦)에 사마상여(司馬相如), 매승(枚乘) 등이 있었다. 대체로 무제가 유학을 숭상한 것은 국민 사상의 통일을 도모하고자 한 것이었으나 다른 학문을 금지하고 축출한 결과 학계의 형세가 고정되어 사람의 사상이 응체되었다.

무제의 업적 중 가장 두드러진 것은 원정이다. 여기서 당시 아시아 대륙의 형세를 잠시 말하자면, 한 이외에 건국한 나라가 아주 많았다. 조지국(條支國)시리아은 최서단에 위치하고, 그 북서쪽에는 대진(大秦)로마(羅馬)[22]이 있으며, 안식국(安息國)파티아은 조지국의 동남에서 일어났다. 대하국(大夏國)박트리아은 안식국의 동쪽에 위치하며, 대월지국(大月氏國)아랄 호수의 동남은 대하국을 침략하여 새로이 일어났다. 대월지국의 동남에 계빈(罽賓)캐쉬미어, 신독(身毒)인도(印度) 등의 나라가 있고, 대월지국의 북동에 대원국(大宛國)이 있다. 대원의 북쪽에 강거국(康居國)이 있고, 그 남동 이리(伊犁) 지방에 오손국(烏孫國)이 있으며, 한의 북변에 이웃하여 나라

사가 되었다. 무제가 즉위하여 크게 인재를 구하므로 현량대책(賢良對策)을 올려 인정을 받고, 전한의 새로운 문교 정책에 참여하였다. 오경박사(五經博士)를 두고, 국가 문교의 중심이 유가로 통일된 것은 그의 헌책에 힘입은 바가 크다. 저서에 『동자문집(董子文集)』, 『춘추번로(春秋繁露)』 등이 있다.

22 대진(大秦) : 기원전 2세기 실크로드가 개통됨에 따라 동서문명의 교류가 가속화되었고, 당시 중국은 로마제국에 대하여 중국처럼 고도의 문명을 갖추고 있으며, 로마는 무역로선의 종점에 위치하고 있다고 인식하였다. 이로 인해 로마를 '대진(大秦)'이라고 불렀다.

를 세운 것은 흉노인데 오손의 동쪽에 해당한다. 한나라의 남서에 야랑(夜郞), 전(滇) 등의 여러 나라가 있고, 한의 서쪽에 서강(西羌) 등이 있으며 동쪽에는 조선(朝鮮)이 있었다.

이때에 한 무제는 그 웅대한 계획과 용맹한 지략으로 판도를 확장하고자 하여 인근의 여러 나라를 정복하였다. 가장 힘을 들여 싸운 나라는 흉노였다. 지금 그 나라 밖 정벌을 간략히 열거하자면, 남으로는 남월(南越)과 서남이(西南夷)를 평정하였고, 서로는 중앙아시아 여러 나라와 교통하였으며, 북으로는 흉노를 구축하고 동으로는 조선을 침략하였다.

흉노는 한 고조와 화친을 맺은 후로 누차 변방을 침입하며 부근 여러 지역을 탈취하여 그 위세를 크게 떨쳤다. 무제가 이전 시대의 치욕[23]을 씻고자 하여 위청(衛青), 곽거병(霍去病) 등으로 하여금 대군을 이끌고 여러 차례 정벌하여 내몽골의 땅을 모두 점령하게 하였다. 또 장건(張騫)을 대월지국에 파견하였는데 그들이 흉노와 묵은 원한이 있음을 이용하여 한나라와 더불어 협력해서 흉노를 공격하게 하고자 함이었다. 대개 대월지는 본시 월지(月氏)이다.[24] 한나라 초기에 흉노의 공격을 받았고 또 오손으로부터 핍박을 당하여 규수(嬀水)아무다리아강가로 이주한 후 대월지국을 새로이 건설하였다. 장건이 가는 길에 흉노에 잡혔다가 후에 도망쳐 대월지국에 이르렀으며 함께 흉노를 공격할 것을 도모하였다. 그러나 그 군주와 백성이 비옥한 새로운 땅에 안착하

23 한 고조 유방이 평성에서 흉노에 포위되어 7일간이나 갇혀 있다가 뇌물로 간신히 빠져나온 일, 여후가 흉노의 묵특 선우로부터 치욕적인 성희롱 내용의 서신을 받은 일, 문제 때 종실의 여자를 화번공주(和番公主)라는 이름으로 흉노의 선우에게 시집보내야 했던 일 등을 가리킨다.

24 월지(月氏) : 고대 유목 부족이다. 월지(月支)라고도 칭하는데 대월지(大月氏)라 한 것은 한나라에서 대(大)자를 더해서 부른 것이다.

여 복수의 생각이 사라졌으므로 마침내 목적을 관철하지 못하고 본국으로 귀환하였다. 귀로에 다시 흉노에게 사로잡혔다가 간신히 도망쳐 돌아왔다. 그런데 장건이 당시 서역 여러 나라의 풍토와 인정을 무제에게 상세히 보고하였으므로 무제가 이들과 교류하고자 하여 재차 장건을 서역에 파견하였고 이로써 동서의 교류가 시작되었다.

무제가 서역과 교통한 후에 오손과 통혼하고 동맹을 맺었다. 이윽고 또 이광리(李廣利)에게 명하여 대원을 격파하고 그 왕을 참수하였으며 좋은 말을 취하였다. 이로써 한의 위세가 파미르 고원[葱嶺]의 서쪽 멀리까지 미쳤고, 그 지역 특산의 진품과 기이한 물건이 수입되지 않는 것이 없었다. 또한 이로 인하여 서방 아시아 및 그리이스의 문화도 다소 전래되었다.

무제는 또 남월을 공격하여 평정하였다. 또한 묘족의 많은 소국들이 이룬 서남이(西南夷)운남, 귀주, 사천 등지를 복속시켜 국토를 남방으로 크게 확대하였다. 이때에 한나라의 판도가 한 초의 거의 두 배에 이르렀다.

이와 같이 무제의 무력의 위세는 사방에 떨쳤으나 한편으로 그는 또 방술(方術)을 좋아하여 방사(方士)에게 작위를 수여하고, 신선을 구하게 하였다. 또 대궐 안의 동산과 연못을 성대하게 만들고, 순수와 봉선을 행하였다. 그의 만년에 이르러 전 시대의 저축이 모두 없어지고 국비가 모두 고갈되었다. 이에 관직을 팔고, 속죄금을 받고 죄를 사하여 주었으며 부세를 무겁게 하고 소금과 술의 전매를 행하였다. 또한 흰 사슴 가죽으로 만든 피폐(皮幣)[25]를 사용하여 인심이 동요하게 되었

25 피폐(皮幣) : 짐승의 가죽으로 만든 화폐이다. 무제는 원수(元狩) 4년(BC 119) 피폐를 발행하였는데, 궁원의 백록피(白鹿皮)로 만들었다. 피폐 사방 1척짜리 한 장은 가치가 40만 전에

다. 다행히 윤대조(輪臺詔)[26]를 내리고 방사를 모두 파직시킴으로써 겨우 무사하게 되었다.

무제가 붕어함에 아들 소제(昭帝)가 즉위하였으나 나이가 어렸다. 대사마(大司馬) 곽광(霍光)[27]이 선제의 유언을 받들어 섭정하면서 부세를 경감하고 민력을 휴양하며 내우외환을 진무하였다. 소제가 붕어하고 후사가 없어 무제의 손자 창읍왕(昌邑王) 하(賀)를 옹립하였으나 대단히 무도하였다. 이에 곽광이 하를 폐위하고, 다시 무제의 증손 병이(病已)를 옹립하였는데 이가 곧 선제(宣帝)이다.

선제가 어렸을 때 무고(巫蠱)의 난[28]을 만나 민간에 은둔하면서 백성의 어려움을 잘 알았다. 이 때문에 정무를 친정한 후에 정치를 잘하기 위해 애쓰며 위상(魏尙), 병길(丙吉), 황패(黃覇), 우정국(于定國) 등의 훌륭한 재상을 등용하여 국내를 잘 다스렸다. 선제는 또 무제의 유지를 계승하여 외정을 행하며 서강(西羌)을 조충국(趙充國)[29]으로 하여금 정복

해당되었다.

26 윤대조(輪臺詔) : 윤대(輪臺)는 현재의 신강(新疆) 윤대 남쪽이다. 본래 윤대국이 있었는데 무제 때 이광리에 의해 멸망되었다. 사자교위(使者校尉)를 두어 이곳에 둔전(屯田)을 경영하였다. 무제는 평생 힘을 들여 서역을 개척하였으나 국력이 크게 손상되자 만년에 이르러 이를 후회하고 드디어 윤대 지역을 포기하였고, 조서를 내려 자신의 허물을 책망하였다. 이를 일컬어 윤대조라 한다.

27 곽광(霍光, BC ?~BC 68) : 자는 자맹(子孟). 곽거병의 동생으로, 봉거도위(奉車都尉)와 광록대부(光祿大夫)를 지냈다. 소제가 8세에 즉위하자, 상관걸(上官桀) · 김일제(金日磾)와 함께 무제의 유언을 받들어 소제를 보필하며 모든 정치를 도맡았다. 대사마대장군(大司馬大將軍)이 되어 상서(尙書)의 일을 맡아 조정의 일을 총지휘했고, 박륙후(博陸侯)에 봉해졌다.

28 무고(巫蠱)의 난 : 무고는 무축(巫祝)으로 저주하여 사람을 죽이는 것이다. 정화(征和) 2년(기원전 91) 병으로 늙게 된 무제는 그 원인이 무고 때문이라고 생각하여 측근인 강충(江充)에게 조사를 시켰다. 강충은 사이가 나쁜 태자를 이 사건에 얽어 매려하였고, 이에 태자는 강충에 저항하여 군대를 동원하였다가 실패하여 자살하였다. 이 사건으로 여(戾) 태자만이 아니라 위 황후와 여 태자의 아들(즉 황손) 3명도 처형되었다. 이때 여 태자의 손자 유병이(劉病已)만 구사일생으로 살아나 후에 선제가 되었다.

29 조충국(趙充國) : 자는 옹손(翁孫). 무제, 소제, 선제 때의 무장이다. 젊어서부터 흉노와의

하게 하였다. 또 서역에 군대를 출병시켜 복속하지 않는 나라를 공격하였고, 서역도호(西域都護)를 오루성(烏壘城)[30]에 설치하여 서역 36국을 통할하게 하였다. 오루성은 천산 남로에 있음. 또 오손과 협력하여 흉노를 공격하였더니 때마침 흉노에 종속되어 있던 정령(丁零), 오환(烏桓) 등이 모두 일어나 이반하였고, 국내에서는 5선우가 쟁립하여 호한야(呼韓耶) 선우, 질지(郅支) 선우 두 나라로 분열하여 서로 쟁투하였다. 호한야 선우가 패하여 한에 투항하고 한의 궁녀를 아내로 맞았다. 질지 선우는 몇 년 후에 한나라 군대에 패배하여 전사하였다. 이로부터 흉노의 침입이 마침내 끊어졌다.

선제 이후에 원제(元帝)가 이어서 즉위하였으나 우유부단하고 병이 많아 정권을 환관에게 위임하였으므로 홍공(弘恭), 석현(石顯) 등이 천자의 위세와 천자가 베풀 은혜를 제멋대로 하였다. 이로 말미암아 선제의 중흥의 공적은 드디어 쇠퇴하기에 이르렀다. 아들 성제(成帝)가 즉위하여 석현 등을 모두 물리쳤으나 반면 외척 왕씨(王氏)가 권력을 제멋대로 하여 그 자제가 모두 높고 중요한 관직에 나아가니 황실이 더욱 부진하였다. 왕씨 중에 왕망(王莽)이 있었는데 관직이 대사마에 이르렀고, 거짓으로 공손하고 검약한 척 하였으며, 선비를 예우하고 현자를 존중하며 군자의 풍모를 가장하여 인망을 얻었다. 애제(哀帝) 때에는 관직을 사퇴하였다가 평제(平帝)가 즉위한 후에 정권을 재차 장

싸움에 여러 차례 출정하였는데, 그때마다 승리를 거두었기 때문에 무제는 그 용감성에 감탄하여 거기장군(車騎將軍)에 임명하였다. 선제 때에 강(羌)족이 쳐들어왔는데, 현지를 시찰한 조충국은 둔전병을 통해서 강족을 물리치는 데 성공하였다.

30 선제는 위사마(衛司馬) 정길(鄭吉)을 서역도호로 임명하여, 오루성(지금의 신강 윤대 동부)에 주둔하게 하였다. 이는 한 왕조가 파미르 고원으로 이동, 지금의 발하슈호[巴爾喀什湖, 러시아 소재] 이남의 광대한 지구에 정식으로 행정기구를 설치하는 시작이다.

악하고 자기의 딸을 황후로 만들어 재형(宰衡)[31]이라 자칭하며 제후 윗자리에 나아갔다. 그러나 얼마 되지 않아 평제를 독으로 시해하고 선제의 현손 자영(子嬰)을 옹립하며 자신은 가황제(假皇帝)라 자칭하였다. 섭정 3년 만에 드디어 자영을 폐위하고, 한 황실을 찬탈하여 국호를 신(新)이라 고쳤다. 때는 단기 2341년(AD 8)으로, 한 왕조의 운명이 잠시 단절되었다. 평제 원시(元始) 원년이 예수 기원 원년이다. 한 고조로부터 이에 이르기까지 11세 209년이다.

왕망이 유학 숭배라는 세상의 흐름을 이용하여 처음에는 자신을 주공에 견주었으므로 제위를 찬탈한 뒤 제반 제도와 문물을 고치며 일체 주나라의 고법을 모방하였다. 정전제를 시행하고, 관직의 명칭과 조직을 바꾸었으며, 주현의 명목과 경계를 변경하고, 화폐를 새로이 주조하였다. 또한 여러 종류의 새로운 조세를 부과하였으므로 정령이 가혹하고 부렴이 무거워 민심이 불안해졌다. 게다가 흉노와의 전쟁에서 패배하니 이때 천하가 모두 한나라를 회복시키려고 생각하여 군대를 일으켰다.

당시 한의 종실 유수(劉秀) 및 그 형 유연(劉演)이 용릉(舂陵)[32] 호북성 양양부(襄陽府)에서 기병하여 유현(劉玄)을 황제로 추대하고 군대를 통일하여

---

31 재형(宰衡) : 태재(太宰), 이윤(伊尹)은 아형(阿衡)이 되어 천자를 도와 정사를 하였는데 주공(周公)은 자신이 이 두 사람의 덕과 능력을 가졌음을 상징한 것이다. 결국 재상에 대한 존칭이다.

32 유수(劉秀)는 한 경제의 아들 장사왕(長沙王) 발(發)의 후손이었다. 장사왕의 아들 매(買)는 처음에 용릉후(舂陵侯)로 봉해졌으나 용릉(舂陵 : 현재의 호남성 남부인 영원현(寧遠縣)) 지역은 저습지대로 질병이 많은 지방이었으므로 매의 손자 유인(劉仁)이 상소를 올려 봉지를 바꾸어 줄 것을 요청하였고 이것이 수락되어 원제 원년에 종족과 함께 새로운 봉지인 남양군(南陽郡) 백수향(白水鄕 : 현재의 호북성 조양현)으로 이주하였다. 후에 백수향을 용릉으로 부르기도 하였다. 일반적으로 남양에서 거병하였다고 설명한다.

왕망의 대군을 곤양(昆陽)하남성 남양부(南陽府)에서 대파하였다. 이에 유연 형제의 명성이 크게 떨쳤다. 유현은 이를 시기하여 유연을 살해하고 다른 장수를 대신 파견하여 장안을 함락시키고 왕망을 참수하였다. 왕망이 칭제한 지 모두 15년이었다.

이 사이에 유수는 하북의 여러 반란세력을 토벌하고 여러 장수의 추대로 단기 2358년(AD 25)에 제위에 즉위하여 한 황실을 중흥하고 낙양에 도읍하였는데 이가 바로 세조(世祖) 광무제(光武帝)이다. 도중에 한 황실이 단절되었으므로 후한(後漢)이라 칭하고, 또 그 도읍한 성의 위치에 기인하여 동한(東漢)이라 칭하기도 한다.

제5장 후한[東漢]의 정치 및 새외(塞外) 경략

광무제가 즉위하여 왕망의 가혹한 정치를 모두 제거하고 또 서한 말기의 폐단을 거울삼아 국정을 직접 총괄하였다. 외척 세력을 억제하고 공신을 열후(列侯)로 봉하여 나라를 온전하게 하였다. 군사적인 일을 싫어하고 괴롭게 여겨 전쟁을 하지 않았으며 예악을 닦고 문학을 일으켰다. 기개와 절개를 장려하며 오로지 인민을 위무하고 육성하는 데 힘썼으므로 이때로부터 60년 간 국내가 잘 다스려졌다.

광무제가 뜻을 오로지 내치에 두어 국가의 기초가 공고해지고 국운이 융성하였는데 이제는 외정을 해야 할 일이 다시 발생하였다. 가장 문제가 되는 것이 흉노와 서역의 정벌이었다.

흉노는 전한 시기에 복속하였다가 왕망이 찬립하자 배반을 하고 왕망의 군대를 쳐서 이겼으나 매년 기근이 들어 몹시 피폐하였다. 광무제 시기에는 흉노 내부에서 내홍이 일어나 남과 북의 2부(部)로 나뉘었다. 남흉노의 선우 일축왕(日逐王)[33] 비(比)가 무리를 이끌고 한으로 와서 복속한 후 북흉노와 다투었다. 이때 북흉노는 서역 여러 나라를 장악하고 한의 변경을 누차 침략하였다. 후한의 명제(明帝)는 경병(耿秉), 두고(竇固) 등에게 명하여 남흉노의 무리를 규합하여 북흉노를 격파하고 이오로(伊吾盧)합밀(哈密)를 취하였다. 그리고 이전과 같이 관용의 정책을 써서 반초(班超)[34]를 서역 여러 나라로 파견하여 동맹을 맺고 북흉노의 오른팔을 끊고자 하였다.

이에 앞서 왕망 때에 서역 여러 나라가 모두 흉노에 복속해 있었다. 그러다가 광무제가 통일하자 다시 와서 복속하겠다고 청하였으나 광무제가 받아들이지 않았으므로 흉노에게 복속한 것이었다. 반초가 서역에 가서 주둔한 지 30여 년 간에 은혜와 위엄을 두루 펼치며 오손을 멸하고 대월지를 격파하였다. 이에 서역 50여 국이 모두 흉노와 단절하고 한에 복속하였다. 화제(和帝) 때에 반초를 서역도호에 임명하여 쿠차[龜玆]천산 남로에 주둔하도록 하였다. 그러나 반초가 교대하여 돌아온 후 얼마 안 있어 위무와 방어의 방책에 실패하여 도호를 다시 없앴고, 여러 나라가 모두 배반하였다.

---

33 일축왕(日逐王) : 흉노 귀족의 칭호로 좌, 우로 나뉜다. 각기 24장(長)의 하나이다. 서열은 좌 · 우현왕(左 · 右賢王), 좌 · 우곡려왕(左 · 右谷蠡王)에 다음 간다. 좌 · 우온우제왕(左 · 右溫禺鞮王) 및 좌 · 우점장왕(左右漸將王)과 더불어 '육각(六角)'이라 불린다. 이들 10왕은 모두 선우의 자제로 좌현왕이 태자인 것을 제외하면 나머지 9왕도 차례대로 선우가 될 자격이 있다.

34 반초(班超, 33~102) : 자는 중승(仲升). 후한 초기의 무장. 흉노의 지배하에 있던 50여 나라를 한에 복종시켰고 중국과 서역 간의 경제와 문화 교류를 촉진시키는 데 지대한 공헌을 하였다. 73년 원정군 수장인 두고(竇固)를 따라 흉노 토벌의 별장(別將)으로 재능을 발휘해 큰 공을 세우고, 이후 31년 간 서역에 머물며, 오아시스 국가들을 정복하고 부하 감영(甘英)을 페르시아만 방면으로 파견하여 정보를 수집하는 등 많은 공적을 세웠다.

북흉노가 두고에게 크게 패한 후에 또 선비가 북흉노의 동을 침략하였고, 정령(丁零)은 그 북을 공격하였으며, 남흉노는 그 남을 공격하였고, 서역 여러 나라가 그 서를 차단하였다. 이렇게 해서 북흉노의 처지가 갈수록 어렵게 되었는데 단기 2424년(91) 화제가 두헌(竇憲)[35]에게 북흉노를 치도록 명하여 크게 격파하고는 연연산(燕然山)외몽골 안에 비를 새겨두었다. 이에 북흉노의 남은 무리가 멀리 카스피해(캐스피안해(海))리해(裡海) 부근으로 숨어들어 갔다. 후일 훈족[훈스種]이 유럽[歐羅巴]유롭 대륙을 유린하였는데 이들이 바로 이 남겨진 종족인 것이다.

그런데 북흉노가 옮겨가자 또 다른 만족(蠻族)이 침입하여 흉노의 옛 땅을 차지하였는데 바로 선비(鮮卑)이다. 과거 진한 시기에 동호(東胡)가 강성해져 흉노에 대항하다가 흉노의 묵특 선우에게 크게 패하였는데 살아남은 무리가 동으로 도망가 오환과 선비의 두 부족으로 나뉘었다. 후에 이들이 점차 서쪽으로 진출하였는데 선비가 매우 강성해져서 영토를 크게 확장하여 훗날 한족의 큰 우환이 되었다. 오환은 일찍이 한으로 가서 항복하였다. 동호는 퉁구스족만주족이다.

제6장 불교의 동래 및 한과 로마[大秦]의 교류

반초가 서역을 성공적으로 통할하고 두고가 흉노를 격파하여 한의 위세가 카스피해의 동쪽까지 이르렀으므로 중앙아시아 지역과의 교

35 두헌(竇憲, ?~92) : 자는 백도(伯度). 후한 3대 장제(章帝 : 肅宗)의 황후인 두씨의 오빠이다. 77년에 여동생이 궁중으로 들어가자 그 연줄로 승진하고, 89년에 화제가 제위에 오르자 시중(侍中)이 되어 여동생 두태후와 정치를 마음대로 하였다. 92년 황제를 죽이려고 꾀하였으나, 사전에 발각되어 자살하였다.

류가 더욱 편리해졌다. 이에 인도의 문화와 유럽의 문화가 동방으로 유입되어 교류하기에 이르렀다.

불교는 앞에서 서술하였듯이 인도 마가다국[摩揭陀國] 아소카왕의 보호를 받아 세계적인 대종교가 되었다. 그 후 남인도의 안드라국[案荅羅國][36]이 북상하여 마가다국을 병탄하고 불교를 금하였으므로 브라만교[婆羅門教]가 다시 흥기하였다. 불교는 사자국(獅子國)[37]씰논으로부터 미얀마[緬甸],[38] 타이[暹羅][39] 등으로 전파되어 소승불교가 되었고, 북으로 대월지로 전파되어 대승불교가 되었다. 이때는 마침 대월지의 카니시카[迦膩色迦]왕 때였는데 그가 불교를 깊이 믿고 보호하였으므로 대월지의 영역에 속한 서역지방에 불교가 유행하였다. 당시 대월지의 판도는, 서쪽으로 안식국을 제압하고 북과 서의 두 인도를 병합하여 파미르 고원의 동쪽을 모두 다스렸으므로 중앙아시아의 일대 강국이었다.

불교가 동쪽으로 전래된 것은 일찍이 진시황 때였다는 설이 있고,

---

36 안드라 왕조는 사타카르니 왕조라고도 한다. 인도 고대의 왕조로, BC 1세기 말(또는 BC 3세기 말)에서 3세기 초에 걸쳐 데칸 고원을 지배하였다. 이 왕조는 『푸라나』에는 안드라라고 기재되어 있으나 비문에는 사타바하나로 새겨져 있다.

37 사자국(獅子國) : 스리랑카(실론)의 옛 이름. 이 섬의 산스크리트 이름인 심할라드비파(Simhaladvipa : 사자섬)에 기인한다. 심할라드비파라는 이름은 BC 5세기 초에 서부 인도의 라타 지방에 있던 심하 프라[獅子城]의 왕자 비자야(Vijaya)가 고국을 떠나 이 섬으로 와서 탐바판니(Tambapanni)에 도읍한 뒤 그 자손들이 대대로 통치하였다고 하는 전설에서 유래하였다.

38 1989년 이전에는 버마라고 불렸는데 미얀마의 집권 군부가 버마족 외에 다른 소수민족도 아우른다는 차원에서 미얀마로 국호를 변경하였다. 현재도 민주화운동을 하는 반체제인사들은 군사정권에서 붙인 국명인 미얀마와 현 국기를 거부하고, 버마라는 호칭과 옛 국기를 고집한다. 미국 · 영국정부 등도 반체제인사들의 예를 따라 버마라고 부른다. 대한민국의 경우 1991년 외래어 심의 공동위원회의 결정에 따라 미얀마라고 부른다. 유엔은 '회원국이 원하는 대로 부를 수 있다'는 원칙에 따라 미얀마라고 부른다.

39 타이는 한자로 음역한 태국(泰國)이라고도 부르며, 1949년까지 사용했던 시암이라는 옛 이름으로도 알려져 있다. 섬라(暹羅)는 시암에 대한 음역이다. 현대 국명을 표기한다는 원칙에 따라 타이라고 하였다.

또 한 무제 때였다는 설이 있다. 그러나 명확한 증거가 있는 것은 후한의 명제 때이다. 명제가 금으로 만든 사람의 상이 나오는 꿈을 꾼 후 불교에 귀의할 결심을 하고 채음(蔡愔)을 대월지로 파견하였다. 채음이 대월지로 가서 불상과 불경을 백마에 싣고 축법란(竺法蘭),[40] 섭마등(攝馬騰)[41] 두 승려와 함께 돌아왔다. 단기 2398년(65)의 일이었다. 이에 황제가 낙양의 서쪽에 백마사(白馬寺)[42]를 짓고 이를 안치하였다. 그리고 입국한 두 승려에게 명하여 한어를 배워서 불경을 번역하도록 하니 이때부터 불교에 귀의하는 자가 아주 많았다. 또 서역의 여러 승려가 연이어 동으로 와서 불경 번역과 포교에 종사하였으므로 동아시아의 문명에 일대 변혁을 가져왔다. 그러나 한대에는 이로 인하여 도교와 불교의 대쟁론이 발생하였다. 불교가 우리나라에 전래된 것은 이후 7백 년 후의 일이었다.[43]

---

40 축법란(竺法蘭, 생몰년 미상) : 후한시대 처음으로 중국에 불교를 전한 대월지국의 승려이자 역경가(譯經家)이다. 후한 명제가 불교가 들어오기를 희망하였기 때문에, 67년 가섭마등(迦葉摩騰)과 함께 낙양으로 와서 백마사에 머물며 포교에 힘쓰는 한편, 『사십이장경(四十二章經)』, 『불본행집경(佛本行集經)』 등 5부의 경전을 한역하였다.

41 섭마등(攝馬騰, 생몰년 미상) : 중국에 불법을 최초로 전한 자로 알려져 있으며 가섭마등, 축섭마등(竺葉摩騰), 섭마등(攝摩騰), 마등이라고도 한다. 매우 총명하여 대소승(大小乘)의 경(經)과 율(律)에 통달하였고, 서인도에서 『금광명경(金光明經)』을 강설하여 이름을 떨쳤다. 67년 불상과 경전을 백마에 싣고 낙양에 이르러 백마사에 거주하며 『사십이장경』 등을 번역하였다.

42 원래 시(寺)는 관청을 말하였다. 후한 명제 때 천축(天竺)의 승려 섭마등과 축법란이 서역에서 백마(白馬)에 경전을 싣고 낙양에 이르렀기에 처음에는 홍로시(鴻臚寺)에서 접대하였다. 후에는 백마 타고 온 승려가 있는 관청이라는 의미에서 백마시(白馬寺)를 세워 거주하게 하였다. 이처럼 백마시(寺)가 전적으로 승려들이 거주하는 장소가 되자 이를 백마사로 읽고 관청의 의미인 시와 구별하게 되었다. 이후 사(寺)는 불교 사찰의 이름이 되었다.

43 우리나라에 처음으로 불교가 전해진 것은 일반적으로 고구려 소수림왕 2년 AD 372년이라고 알려져 있다. 중국 전진(前秦)의 왕 부견(符堅)이 보낸 순도(順道)를 법사(法師)로, 불상과 불경 등이 고구려 왕실에 전하여졌다. 백제에 전해진 것은 고구려보다 12년 뒤인 384년(침류왕 1)이었다. 인도의 고승 마라난타(摩羅難陀)가 동진(東晋)으로부터 바다를 건너서 수도인 광주(廣州)의 남한산으로 들어오자 왕은 그를 궁안에 머물도록 하였고, 그 이듬해

당시 유럽 대륙은 마침 로마[羅馬]의 전성기였다. 로마는 한의 역사에서는 대진(大秦)이었다. 대진과 한이 서로 상대의 부강함을 전해 듣고 직접 교류하기를 원하였으나 이루지 못하였다. 반초가 서역에 있을 때 감영(甘英)을 파견하여 로마를 찾도록 하였으나 제대로 목표를 달성하지 못하고 그냥 돌아왔다. 이는 당시 안식이 두 나라의 사이에 끼어 있으면서 중개무역의 이익을 잃어버릴까 염려하여 백방으로 방해를 하였기 때문이었다. 뿐만 아니라 두 제국의 중앙아시아 경략이 점차 부진하여져 한이 반초 사후에 서역도호부를 폐지하였기 때문이기도 하다. 이같이 육로 교류는 완전히 두절되었으나 대진은 동한 말에 왕 안토니우스[安敦]안트넌어스가 바닷길로 사신을 파견하여 한과 교류하였다. 단기 2499년(AD 166). 그 후 삼국시대와 서진(西晉) 무렵에도 로마의 상인이 일남(日南, 즉 베트남 중부)지금의 동경(東京)으로 상아, 대모(玳瑁), 서각, 구슬과 옥 등을 가지고 와서 비단을 구하여 가는 무역이 끊이지 않았다.

제7장 후한의 말로

처음에 광무제는 정치를 직접 지휘하고 외척의 전횡을 예방하여 명제, 장제(章帝)에 이르기까지 옛 규범이 잘 지켜졌다. 그러나 장제의 아들 화제가 즉위하였는데 나이가 겨우 10살이므로 어머니인 두씨(竇氏)가 섭정을 하였다. 이렇게 되자 두씨의 여러 친척이 정권을 마음대로 하고 역모를 기도하였다. 이에 환관 정중(鄭衆)이 황제를 도와 두씨를

10명의 백제인을 출가시켜 승려로 만들었다. 본서에서 7백 년 뒤라고 한 것은 오류이다.

제거하고 역시 정권을 농단하였는데 환관이 정권을 제멋대로 좌지우지하게 된 단서가 여기서 비롯되었다. 이때 이후로 역대 황제가 항상 환관을 끌어들여 외척의 발호를 방지하였으므로 환관의 세력이 외척보다 더 강하였다. 화제 후 여러 대를 거쳐 순제(順帝) 때에 황후의 오빠 양기(梁冀)[44]가 위력으로 복종시키고 은혜로 심복 만들기를 제멋대로 하더니 마침내 순제 사후 질제(質帝)를 독살하고 환제(桓帝)를 옹립하였다. 환제가 즉위한 후에 양기의 전횡을 혐오하여 환관 단초(單超) 등과 도모하여 양씨를 모두 주살하였다. 이에 환관이 그 공을 믿고 갈수록 제멋대로 전횡함이 외척보다 오히려 심하였다.

광무제가 재위에 있을 때 절개 있는 선비를 존경하고 예우하여 기개와 절개를 양성하고 역대로 그러한 선비를 채용하는 준칙을 만들어 놓으니 환제 때에 이르러서는 명사가 많이 배출되었다. 그중 가장 출중한 자는 이응(李膺), 진번(陳蕃)이었다. 정의를 숭상하고 기개와 절개를 중히 여겨 탁세에 처함을 좋아하지 않으며 환관의 발호를 분하게 여겨 조정의 부패를 공격하는 자가 특히 많았다. 당시 태학의 서생이 3만에 이르렀다. 이에 환관들이 정의로운 선비를 싫어하여 이응, 범방(范滂), 곽태(郭泰) 등을 모두 죽이려 하다가 환관의 자제에게도 연루되므로 환관 등이 크게 두려워하여 모두 사면하고 종신토록 고향에서 거주하며 벼슬길에 나가지 못하도록 하였다. 이것이 후한의 당고(黨錮)이다.

---

44 양기(梁冀, ?~159) : 자는 백거(伯車) 혹은 백단(伯丹)이다. 동생을 순제의 비로 바쳤는데, 그녀가 황후가 되자 외척으로서 권세를 휘둘러 대장군에 임명되었으며, 그의 일족이 국정을 좌우하였다. 144년 순제가 죽자 여동생인 양태후(梁太后)와 함께 제위를 마음대로 폐립하였다. 152년 양태후가 죽고, 159년 환제의 황후가 된 여동생 양황후가 죽자, 환제는 환관과 짜고 군사를 일으켜 그의 저택을 포위하였다. 그는 처와 함께 자살하였고, 일족은 모조리 목이 잘리고 거리에 내버려졌다.

그러나 환제 후에 영제(靈帝)가 뒤를 이었는데 두(竇)태후가 수렴청정하면서 두무(竇武)를 대장군으로, 진번을 태부(太傅)로 임명하였다. 두무와 진번 등이 환관을 주살하고자 하다가 실패하고 오히려 환관 등이 먼저 손을 써서 두무와 진번 그리고 전일에 금고된 이응, 두밀 등 1백여 명을 죽이고 7백여 명을 폐고(廢錮)하는 등 정권을 멋대로 농단하니 천하가 점점 혼란에 빠졌다.

이때 한 황실이 점점 기울어져 가는 틈을 타서 요사스런 도적 장각(張角)[45]이 거록(鉅鹿)에서 기병하여 황건(黃巾)의 무리 수 만을 모아 그 세력이 창궐하였다. 한 조정이 황보숭(皇甫嵩)을 파견해 평정하였으나 이후 도적떼의 세력은 갈수록 거세어졌으므로 중신을 주목(州牧)으로 임명하여 진압하였다. 이 결과 지방의 권한이 점점 커져 군웅이 각지에 할거하였다.

영제의 뒤를 이어 아들 변(辨)이 즉위하여 외척 하진(何進)과 도모하여 환관을 주살해서 제거하려 하였다. 그러나 계획이 누설되어 하진이 환관에게 피살되었는데 원소(袁紹)가 이에 일어나 환관을 모두 죽였다. 얼마 안 있어 동탁(董卓)이 부름에 응하여 하동(河東)산서성 남부의 군대를 이끌고 낙양으로 들어가 황제 변을 폐하고 헌제를 옹립한 후 정권

45 장각(張角, ?~184) : 후한 말기의 종교결사로 후대 도교의 원류가 된 태평도(太平道)의 창시자이다. 순제 때 내정이 문란해지고 천재지변이 계속 일어나 사회가 어지러워지자 장각은 주술을 행하고 부적이나 영수(靈水)를 마시게 하여 병을 고친다는 요법으로 민심을 모아 태평도를 일으켰다. 대현량사(大賢良師)라 자칭하고 제자를 각지에 파견하여 수십만에 달하는 대중을 조직한 후, 184년 한왕조 타도를 목표로 거병하였다. 반란군은 새 왕조의 출현을 표방하는 황색 천을 매고 있었으므로 '황건(黃巾)'이라 불렸다. 장각은 천공장군(天公將軍)이라 불렸으며, 두 동생과 함께 농민을 규합하였다. 그러나 그 해 병사하고, 반란군도 황보숭(皇甫嵩)의 군대에 패함으로써 진압되었다.

을 차지하였다.[46] 원소가 동으로 도망가 곳곳에 격문을 보내 동탁을 공격하니 동탁이 황제를 위협하여 장안으로 천도하였다. 그리고 얼마 안 있어 동탁이 왕윤(王允)과 여포(呂布)에게 살해되었다.

이때 낙양에 군주가 없으니 관동의 여러 장수가 각기 곳곳에 할거하였다. 원소, 원술(袁術), 손견(孫堅), 유표(劉表), 유장(劉璋), 공손찬(公孫瓚), 공손탁(公孫度), 조조(曹操) 등이 그들이다. 이중에서 조조가 권모지략이 가장 뛰어나 헌제를 허(許)하남성 개봉부 허주(許州)에서 맞아들이고 황제의 명령이란 이름하에 원술, 원소, 공손탁, 공손찬을 멸하였다. 그런 연후에 강남을 병탄하고자 유표의 죽음을 틈타 양양(襄陽)호북성 양양부으로 진격하여 함락시키니 황하 남북의 땅이 모두 조조에게로 돌아갔고 오직 손견의 아들 손권이 강동(江東)을 차지하였다.

이에 앞서 한의 먼 친척 유비(劉備)가 부정부패를 일소할 뜻을 품고 장수 관우(關羽), 장비(張飛)와 의형제를 맺고 조조를 치다가 패하여 유표에게 가서 의탁하였다. 그곳에서 제갈량(諸葛亮)공명(孔明)과 방통(龐統) 두 명사를 얻었다. 그때 마침 조조가 유표를 쳐서 승리하고 유비를 뒤쫓으며 공격하였다. 이에 유비가 강동으로 도망가 손권에게 도움을 청하였다. 손권이 장수 주유(周瑜)를 보내 단기 2541년(208) 유비와 함께 조조의 대군을 적벽(赤壁)호북성 무창부(武昌府) 가어현(嘉魚縣)에서 화공으로 대파하였다. 그 결과 강남(江南)의 땅은 모두 손권이 차지하였고, 조조는

46 하태후의 오빠인 하진은 궁중 안의 뿌리 깊은 환관세력을 일소하기 위해 평소 환관을 미워하던 사례교위(司隸校尉) 원소와 결탁하고 또 서북지방에서 강족을 평정하여 막강한 군사력을 가지고 있던 동탁과 결합하였다. 이처럼 원소와 동탁은 반환관파로서 입장이 같은데도 반목한 것은 동탁이 제멋대로 소제(少帝)를 폐위하고 헌제를 옹립하여 권력을 독점하였기 때문이었다.

남쪽 정벌의 뜻을 접었다.

유비가 손권에게 형주(荊州) 땅을 빌려서 파촉(巴蜀)으로 진격하여 평정하고, 한중(漢中)의 땅을 접수하여 서쪽 지방 일대를 얻어 동쪽으로 양자강으로써 경계를 삼게 되었다. 이에 강북은 조조가 차지하고 강남은 손권에 속하니 지세에 따라 자연스럽게 구획이 나뉘어 삼국이 정립하게 되었다.

단기 2553년(220) 조조가 죽고 아들 조비(曹丕)가 한의 헌제를 폐하고 스스로 위제(魏帝)라 칭하고 낙양에 도읍하였다. 천자를 위협하여 황제 자리를 선양하는 것이 여기서 처음 시작되었으며 후대 혁명의 사례가 되었다. 한이 전한과 후한을 합하여 406년을 통치하였다. 이에 앞서 지난해 유비가 촉에서 한중왕(漢中王)이라 칭하더니 이에 이르러서는 황제로 즉위하여 한의 정통을 계승하였다. 역사가들은 그 지명에서 따와서 촉한(蜀漢)이라 칭하는데 이가 곧 소열제(昭烈帝)이다. 손권도 역시 황제를 칭하고, 국호를 오(吳)라 하였으며 건업(建業)강소성 강녕부(康寧府)에 도읍하였는데 이가 곧 오대제(吳大帝)이다. 이에 삼국의 형세가 서로 대치하였다.

제8장 삼국(三國)과 서진(西晉)

삼국 가운데 위가 갸장 크고 촉이 가장 작았으나 항상 서로 대립하여 전쟁이 끊이지 않았다. 한이 그러한 가운데서도 나라를 유지할 수 있는 것은 오로지 제갈량의 능력 덕분이었다. 앞서 소열제가 손권으로부터 형주를 빌려 관우에게 지키도록 하였는데 관우는 조조를 치고

자 하였다. 그런데 조조가 손권을 설득하여 관우를 치게 하니 마침내 손권이 관우를 공격하여 죽였다.[47] 소열제가 황제로 등극하고는 관우의 원수를 갚기 위해 단기 2555년(222) 오를 직접 공격하다가 오의 장수 육손(陸遜)에게 대패하고 분개하여 죽었다. 승상 제갈량이 뒤를 이은 황제 유선(劉禪)을 보좌하며 충의의 절개를 다하였다. 그는 군국의 중대한 일에 임해서는 한 황실의 부흥을 자임하였고, 오에 대한 원한을 버리고 서로 화의하여 위를 치고자 하였다. 이때 위 황제 조비는 두 차례 오를 치다가 강을 건너지 못하고 군대를 되돌렸다. 제갈량은 이에 우선 남만(南蠻)을 정벌하여 후환을 없앤 후 북벌에 전력하여 전후로 7년 간에 기산(祁山)감숙으로 여섯 번 출진하였다. 그러나 공을 이루지 못하였고, 위 장수 사마의(司馬懿)와 오장원(五丈原)섬서성 봉상부내(鳳翔府內)에서 대치하다가 단기 2567년(234) 진중에서 사망하였다.

이때 위는 문제(文帝) 조비가 죽고 아들 명제(明帝) 조예(曹叡)가 즉위하였다. 그런데 위나라의 여러 황제가 잔인하고 인정이 없어 골육상쟁하였으므로 황실이 몹시 피폐하였다. 마침내 명제가 죽고 아들 조방(曹芳)이 즉위하기에 이르러서는 사마의(司馬懿)가 조상(曹爽)을 죽이고[48] 스스로 승상이 되어 정권을 독차지 하였다. 사마의가 죽은 후 그

---

47 손권의 오나라 군대가 관우를 살해한 후 촉한의 복수를 두려워하여 조조에게 관우의 수급을 보냈으며 조조는 낙양에 관우의 수급을 매장하였다. 이곳이 관림(關林)이다. 중국에서는 공자의 무덤 공림(孔林)과 관우 무덤 관림(關林) 두 개의 림(林)만 존재한다. 당양(當陽)에는 관우의 머리 없는 시체를 묻어 이를 관릉(關陵)이라 하였다.

48 239년 위나라 명제(明帝)가 임종할 때 사마의는 조진의 아들인 조상(曹爽, ?~249)과 함께 애제(哀帝) 조방(曹芳)의 보좌를 부탁받았다. 조상은 사마의를 태부(太傅)로 전임시키며 군권을 빼앗으려 하였으나, 사마의는 오나라의 공격을 물리치며 기병(騎兵) 중심의 군사력을 유지하였다. 그 뒤 병이 든 것처럼 꾸미며 은인자중하였으나, 249년 조상이 애제와 함께 고평릉(高平陵)을 방문한 틈을 타서 정변을 일으켜 조상을 살해하고, 위나라의 권력을 장악하였다.

아들 사마사(司馬師)가 조방을 폐위하고 황제로 조모(曹髦)를 맞아 옹립하였다. 조모가 사마씨의 전횡을 혐오하여 제거하고자 하였으나 사마사의 아우 사마소(司馬昭)가 상국(相國)이 되어 조모를 폐하고 다시 조환(曹奐)을 황제로 즉위시켰다. 이렇게 해서 위의 실권이 모두 사마씨에게 돌아갔다.

촉한은 승상 제갈량이 죽은 후 황제 유선(劉禪)이 소인배를 임용하여 국정이 나날이 잘못되었고, 강유(姜維)는 제갈량의 유지를 계승하여 누차 위를 치러 출격하니 국력이 몹시 쇠하였다. 사마소가 마침내 종회(鍾會), 등애(鄧艾) 등으로 하여금 샛길로 한을 쳐들어가도록 하여 한을 멸망시키고 유선에게서 항복을 받았다. 단기 2596년(263)의 일이었다. 촉한은 2대 43년. 사마소가 죽은 후에 아들 사마염(司馬炎)이 이어 상국이 되었다. 그는 부조(父祖)의 공을 등에 업고 마침내 단기 2598년(265) 위의 황제 조환을 핍박하여 황제위를 선양하게 한 후 나라 이름을 진(晉)이라 바꾸고 낙양에 그대로 도읍하였다. 이가 바로 진의 무제(武帝)이다. 이때 오나라가 대제로부터 여러 대 이어져 왔으나 황제 손호(孫皓)가 국정을 제대로 통할하지 못하여 국세가 몹시 기울었다. 진 무제가 마침내 오를 쳐서 멸망시키고 전국을 통일하였다. 바로 단기 2613년(280)의 일이었다.

진 무제가 권신으로서 황제위를 찬탈하였기 때문에 종실의 원조가 없음을 염려하여 종실 자제를 요지에 봉함으로써 황실의 울타리로 삼았다. 그러나 만년에 게으르고 태만한 생각이 점차 생겨나 안락을 일삼고 밖으로 방비를 허술히 하였다. 그 아들 혜제(惠帝)가 즉위하였는데 몹시 우매하였으므로 외척 양준(楊駿)이 정권을 전횡하니 이에 황후가씨(賈氏)가 그를 살해하였다. 여남왕(汝南王) 량(亮)이 국정을 총괄하였는데 또 전횡하니 가후(賈后)가 또다시 초왕(楚王) 위(瑋)와 함께 량을 죽였다. 이때 이후로 무릇 16년 간 초왕 위, 조왕(趙王) 륜(倫), 제왕(齊王) 경(冏), 성도왕(成都王) 영(穎), 하간왕(河間王) 옹(顒), 장사왕(長沙王) 애(乂), 동해왕(東海王) 월(越)이 서로 정권을 쟁탈하며 혈육끼리 죽이니 진 황실의 울타리가 비게 되었다. 이것이 소위 진의 팔왕의 난이다.

이처럼 황실의 골육이 서로 죽여 국내가 평안하지 못함과 동시에 조야의 인사는 노장의 허무를 숭상하는 풍조를 이어받아 청담(淸談)을 일삼고 안이하게 놀기만을 좋아하였으며 세상사 속된 잡무를 팽개치고 예의와 법도를 포기하였다. 그 결과 명교를 중히 여기고 집과 나라를 염려하는 자가 전무하였으며 국민의 원기가 완전히 사라졌다. 이는 대개 한 말의 명사가 화(禍)를 몹시 두려워하고 또 위와 진의 여러 황제가 잔인하고 은혜를 베풀 줄 모르며 시기심이 너무 심하였기 때문이기도 했다. 뿐만 아니라 유교 숭상의 반동적인 측면도 있었고, 또 불교가 전래된 영향도 컸다.

또 진 초에 지방의 수비를 태만히 하고 새외 정벌을 방치한 까닭에 지나 내지로 이주한 다른 민족이 난을 일으켰다. 또 여러 종류의 오랑캐들이 진의 내란을 틈타 계속 침입하였는데 그중 최강자는 흉노, 선비, 저(氐), 강(羌), 갈(羯)이니 이들이 소위 5호(胡)이다. 당시 흉노 사람 유연(劉淵)이 제일 먼저 좌국성(左國城)산서성 분주부(汾州府)에 옛 나라를 수복하고자 하여 한제(漢帝)라 칭하였다. 그 아들 유총(劉聰)에 이르러 세력이 더욱 강성해져서 같은 족속인 유요(劉曜)와 부장 갈족(羯族) 사람 석륵(石勒)을 파견하여 진의 수도를 함락하고 회제(懷帝)를 붙잡아 갔다.

그러자 진나라 태자 업(業)이 장안에서 황제위에 즉위하였는데 한이 다시 쳐서 체포하니 결국 진이 멸망하였다. 이에 낭야왕(琅琊王) 예(睿)가 건강(建康)오의 건업(建業)에서 즉위하여 진의 대통을 이으니 이가 즉 동진(東晋) 원제(元帝)이다. 건강이 옛 수도 낙양의 동남쪽에 위치하기 때문에 동진이라 칭하였다. 때는 단기 2650년(317)이었다. 서진은 4대 52년.

제9장 동진(東晋)과 오호십육국(五胡十六國)

앞에서 서술한 바와 같이 동진은 건강으로 천도하여 강남의 땅을 겨우 지켜나갔고, 황하 남북의 땅은 새외인(塞外人)들의 각축장이 되었다. 이때 저족(氐族) 사람 이웅(李雄)이 성도(成都)에 웅거하며 사천과 귀주(貴州)를 병합하고 스스로 성제(成帝)라 칭하였는데 그 아우 이수(李壽)가 다시 한(漢)이라 개칭하였다.[49] 강족(羌族)은 앞서 후한 때에 마원(馬援)[50]에게 투항하고 관중(關中), 하동(河東)으로 이주하였는데 그중에 요익중(姚弋仲)이라는 자가 일어나 스스로 부풍공(扶風公)이라 칭하였다. 선비족인 모용외(慕容廆)는 요동과 요서를 점령하고 대선우라 자칭하였고, 그 아들 모용황(慕容皝)이 연왕(燕王)이라 개칭하였다. 한(漢)[51]은

49 오호십육국의 첫 번째 국가 성·한(成·漢)은 시조가 이특(李特)이고 그 아들 이웅(李雄)이 성(成)이란 나라를 세웠다. 이웅의 사촌동생 이수(李壽)가 즉위하면서 국호를 한(漢)으로 바꾸었고 역사에서는 이 나라를 성한이라 부른다. 304년에서 347년까지 존재하였고 지금의 사천지방에 위치하였다.

50 마원(馬援, BC 14~AD 49) : 자는 문연(文淵)이다. 전한 이래 명문 출신으로, 왕망의 부름을 받고 한중랑태수(漢中郎太守)가 되었고, 다시 광무제의 신하로 태중대부(太中大夫)가 되었다. 이어서 농서태수(隴西太守)가 되어 감숙성 방면의 강·저 등의 외민족을 토벌하였다. 41년 이후에는 복파장군(伏波將軍)에 임명되어, 교지(交趾) 지방에서 봉기한 징칙(徵側)과 징이(徵貳) 자매의 반란을 토벌하고, 하노이 부근의 낭박(浪泊)까지 진출하여 평정하였다. 45년 이후는 북방의 흉노와 오환의 토벌에 활약하였다.

서진을 멸하고 한때 강성하였는데 유총(劉聰)의 사후 나라가 분열되어 유요(劉曜)는 전조(前趙)를 건립하였고, 석륵(石勒)[52]은 후조(後趙)를 건립하여 서로 다투다가 결국 석륵이 승리하고 전조를 병탄하였다. 석륵은 또 동진을 침략하여 세력이 더욱 왕성해졌으며 자신을 천왕(天王)이라 칭하였다. 석륵이 죽고 아들 석홍(石弘)이 즉위하였는데 신하 석호(石虎)가 석홍을 시해하고 스스로 왕이 되었다. 석호의 사후에 계승의 난이 일어나 부장 염민(冉閔)이 석씨를 모두 죽이고 스스로 왕이 되어 위제(魏帝)라 칭하였다.[53] 이때 서진 혜제 당시 양주자사(凉州刺史)로 있던 장궤(張軌)의 증손자 장중화(張重華)가 자립하여 전량(前凉)의 왕이 되었다. 저족의 추장 포홍(蒲洪)은 관중에서 자립하여 전진(前秦)의 왕이 되었고, 성을 부(苻)라 개칭하였다. 홍의 아들 건(健)이 황제를 칭하였고 이에 강북이 대란에 빠졌다. 그런데 때마침 전연(前燕)의 왕 모용황이 죽고 아들 준(儁)이 계승하더니 멀리 말달려 남하하여 위(魏)의 황제 염민을 멸하고 하북과 하남을 경략하여 업(鄴)직예성 내에 도읍하고 황제라 칭하였다.

동진은 원제가 즉위한 후 왕도(王導)[54] 등 여러 이름난 선비를 임용하

---

51 한(漢, 304~329) : 오호십육국의 하나. 흉노계 유씨(劉氏)가 세운 나라. 후에 조(趙)라고 국호를 바꾸었다. 역사에서는 이를 전조(前趙)라고 한다. 한을 세운 유연은 후한시기 귀순한 남흉노의 후손. 진 혜제시기 유연은 흉노를 규합하여 한을 세운다. 3대 유총(劉聰)은 서진을 공격하여 장안을 함락시키고 황제를 살해하였다.(영가(永嘉)의 난)

52 석륵(石勒, 274~333) : 자는 세룡(世龍). 시호 명제(明帝), 묘호 고조(高祖). 산서성 지방에 들어와 살고 있던 흉노족 갈종(羯種)의 추장 아들로 태어났다. 유연이 한국(漢國)을 세우자 장군으로 임명되어, 산동 · 하남의 경영을 맡았다(307). 진(晉)의 장군 왕준(王浚)을 멸하여 왕위에 올라, 국호를 조(趙)라 하고, 양국(襄國 : 邢臺)을 도읍으로 삼았다.

53 염민(冉閔)이 세운 위(魏)나라는 흔히 염위(冉魏)라고 불리며 염민(冉閔) 1대 1제로 끝났다. 350년부터 352년까지 3년 간 하북성 남부일대에 존재하였다. 후에 전연(前燕)에게 멸망하였다. 보통 오호십육국에 계산되지 않는다.

54 왕도(王導, 276~339) : 자는 무홍(茂弘)이며 낭야 왕씨로 불리는 명문집안 출신으로, 서진

였으나 왕돈(王敦), 소준(蘇峻)의 난이 일어나 북정에 나설 겨를이 없었다. 여러 대를 거쳐서 목제(穆帝) 때 환온(桓溫)[55]이 유익(庾翼)[56]을 대신하여 군사업무를 총괄하고 강북을 평정하고자 하였다. 그리하여 먼저 촉의 저족 이한(李漢)을 멸하고 더 진격하여 부건(苻健)을 치다가 뜻을 이루지 못하였다. 그러자 다시 전연(前燕)을 치러갔다가 전연의 장수 모용수(慕容垂)에게 방두(枋頭)하남성 위휘부(衛輝府) 준현(濬縣)에서 크게 패하여 돌아갔다. 돌아가서도 모반의 뜻을 몰래 키워가고 있었으나 사안(謝安)과 왕탄지(王坦之)[57]를 두려워하여 감히 드러내지 못하고 마침내 죽었다.

이때 강북에서는 전연과 전진이 가장 강하였다. 전진은 부건의 사후에 신하 부견(苻堅)이 즉위하였는데 왕맹(王猛)을 임용하여 나라가 부하고 군대가 강한지라 전연의 난을 틈타 쳐서 멸망시켰다. 또 전량(前凉)에 항복을 받아내고, 강북을 모두 평정하였으며 서역의 여러 나라를 복속시켰다. 이에 강남을 평정하고 통일의 과업을 달성하고자 단기 2716년(383) 8월 전진의 황제 부견이 정예병 90만을 직접 거느리고 동진을 핍박해 들어갔다. 이때 그가 호언장담하기를 전진 군대의 채

이 멸망하고 동진을 건국하는 데 공적을 세운 개국공신이다.

55 환온(桓溫, 312~373) : 자는 원자(元子). 명제의 사위. 촉을 평정하고 전진을 공격하고 요양(姚襄)을 격파하여, 벼슬이 대사마(大司馬) 도독중외제군사(都督中外諸軍事)에 이르고 남군공(南郡公)에 봉해졌다. 후에 연(燕)을 정벌하여 패배시키고 돌아와서 황제를 폐하고 간문제(簡文帝)를 세우고자 했으나, 이루지 못하고 병으로 죽었다.

56 유익(庾翼, 305~345) : 자는 치공(稚恭). 동진 대신으로 함강(咸康) 6년(340) 형인 유량(庾亮)이 죽자 대신하여 도독육주제군사(都督六州諸軍事), 형주자사(荊州刺史)가 되었다. 북방 수복을 자신의 임무로 여기고 343년, 조정 대신의 반대를 무릅쓰고 후조(後趙)를 진격할 준비를 하다가 병사하였다.

57 사안(謝安, 320~385) : 자는 안석(安石)이고 시호는 문정(文靖)이다. 동진의 재상을 지냈다. 회계의 동산에 은거하다가 환온에게 초빙되어 여러 관직을 지냈다. 후에 전공을 세워 태보(太保)가 되었는데 환온이 요무제의 자리를 찬탈하려 하자 왕탄지와 더불어 이를 만류했다고 한다.

찍을 강에 던지기만 해도 강의 흐름을 막아버릴 수 있다고 하였다.

이때 동진은 환온이 이미 죽고 사안(謝安)이 집정하여 조카 사현(謝玄)에게 8만 병력을 주고 전진군을 방어하도록 하였다. 사현이 이에 전진군과 11월에 비수(淝水)안휘성 봉양부(鳳陽府) 수주(壽州)의 동(東)에서 싸워 대파하니 전진의 황제 부견이 겨우 몸을 피하여 돌아갔다. 이로써 강북의 형세가 갑자기 변하게 되었다.

전진의 황제 부견이 패한 뒤 그 영토가 사분오열되고 강북이 다시 큰 혼란에 빠졌다. 전연의 모용수는 중산(中山)직예성 정주부(定州府)에 웅거하여 후연(後燕)을 세웠고, 모용충은 평양(平陽)산서성 평양부(平陽府)에서 일어나 서연(西燕)을 건립하였다. 강족의 추장 요장(姚萇)은 장안에서 후진(後秦)을 일으켰다. 선비족의 걸복건귀(乞伏乾歸)는 농서(隴西)에 서진(西秦)을 건립하였고, 역시 선비족의 독발오고(禿髮烏古)는 하서(河西)에 남량(南凉)을 세웠다. 전진의 서역도독 여광(呂光)은 하서에 후량(後凉)을 창립하였다. 흉노족 저거몽손(沮渠蒙遜)은 장액(張掖)감숙성 감주부(甘州府)에 북량(北凉)을, 이숭(李嵩)은 돈황(敦煌)감숙성에 서량(西凉)을 건립하였다. 전진 황제 부견은 후진에 의해 목매달아 죽임을 당하였고, 그 후사도 모두 피살되어 결국 전진은 망하였다. 또 얼마 안 있어 후연의 일족인 모용덕(慕容德)은 골대(滑臺)하남성 위휘부(衛輝府) 골현(滑縣)에 남연(南燕)을 건립하였고, 후연의 장수 풍발(馮跋)은 후연을 멸망시키고 용성(龍城)내몽골 토목특(土穆特)에서 북연(北燕)이라 칭하였다.

이에 앞서 위와 진의 교체기에 선비족 탁발력미(拓拔力微)가 고비사막 북쪽에 거하였는데 진의 성제(成帝) 때 역미의 증손자 십익건(什翼健)이 뒤를 이어 판도를 사방으로 확장하다가 한때 전진 부견의 침략을 받아 거의 쇠망하였다. 그런데 강북 분열의 시기에 십익건의 손자 탁발규(拓跋珪)[58]가 점차 강성해져 후연을 쳐서 멸하고 평성(平城)에 도읍하여 위제(魏帝)라 칭하였는데 이가 바로 도무제(道武帝)이다.

당시 후진이 후량을 멸하고 남, 북, 서의 3량(凉)을 복속시켜 강북에서 세력이 막강하였다. 그런데 흉노족 혁연발발(赫連勃勃)이 배반하고 대하(大夏)라 자칭한 후 삭방(朔方)에 웅거하며 서진과 남량을 멸하니 후진이 크게 쇠약해졌다. 동진의 유유(劉裕)가 남연을 멸한 후 그 예봉을 돌려 후진을 멸망시켰다.

동진은 비수의 승리를 이룩한 후 국내가 일시 안정되었으나 안제(安帝) 때 환온의 아들 환현(桓玄)의 난이 일어나 국세가 더욱 약하여졌는데 이때 유유가 군대를 일으켜 난을 진압하고 또 외정에 공을 세웠다. 이로 인하여 유유의 위세가 나날이 강해지더니 마침내 황제를 시해하고 황제의 아우 환(奐)을 옹립하였다. 그러더니 다음해 단기 2753년(419) 황제를 핍박하여 선양의 형식으로 제위를 받더니 이내 동진 황제를 시해하고 국호를 송(宋)이라 바꾸고 건강(建康)에 도읍하였다. 이가 바로 송 무제(武帝)[59]이다. 진이 마침내 여기서 끊기니 동진과 서진을 합하여 156년 간 존립하였다.

---

58 탁발규(拓跋珪, 371~409) : 북위의 제1대 황제. 묘호는 태조. 도무제라고도 한다. 전진이 동진에게 망하자 산서성 북부에서 일어나 황제가 되었다. 재위 기간은 386~409년이다. 산서 대동에 있는 운강석굴 제20굴의 노천대불인 본존선정불좌상(本尊禪定佛坐像)은 탁발규의 모습을 형상화한 것이라 한다.

59 유유(劉裕, 363~422) : 자는 덕여(德輿). 묘호는 고조, 시호는 무제(武帝)이다. 남조 송(宋)의 초대 황제(재위 420~422). 다른 송나라 왕조와 구별하기 위해서, 유유가 건국한 송은 후세의 역사가에 의해 유송(劉宋)이라고 칭해진다. 건국 후 귀족의 기득권을 보장해 주면서 정권을 안정화시켰다. 이때부터 하급군인 출신 황제의 무력과 귀족의 정치력이 결합되어 남조의 독특한 사회체제가 시작되었다.

이때 강북에서는 위(즉, 北魏)가 가장 강하였는데 도무제 후에 점차 그 판도를 확장하여 북연, 하, 북량 등을 차례로 멸망시키고 양자강으로 송과 경계를 삼게 되었다. 세상에서는 이를 남북조(南北朝)라 불렀다.

서진 말부터 새외의 여러 민족이 지나 내지로 침입하여 한인과 각축을 벌였는데 모두 다섯 종류의 민족이었다. 이후 130년 간 전란이 계속되어 한족과 이민족 모두 합해 흥망한 나라가 16국이었으므로 총칭하여 5호16국이라 한다. 즉 2조(趙)전조(前趙), 후조(後趙), 3진(秦)전진(前秦), 후진(後秦), 서진(西秦), 4연(燕)전연(前燕), 후연(後燕), 남연(南燕), 북연(北燕), 5량(凉)전량(前凉), 후량(後凉), 북량(北凉), 서량(西凉), 한(漢)성(成), 하(夏)이다. 이 기간에 군왕(君王)을 칭한 자는 진(晉), 송(宋), 위(魏)를 합하여 모두 83명이었다. 과연 지나 대륙에서 전례 없는 분열이라 할 만하다. 그렇지만 이 기간 동안 사회에 뚜렷한 변화가 나타났는데 민족 간 피가 섞인 점, 그리고 언어상에 변화가 생긴 점이 그것이다. 또한 유의할 점은 불교가 유포되어[60] 그에 감화됨으로써 참혹한 사태가 비교적 적었다는 사실이다.

제10장 남북조(南北朝)

송(宋)이 남을 통일하고, 위(魏)가 북을 지배하며 서로 대립하면서부

---

60 오호의 시대에 불교가 정착되기 시작한 점이 주목된다. 후조(後趙)의 석륵, 석호는 쿠차국 사람 불도징(佛圖澄, 231~348)을 존중하여 사원 893개, 문도(門徒) 1만 명이라는 불교의 융성을 가져왔다. 또 제자 도안(道安, 312~385)은 전진에서, 구마라습[鳩摩羅什]은 전진과 후진에서 비호를 받았다. 특히 구마라습은 대규모 역경사업을 통하여 화북에 불교를 정착시켰다. 그런데 당시 불교의 포교는 불경의 뜻보다는 부처의 기적이나 영험담이 중심이 되었는데 호족 군주는 이러한 주술성과 신비성을 빌어 자신의 지배 권력을 강화하기 위하여 불교를 비호하였던 것이다.

터 수가 통일을 달성하기까지 170년 간을 남북조라 칭한다. 이 시기 분란의 양상은 전 시대에 비하여 조금 덜하기는 하였으나 반란, 침입, 찬탈, 역모 등은 끊임없이 계속되었다. 그리고 원래 남과 북의 풍조는 서로 아주 달랐다. 북인은 굳세고 사나운 기질에 변방 민족의 피가 섞임으로써 더 이상 남인의 적수가 아니었다. 남인이 믿는 것은 오직 한 줄기 큰 강이 이들을 막아주는 것이었다. 남과 북이 서로 심하게 배척하는 정도를 보면, 남인은 북인의 변발을 조롱하여 삭로(索虜)라 하였고, 북인은 남인이 일시적 편안만을 추구하는 것을 조롱하여 도이(島夷)라 하였다.

송은 무제 후에 국내가 조금 평안하였으나 문제(文帝) 때 위를 치다가 크게 패하여 국력이 몹시 쇠하였다. 그후 3대가 이어져 명제(明帝) 때 종실을 살육하여 황실이 고립되었는데 권신 소도성(蕭道成)이 황제를 폐하고 마침내 황위를 찬탈하여 단기 2812년(479) 스스로 제(齊)의 황제라 칭하였다. 송은 8군주 60년.

위는 도무제 후에 태무제(太武帝)[61]가 즉위하였는데 그는 영웅호걸이었다. 그는 서역 나라들을 불러들이고 막북의 흉노 별종인 유연(柔然)을 격파하였다. 또 송 군대의 침략을 받았으나 싸워 물리쳤고, 16국 중에서 아직 남아 있는 나라를 겸병하였으며 청해(青海) 지방에 있는 선비의 한 갈래인 토욕혼(吐谷渾)을 복속시켜 국세가 극히 강성하였다.

---

61 태무제(太武帝, 408~452) : 이름은 탁발 도(拓跋燾), 묘호는 세조(世祖)로, 북위 제3대 황제(재위 423~452이다). 성격이 용맹스럽고 엄혹하였고, 즉위하자 외몽골의 유연을 쳐서 큰 타격을 준 뒤, 하(夏) · 북연(北燕)을 멸망시켜 북위의 화북통일을 완성하였다. 또 동서교통의 요지인 감숙성 지방을 확보하여, 사마르칸트 · 페르가나 등 서역에서 입공(入貢)하는 나라가 20여 국에 이르렀다.

얼마 안 가서 태무제가 시해되었고, 손자인 문성제(文成帝)가 즉위하여 백성을 휴식하게 하고 마음을 가다듬어 부국의 방책을 강구하였다. 헌문제(獻文帝)를 거쳐 효문제(孝文帝)에 이르러서는 고유의 오랑캐풍의 고루한 습속을 부끄럽게 여기고 중국의 문화를 흠모하여 낙양으로 천도하였다. 또 성을 원씨(元氏)로 바꾸었고, 오랑캐 말과 복장을 금하고 예악을 일으키고 제도를 정하는 등 제반 문물을 한족의 것을 따랐다. 또 한족과의 통혼을 장려하였는데 급격한 개혁에 반대하는 자가 있었으나 법령을 만들어 이를 엄격히 실행하였다. 그 결과 얼마 지나지 않아서 목적을 달성하여 문화와 학예 면에서 장족의 발전을 이루게 되었다. 그러나 굳세고 사납던 기풍이 유약한 습성으로 바뀌어 전쟁을 하면 패하는 나라로 변해버렸다. 결국 국세는 점점 쇠약해졌는데 효문제의 시대는 대략 단기 2820년경(487년경)[62] 이었다.

단기 2812년(479) 소도성이 나라를 찬탈한 후로 5대가 이어진 다음 폐위된 황제 보권(寶卷)에 이르렀다. 보권은 음란 무도하였으며 총애하는 신하를 임용하고 대신을 주살하였다. 이로 인하여 반란이 누차 일어나더니 마침내 단기 2835년(502) 소연(蕭衍)이 그를 폐위하고 스스로 왕이 되어 나라 이름을 양(梁)이라 하였다. 소연은 즉 양의 무제(武帝)이다. 제는 7군주 24년.

위는 효문제 이후로는 국정이 점차 어지러워졌다. 호태후(胡太后)가 집정하여 음란 무도하였는데 효명제(孝明帝)[63]를 독살하니 국내가 어지

62 효문제(孝文帝, 467~499) : 북위의 제6대 황제(재위 471~499)이다. 친정 기간은 겨우 10년이었지만 북위 중흥의 영주로 일컬어진다. 처음으로 관리에게 봉록을 지급하고, 삼장제(三長制), 균전제를 시행하였다. 한화정책(漢化政策)을 취하여 황실 밑에 한인과 북방민족의 귀족이 공존하는 북조 귀족제도가 성립되었으며, 문화정치의 융성시대로 접어들었다.

럽고 갈등이 일었다. 이때 평성(平城)에서 방위하는 장졸이 급료가 적은 것을 원망하여 난을 일으켰다. 그러자 이주영(爾朱榮)[64]이 반란자들을 쳐서 평정하고 군대를 장악하였다. 그리고는 군주측의 악행을 제거한다고 칭하고 단기 2862년(529) 진양(晉陽)산서성 태원부으로부터 낙양으로 들어와 호태후를 강에 빠뜨리고 효장제(孝莊帝)를 옹립한 후 정권을 농단하였다. 효장제가 이주영을 주살하자 이주영의 일족이 또 난을 일으켜 황제를 시해하였다. 이에 기주(冀州) 자사 고환(高歡)[65]이 난을 평정하고 효무제를 세워 정권을 장악한 후 부(府)를 진양에 설치하였는데 위세가 대단하였다. 효무제가 고환을 꺼려 마침내 관서대도독 우문태(宇文泰)[66]에게 가서 의지하니 고환이 다시 효정제(孝靜帝)를 세웠다. 이렇게 되니 전자를 서위(西魏)라 칭하고 후자를 동위(東魏)라 칭하게 되었는데 서로 대립하여 전쟁이 끊이지 않았다.

북조는 이렇게 어지러웠으나 남조는 평온하였다. 양의 무제 소연이

---

63 효명제(孝明帝, 元詡, 510~528) : 5살에 북위 제8대 황제로 즉위하였다. 아들을 대신해 섭정한 호태후(胡太后)가 정치를 하면서 불교에 심취해 전국에 사탑을 건립하여 재정을 어지럽혀, 도적이 봉기하였다. 그동안 누적된 한화정책에 대한 선비족의 불만이 523년 육진(六鎭)의 난을 초래하여 북위 멸망의 원인이 되었다.

64 이주영(爾朱榮, 493~530) : 자는 천보(天寶)이다. 남북조 시대 북위의 장군으로, 북위에서 일어난 육진(六鎭)의 난을 진압하였다. 호태후가 효명제를 독살하고 후계자를 세우지만 육진의 난의 진압 과정 중 대군벌로 성장한 이주영이 군대를 이끌고 낙양에 들어와 효장제를 옹립했다.

65 고환(高歡, 496~547) : 북조 북제의 기초를 쌓아 올린 인물. 자신은 제위에 오르지 않았지만, 그의 아들인 고양(高洋, 즉 文宣帝)이 북제를 건국한 후에, 묘호를 고조(高祖), 시호를 신무제(神武帝)로 추증하였다.

66 우문태(宇文泰, 505~556) : 자 흑달(黑獺). 우문부(宇文部 : 선비족 일파) 출신으로, 북위의 북변 수비병이었는데, 육진의 반란 과정에서 차차 실력을 길러, 535년 장안을 본거지로 한 북위 왕족을 황제로 옹립하여 서위(西魏)를 세웠다. 서위의 대승상이 되어, 고환의 동위(東魏)와 대립하였다. 당시 부병제(府兵制)의 전신인 24군 창설, 『주례(周禮)』에 바탕을 둔 관제 확립, 신법전 제정 등 수 · 당 제국의 여러 제도의 기원이 된 정책을 단행하였다.

제위에 있을 때 박학다식하고 또 나라를 잘 다스렸는데 말년에 가서 불교에 심취하여 삼보(三寶)의 노예라고 자칭하며 몸을 불사에 맡기니[67] 기강이 해이하고 나라의 방비가 허술해졌다. 이러한 틈을 타서 위에서 항복하였던 신하 후경(侯景)이 반란을 일으켜 건강(建康)을 포위하였다. 성 안에 있던 백성이 모두 태평세월에 편히 지내다가 돌연 난을 당하여 방어하지 못하니 성이 함락되었다. 무제는 부처님의 도움을 받지 못하고 마침내 후경과 화의를 맺었고, 단기 2882년(549) 울분 속에 병사하니 나이 86세였다. 태자 통(統)은 일찍 죽었는데 이가 바로 소명(昭明) 태자이다. 그러므로 둘째아들 간문제(簡文帝)가 즉위하였으나 역시 후경에게 시해되었다. 후경이 자립하여 황제라 칭하였는데 여러 차례 쟁란이 있은 후 진패선(陳覇先)이 군대를 일으켜 후경을 주살하였다. 마침내 진패선이 양나라를 찬탈하였는데 단기 2890년(557)의 일이었다. 양은 4군주 56년.

진패선이 양을 찬탈한 후 진국(陳國)이라 칭하였는데 이가 바로 진의 고조(高祖)이다. 앞서 고환의 아들 고양(高洋)이 동위(東魏)를 찬탈하였는데 북제(北齊)의 문선제(文宣帝)가 바로 이 사람이다. 또 얼마 안 있어 우문태의 아들 우문각(宇文覺)도 역시 서위를 찬탈하였는데 주(周)의 효민제(孝愍帝)가 바로 이 사람이며 또한 진패선이 개국한 해와 같다. 이에 북조는 제(齊)와 주(周)가 서로 대치하였다. 북제는 문선제의 사후 3대가 전하여지다가 제위(帝緯)[68] 때 국세가 기울었는데 이때 북주의 무제

67 양 무제는 불사 참여에 적극적이고 불교 교리에 따라 나라를 통치하므로 소위 황제보살이라 불렸다. 때로는 절에서 승려처럼 승복을 입고 수행을 하기도 하였으며, 남경 소재 동태사에 네 번이나 출가를 기도하였고, 번번이 신하들의 만류로 포기하였다.

68 저자는 제위(帝偉)라고 하였으나 보통 역사에서는 후주(後主) 고위(高緯)를 말한다. 재위

옹(邕)이 강직하고 현명하여 국력이 크게 확장되더니 마침내 단기 2910년(577) 옹이 직접 가서 북제를 쳐서 멸하였으니, 북조가 다시 통일되었다.

그러나 북주의 무제 사후 황제 천(闡)에 이르러서 외척 양견(楊堅)[69]이 집정하고 권세가 강해지더니 마침내 단기 2914년(581) 북주를 찬탈하고 황제로 즉위하여 나라 이름을 수(隋)로 바꾸고 장안으로 천도하였다. 그가 수 문제이다. 이때 남조는 진의 고조로부터 4대가 이어져 후주(後主) 숙보(叔寶)가 재위에 있었는데 음란하고 사치를 일삼으며 조정을 돌보지 않았다. 이에 수 문제 양견이 아들 진왕(秦王) 광(廣)을 보내 일거에 쳐서 멸하니 한 말 이래 4백 년을 이어오며 소란하던 지나가 다시 통일이 되었다. 단기 2922년(589)의 일이었다.

이상과 같이 오랜 세월 남북조에 병화가 이어져 지나의 고유한 학술은 쇠미하고 발달하지 못하였다. 불교는 인심이 어지러운 점을 틈타 널리 전파되어 남북조에서 교세를 확장하였다. 남조에서는 아름답고 화려한 강남의 자연적인 미의 감화를 받아 회화와 조각 등의 예술이 점차 발달할 조짐이 나타나 당대(唐代)의 선구를 이루었다.

또한 이때 외국과의 교류가 완전히 단절되지는 않았다. 지나 서북부의 장성(長城) 끝에 있는 지방에서 동서 화물의 교류가 적지 않게 이

기간은 565~577년 13년 간이다.

69 양견(楊堅, 541~604) : 수의 문제(文帝). 재위 기간은 581~604이다. 서위(西魏) 12대 장군의 한 사람인 수국공(隋國公) 양충(楊忠)의 아들. 한인(漢人)이 아니고 선비족이거나 선비족과의 혼혈인 무장 집안 출신인 듯하다. 서위를 이은 북주에서 아버지의 공으로 높은 지위에 올랐는데, 그의 딸이 북주 선제(宣帝)의 비가 되자 외척으로서 정치적 실권을 장악하였다. 580년 선제의 아들 정제(靜帝)가 어린 나이로 즉위하자 보정(輔政)이 되어 정사를 좌우하였다. 581년 정제의 선양(禪讓)을 받아 수나라를 세웠다.

루어졌다. 또 해상무역에서도 지나 상인이 인도양 방면의 실론(씰논) 섬 주변까지 항해하였고, 페르시아 만까지 왕래한 자도 있었다. 그밖에 인도로 왕래한 승려가 많았으며 조선과 일본도 때때로 남조와 교류하여 불교를 받아들였다.

제11장 수(隋)의 흥망

수의 문제는 통일의 과업을 달성한 후 국내 정치에 전력을 기울였다. 백성의 휴식을 위하여 근검에 힘썼고, 부세를 경감하니 호구가 늘고 곡간이 넉넉해졌다. 동시에 모든 제도를 정비하였는데 훗날 당대에 이러한 제도를 채용한 것들이 많았다.

그러나 문제의 성품이 시기심이 많은 데에다 까다롭고 엄격하였다. 그리하여 공신을 주살하였고, 태자 용(勇)을 폐하고 둘째 광(廣)을 세웠는데 후에 후회를 하다가 결국 광에게 시해되었다. 단기 2937년(604).[70] 광이 아버지를 시해한 후 자립하였는데 이가 곧 수 양제(煬帝)이다. 그는 태자 때부터 방자하고 음란하였으며 교만하고 사치하며 법도가 없었다. 제위에 올라서는 토목공사를 크게 일으켜 2백만 역부를 징발하여 낙양에 궁전과 동산을 거대하게 지은 후 동도(東都)라 칭하였다.[71] 또 100만 인부를 동원하여 운하를 개착하였다. 통제거(通濟渠)와 간구(刊溝)를 개착하여 장안으로 부터 양주로 통하게 강물을 연결시켰다. 또 영

---

70 저자가 단기 2938년(605)이라 잘못 쓰고 있는 것을 바로잡았다.

71 동도를 건설하기 위해 매월 200만 명씩 10개월 동원하였으니 연인원 2천만이라 한다. 당시 수의 인구가 4,600만이니 거의 모든 정남이 동원된 셈이다. 동도 건설을 위해 성벽공사에 70만, 토목공사에 80여만, 목공, 기와공, 금속공, 석공에 각기 10여 만을 동원하였다.

제거(永濟渠)를 개착하여 심수(沁水)[72]와 황하를 연결하였으며 강남하(江南河)를 뚫어 양주와 항주를 연결하였다. 이렇게 한 후 양주를 강도(江都), 장안을 서경(西京)이라 하고, 그 사이에 이궁(離宮) 40여 채를 건설하고 빈번히 순회하며 즐겼다. 양제가 운하를 뚫은 원래의 목적은 돌아다니며 노는 데에 있었으나 후세에 이로움을 받게 된 점도 많았다. 이와 같이 대대적인 토목공사를 하면서 정남(丁男)이 부족하면 부녀자를 역으로 충당하였다. 또 태항산(太行山)을 뚫어 치도(馳道)를 건설하였는데 국고가 고갈되어 징세를 가혹하게 하였으므로 민심이 소란하였다.

양제는 또 진의 시황제와 한 무제의 웅대한 계획과 뛰어난 공훈을 흠모하여 겨우 전쟁 끝에 다시 살아난 인민을 몰아 외정을 수차례 단행하였다. 남으로는 지금의 사이공[柴棍]사이곤 지방의 임읍(林邑)을 멸하였고, 서로는 청해(青海) 부근의 선비족, 토욕혼에게서 항복받고 서역의 여러 나라를 복속시켰다. 동남으로는 대만을 정벌하였고, 고구려에 사신을 보내 복속을 권유하였으나 고구려왕이 거절하자 크게 노하였다. 그리하여 그동안의 전쟁에서 승리한 위세를 몰아 단기 2944년(611)[73] 친히 수군과 육군 도합 130만을 거느리고 고구려를 치다가 크게 패하고 간신히 목숨을 건져 돌아갔다. 다음해에 또 고구려를 치러 왔다가 패하고 돌아갔다.

이때 양제가 토목공사를 대대적으로 행하고 여러 차례 외정을 단행하므로 인민이 곤궁해져 원망의 소리가 크게 일더니 고구려에 패하고

72 심수(沁水)는 산서성 남부의 동쪽 산 속에서 북에서 남으로 흐르다가 황하 북쪽 하남성 평야지대에서 방향을 동으로 틀어 흘러 황하로 들어가는 강이다.

73 수 양제가 고구려를 침공한 것은 612년으로 알려져 있다. 여기서는 611년으로 잘못 기재되어 있다.

돌아온 후 도적이 사방에서 봉기하고 군웅이 할거하였다. 이러하니 20여 년 간 안정을 누리던 지나는 마치 마와 같이 얽혀 분란이 일었다.

이에 이밀(李密)이 형양(滎陽)에서 위공(魏公)이라 칭하였고, 임사홍(林士弘)은 강남에서 초제(楚帝)라 칭하였다. 두복위(杜伏威)는 회남(淮南)에 웅거하였고, 두건덕(竇建德)은 하북에서 하제(夏帝)라 칭하였으며 설거(薛擧)는 농서(隴西)에 진국(秦國)을 세웠다. 이궤(李軌)는 하서에 양국(凉國)을 세웠고, 소선(蕭銑)은 파릉(巴陵)에서 양왕(梁王)이라 칭하였다. 이밖에 또 유무주(劉武周), 양사도(梁師道) 등이 있었다. 때마침 이연(李淵)[74]이 돌궐(突厥)을 방어하다가 아들 세민(世民)의 계책을 따라 돌궐의 병사를 빌려서 태원(太原)에서 일어나 장안으로 진격하여 함락하고 수 황제로 유(侑)를 옹립하였다. 그리고 자신을 대승상 당왕(唐王)이라 칭하였다. 이때 양제는 강도(江都)에 가서 놀다가 신하 우문화급(宇文化及)에게 시해되었다. 단기 2951년(618) 이연이 수 황제 유로부터 선양을 받아 황제로 즉위하고 당이라 나라 이름을 정하였다. 이가 바로 당 고조(高祖)이다. 수는 3대 37년.

제12장 당(唐)의 초기

이연이 황제로 즉위한 후 여기 저기 일어난 군웅을 점차 평정하고

74 이연(李淵, 566~635) : 자는 숙덕(叔德). 묘호는 고조. 스스로는 중국인의 후예라고 주장했지만 그의 가문에는 화북지방 호족의 피가 섞여 있었다. 수 문제의 총애를 받았다. 지방관으로서 농민반란을 진압하고 돌궐족의 침입을 막는 임무를 맡았다. 수가 붕괴할 무렵 태원유수(太原留守)였던 그는 야심에 찬 둘째 아들 이세민(李世民)의 권유에 따라 617년 군사를 일으켰다.

통일의 과업을 달성하니 이는 모두 그의 둘째 아들 세민의 공이었다. 세민은 사람됨이 문무를 겸하였는데 지혜롭고 용기 있으며 총명하여 세상에 보기 드문 영웅이었다. 그의 형 건성(建成)과 동생 원길(元吉)이 모두 세민의 공을 시기하여 죽이려고 모의하였다. 세민이 형제 둘을 모두 죽이고 태자가 되었으며 얼마 안 있어 고조의 자리를 선양의 형식으로 받으니 이 황제가 바로 당 태종(太宗)이다.

태종은 즉위하기 전에도 고조를 도와 내정을 개혁하였고, 학문과 예술 등 문사를 숭상하였는데 제위에 등극하여서는 오로지 문덕으로써 나라를 다스려 인민이 휴양하도록 힘쓰고 쓸데없는 비용을 없애고 요역을 감해주었다. 또한 학문을 일으키고 산업을 장려하여 국내가 잘 다스려졌다. 이때 방현령(房玄齡), 두여회(杜如晦) 등이 정치를 총괄하였고, 위징(魏徵), 왕규(王珪) 등이 고문을 맡았으며 이세적(李世勣), 이정(李靖) 등은 군사를 담당하였는데 당의 국세가 사방 이웃나라에까지 크게 울려퍼졌다. 또 태종의 언행은 후대 황제들의 사표가 되는 점이 많았고, 완성된 제도와 규범은 조선, 일본 등 동방 여러 나라의 모범이 된 것이 많았다. 이로 인하여 후대사람들이 태종시대를 가리켜 그 연호의 이름을 따서 정관(貞觀)의 치(治)라 하였고, 또 당조를 한조에 견주며 한당(漢唐)이라 겸칭하였다.

태종 사후에 고종이 즉위하였는데 역시 선대의 남은 열기가 있었으나 만년에 황후 무씨(武氏)에게 정권을 맡겨 황실이 점차 위태해졌다.

제13장 당대(唐代)의 조선(朝鮮)

조선은 아주 오랜 옛날에 단군(檀君)이 나라를 세웠다. 단기 1212년(BC 1122)에 은(殷)의 종실 사람 기자(箕子)가 와서 복속하고 귀화하였다.[75] 이때 단군의 자손이 북방에 있는 숙신(肅愼) 종족을 멀리 쫓아내고 강토를 개척하였으며, 요하(遼河)의 서쪽을 겸병하고는 통치를 편리하게 하기 위하여 북방으로 천도하고 부여국(夫餘國)을 건설하였다. 그런데 기자의 현명함을 보고 그를 남방에 봉하여 조선왕으로 삼았는데 얼마 안가서 단씨(檀氏)가 쇠약해지자 기씨(箕氏)가 겸병하였다. 그 후 900여 년이 지나 지나인 위만(衛滿)[76]이 와서 투항하여 왕의 총애를 얻은 후 왕을 쫓아내고 왕위를 찬탈하였다. 그의 손자 우거(右渠) 때 즉 단기 2226년(BC 108)에 지나의 한 무제가 침입하여 그 땅을 점령하였다. 이에 부여국의 유민 고주몽(高朱蒙)이 일어나 한의 군대를 쫓아내고 옛 땅을 모두 수복하고 고구려국(高句麗國)을 건립하였다. 그런데 그 남부에 고구려의 동족인 백제와 또 신라가 있었으므로 합하여 3국이라 칭하였다. 신라의 시조 혁거세(赫居世) 58년은 즉 단기 2334년이며 예수[耶蘇] 기원 원년이었다.

이같이 3국이 대치하여 서로 공격하며 전쟁을 일삼았는데 고구려가 가장 강하였고 백제가 가장 약하였다. 단기 2944년(611) 지나 수나

---

75 본서 제1편 제3장 내용 참고.

76 위만(衛滿, 생몰년 미상) : 고조선의 한 국가인 위만조선의 창건자. 연나라 왕의 부장으로 있던 위만은 혼란기에 1천여 명을 이끌고 고조선의 준왕(準王)에게 거두어 줄 것을 요청했다. 그 뒤 세력을 키워, 왕위를 빼앗고 도읍을 왕검성(王儉城)에 정했다. 위만조선은 고조선 역사상 가장 융성했던 나라로 꼽힌다.

라 황제 양광(楊廣)이 수군과 육군 130만을 거느리고 와서 고구려를 치다가 살수(薩水)청천강(淸川江)에서 을지문덕(乙支文德)에게 대패하였는데 살아서 돌아간 자가 겨우 2천 7백 명이었다. 그 다음해에 또 치러 왔다가 크게 패하고 돌아갔는데 이로 인하여 수가 멸망하였다. 당 태종이 즉위한 후에 또 고구려를 치러 왔다가 안시성(安市城)에서 눈을 다치고 크게 패하여 돌아갔다.

신라는 영지가 협소하지만 영명한 군주와 훌륭한 신하가 배출되고 또한 단결력이 강하여 백제와 고구려를 침략하였다. 당 고종 때 고구려와 백제 두 나라가 정치를 제대로 하지 못하여 국세가 쇠약해졌다. 신라 무열왕(武烈王)이 신하 김유신(金庾信)과 도모하여 당의 군대를 빌려서 단기 2993년(660) 백제를 쳐서 멸망시켰고, 8년 후에는 신라 문무왕(文武王)이 또 당의 군대와 힘을 합하여 고구려를 멸망시켰다. 이렇게 해서 신라가 통일의 과업을 달성하였다.

제14장 당대의 일본(日本)

일본은 태평양 가운데에 있는 섬나라이다. 상고시대로부터 오늘에 이르기까지 한 계통의 군주가 줄곧 자리를 이어왔다. 그 상고시대를 신대(神代)라 칭하는데 그때의 자취는 황당한 것이 많아 건국의 체제를 탐구하여 밝힐 수 없다. 그러나 대개는 진무[神武]천황에서 시작하였다. 고대 일본에 미개한 종족인 에조[蝦夷][77] 등이 있었는데 단기 1764

---

77 에조[蝦夷(えぞ)]란 일본의 도호쿠 지방 및 홋카이도 지역에 살면서 일본인(야마토 민족)에 의해 이민족시되었던 민족 집단을 일컫는 말이다. 에조 외에 시대에 따라 에미시(えみし),

년(BC 660)에 진무천황이 처음으로 황위에 즉위하여 사방을 정복하고 나라를 창건하였다. 야마토[大和]에 도읍을 정하고, 공신과 귀의하여 복속한 사람들에게 토지를 분봉하고 각각 국조(國造), 현주(縣主)라 칭하며 그 토지를 다스리고 세습하도록 하였다. 이후의 일은 기록할 만한 것이 없으나 다만 그 개화되어 가는 상황을 잠시 언급하자면, 전적으로 우리나라와 지나에 의거하였다는 점이다. 백제사람 왕인(王仁)[78]이 그 나라에 가서 문자를 제정하고 황태자를 가르쳤다. 또 백제에서 서적과 불교와 도기 만드는 법을 전하였다. 고구려는 도량형 제도를 전하였다. 또 조선 사람으로서 일본에 가서 정착하는 사람이 많았으므로 일본의 문물은 그 면목을 크게 일신하였다.

일본과 지나의 교통은 대략 후한 광무제 때에 시작되었다. 그후 오(吳)에서 직조법을 배웠고, 수에 이르러 학생과 승려로서 유학하는 자가 많았으며 당왕조에 이르러서도 역시 그러하였다.

제15장 당의 외정 및 새외(塞外) 여러 나라

흉노는 후한 시대에 서방으로 멀리 도망가 자취가 거의 끊겼고 그 남은 종족은 지나 내지로 들어가 한족과 섞여서 살았다. 그러나 두 셋의 다른 부족은 여전히 국경 밖에서 흩어졌다 모였다 하며 북변을 누

에비스(えびす)라고도 읽는다. 시대에 따라 그 지칭 범위가 다른데, 일반적으로 근세의 에조는 특히 아이누민족을 일컫는다.

78 왕인(王仁, 생몰년 미상) : 백제 근구수왕(近仇首王) 때의 학자로, 일본에서 아라타와케[荒田別] 등을 보내어 학자와 서적을 청하자 근구수왕의 명으로 왕의 손자 진손왕(辰孫王)과 함께 『논어』 10권, 『천자문』 1권을 가지고 일본에 건너갔다. 해박한 경서의 지식으로 일본 오오진왕[應神王, 오우진 천황]의 신임을 얻어 태자의 스승이 되었다.

차 침략하였다. 대략 동진 초에 막북(漠北)에 유연국(柔然國)을 세우고 한때는 강성하다가 북위[後魏] 태무제 때 그 주(主) 대단 칸[大檀可汗]이 북위에 대패하여 국세가 거의 멸망할 지경에 이르렀다. 그 후 추노 칸[醜奴可汗]에 이르러 점차 세력을 만회하였고, 동생인 발련두병두벌 칸[勃連頭兵豆伐可汗] 때 북위가 둘로 갈라지는 틈을 타서 영토를 크게 확장하여 전성기를 누렸다. 그러나 그때 복속해 있던 돌궐(突厥)이 금산(金山)알타이 지방을 근거지로 삼아 점차 강성해졌다. 그러더니 마침내 돌궐의 주이열 칸[主伊列可汗]이 유연에게 구혼을 하였으나 거절을 당하자 몹시 분개하여 발련두병두벌 칸을 격살하고 이어 모조리 섬멸해버렸다. 이때가 바로 양(梁)의 말엽이었다.

돌궐이 마침내 그 땅을 개척하고, 서로는 엽달(嚈噠)[79]아랄해 남과 북인도의 사이에 있는 나라을 격파하고 페르시아를 침략하였으며 동으로 거란과 키르기스[堅昆][80]를 멸하여 지금의 내외 몽골, 신강, 중앙아시아를 모두 차지하고 오투컨 산(都斤山, Mount Ötüken)외몽골 안에 있음에 웅거하였다. 그러나 그 후 내홍이 일어나 동과 서 두 나라로 분열되어 서로 치고 싸웠다. 수 말에 이르러 동돌궐이 아주 강성해졌으며 그 우두머리인 시필 칸[始畢可汗]이 당 고조가 수를 무너뜨리고 나라를 세우는 것을 도와준 후로는 점점 당을 능멸하게 되었다. 시필의 아우 힐리 칸[頡利可汗] 때에는 더욱 교만 방자해져서 당의 변경을 누차 침략하였다. 그러한 가운데 복속한 사람들을 잘 위무하고 통치하는 데에 실패하여 인심이 점

79 에프탈(Hephthalite, Ephthalites, Ephthal)은 고대 중앙아시아의 유목민 국가로, 민족 계통은 이란계라는 설이 유력하지만 투르크계라는 설도 있다. 인도나 유럽에서는 '하얀 훈족(White Huns)'이라고 불렸고 중국에서는 엽달(嚈噠)이라 불리거나 백흉노로 불렸다.

80 키르기스(Khirghiz) : 고대 예니세이 강 상류 지역에서 유목 생활을 하던 민족.

점 이반하게 되었다. 설연타(薛延陀),[81] 회흘(回紇)[82] 등 북방의 여러 부족이 먼저 배반하였는데 이때 당 태종이 이세적(李世勣), 이정(李靖) 등을 보내 동돌궐을 쳐서 멸망시켰다. 이에 설연타의 추장 이남(夷男)이 대신하여 북부의 주도권을 잡더니 얼마 안 가서 이남이 죽자 그의 나라도 사라지고 다시 회흘이 여러 부족을 통솔하였다.

서돌궐은 옥문관(玉門關)감숙성 안서주(安西州) 돈황현(敦煌縣) 서쪽 여러 나라를 경략하여 점차 세력이 강대해졌으나 얼마 못 가서 나라가 둘로 나뉘었다가 또다시 통일된 후 당을 누차 침략하였다. 당 고종이 단기 2990년(657) 배행검(裵行儉)을 보내 쳐서 멸망시키고 그 수령 사발라 칸[沙鉢羅可汗]을 잡아갔다.

돌궐이 이미 멸망하였으나 또 회흘[畏吾兒]이 일어나 그 땅을 모두 점령하였고, 점차 강하여졌다. 후일 당조에 원병을 누누이 빌리더니 결국은 그 북쪽의 인접국인 키르기스(키기스)에게 망하였다.

이때 당이 돌궐을 이미 멸망시켰을 즈음 그 판도는 중앙아시아에까지 미쳐서 페르시아와 접하게 되었다. 페르시아는 대략 단기 1700년

---

81 설연타(薛延陀) : 철륵(鐵勒 : 터키)의 한 부족. 수나라 때 알타이산맥의 서남에 자리잡고 서돌궐에 복속해 있었으나 605년 다른 철륵 부족과 연합하여 독립하였다. 약 10년 후 다시 강성해진 서돌궐에게 복속되었으나 627년 부족장 이남(夷男)이 부족을 이끌고 셀렝가강 방면으로 이동하여 위구르와 결탁하고 동돌궐의 북변으로 침입하였다. 630년에는 당나라 군과 협력하여 동돌궐을 와해시키고 몽골고원을 지배하였으나 이남이 죽은 뒤 분열하여 국세가 쇠퇴하였다. 646년 당의 토벌로 멸망하여 간접지배를 받았다.

82 위구르(Uighur)를 가리킨다. 중국의 사서(史書)에는, 흉노의 후예로서 흉노 공주와 이리의 교합으로 생겨났다는 민족 기원 설화가 전해진다. 북위에서는 고거(高車), 수에서는 위흘(韋紇), 당에서는 회흘, 회골(回鶻), 송과 원에서는 외오아(畏吾兒) 등으로 불렸다. 몽골고원과 중앙아시아 일대에서 활약한 투르크계의 민족으로, 744년 동돌궐을 멸망시키고 위구르 제국을 세웠다. 840년 키르기스에게 멸망한 뒤에도 감숙, 돈황, 투르판 등지에 위구르 왕국을 세워 동서의 문화와 유목과 농경문화를 융합한 수준 높은 문화를 형성하였다.

경(BC 634경) 아리아 인종 메디아 인이 건국하였는데 약 100년 지나 페르시아제국이 흥하여 서부아시아와 유럽 동부를 두려워 떨게 하였다. 이후 200년 지나 마케도니아(마시도니아)의 왕 알렉산더(알넥샌더)에게 망하였다. 다시 파르티아(파디아)안식국(安息國) 제국이 그 자리에 건립되었는데 아주 강대하여 유럽의 로마대진(大秦)와 서로 다투었다. 그 후로 200여 년이 지난 단기 2558년(226) 아르다시르(아다쉬어)가 신(新)페르시아제국[83]을 건설하여 총 150년 간을 서부 아시아에서 웅거하였는데 이때 아라비아(아레쎄아)아라비아(阿羅比亞)의 회교도(回教徒)가 일어나 사라센[大食國]새라센을 세우고 공격해왔다. 이에 페르시아 황제는 당으로 가서 투항하였다. 사라센은 더욱 강성해져 서방 아시아를 통일하고 더 동진하여 파미르 고원을 넘어 우전(于闐)[84]을 함락하고 남으로 인도를 침략하였다. 그런데 사라센도 역시 당의 명성을 듣고 조공하였다.

당 이래로 매년 침입해 오던 토번(吐蕃)[85]도 역시 태종에 의해 정복되

---

83 신(新)페르시아제국(사산 왕조)은 아르다시르 1세가 세운 고대 이란 왕조이다. 페르시아 제국의 한 왕조라는 뜻으로 사산조 페르시아(사산 왕조 페르시아) 또는 사산조(사산 왕조)로 불리기도 하였다. 227년 서부 이란 지역에서 통치기반을 굳힌 파르티아의 지방영주 아르다시르 1세는 동부지역으로 진출하여 여러 부족들을 차례로 정복했다. 그는 자신을 '이란족의 왕 중 왕'이라 칭하고, 티그리스 강변의 고대도시 셀레우키아를 '아르다시르의 착한 행위'라는 이름으로 재건하여 크테시폰과 함께 그의 위세를 떨쳤다.

84 우전(于闐) : 중국 사서(史書)에 나오는 서역 국가의 한문 명칭이다. 지금의 타림 분지에 있는 호탄(Khotan, 즉 和闐) 오아시스에 해당한다. 우전국은 전한 말부터 급격히 세력을 신장한 사차국(莎車國 : Yarkand)에게 한때 지배되었으나, 독립하여 야르칸드를 무너뜨리고 니야[精絶] · 카슈가르[疏勒] 사이의 13국을 복속시켜 선선국(鄯善國)과 아울러 서역남도의 대국으로 발전하였다.

85 토번(吐蕃) : 7세기 초에서 9세기 중엽까지 활동한 티베트왕국 및 티베트인에 대한 당송시대 때의 호칭. 군사조직과 기마부대에 의한 기동력을 활용하여 8세기 후반 이후에는 당으로부터 서역의 지배권을 빼앗기도 하였으나 같은 무렵 성행하기 시작한 불교사상의 영향으로 822년 평화조약을 맺었다. 그 후 불교에 의한 이상적 국가의 실현을 꿈꾸었으나 군사국가로서 운영상의 모순으로 846년 붕괴하였고 토번시대는 막을 내렸다.

었다. 토번은 지금의 서장(西藏) 지역으로, 산악으로 둘러 싸여 있어 종래 지나 본부와 교통이 없었다. 태종 때에 그 세력이 점점 강하여져서 사천(四川)의 서쪽 경계를 침입해 오므로 마침내 정복하였으나 후에 크게 강해졌다.

인도는 앞서 남북조로 분립되어 있을 때 중인도의 아수타국(阿輸陀國)에서 굽타(笈多)왕조[86]가 일어났다. 당시 인도에 여러 나라가 분립해 있었는데 굽타 왕이 일어난 후에 사방을 정복하여 크락크타[87]에 도읍하고 서, 북, 중의 세 인도를 통할하고 문학을 장려하였다. 그 후 수와 당의 교체기에 하르샤 바르다나(尸邏迭多)왕[88]계일왕(戒日王)이 일어나 또 크락크타[89]에 도읍하고 전 인도를 호령하였으며 국운이 융성하였다. 왕이 또한 문학과 불교를 크게 발전시켰다. 이 계일왕 때는 바로 지나 당 태종 때로, 서로 사신을 파견하였으며 양국의 교류가 끊이지 않았다. 계일왕의 사후 국내가 다시 어지러워졌는데 서인도의 라쟈푸트 종족이 굴기하여 반도의 대부분을 차지하였다. 그러나 이때 브라만교는 점차 그 세력을 회복하였고, 특히 힌두교를 발전시키고 불교를 배척하였으므로 불교는 인도에서 그 자취를 감추게 되었다.

---

86 굽타왕조(Gupta dynasty) : 320년부터 550년경까지 북인도를 지배한 왕조이다. 쿠샨인과 샤카인, 투르크인과 같은 이민족들을 몰아내고 북인도를 통일하였으며, 이때 민족의식이 싹트기 시작하였다. 그 결과 브라만교를 바탕으로 인도의 민간신앙과 불교를 융합한 힌두교가 왕과 백성들의 지지를 받게 되었다. 힌두교도들의 일상생활에 마누 법전이 영향을 끼치게 된 것도 굽타 왕조 시기부터였다.

87 굽타왕조의 수도는 보통 일반적 인도사 개설서에는 빠탈리푸트라로 설명되어 있다.

88 하르샤 바르다나(590~647) : 중국 문헌에서는 '계일왕(戒日王)'이라 번역된다. 계일왕의 재위기간은 606~647년. 바르다나 왕조는 7세기 전반 인도의 북부지역을 통일한 하르샤에 의해 세워졌다.

89 하르샤 바르다나가 정한 수도는 일반 인도사 개설서에 따르면 까나우즈(Kanauj)라고 한다.

당 태종과 고종 때의 영토 확장은 가히 경탄할 만하다. 한족의 첫 번째 전성시대로 그 공적은 한대(漢代)를 훨씬 능가한 것이었다. 당시 당의 영역 및 세력이 미치는 범위는 몹시 광대하였는데 거의 아시아 대륙의 반을 차지하였다. 그 지역에 여섯 도호부(都護府)를 설치하여 분할하게 하였는데 그 부의 명칭을 들면 다음과 같다.

1. 안동(安東)도호부처음에는 조선 평양(平壤)에 설치하였으나 후에 요동으로 옮김; 요동 관할조선을 포괄함.

2. 안북(安北)도호부처음에는 오투컨 산[都斤山] 주변에 설치하였으나 후에 음산(陰山) 기슭에 설치함; 외몽골 관할

3. 선우(單于)도호부운중성(雲中城, 대동부 서북)에 설치; 내몽골 관할

4. 북정(北庭)도호부정주(庭州, 즉 迪化)에 설치; 천산북로 관할

5. 안서(安西)도호부처음에 고창(高昌)에 설치하였으나 후에 쿠차로 옮김; 천산남로와 중앙아시아 관할

6. 안남(安南)도호부영남(嶺南) 교주(交州, 지금의 통킹 하노이[東京 河內])에 설치함; 남해 여러 나라 관할

이상과 같이 당의 세력이 막강하였으므로 동서의 교류도 역시 빈번하였다. 즉 대륙을 횡단하는 육로 교류와 더불어 해상의 무역도 이전 시대보다 훨씬 활발하였다. 지나의 무역선은 페르시아 만을 드나들었고 또 때로는 홍해(紅海)까지 가는 경우도 있었다. 중세 이후로는 아라비아인 가운데 동쪽으로 내항하는 자가 더욱 많아졌다. 그들은 교주(交州)통킹[東京], 광주(廣州)광동(廣東), 천주(泉州)복건성, 항주(杭州)절강성(浙江省) 등

여러 항구로 무소뿔[犀角],[90] 상아, 후추, 향료 등 열대 산물을 가져와 비단, 곡류 등과 교역하였다. 당은 이들 항구에 제거시박(提擧市舶)이라는 관을 설치하고 해관세를 징수하였다.

제16장 당의 중기

당 고종이 즉위 초에는 아버지의 과업을 능히 이어나갔으나 만년에는 정권을 황후 무씨(武氏)에게 일임하여 당조혁명(唐朝革命)[91]의 난이 일어났다. 앞서 태종이 무사확(武士彠)의 딸이 아름답다는 소문을 듣고 나이 14세에 후궁으로 들여 재인(才人)으로 삼았다. 태종의 사후 무씨가 산사로 가서 비구니가 되었는데 태종의 아들 고종이 즉위한 후 그 아름다움을 듣고 후궁으로 불러들여 다시 총애를 받게 되었다. 결국 황후 왕씨(王氏)를 폐위시키고 황후로 삼았다. 고종이 만년에 간질에 걸려 친정하지 못하고 정사를 무후에게 위임하였다. 무후는 권모술수가 있었고, 지혜롭고 명민하여 대권을 좌우하였는데 그 권세가 조야를 모두 복속하게 하였다. 마침내 무후는 다른 뜻을 몰래 품고 고종을 폐위시키고자 하였으나 감히 실행에 옮기지는 못하였다. 고종이 붕어하고 아들 중종(中宗)이 즉위한 지 2개월에 중종을 폐하여 방주(房州)에 두고, 그 아우 예종(睿宗)을 세운 후 무후 스스로 조정에서 정사를 맡아

90 서각[犀角] : 코뿔소(무소)의 뿔 끝 부분을 분말로 만들거나 얇게 썰어 한방에서 약재로 사용한다. 성질이 차서 해열제나 해독제 등으로 쓰인다.

91 황실 안팎의 반대파를 제거한 측천무후는 690년 예종을 폐위시키고 자신이 직접 황제가 되어 나라 이름을 '대주(大周)'라 하고, 수도를 장안에서 신도(神都)라 이름을 바꾼 낙양으로 옮겼다. 역사가들은 이를 고대의 주(周, BC 1046~BC 771)와 구분하여 '무주(武周)'라고 부른다. 이처럼 당왕조에서 무주로의 왕조혁명 즉 역성혁명을 말한다.

보았다. 이에 이경업(李敬業), 월왕정(越王貞) 등이 군사를 일으켜 토벌하려다 패하여 모두 죽었다. 무후가 자기에게 불복하는 자가 많음을 보고 당의 종실과 친족[貴戚]을 멋대로 주살하였다. 또 단기 3023년(690) 예종을 폐하고 자신이 황제위에 즉위하여 국호를 주(周)라 바꾸고 이름을 조(曌)로 칭하였는데 이가 바로 측천무후(則天武后)였다. 무후가 통치에 재능이 있어 장수와 재상에 마땅한 사람을 얻음으로써 국정이 잘 다스려졌다. 그러나 처신을 제대로 하지 못하여 만년에 자기가 총애하는 사람만 신임하였다. 후에 재상 장간지(張柬之) 등이 무후가 늙어 병약해진 틈을 타서 병력을 일으켜 총애받는 자들을 주살하고 중종의 황제위를 복원하였다. 이에 15년 간 중단되었던 당의 황실이 다시 일어나게 되었다.

중종이 제위를 복위하였으나 천성이 어리석어 정권이 또 황후 위씨(韋氏)에게 넘어갔다. 위후가 무삼사(武三思)[92]와 몰래 내통하고 중종을 시해하였는데 황제의 조카인 이융기(李隆基)가 군대를 일으켜 위후를 주살하고 그 일족을 멸한 후 아버지 예종이 즉위하도록 도왔다. 3년 후인 단기 3046년(713) 융기가 제위를 선양의 형식으로 받았는데 이가 바로 당 현종(玄宗)이었다.

현종은 즉위 초 정치에 힘을 기울였다. 사치를 금지하였고, 세금 징수를 가볍게 하였다. 요숭(姚崇), 송경(宋璟) 등의 명재상을 등용하여 국내가 태평하였고, 백성이 부유해졌으며 문학, 기예, 종교 등이 모두 번

92 무삼사(武三思, ?~707) : 7세기 당나라의 권신. 측천무후의 이복 오빠 무원경의 아들. 무후가 주나라를 세우자 양왕으로 책봉되었고, 재상이 되었다. 안락공주 등과 함께 황태자 이중준(李重俊)을 제거하려다 태자의 거병으로 참형되었다.

창하였다. 따라서 그가 통치한 30년 간을 그의 연호에 의거하여 개원(開元)의 치(治)라 부르며 태종의 정관의 치와 함께 칭송되었다.

앞서 태종 때 6도호부를 설치하였는데 무후와 위후의 내란이 일어나 모두 30년 간을 끌었으므로 변방이 점차 해이해졌고, 국위가 갑자기 쇠하여져서 외인이 변경을 여러 차례 침략하였다. 이때 대식국은 페르시아를 겸병하고 점차 동으로 전진하여 신강(新疆)지방을 경략하였다. 토번도 역시 황하 상류지방에 출몰하였는데 현종이 마침내 사방 요지에 10 절도사(節度使)평노(平盧), 범양(范陽), 하동(河東), 삭방(朔方), 롱우(隴右), 하서(河西), 안서(安西), 북정(北廷), 검남(劍南), 영남(嶺南)를 설치하고, 절도사에게 군사의 대권을 위임하여 사방을 경략하게 하였다. 이에 당의 위세가 다시 떨치게 되었으나 이로 말미암아 안으로는 번진(藩鎭)이 막중한 권한을 갖게 됨으로 인한 화(禍)의 싹을 키우게 되었다.

현종이 개원의 치를 이루기는 하였으나 만년에 이르러서는 이림보(李林甫)[93]가 국정을 총괄하여 온갖 폐해가 발생하였을 뿐 아니라 황제가 양귀비(楊貴妃)를 총애하여 음탕 사치하며 국정을 돌보지 않았다. 또한 세금 징수를 무겁게 하여 전국이 소란하였다. 앞서 영주(營州) 지방에 여러 피가 섞인 오랑캐인 안록산(安祿山)[94]이란 자가 있었다. 성품

---

93 이림보(李林甫, 683~752) : 자는 가노(哥奴)이며 당의 종실(宗室)이다. 음률에 뛰어났으며 임기응변에 능하였고, 권세에 빌붙어 아첨도 잘하였다. 개원 중에 이부시랑이 되었고, 당 현종이 총애하는 무혜비(武惠妃)나 환관 등과 결탁하여 황제의 뜻을 잘 살폈다. 개원 22년 재상에 제수되었고, 개원 24년 중서령(中書令)이 되어 대권을 혼자서 장악하였다. 재상에 19년 간 있으면서 제멋대로 정치를 농단하고 언로를 막았으며 안사의 반란을 조성하였다.

94 안록산(安祿山, 703?~757) : 당나라 때 반란을 일으킨 무장. 아버지는 이란계 소그드인의 무장이며 어머니는 터키족 돌궐의 무녀이다. 당나라 사람들로부터는 잡호(雜胡)로 간주되었으며, 젊었을 때 영주(營州 : 북경의 북동쪽)에서 호시아랑(互市牙朗 : 무역의 중개인) 역할을 하였는데, 6개국의 말을 하였다고 한다. 양귀비의 환심을 사서 그의 양자가 되었다는

이 교활하고 아첨을 잘하였으므로 현종의 신임을 얻어 평로, 범양, 하동의 3절도사를 겸하였다. 그는 많은 군대를 장악하고 다른 뜻을 품고 있었으나 이림보를 두려워하여 감히 일을 일으키지는 못하였다. 그런데 양귀비의 오빠 양국충(楊國忠)이 이림보를 대신해 국정을 장악하게 되자 안록산이 양씨(楊氏)의 무리를 결집하여[95] 당(唐)을 모멸하고 마침내 단기 3088년(755) 반란의 깃발을 들었다. 그는 수하의 15만 병사를 거느리고 멀리서 말달려 남하하여 낙양을 함락하고 대연(大燕) 황제라 스스로 칭하였다. 이때 안고경(顔杲卿), 장순(張巡) 등이 황제에게 충성하는 근왕의 군사를 일으켰으나 모두 패하여 죽었다. 적군은 더욱 강성해져 장안을 함락하였다. 당시 당은 오랜 기간 태평성세였으므로 병제가 문란하였기 때문에 관군이 이들을 대적하지 못하였다. 이에 현종은 촉(蜀)땅으로 도망갔고, 태자 형(亨)이 남아서 지키도록 하였다. 태자 형이 영무(靈武)에서 즉위하였는데 이가 바로 숙종(肅宗)이다. 숙종이 곽자의(郭子儀), 이광필(李光弼) 등을 장군으로 임용하고 회흘, 토번의 도움을 빌리니 관군의 세력이 점차 떨치게 되었다.

이때 안록산은 그의 막내아들인 경서(慶緖)에게 시해되었고,[96] 경서는 스스로 황제가 되었으나 자신의 장수인 사사명(史思明)에게 살해되었다. 이러는 사이에 곽자의, 이광필 등이 국사에 힘을 다하여 마침내

일화가 있다.

95 원문은 "祿山이 楊氏의 黨을 結ᄒᆞ야"라고 되어 있다. 아마 이 구절은 저자가 잘못 쓴 부분인 것 같다. 황태자와 당시의 총신인 양국충은 안록산에게 모반(謀反)의 뜻이 있는 것으로 보고 현종과 안록산 사이에 이간을 획책하였고, 이에 안록산은 양국충을 제거한다는 명목으로 반기를 든 것이므로 양국충과 안록산이 서로 반목한 것이지 함께 당(黨)을 이룬 것은 아니다.

96 안록산은 애첩의 소생을 편애함으로써 둘째아들인 안경서와 반목하였다. 결국 경서와 공모한 환관 이저아(李猪兒)에게 취침 중에 살해되었다.

장안을 되찾고 현종과 숙종을 모셔왔다. 그러나 적을 다 평정하지 못한 가운데 숙종이 붕어하여 그 아들 대종(代宗)이 뒤를 이었다. 이때 사사명은 자신의 아들인 조의(朝義)에게 시해되어 형세가 점점 쇠약해졌으므로 반란 세력은 곧 평정되었다. 이렇게 하여 8년 간의 내란이 진정되었지만 새외의 여러 나라는 이때로부터 당을 더욱 가볍게 여기고 모욕하였다. 또 번진은 각 지방에서 발호하여 당 황실은 쇠락의 길로 접어들게 되었다.

이보다 앞서 동돌궐이 멸망한 후 셀렝가 강변에 살던 흉노의 일종인 회흘이 동돌궐의 땅을 차지하고 당에 귀의하여 복속하였다. 그런데 안사의 난이 발생하자 당에 구원병을 빌려준 후 그 공을 믿고 당의 후한 보답에도 불구하고 세폐를 요구하고 혼인을 강요하였다. 게다가 조금이라도 불만이 생기면 곧바로 북변으로 쳐들어 왔다. 또 토번도 끊임없이 서쪽 국경을 여러 차례 침입하고 때론 장안까지 와서 함락하기도 하였다. 또 지금의 운남(雲南)에서는 타이종족의 오랑캐인 남조(南詔)가 점차 강성해져 사천, 안남의 양 방면으로 침략해 왔다. 이렇게 당의 변강지역이 몹시 위험한 가운데 내란이 일어나 황실이 더욱 위태로워졌다.

제17장 당의 말기

처음 현종 때에는 요충지에만 10절도사를 설치하였는데 안사의 난 이후로는 내지도 역시 불온하여 절도사 수를 늘렸다. 그리고 각 절도사에게 여러 주(州)를 통할하게 하고 민정과 군사의 대권을 장악하도록 하였다. 또한 안사의 난 이후 여러 반란군의 장수를 회유하여 절도사로 임명하고 외국의 침입을 방어하도록 하였다. 이렇게 하여 그 권한이 점점 막중해져 마치 독립된 세력을 장악한 형상이 되었다. 게다가 그 자손의 세습을 허락하여 그들은 더욱더 교만해졌고, 마침내 여러 진(鎭)이 서로 결탁하여 중앙정부의 명령을 듣지 않기에 이르렀는데 그중 하북 3진[97]이 가장 심하였다.

이에 대종의 뒤를 이어 덕종(德宗)이 즉위해서는 번진의 발호를 억제하려다 실행하지 못하고 당장에 편한 것만을 취하는 계책을 쓰니 인민은 집 떠나 유랑하였고, 십중팔구 인구가 감소되어 조용조(租庸調) 세법이 실행되지 못하였다. 절도사는 자기 관할내의 조세를 사사로이 한즉 국고는 더욱 궁핍해졌다. 덕종은 양염(楊炎)의 대책에 의거하여 양세법(兩稅法)[98]을 행하고 또 각종의 새로운 세를 부과하였다. 그 결과 일시적으로는 외형적으로 세법이 정리되었으나 인민은 이롭지 못한 불평등한 것이라는 생각을 품었다.

덕종의 사후 헌종이 즉위하였는데 헌종은 무예가 뛰어나고 용기가 있었다. 당시 여러 번진에서 반란을 일으켰는데 어진 재상 두황상(杜黃裳)의 의견[99]을 채택하여 무원형(武元衡), 배도(裵度) 등으로 하여금 불복

---

97 하삭삼진(河朔三鎭)이라고도 한다. 투항한 장수 전승사(田承嗣)는 위박(魏博, 후해만에서 황하 이북 지역) 절도사로, 이회선(李懷仙)은 노룡(盧龍, 지금의 북경 및 장성 부근 일대) 절도사로, 장충지(張忠志)는 성덕(成德, 盧龍 이남과 산서와 접경지역) 절도사로 임명하였다. 이들 하북 3진은 산동의 치청(淄靑), 하남의 회서(淮西) 즉 하남 2진과 더불어 가장 반당적(反唐的) 절도사들이었다. 이들은 혼인관계로 서로 결속되어 있었다.

98 양세법(兩稅法) : 당나라 때 재산 등급에 따른 세법. 덕종이 양염의 건의에 따라 조용조 세제를 폐지하고 신설한 세법이다. 여름과 가을 두 번 세금을 징수하였다. 이후 명나라가 일조편법(一條鞭法)을 실시할 때까지 역대 세법의 원칙이 되었다.

99 두황상(杜黃裳, 738~808) : 자는 준소(遵素). 당의 대신. 정원(貞元) 말에 태상경(太常卿)이

하는 번진을 모두 토벌하도록 하였다. 그러나 만년에 이르러서는 점차 교만하고 사치에 흘러 정치를 돌보지 않았으며 충성스런 신하를 배척하고 아첨하는 자를 신임하여 환관이 극심하게 전횡하기에 이르더니 결국은 환관의 악독스런 계략에 화를 당하게 되었다. 당시의 당 황실은 하나의 폐해를 제거하면 또 다른 폐해가 생겨났는데 이제 번진의 폐를 대신해 환관의 폐가 생겨났던 것이다.

당 초기에는 환관의 세력이 미약하였는데 현종이 노는 데에 탐닉하면서 점차 그 수가 증가하였다. 숙종, 대종이 몽진하였을 때 환관이 정치에 참여하였다가 덕종 때 금군(禁軍)을 통할하면서 전횡이 더욱 심하여졌으며 마침내 헌종을 시해하기에 이르렀다. 후에 또 경종(敬宗)을 시해하고 폐립을 자행하자 문종이 이를 몹시 개탄하여 환관을 제거하고자 하였으나 계획이 누설되어 실행하지 못하고 오히려 그 위세를 높이는 결과를 초래하였다. 이후로 총 5대가 환관에 의해서 옹립되었다.[100]

이와 같이 환관이 정권을 전횡함과 동시에 붕당의 알력이 또한 발생하였다. 문종 때에 이덕유(李德裕)가 이종민(李宗閔), 우승유(牛僧儒)와 틈이 생겨 붕당을 결성하고[101] 서로 배제하며 정권을 다투었다. 이것

되어 왕숙문(王叔文)의 권력 장악을 반대하였다. 당 헌종이 태자로서 군국사무를 총괄할 때 임용하여 재상으로 삼았다. 원화(元和) 원년(806) 서천절도부사(西川節度副使) 유벽(劉辟)의 반란을 토벌할 것을 주장하였고 아울러 신책군(神策軍)을 추천하여 고숭문(高崇文)을 장수로 삼자고 하였는데 헌종이 받아들였다.

100 현종 때부터 점차 권세를 지니게 된 환관은 대신의 임면, 황제의 폐립을 마음대로 하였다. 당시에는 환관을 '정책국로(定策國老)', 즉 시험을 시행하는 국가의 원로라 하고, 황제를 '문생천자(門生天子)', 즉 그 시험관에 의해 급락이 판정된 수험생과 같은 천자라는 말이 나돌 정도로, 환관의 전횡이 대단하였다.

101 이러한 붕당에 의한 당쟁을 우이당쟁(牛李黨爭)이라 한다. 우당(牛黨)은 한사출신 우승유, 이종민(李宗閔) 등이 중심이 되었는데 주로 진사과 출신으로 구성되었다. 반면 헌종시기 구귀족 출신인 재상 이길보(李吉甫)의 아들 이덕유가 중심이 되었던 이당(李黨)이 있었다. 이

이 무려 40년 간 지속되니 번진은 이 기회를 틈타 발호하였다. 이에 내홍과 외환이 동시에 일어나니 당 황실의 기초가 동요하였고, 반란을 일으키는 도적떼가 사방에서 봉기하였다.

의종(懿宗) 때 국내가 크게 어지럽더니 희종(僖宗)이 즉위하자 왕선지(王仙芝)와 황소(黃巢)[102]가 반란을 일으켰다. 왕선지는 얼마 안 가서 주살되었으나 황소는 더욱 창궐하여 장안을 함락하고 스스로 초제(楚帝)라 일컬었다. 희종이 또 촉 땅으로 도망하였다. 이때 신라 사람 최치원(崔致遠)이 당에 유학중이었는데 문장이 뛰어났다. 그가 당의 장수를 위하여 황소를 토벌하는 격문(檄文)을 기초하였는데 황소가 그 글을 보고 자기도 모르게 침상에서 내려 앉은 것이 바로 이때였다.[103] 당 황제는 곧바로 사타(沙陀)서돌궐의 별칭의 부장 이극용(李克用)에게 명하여 황소를 토벌하게 하였다. 그리고 나아가 황소의 항복한 장수 주전충(朱全忠)을 선무절도사(宣武節度使)로 임명하여 변(汴)하남성 개봉부에 주둔하도록 하였다. 소종(昭宗)이 즉위하자 주전충을 불러 환관을 주살하여 제거하도록 한 후 그 공으로 주전충을 양왕(梁王)에 봉하였다.

주전충이 평소 이극용과 틈이 있었는데 이러한 상황에 이르게 되니

처럼 우당과 이당이 형성되어 장기간 투쟁하며 일당이 득세하면 다른 당은 축출되었다.

102 황소(黃巢, ?~884) : 당 말기의 농민 반란 주모자이다. 관리에 뜻을 두었으나 과거에 낙방하고 소금밀매에 종사하였다. 당시는 정치가 몹시 어지러워 농민은 소금세, 차세 등 과중한 세금에 시달리고 있었는데, 마침 흉년이 들어 민심이 동요한 틈을 타 왕선지가 난을 일으키자 이에 호응하였다. 수많은 농민이 가담하여 산동으로부터 광동에 걸쳐 정부군을 격파하고 마침내 도읍인 장안을 점령하였다. 881년 황소는 희종을 내쫓고 스스로 황제의 자리에 올라 나라 이름을 대제(大齊)라 하였다.

103 토황소격문(討黃巢檄文) : 최치원이 당에서 벼슬하며 황소를 치기 위하여 지은 격문. 황소의 난이 일어나자, 최치원은 그 토벌총사령관인 고변(高駢)의 휘하에 종군하였는데, 황소가 이 격문을 보다가 저도 모르게 침상에서 내려앉았다는 일화가 전할 만큼 뛰어난 명문이었다 한다. 그의 시문집인 『계원필경(桂苑筆耕)』에 실려 전한다.

황제를 끼고 낙양으로 천도하였다. 이때 소종은 무예에 뛰어난 자질로써 당 황실을 중흥시키고자 하는 큰 뜻이 있었다. 이러한 가운데 사방의 군웅이 당 황실을 회복시킨다는 명목으로 떨쳐 일어나니 전충이 두려워서 단기 3237년(904) 황제를 시해하고 소선제(昭宣帝)를 세우더니 3년 후인 단기 3240년(907) 소선제를 폐위하고 당조를 찬탈하였다. 그는 스스로 제위에 올라 나라 이름을 후량(後梁)이라 개칭하였는데 이가 곧 후량의 태조이다. 당은 이때 완전히 멸망하였다. 당은 20대 290년. 이 이후는 소위 오대(五代)이다. 그러나 주전충의 영역은 겨우 하남성 부근의 땅에 불과하였고, 여러 지역의 절도사가 각기 한 곳씩 할거하여 서로 공격을 하였으니 지나 안에서 또 전란이 발생하였다.

제18장 당의 제도 및 풍속

당의 제도는 대개 태종이 제정한 것이다. 전 왕조의 제도에 다소 변경을 가한 것으로, 후대에 채택되어 사용된 부분이 많으므로 그 개략을 살펴보고자 한다.

관제를 보면, 중앙정부에 중서(中書), 문하(門下), 상서(尙書)의 3성(省)과 이(吏), 호(戶), 예(禮), 병(兵), 형(刑), 공(工)의 6부(部)가 있다. 중서성의 우두머리는 중서령(中書令)으로 황제의 조칙을 받들고, 문하성의 우두머리는 시중(侍中)으로 기안된 조칙을 심사하며 상서성은 앞의 두 성에서 확정한 조칙을 집행하는데 그 우두머리는 상서령(尙書令)이다. 상서령 아래 직무를 나눈 6부가 있으며 각 부의 우두머리를 상서(尙書)라 한다. 이부는 관리의 진퇴임면을 관장하고, 호부는 호적과 세금징수를 담당하며, 예부는 의례와 과거시험을 담당한다. 병부는 군사를 담당하고, 형부는 형법을 관장하며, 공부는 공예와 식산 등을 담당한다. 상서령의 아래 좌우의 복야(僕射)가 있어 각기 3부씩 나누어 통할한다. 이밖에 3사(師)태사(太師), 태부(太傅), 태보(太保)와 3공(公)태위(太尉), 사도(司徒), 사공(司空)이 있으나 천자의 고문으로 있을 뿐이고 실권은 없다. 지방제도는 전국을 10도(道)로 나누고 그 아래 다시 주(州), 현(縣)으로 나누었다. 주에는 자사(刺史), 현에는 령(令)을 두었고, 도에는 순찰사(巡察使) 또는 안찰사(按察使)를 두어 주, 현을 감독하게 하였다.

토지제도와 세법을 보면, 옛날 주 초기에는 정전법(井田法)을 시행하였는데 전국시대 이후 인민의 토지매매를 허락하면서 부호의 토지 겸병이 점점 심하여져 빈민이 곤궁에 빠지게 되었다. 양한(兩漢) 때에는 인민에게서 15분의 1을 전조(田租)로 거두었다가 30분의 1로 바꾸었고, 또 구부(口賦),[104] 경부(更賦)[105]의 제도를 시행하였다. 북위에서는 정전법을 본떠서 균전제(均田制)를 만들었는데 당에서도 이 제도를 답습하여 균전법을 시행하였다. 이는 매년 국민의 연령을 조사하여 18세 이상의 정남(丁男)에게 관전(官田) 100무(畝)를 주고 수확하면 곡식 2석(石)을 납부하도록 하였는데 이것이 조(租)이다. 또 정남은 매년 20일간 공적인 부역에 복역해야할 의무가 있었는데 이것이 용(庸)[106]이다. 또 향

104 구부(口賦) : 인구별로 부과하는 세금. 3세 이상 14세 이하의 모든 남녀에게 부과한다. 매년 1인당 20전(錢)을 징수하는데 제실 재정(帝室財政)의 용도로 사용한다.

105 경부(更賦) : 한대(漢代)에는 15세에서 56세까지의 남자가 1년에 30일 간의 변방 수비를 위한 요역 의무를 부담해야 했는데 이를 경졸(更卒)이라 하였고, 만약 화폐로 대납할 경우 300전(錢)을 내었다. 이것을 경부라고 하였다. 경부는 고급관료의 자제는 물론 불구자일지라도 면제되지 않았다.

106 정남이 매년 20일간 부역에 복역하는 의무를 역(役)이라 한다. 수도 부근에서는 문제가 없었

토 특산물의 약간을 납부하도록 하였는데 이것이 조(調)이다. 이 세 가지를 함께 부과하여 국가 수입의 주된 재원으로 삼았고, 이밖에 상업세, 염철세(鹽鐵稅), 해관세 등이 있었다.

군사제도는 전국을 10도, 634절충부(折衝府)로 나누었고, 부(府)에는 상중하의 3등급이 있어 상에는 1천 2백 인, 중에는 1천 인, 하에는 8백 인의 상비병(常備兵)이 소속되었다. 인민의 병역 연한은 20세로부터 60세에 이르며, 정남의 3분의 1 이내로써 부병으로 충당하여 금위(禁衛)에 교대로 수자리 서도록 하였다. 부병은 조용조를 완전히 면제하여 주는 대신에 매년 일정한 기간 무예를 강습해야 하였다.

학제로는, 경사(京師)에 국자학(國子學), 태학(太學), 사문학(四門學) 등의 6학이 있으며[107] 주현(州縣)에도 각각 학교가 있었다. 선거법(選擧法)[108]을 보면, 학교 출신자를 생도(生徒)라 하고 주현의 시험에 급제한 자를 향공(鄕貢)이라 일컬었다. 생도와 향공은 매년 경사에 모여 상서성에서 고시를 보았고, 이에 급제한 자를 진사(進士)라 칭하였다. 또 천자가 특별히 친히 뽑는 경우가 있었는데 제거(制擧)라 하며, 시험과목은 각기 자기가 가장 잘하는 부분을 택하였는데 경의(經義), 시무책(時務策), 시문(詩文) 등 각자 달랐다. 이밖에 신체의 장대, 언변의 우수성, 서체의 아름다움, 판결문의 논리 정연함[109]도 중요하게 취급되었다.

으나 먼 지방에서는 교통거리가 멀어 시간이 많이 소요되므로 직접 역에 복무하지 않고 다른 물품으로 대납하였다. 그 액수는 하루 당 견(絹) 3척(尺), 아니면 마포(麻布) 3척(尺) 7촌(寸) 5분(分)을 내야 한다. 바로 이것이 용(庸)이다. 이 책에서는 이 문제에 대해 오류가 있다.

107 이외에 율학(律學), 서학(書學), 산학(算學)을 더하면 육학(六學)이 된다.

108 선거법(選擧法) : 관리등용법을 가리킨다. 한대 향거이선제(鄕擧里選制)가 시행되었는데 이를 줄여 선거법, 선거제라 하였다. 당대의 주요한 선거법은 바로 과거제도(科擧制度)이다.

109 이것이 소위 이부(吏部)에서 보는 면접시험으로, 신언서판(身言書判)을 말한다. 당대는 귀

형제(刑制)는 태(笞), 장(杖), 도(徒), 류(流), 사(死)의 5형(刑)이 있으며 도합 20 등급으로 되어 있었다. 그러나 사형에는 교(絞)와 참(斬) 2종류만이 있었다.[110] 또 8의(議)가 있었는데 범죄자가 만약 친(親), 고(故), 현(賢), 능(能), 공(功), 귀(貴), 근(勤), 빈(賓) 가운데 어느 것에든 해당되면 모여 의논해서 감형 또는 사면하는 규정이 있었다. 또 동(銅)을 납부하고 속죄(贖罪)하는 법이 있었으나 군부(君父)와 국가에 대한 죄는 10악(惡)[111]이라 하여 그 죄를 사면하지 않았다. 또 주인과 종자의 구별, 친속(親屬)의 존비(尊卑)에 따라 형의 가볍고 무거움의 차이가 있었다.

풍속은 진한 시대 국내가 통일되면서 어느 곳이나 거의 동일하였는데 그 후 전란이 계속 일어나고 또 이민족이 침입한 결과 강의 남북으로 확연한 구별이 생겨났다. 그러나 당에 이르러 다시 하나로 통일되었다. 예로부터 이민족의 혼입이 있었으나 항상 한족에게 동화되었고 한족의 고유한 습속은 변하지 않았다. 관혼상제(冠婚喪祭)의 4대례(大禮)는 주대의 것을 모방하였으나 조혼의 풍습이 있었으며 상(喪)을 치르는 기간은 자못 단축하였다. 또 기괴한 풍속은 묘 자리를 관상보아서 자손의 번영을 도모하는 풍수가 성행하였고, 여자의 전족과 남자의 축첩 등 악습이 행해졌는데 오늘날에도 여전히 남아 있다. 또 지금의

족이 지배하는 사회였기 때문에 면접시험에는 수험생의 출신가문이 당락을 좌우하였다. 그러므로 우수한 성적으로 예부시험을 통과하여도 이부시험에서 낙방하는 경우가 많았다.

110 당대의 오형제도(五刑制度)는 태(笞)가 5단계(10, 20, 30, 40, 50대), 장(杖)이 5단계(60, 70, 80, 90, 100대), 도(徒, 징역에 해당)가 5단계(1년, 1년 6월, 2년, 2년 6월, 3년), 유(流, 유배형)가 3단계(2천 리, 2천 5백 리, 3천 리), 사(死)가 2단계로 도합 20단계이다.

111 10악(惡) : 중국의 형법 가운데 가장 무겁게 처벌한 범죄 10가지를 일컫는다. 모반(謀反), 모대역(謀大逆), 모반(謀叛), 악역(惡逆), 부도(不道), 대불경(大不敬), 불효(不孝), 불목(不睦), 불의(不義), 내란(內亂) 등 10가지이다.

변발도 북조 시대에 이미 행하여졌던 것이다.

1년 중 정기적으로 치르는 의식 즉 연중행사는 진한 시대로부터 점차 발달하여 당에 이르러 완성되었으며 오늘날에도 아직 상존하고 있을 뿐 아니라 조선, 일본 등지에도 전해져 유행하였다.

정월 1일, 닭이 울면 폭죽을 터뜨리고, 도소주(屠蘇酒)[112]를 따라서 신년을 축하하였다. 7일은 인일(人日)이라 하여 7가지 채소국을 먹었다. 3월 3일은 상사(上巳)라 칭하였는데 선비와 백성이 함께 강가나 연못에 나와 굽이굽이 물을 따라 잔을 띄우는 놀이를 하였다. 4월 8일에는 욕불(浴佛)의 의식[113]을 행하였다. 5월 5일에는 온갖 풀을 밟고 쑥떡을 먹었으며 강변에서는 배를 저어 빨리 건너기 시합을 하였다. 7월 7일 밤은 칠석(七夕)이라 하였는데 이날 밤 견우와 직녀 두 별이 은하에서 만난다고 해서 부인이 재봉과 수예의 솜씨를 하늘에 빌었다. 7월 15일은 중원(中元) 혹은 우란분(盂蘭盆)[114]이라 하여 절의 풍습으로 이날 부처님께 공양을 올렸다. 8월 15일 밤은 중추(中秋)라 하여 달을 감상하며 즐겼다. 9월 9일은 중양(重陽)이라 하여 높은 곳에 올라 국화술을 마시고

---

112 도소주(屠蘇酒) : 설날 아침에 마시는 술을 말하며 나쁜 기운을 물리치는 도소가 첨가되어 있다. 도소(屠蘇)라는 말은 소(蘇)라고 하는 악귀를 물리친다는 뜻으로, 연초에 마시는 술에 넣기 위해 후한의 화타(華陀) 또는 당(唐)나라의 손사막(孫思邈)이 처방하였다고 전한다. 도소주는 도라지 · 산초(山椒) · 방풍(防風) · 백출(白朮) · 육계피(肉桂皮) · 진피(陳皮) 등을 조합하여 빚는데, 이 술을 설날 아침에 차례를 마치고 세찬과 함께 마시면 사기(邪氣)를 물리치고 오래 산다고 한다.

113 욕불(浴佛) : 관불(灌佛)이라고도 한다. 애기 부처님 상에 향수 등을 뿌리는 일을 말하는데 우리 나라에서 사월 초파일날 애기 부처님을 모셔놓고 물을 붓는 의식을 욕불식, 관불식이라고 한다.

114 우란분(盂蘭盆) : 아귀도에 떨어진 망령을 위하여 여는 불사(佛事). 목련 존자가 아귀도에 떨어진 어머니를 구하기 위해 석가모니의 가르침을 받아 여러 수행승에게 올린 공양에서 비롯한다. 하안거(夏安居)의 끝 날인 음력 칠월 보름을 앞뒤로 한 사흘간 여러 가지 음식을 만들어 조상이나 부처에게 공양한다.

수유를 꽂았다. 선달 그믐날 저녁에는 추나(追儺)를 행하여 역귀를 몰아내고 모두 모여 술을 마시며 즐겼다. 이상은 가장 대표적인 것이고 이밖에도 작은 의식들이 많다.

제19장 한당(漢唐)의 유학(儒學)과 문예

지나의 학술은 주나라 말기에 가장 발달하여 사회 유지의 관념으로 자리 잡았다. 그러나 진의 통일 이후 스스로 소멸하기에 이르렀을 뿐 아니라 분서갱유와 초나라 때의 화재로 그 진로가 막혀버렸다. 한이 흥한 후에 학문과 예술의 부흥을 꾀하여 진시황의 금서령을 해제하고 또 학술을 숭상하였다. 그러나 황로(黃老)의 학문이 크게 행하여지고 유학은 오히려 위축되었다. 무제 때에 태학을 일으켜 박사를 두고 유학을 국교로 삼으니 국내가 이에 영향을 받아 유학으로 귀의하였는데 학술의 범위는 아주 축소되었다. 한 시대의 유명한 유학자로는 동중서(董仲舒), 공손홍(公孫弘), 공안국(孔安國), 유향(劉向), 양웅(楊雄), 마융(馬融), 정현(鄭玄) 등이 배출되었는데 모두 경전의 훈고에 힘썼을 뿐이고 감히 새로운 설을 내놓지는 못하였다. 삼국시대로부터 수에 이르는 기간에 유학으로 이름난 자로는 왕숙(王肅), 왕필(王弼), 두예(杜預), 왕통(王通) 등이 있었는데 남북조 시대에는 강남과 강북의 학설이 서로 달랐다. 그러므로 당 초기에 태종이 유학에 조예 깊은 신하 공영달(孔穎達) 등에게 명하여 『오경정의(五經正義)』[115]를 저술하게 함으로써 경전

---

115 『오경정의(五經正義)』: 당 태종이 공영달 · 안사고(顔師古) 등을 시켜 5경의 해석서를 만들게 하고 이와 같은 책 이름을 하사하였으므로, 널리 한 · 위(魏) · 육조의 주석 속에서 적당한

의 뜻을 한가지로 정하여 과거 응시 과목으로 삼으니 이때로부터 새로운 설이 사라졌다.

지나 고대의 문장은 어구가 짧고 뜻이 심원하며, 간결하고 고아하면서도 힘이 있었는데 주 말기부터 점차 화려하여 지더니 한에 이르러서는 크게 진보하였다. 가의(賈誼), 조조(鼂錯)의 책론과 사마천, 반고(班固)의 역사서를 쓰는 필법은 참으로 한대 문학의 정수였다. 그러나 사고와 연구를 위주로 하는 치밀하면서도 두루 갖추고 있는 실학이 그 자취를 잃음과 동시에 유희와 감상을 위주로 하는 허황된 문학이 크게 유행하였다. 한대에 사부(辭賦)가 성행하였는데 사마상여(司馬相如)[116]와 같은 사람은 천고의 제일이라 평가되었다. 사부가 성행한 나머지 형식상 산문(散文)도 시체(詩體)로 변화하였다. 사육변려체(四六騈儷體)[117]가 드디어 성행하는 가운데 양진(兩晉)시대에는 노장의 염세사상이 문학에 영향을 미쳐 시문이 모두 쓸데없이 오묘하고 허황된 경향이 있었다. 당시 촉의 제갈량(諸葛亮)의 출사표(出師表)와 같은 문장과 도연명(陶淵明)의 시가 유독 초연하게 고체를 유지하였고 기타 작품은 모

설을 모았으며, 나중에 두 번의 교정을 거쳐 확정하였다. 채용된 경서와 주석의 종류는, 『주역(周易)』은 왕필(王弼)·한강백(韓康伯)의 주(注), 『상서(尙書)』는 공안국(孔安國)의 전(傳), 『모시(毛詩)』는 모형(毛亨)의 전(傳)과 정현(鄭玄)의 전(箋), 『예기(禮記)』는 정현의 주, 『춘추좌씨전(春秋左氏傳)』은 두예(杜預)의 주로 되었다.

116 사마상여(司馬相如, BC 179~BC 117) : 전한의 문인. '부(賦)'에 있어 가장 아름답고 뛰어나, 초사(楚辭)를 조술(祖述)한 송옥(宋玉)·가의(賈誼)·매승(枚乘) 등에 이어 '이소재변(離騷再變)의 부(賦)'라고도 일컬어진다. 수사존중(修辭尊重)의 풍이 육조문학에 끼친 영향은 크다. 주요 저서에는 『자허부(子虛賦)』 등이 있다.

117 사육변려체(四六騈儷體) : 변려체(騈儷體)·변문(騈文)·사륙문(四六文)·사륙변려문(四六騈儷文)이라고도 한다. 문장이 4자와 6자를 기본으로 한 대구(對句)로 이루어져 수사적으로 미감(美感)을 주는 문체로, 변(騈)은 한 쌍의 말이 마차를 끈다는 뜻이고, 여(儷)는 부부라는 뜻이다. 후한 중 말기에 시작되어 위진남북조를 거쳐 당 중기까지 유행한 문체이다.

두 섬세하고 기교가 있을 뿐이었다. 남북조시기로 내려와서는 남조의 경우 천연한 산수의 아름다움이 자연히 사람의 취미를 자극하였는데 사부(詞賦)의 아름답고 화려함은 사람의 마음을 아찔하게 현혹시켰다. 양나라 태자 소통(蕭統)과 유신(庾信)은 당시의 뛰어난 작가였다. 그러나 역시 허황됨은 면하기 어려웠으니 당나라에 이르러서도 그 초기는 역시 이전 시대와 같았다.

당의 중세에 이르러 시로써 이름난 문학가가 많이 배출되어 당조 문학의 정수를 보여주었다. 이백(李白)의 뛰어난 호방함과 두보(杜甫)의 웅대하고 강건한 통쾌함은 고금에 으뜸이어서 당시(唐詩)가 역대 시학의 모범이 되었다. 문장에는 유종원(柳宗元)의 웅건함과 한유(韓愈)의 근엄함이 종래의 고루한 폐단을 일소하고 이미 끊겼던 고문을 부흥시켰다. 이러하니 당의 시인과 문장가가 많았음은 역대의 최고였다.

또 당의 예술에 관하여 논하자면 우세남(虞世南), 구양순(歐陽詢), 안진경(顔眞卿), 장욱(張旭), 유공권(柳公權)의 서법이 아주 오묘하였다. 이는 당조 과거시험에 서법을 채택하였기 때문이다. 위진 시대에 종요(鍾繇), 왕희지(王羲之)가 서체의 근간을 이루었으나 그 발달은 당에 가서야 이루어졌다. 또 그림은 한 이후에 점차 진보하여 남북조 시대에 고개지(顧愷之), 장승유(張僧繇) 등이 이름나더니 당대에 오도자(吳道子), 이사훈(李思訓), 왕유(王維) 등이 정밀하고 빈틈없는 경지에 이르렀다.

여기서 덧붙이고자 하는 것은 진의 몽념(蒙恬)이 처음으로 붓을 사용하였고, 한 말엽부터 해(楷), 행(行), 초(草)의 3서체가 통용되었으며[118]

118 한자의 서체의 발전과정을 보면, 갑골문(甲骨文)이 은대에 점복을 위해 사용되었으며, 금문(金文)은 주대에 청동기 명문으로 사용되었다. 전서(篆書)에는 대전(大篆)과 소전(小篆)이

후한의 채륜(蔡倫)이 닥나무로 종이를 만드는 제지법을 발명하였고, 인쇄술이 수에서 시작되어 당에서 융성하였다는 점이다.

제20장 당대의 종교

지나에는 고유 종교라고 할 만한 것이 없다. 도교가 유일한데 이 역시 종교라 하기에는 극히 불완전하다. 도교는 전국시대 이후에 방사(方士)들이 신선설(神仙說)을 노장의 학문에 억지로 끌어다 붙여서 신선술을 수련하여 체득하고자 한 것이다. 진시황과 한 무제 등과 같은 교만한 군주가 이에 현혹되어 믿었기 때문에 그 시대에 대유행하였고, 위진남북조 시대 그 세력이 가장 왕성하여 불교를 압도하였다. 그리고 그간에 불교의 교리를 많이 섞어서 종교의 형식을 점차 갖추게 되었다. 당 현종 때에는 황제의 성(姓) 이(李)가 노자의 성과 동일하다 하여 노자를 조상으로 모시고 노자에게 존호를 바쳤다. 그리고 도교를 국교로 삼고 도사를 신임하였으며 무종(武宗) 때에는 도교가 모든 다른 종교를 압도하였다.

불교는 후한 명제(明帝) 때 공공연하게 전래되었는데 이때로부터 삼국을 거쳐 양진(兩晉)과 5호(胡) 여러 나라의 군주가 모두 신봉하였다.

있다. 대전은 주문(籀文)이라고도 하는데 주대에 만들어져 춘추전국시대 진(秦)에서 많이 사용되었다. 소전은 진의 시황제가 중국을 통일한 후, 승상 이사 등이 진나라 문자를 기초로 하여 표준글자체로 만든 것이다. 이로써 전국문자가 통일되었다. 예서(隸書)는 진의 옥리(獄吏)인 정막(程邈)이 노예들도 이해할 수 있도록 쉽게 만든 서체이다. 이후 한초 이래 초서(草書)가 형성되기 시작하여 널리 사용되었으며, 행서(行書)도 한말 이래 형성되어, 남북조와 당대에 널리 이용되었다. 이는 해서와 초서의 중간에 해당된다. 아울러 정자체인 해서(楷書)도 후한 이래 점차 형성되어 당대 유행하였다.

또 서역과 인도의 불교도가 계속하여 지나에 와서 포교하고 경전 번역에 종사하였는데 불도징(佛圖澄), 구마라습[鳩摩羅什], 달마(達磨) 등이 가장 유명하였다. 지나로부터 서역으로 간 자는 동진의 법현(法顯), 그 후에 북위[後魏]의 송운(宋雲)이 있으며 이러한 결과 지나 내지에 불교가 크게 유행하게 되었다. 당 태종 때에 승려 현장(玄奘)이 육로로 인도에 간 지 17년 후에 6백 50여 부의 불전을 갖고 돌아왔다. 고종 때 승려 의정(義淨)은 바닷길로 인도에 가서 25년 간 머물다 4백 부의 불전을 갖고 돌아왔다. 이후로 불교의 면목이 일신하여 경전의 번역 출판과 교리의 강연과 연구가 활발하여졌다. 또 불상과 사탑의 건설이 더욱 활기를 띠었고, 신도는 사방에 가득하여 소위 8종(宗)율(律), 삼론(三論), 정토(淨土), 선(禪), 천태(天台), 진언(眞言), 화엄(華嚴), 법상(法相)이 병행하였다. 최전성기에는 사찰이 4만에 승려가 70만에 이르렀다. 그러나 무종이 즉위한 후 도교를 숭상하고 불교를 탄압하여 사찰을 훼철하고 승려를 환속시켜 불교가 크게 쇠퇴하였다.[119] 앞서 남북조 때에 북위의 태무제(太武帝)와 주(周)의 무제(武帝)가 불교를 금하고 배척하였는데 이제 당 무종이 또한 그러하였으니 불가에서는 이를 3무(武)의 화(禍)라 칭하였다.

라마교(喇嘛教)[120]는 당 현종 때 인도 승려 파드마 삼바바(파트마 삼파

119 당 무종(武宗)이 회창(會昌) 5년인 845년 도교(道教)의 도사 조귀진(趙歸眞)의 유교와 불교가 나라를 망친다는 진언을 듣고, 장안과 낙양에는 각각 4개 사찰만을, 각 주에는 1주에 1개 사찰만을 남기고, 전국 4만 여개의 절을 폐사했고, 승려 26만여 명을 환속시키는 소위 '회창폐불(會昌廢佛)'을 단행했다. 이를 회창법란(會昌法難)이라고도 한다. 하지만, 846년 무종이 갑작스레 죽고, 조귀진도 처형당하며 다시 복불령(復佛令)이 내려졌다.

120 라마교(喇嘛教) : 손챈감포[松贊岡保] 왕(?~649) 때 중국 문성공주와 브리쿠티 데비 두 왕비가 중국계와 인도계의 불교를 도입하였다. 이들 불교는 주술을 중시하는 티베트의 고유 신앙인 본교(bon教)를 배척하지 않고 혼합된 형태를 지니고 토착화해 갔다. 그 후 8세기 중엽, 인도의 샨티 락시타[寂護]와 파드마 삼바바[蓮華座]가 밀교를 전한 뒤부터 티베트 불교

바)가 토번에 와서 그 나라 풍속에 맞게 창시한 것으로, 송 이후 크게 유행하였다.

현교(祆教)는 박트리아의 조로아스터예수 전 1천 년경 사람가 창시한 배화교(拜火教)로, 페르시아에서 신봉하는 종교이다. 교리를 보면, 우주에 양신(陽神)과 음신(陰神)이 존재하는데 양신은 광명과 지선(至善)을 관장하고 음신은 암흑과 지악(至惡)을 관장한다. 두 신이 서로 다투는데 인간은 반드시 양신을 택해야한다고 하였다. 그리고 불이 바로 양신을 대표한다고 하여 불을 숭배하므로 배화교라 하였다. 또한 태양을 숭배하기 때문에 현교라고도 칭하였다. 남북조 무렵부터 지나에 전파되었으나 유행하게 된 것은 대식국이 페르시아를 점령하고 배화교도를 학대하여 이들이 대거 지나로 피신하고부터였다.

경교(景教)[121]는 동로마교 신부 네스토리우스예수 기원 5세기경가 창시한 것으로 기독교의 일파이다. 역시 페르시아에서 유행하였고 마침내 동쪽으로 전파되어 지나로 들어오게 되었다. 당 태종 때에 페르시아 사람 알로펜(오로반)이 경교 경전을 가지고 장안에 왔는데 태종이 이를 환영하고 파사사(波斯寺)를 창건하였는데 후에 대진사(大秦寺)라 개칭하였고, 경교라 이름 붙였다. 그러나 무종이 도교를 숭상하였으므로 마침내 경교가 쇠퇴하기에 이르렀다.

마니교는 삼국시대 때에 페르시아 사람 마니(摩尼)가 배화교를 근본

의 근본은 밀교가 되었다. 랑다르마왕이 한때 파불(破佛)했었으나 1038년경 인도에서 초빙된 아티샤가 티베트 밀교를 크게 개혁하였다.

121 경교(景教) : 그리스도교 종파의 하나인 네스토리우스파(Nestorianism)가 중국에 전래된 이후 붙여진 이름. 431년에 마리아의 신성을 부인하는 이단으로 정죄를 받고 추방된 네스토리우스 일파는 시리아를 거쳐 이란 지방에 정착하였다. 중국에는 635년(태종 9)에 로마인 알로펜(Alopen[阿羅本 : 아브라함의 중국이름]) 일행이 장안에 도착하여 선교한 데서 비롯된다.

으로 하고 여기에 기독교와 불교를 가미하여 창시하였다. 당 숙종 때에 점차 지나로 전파되었다.

회교(回敎)는 즉 마호메트교로, 후대에 회흘 사람이 신봉하게 되었으므로 이러한 이름이 붙게 되었다. 단기 2903년(570) 아라비아 사람 마호메트가 예언자라 자칭하고 나이 40에 기독교와 유태교를 참고하여 이 교를 창시하고 방패와 창으로써 사방에 포교하였다. 대식국에서 흥기하게 된 것은 바로 그러한 결과이다. 대식국과 교류하면서 점차 지나의 서북지방에도 퍼지게 되었다.

제21장 오대(五代)의 교체

후량(後梁)의 태조 주전충이 당 황실을 찬탈하였으나 사방에 할거한 군웅은 각기 나라를 세우고 칭왕하며 서로 치고 정벌하였다. 그중 진(晉) 왕 이극용이 가장 강하였는데 주전충과 오랜 기간 원한관계라 침략이 끊이지 않더니 그 아들인 이존욱(李存勗)이 즉위해서는 양(梁) 황실의 죽음을 틈타 단기 3256년(923) 양을 멸하고 낙양에서 제위에 올랐다. 이가 곧 후당(後唐)의 장종(莊宗)이다. 후량은 2대 17년.

장종이 양을 멸망시키고 그 밖의 나라들을 정복한 후 점차 교만해지고 주연에 빠져 국정이 몹시 혼란스러워졌다. 이극용의 양자인 이사원(李嗣源)이 장졸들의 추대로 제위에 즉위하였는데 이가 곧 명종(明宗)이다. 명종이 내정에 힘을 쏟고 전쟁을 지양하니 국내가 조금 안정되었다. 그러나 황제가 죽은 후 종실이 난을 일으켰는데 석경당(石敬瑭)이 진양(晉陽)에서 일어나 거란의 군대를 빌려 후당을 멸망시키고 제위에 즉위하였다. 이가 바로 후진(後晋)의 고조이며 때는 단기 3269년936년이니 신라 멸망 후 1년이었다. 후당은 4군(君) 13년.

후진이 일어난 것은 전적으로 거란의 힘에 의존한 결과였으므로 북부의 여러 주(州)[122]를 거란에 할양하고, 금과 비단을 후하게 바쳤으며 또한 신(臣)으로 칭하게 되었다. 그런데 출제(出帝)가 즉위한 후 예의에 어긋남이 있자 거란의 태종이 크게 노하여 단기 3279년(947) 대거 남하하여 대량(大梁)하남성 개봉부을 함락하고 황제를 사로잡았다. 이어 황하의 남북을 평정하고 국호를 요(遼)라 바꾸었는데 중국의 인민이 요나라 사람들의 표략질을 분하게 여겨 심복하지 않으니 태종은 군대를 주둔시켜 놓고 다시 북으로 돌아갔다. 후진은 2군 12년.

거란군이 철수하자 진의 장수 유지원(劉知原)이 일어나 황제를 칭하였는데 이가 바로 후한(後漢)의 고조이다. 그가 얼마 안 있어 죽고 아들 은제(隱帝)가 즉위한 지 2년 즉 단기 3284년(951)에 후주(後周)의 태조 곽위(郭威)가 정권을 찬탈하고 즉위하였다. 후한 2군 4년.

후주 태조의 뒤를 이어 아들 태종(太宗) 영(榮)성은 시(柴)[123]이 즉위하였는데 성품이 영명하고 군사에 능하여 재위 6년에 사방을 정복하였다. 그의 사후 아들 공종(恭宗) 훈(訓)이 통치할 때 절도사 조광윤(趙匡胤)이 장졸의 추대로 출정 도중에 변(汴)대량(大梁)에서 즉위하였다. 이가 바로 송 태조(太祖)이며 때는 단기 3293년(960)이었다. 그러나 송의 통일은 10

122 연운16주(燕雲十六州)를 가리킨다. 936년 석경당이 거란의 원조를 받아 후당(後唐)을 멸망시키고 후진(後晉)을 세운 대가로 거란에 할양한 땅이다. 북경(北京 : 燕) · 대동(大同 : 雲)을 중심으로 장성(長城) 남쪽에 있는 탁(涿) · 계(薊) · 단(檀) · 순(順) · 영(瀛) · 막(莫) · 울(蔚) · 삭(朔) · 응(應) · 신(新) · 규(嬀) · 유(儒) · 무(武) · 환(寰)의 16주를 말한다.

123 후주(後周)의 태조는 곽위(郭威)로 성씨가 곽(郭)이지만 그의 후계자는 양자이었기에 성씨가 시(柴)인 시영(柴榮)이었다.

여 년 후에나 가능하였다. 후주는 2군 10년.

당이 멸망하고부터 송이 흥기하기까지 50여 년 간 지나의 북반부 즉 소위 중원(中原) 지방에서는 후량, 후당, 후진, 후한, 후주의 다섯 왕조가 번갈아 흥기하였다. 이를 역사상 5대라 칭하는데 모두 13군(君) 8성(姓)이 바뀌었다. 이때 분란의 상태는 지난날 남조의 6조(朝)보다 더욱 심하였으니 장수와 재상은 군주를 맞아들였다 보내기에 겨를이 없어 세상의 도와 인심이 천박해지고, 절의와 염치가 퇴폐하였다. 또한 남반부도 역시 쟁란이 극에 달하여 오(吳), 남당(南唐), 남한(南漢) 등 여러 나라가 번갈아 일어났다가는 망하였다.[124]

제22장 발해(渤海)와 요(遼) 및 서하(西夏)

요(遼)는 즉 거란이다. 옛 동호(東胡)의 종족이니 퉁구스족의 일파이다. 남북조시대에 거란이라 칭하며 내몽골 동부 일대의 땅을 점령하였고, 수와 당에 복속하였으나 당이 쇠약해지자 독립하였다. 거란은 본래 8부족으로 나뉘어 있었으며 각 부족마다 그 우두머리를 대인(大人)이라 하였다. 이들 대인 가운데에서 3년에 한 번씩 1명의 대인을 추대하여 전 부족을 다스리도록 하였다. 양(梁) 대에 야율아보기(耶律阿保機)가 대인이 되었는데 군사적인 지략이 있어 여러 부족을 겸병하고는

124 중앙에 해당하는 중원지방에는 5개 왕조가 흥망을 거듭하였지만 지방에는 10개의 나라가 존립하여 이 시기를 오대십국 시대라 한다. 10국은 각지에 분열하여 왕조가 세워졌을 뿐 흥망이 복잡하지는 않았고 오히려 중앙에 비해 안정된 지배체제를 이루었다. 10국은 화남(華南)과 기타 주변 각 지방에서 흥망한 지방 정권으로, 오(吳)·남당(南唐 : 江西·安徽·福建)·오월(吳越 : 浙江)·민(閩 : 福建, 뒤에 南唐에 병합)·형남(荊南, 또는 南平)·초(楚 : 湖南)·남한(南漢 : 廣東·廣西)·전촉(前蜀)·후촉(後蜀 : 四川)·북한(北漢 : 山西)을 말한다.

종래 최고 대인을 교체하여 추대하던 제도를 세습제로 바꾸었다. 또 한인으로서 피난 오는 자를 관리로 임용하여 국세가 융성해졌다. 마침내 단기 3249년(916) 황제라 칭하고 임황(臨潢)서라목륜하(西喇木倫河) 상류(上流)에 도읍하였으며 북으로 실위(室韋), 여진(女眞)을 복속시키고, 동으로 발해를 멸망시키고 신라를 침략하였다. 서로는 회흘(回紇), 토욕혼(土谷渾), 당항(党項) 등을 복속시키고 토번(吐蕃)으로부터 조공을 받는 등 엄연히 북방의 대국을 이루었다.

발해국도 역시 퉁구스족으로, 주대(周代)의 숙신(肅愼)이오, 한위대의 읍루(挹婁)요, 남북조시대의 물길(勿吉)이요, 수대의 말갈(靺鞨)이다. 그 속말수(粟末水)송화강(松花江) 주변에 거주한 속말(粟末)부족이 고구려에 복속하였는데 고구려가 멸망한 후 그 부족 사람 대조영(大祚榮)[125]이 여러 부족을 복속시킨 후 단기 3046년(713) 발해국을 세웠다. 발해국의 문물 제도는 모두 당의 것을 모방하였고, 점차 판도를 넓혀 동방의 한 강국을 이루었다. 이러한 때에 거란의 태조가 발해국의 수도 홀한성(忽汗城)길림성(吉林省) 영고탑(寧古塔) 부근을 함락하고 발해를 멸망시켰는데 단기 3259년(926)의 일이었다.

거란이 강성해져 남하를 기도하며 기회를 엿보고 있었다. 태조가 죽고 아들 태종이 재임할 때 석경당(石敬瑭)이 거란에 도움을 청해왔다. 태종이 기뻐하며 경당을 도와주고 후진(後晋)의 황제로 세운 후 16주(州)의 땅과 매년 30만 필의 비단을 바치도록 하고 또 거란에 복속하여 신하의 나라가 되도록 하였다. 후진 출제(出帝) 때 이 약속을 배반하자

---

125 대조영(大祚榮, ?~719) : 고구려의 유민으로, 699년에 진(震)을 세워 왕이 되고, 713년에 고구려의 옛 영토를 회복하여 국호를 발해라 고쳤다. 재위 기간은 699~719년이다.

태종은 후진의 수도 대량(大梁)을 함락하고 출제를 사로잡으며 또 국호를 요(遼)라 바꾸었으나 인민이 불복하므로 어쩔 수 없이 임황으로 되돌아갔다.

서하는 서장족(西藏族)으로, 토번의 별종인 당항(黨項)의 후예[126]이다. 당 말의 난때 당항족이 황소를 토벌한 공이 있어 그 부장 탁발사공(拓跋思恭)이 하국공(夏國公)으로 봉해지고, 성(姓)으로 이(李)를 하사받았다. 그리하여 대대로 하주(夏州)오르도스(鄂爾多斯)의 남부에 거하며 그 근방의 여러 주를 통할하였다. 송왕조가 수립되고서는 때로는 송에 또 때로는 요에 복속하였다. 그러다 추장 이원호(李元昊)[127] 때에 이르렀는데 그는 뜻이 웅대하고 재주가 있었으며 회흘을 정벌하여 하서(河西)황하 서쪽의 감숙성를 겸병하였다. 또 지나의 서북에 웅거하며 국호를 대하(大夏)라 하고 흥경(興慶)감숙성 영하부(寧夏府)에 도읍하였다. 황제를 칭하고 문자를 새로이 만들었으며 송의 변경을 여러 차례 침략해 들어갔다.

제23장 송(宋)의 초기

송 태조가 즉위한 후 양(梁) 이래 할거하여 독립해 온 여러 나라를 평

---

126 당항족(黨項族) : 서하를 세운 민족인 일명 탕구트족으로, 티베트어와 동계의 언어를 사용하는 유목민족이었다. 처음에는 사천성 서부에 거주하였으나 토번왕국(吐蕃王國)이 사천 지방을 지배하자, 감숙 지방으로 이동하였다. 이 후 탕구트족의 지배자였던 탁발사공은 당나라로부터 하주정난군절도사(夏州定難軍節度使)에 임명된 뒤 황소의 난을 물리치고 장안을 탈환한 공으로 이(李) 씨 성을 받았다.

127 이원호(李元昊, 1003~1048) : 서하의 초대 왕(재위 1032~1048). 수도를 흥경부로 하고, 송을 본떠 관제를 개정했다. 송과 요에 대항하였으며, 영역이 오르도스에서 감숙 서부에까지 미쳤다. 란주를 점령하고 토번과 싸워 세력을 확장하는 등 서하의 기초를 공고히 하였다.

정하였다. 그리고 종래 번진의 오랜 폐해를 혁신하고자 재상 조진(趙晉)의 대책을 받아들여 오랜 장수와 공신에게 작위와 봉록을 하사함으로써 병마(兵馬)의 실권을 해산시켰다. 절도사로는 문신을 임명하였고, 주(州)와 군(郡)에 통판(通判)을 두었는데 역시 문신이 담당하도록 하였다. 또 여러 도(道)의 정예 병사를 뽑아 금군(禁軍)을 편성하여 중앙과 지방의 병사수가 서로 같도록 함으로써 중앙집권의 결실을 보았다. 또 민력의 휴양에 전력을 기울이고 형벌을 관대히 하였으며 문학을 장려하였다. 그러나 송조 쇠망의 기미가 이미 이때 싹텄으니 무력을 너무 삭감하였기 때문이다.

태조가 여러 지역을 다 복속시키지는 못하고 붕어하니 동생 태종이 즉위하여 통일의 과업을 달성하였다. 그러나 판도는 한과 당에 비하여 극히 좁았으니 남으로는 교지(交趾)를 잃었고, 북으로는 요가 그 세력을 떨치고 있었다.

교지는 진과 한 이래로 줄곧 지나의 일부였고, 남조 때에도 여전히 그러하였으며 당의 전성기에는 당이 안남도호부(安南都護府)를 설치하여 교지를 직접 관할하였다. 5대의 혼란기에 교지가 독립하자 송 태종이 이를 회복하고자 하였으나 너무 심한 더위로 인하여 뜻을 이루지 못하였으며, 그 후 교지를 외번(外藩)이라고 칭하였으나 실은 엄연히 하나의 독립국이었다.

요는 이보다 앞서 태종이 후진에서 16주를 획득한 이후로 항상 남하하려 하였다. 그런데 송에서는 태종이 즉위한 후 옛 땅을 되찾고 요를 멸망시키고자 단기 3312년(976) 요를 치러 갔다가 요 장수 야율휴가(耶律休哥)에게 고량하(高梁河)북경의 서쪽에서 크게 패하였다. 그 후로도 연

전연패하여 하북의 땅이 남북의 교전장소가 되었으며 요의 세력이 더욱 강성해졌다. 얼마 후 요 태종의 현손 성종(聖宗)이 즉위하였는데 나이가 어렸다. 송 황제가 이를 좋은 기회로 삼아 치러 갔다가 크게 패하였다. 송 태종의 사후 아들 진종(眞宗) 때 요의 성종이 대거 침입해 왔다. 성종은 현명한 군주로, 인재를 잘 뽑아 쓰고 상벌이 분명하여 부국강병하므로 대적하기 어려웠다. 이에 송의 군신이 모두 그 예봉을 피하고자 하였다. 그러나 유독 구준(寇準)[128]이 그 불가함을 주장하여 황제가 친히 치러 가는 것으로 의논이 정하여졌다. 그리하여 요나라 병사를 전주(澶州)직예성 대명부(大名府)에서 대파하였고, 결국 양국이 강화조약[129]을 체결하여 형제의 관계를 맺었다. 요는 송으로부터 세폐로 은 10만 냥과 비단 20만 필을 얻게 되었고, 이후 요의 세력이 더욱 강성해졌다. 요는 또 고려를 침략해왔는데 고려 장군 강감찬(姜邯贊)[130]이 누차 대파하니 요제(遼帝)가 고려와 싸우는 것이 불리함을 간파하고 화의를 구하였다. 요제는 고려와 화의를 맺어 양국이 상호 침략하지 않기

128 구준(寇准, 961~1023) : 자는 평중(平仲). 북송의 저명한 정치가이자 시인이다. 980년 19세의 나이로 진사에 급제, 1004년 재상이 되었다. 요가 북송을 침입했을 때 화평을 주장하던 많은 사람들과 달리 맞서 싸울 것을 주장했다. 강직하고 공정한 성품에 청렴하며 뛰어난 업적을 많이 쌓아 북송을 대표하는 재상으로 이름을 날렸다.

129 이를 전연의 맹(澶淵之盟, 1004)이라 한다. 이는 송에 침입한 요의 성종과 이를 막기 위해 북상하였던 송의 진종이 전주(澶州)에 대진(對陣)하고 체결한 강화조약이다. 그 조건은 다음의 3개조이다. 송은 군비(軍備)로서 요에 매년 비단 20만 필, 은 10만 냥을 보낸다(소위 歲幣). 진종은 성종의 모친을 숙모(叔母)로 삼고 양국은 형제의 교분을 갖는다. 양국의 국경은 현상대로 한다. 양국의 포로 및 월경자는 서로 송환한다. 조약 체결 후 요와 송 사이에는 오래 평화가 유지되었으며, 그 결과 요는 문화가 발달하고 경제상으로도 발전을 이루어 동아시아의 강국이 되었다. 전연이란 전주(澶州)의 아명(雅名)이다.

130 강감찬(姜邯贊, 948~ 1031) : 고려 초기의 명장. 1018년에 거란의 장수 소배압(蕭排押)이 쳐들어왔을 때, 서북면 행영 도통사로서 상원수가 되어 홍화진에서 대파하였다. 또한 이듬해에는 회군하는 적을 귀주에서 크게 격파하여 추충협모안국공신의 호를 받았다.

로 맹약함으로써 후일의 염려를 없게 만든 후 여러 주변국을 병탄하였다. 그 결과 요의 판도가 동으로는 일본해에 접하고, 서로는 천산(天山)에 이르며, 남은 내외 몽골을 아울러 송의 북변을 위협하고, 북은 바이칼호수 주변에 이르렀다. 나라 안에는 5경(京)을 설치하였고, 토번 이하 60국으로부터 조공을 거둬들였다. 이후 요가 남침의 의지를 점점 불태우자 송 진종의 아들 인종 때에 세폐(歲幣)로 은과 비단 각각 10만을 추가하기로 하고 화약을 유지하였다.

당시 송을 침입하는 나라는 요 이외에 또 서하가 있었다. 서하의 이원호가 송의 서쪽 변경을 누차 소란스럽게 하자 송이 한기(韓琦), 범중엄(范仲淹)[131] 등에게 명하여 방어토록 하였는데 양국 간 승패가 비슷하였다. 단기 3377년(1044)[132] 요의 중재로, 서하가 송에 화의를 청하여왔다. 이에 송이 이원호를 서하 국왕에 봉하고, 세폐[133]로 은 20만 냥과 비단 20만 필[134]을 주며, 봉책(封冊)을 보내고 서하는 신하의 예를 갖추도록 하였다. 이렇게 하여 서하는 명목상 송과 요 두 나라에 복속하게 되었다. 그러나 송은 외환을 돈과 비단으로써 면하여 갈수록 군사력

---

131 범중엄(范仲淹, 989~1052) : 자 희문(希文). 시호 문정(文正). 인종의 친정이 시작되자 부름을 받아 간관(諫官)이 되었다. 그러나 그 무렵 곽황후(郭皇后)의 폐립문제를 놓고 찬성파인 재상 여이간과 대립했기 때문에 다시 지방으로 쫓겨났다. 그 뒤로 구양수 · 한기 등과 함께 여이간 일파를 비난하였으며, 자기들 스스로 군자의 붕당(朋黨)이라고 자칭하여 경력당의(慶曆黨議)를 불러일으켰다.

132 저자가 단기 3376년으로 잘못 기재한 것을 수정하였다.

133 송이 서하에게 제공한 은과 비단은 보통 세사(歲賜)라고 한다. 매년 신하의 나라에 선물을 하사한다는 의미이다. 세폐는 송이 형제의 나라인 요에게 매년 제공하는 선물이다. 이후 남송이 금나라에 바치는 것은 세공(歲貢)이었는데 이는 남송이 신하(조카)로서 군주(백부, 숙부)인 금나라에 바쳤기 때문이다.

134 송나라가 서하에게 준 세사는 매년 은(銀) 5만 냥, 비단 13만 필, 차(茶) 2만 근인데, 여기에 이원호(李元昊)의 생일 선물로 은 2만 2천 냥, 비단 2만 3천 필, 차 1만 근을 더 주었으므로 합하면 은 7만 2천 냥, 비단 15만 3천 필, 차 3만 근이 된다.

이 약해지고 국고가 고갈되어 갔다.

제24장 송의 중기

인종(仁宗) 때에는 외환 뿐만 아니라 내홍도 일어나 조정 대신이 두 파로 갈려 알력이 심하였다.[135] 후에 황제가 범중엄, 구양수 등을 등용하여 인정을 베풀었으나 그 방책이 문사에만 지나치게 치우쳐 무위가 떨치지 못하였다. 그러한 가운데 세폐로 인하여 국고가 고갈되었다. 인종의 사후에 영종(英宗)을 거쳐 신종(神宗)이 즉위하였는데 나이는 어리나 기백이 예리하여 전대의 외세로 인한 치욕을 씻고 국위를 떨치고자 하였다. 이에 왕안석(王安石)을 임용하여 부국강병책을 강구하였는데 왕안석이 균수(均輸), 청묘(靑苗), 모역(募役), 시역(市易), 보마(保馬), 보갑(保甲) 등의 여러 신법을 시행하였다. 보갑은 10가(家) 1병(兵)의 민병제도이고, 보마는 관의 말을 대여해주는 법이었다. 모역은 직업이 없는 백성을 모집하여 역에 충당하는 제도이고, 시역은 시장에서 파는 물품을 관에서 구매하여 교역하는데 관이 자금을 상인에게 빌려주고 이자를 납부하도록 하는 법이었다. 청묘는 봄에 관의 돈을 농민에게 빌려주고 가을에 이자를 더하여 갚도록 하는 법이고, 균수는 물품의 유통을 편리하게 하는 법이었다.

---

135 이미 태종시기부터 화북 출신 관료와 강남 출신 관료 사이에 대립이 나타났는데 인종시기에는 범중엄, 한기 등 혁신관료와 인종 측근의 여이간(呂夷簡) 등 보수관료 사이에 붕당을 만들어 정권다툼을 전개하였다. 특히 인종의 황후인 곽후(郭后)의 폐위문제로 야기된 양파의 싸움은 치열하여 이후 약 20여 년 간 양당의 정권 교체가 17회나 반복되었다. 이것이 소위 경력(慶曆)의 당의(黨議)이다.

신종이 내정을 모두 왕안석에게 일임하고 동시에 마음을 굳건히 하고 열심히 외정에 종사하여 삼변(三邊)을 안정시키고자 하였다. 그러나 서하와 교지의 정벌은 여의치 못하였고, 요는 송의 군사적인 개혁에 대하여 의심을 품고 북변을 누차 침범하였으므로 땅을 할양하고 화의를 구하였다. 이에 황제의 영특함도 제대로 펼쳐지지 못하였다. 왕안석이 신법을 행할 때에 집요하게 추진함으로써 후인의 비방을 면할 수는 없으나 경세(經世)의 큰 기량은 당시 사람을 뛰어넘는 수준이었다. 그러나 이를 실행함에 있어 지나치게 서두르며 번거로움의 누를 범하여 인민이 불편을 많이 느끼게 되었다. 이에 본래 의론을 좋아하는 송대 사람들의 특성상 이를 논의하며 비난하였고, 조정에는 당파가 형성되었다. 덕망이 높은 구양수(歐陽脩),[136] 사마광(司馬光) 등은 선대 제왕이 지향해온 제도에 어긋난다고 논하였고, 도학을 숭상하는 정호(程顥), 정이(程頤) 등은 선왕(先王)의 옛 정치를 파괴한다고 논하며 신법을 반대하였다. 보수와 혁신의 두 주장은 결국 신법당(新法堂)과 구법당(舊法堂)의 양당을 결성시켰다.

신종의 사후에 아들 철종(哲宗)이 뒤를 이었으나 너무 어려서 고태후(高太后)가 섭정하였다. 고태후는 신법을 폐지하고 왕안석의 당을 축출하였으며 사마광을 천거하여 정치를 맡겼다. 이에 사람들이 구법당을 희풍당(熙豊黨)이라 하고, 신법당을 원우당(元祐黨)이라 하였다.[137] 사마

136 구양수(歐陽脩, 1007~1072) : 자는 영숙(永叔), 호는 취옹(醉翁), 시호는 문충(文忠). 가난한 집안에 태어나 문구를 살 돈이 없어서 어머니가 모래 위에 갈대로 글씨를 써서 가르쳤다고 한다. 10세 때 당나라 한유의 전집을 읽은 것이 문학의 길로 들어선 계기가 되었다. 1030년 진사가 되었으며, 한림원학사 · 참지정사(參知政事) 등의 관직을 거쳐 태자소사(太子少師)가 되었다. 인종과 영종 때 범중엄을 중심으로 한 새 관료파에 속하여 활약하였으나, 신종 때 왕안석의 신법에 반대하여 관직에서 물러났다.

광이 집정함에 힘써 분발하여 정치를 도모하였고, 태후도 또한 어질었다. 그러나 얼마 안가서 태후와 사마광이 연달아 죽고 그 당이 분열되어 서로 싸웠다. 신법당이 이러한 틈을 타서 득세하였는데 장돈(章惇) 등이 조정을 장악하였다.

철종의 아들 휘종(徽宗)이 즉위한 후 태후 향씨(向氏)가 또 섭정하였는데 한충언(韓忠彦)의 구법당을 신임하였다. 그런데 얼마 안가서 황제가 친정을 하게 되면서 다시 신법당을 채용하여 채경(蔡京)이 조정에 서게 되었다. 채경이 이내 정권을 농락하였는데 사마광 이하 원우당 사람들을 간당(姦黨)이라 칭하고 모두 물리쳤다. 그리고 그 자제들이 경사로 들어오는 것을 금하였으며 황제로 하여금 사치에 빠지도록 유도하였다. 또 토목사업을 크게 일으키니 조정은 날로 잘못되었으며, 외적이 와서 변경을 어지럽히니 국세는 날로 쇠약해졌다.

이때 요는 천조제(天祚帝)가 집권하고 있었는데 광폭하고 잔학하여 국세가 갑자기 기울고 있었다. 송의 채경과 동관(童貫)이 공명을 세울 목적으로, 만주에서 신흥하는 여진과 연합하여 요를 치자는 대책을 올리니 휘종이 이를 허락하였다.

제25장 요 · 금(遼 · 金)의 흥망

여진은 지금의 만주인의 선조이다. 원래는 흑룡강 지방에 거주하던

---

137 신법이 시행된 시기는 신종의 희녕(熙寧)년간(1068~1077)과 원풍(元豐)년간(1078~1085)이다. 따라서 신법당을 희풍당이라 불렀고, 철종 원우(元祐)년간(1086~1093)에 구법당이 집권하였으므로 구법당을 원우당이라 하였다. 이곳에서는 착오로 거꾸로 되어 있다.

말갈의 일부로, 발해국에 복속해 있다가 발해가 멸망한 후 요에 복속하였다. 그들 가운데 혼동강(混同江)송화강(松花江)의 동북에 거주하는 자를 숙여진(熟女眞)이라 칭하고, 강북에 거주하는 자를 생여진(生女眞)이라 하였다.[138] 생여진의 완안부(完顏部) 추장 아골타(阿骨打)가 굴기하여 혼동강 부근의 여러 부족을 평정하고, 요의 군대를 연달아 격파한 후 요의 속박에서 벗어났다. 마침내 단기 3448년(1115) 아골타가 자립하고 스스로를 금국(金國) 황제라 칭하며 회령(會寧)만주 길림성에 도읍하였는데 이가 바로 금 태조이다. 요의 천조제가 직접 나가서 방어하였으나 혼동강에서 대패하였고, 금의 군대가 멀리까지 진격하게 되었다.

이때 송은 동관과 채경의 견해에 따라 해로(海路)로 사신을 금에 보내, 요를 협격하여 그 땅을 분할하고 종래 요에 보내던 세폐를 금에 보내겠다고 약속하였다. 이에 금의 황제가 몹시 기뻐하여 동맹이 성립되었다. 금은 동북으로부터 요를 공격하고 송은 남으로부터 공격하여 요를 멸망시켰다. 그런데 송은 싸움에서 승리를 하지 못하였고 오직 금군의 힘으로 전승한 것이므로 금은 지난번 요의 땅을 분할하기로 한 약속을 거절하고 요의 옛 땅 전부를 차지하였다. 단 연경(燕京)과 그 부근 6주(州)의 땅을 송에게 주었으며, 송은 세폐 외에도 전 100만 민(緡)과 곡식 20만 석을 금에게 주기로 하였다.

요의 황제가 나라를 잃고 서쪽으로 서하로 도망가 몸을 기탁하였는데 금이 서하에 땅을 할양해주면서 요제를 거부하도록 하였다. 천조

---

138 여진족은 숙여진과 생여진으로 구분된다. 요의 치하에 있던 여진을 숙여진이라 하고 요의 직접 지배를 받지 않고 독자적인 부락집단을 이루고 있던 여진인을 생여진이라 한다. 숙여진은 비교적 한화되고 수렵과 농사를 지을 줄 아는 부족이다. 생여진은 송화강 동부에 흩어져 살고 있었는데 수렵도 하고 들에서 농사도 짓는 반수렵, 반농업 생활을 하였다.

제가 떠돌다가 금의 군대에 붙잡혔으니 단기 3458년(1125)의 일이었다. 요는 거란 태조로부터 이때에 이르기까지 9대 210년. 이에 요의 왕족 야율대석(耶律大石)이 남은 무리를 이끌고 중앙아시아로 숨어들어 서요국(西遼國)을 새로 세웠다.

금은 요를 멸망시킨 후 송과 국경을 접하게 되었는데 송의 병력이 약함을 간파하고 남하할 기회를 엿보고 있었다. 때마침 송이 요의 항복한 장수를 받아들이자 금 태조의 아우 태종이 크게 노하여 군대를 내서 남침하였는데 송이 크게 패하였다. 송 휘종이 몹시 두려워하며 자신의 죄라 하고, 태자 환(桓)흠종(欽宗)에게 제위를 양도하면서 애통해하는 조(詔)를 내려 근왕의 군대를 징집하였다. 흠종이 바로 수도를 남천하여 금을 피하고자 하였는데 이강(李綱)이 강력히 주장하여 변경(汴京)을 고수하기로 하였다. 마침내 재상 이방언의 말에 따라 금에 땅을 할양하고 세폐를 증액하고 인질을 보내 일시적으로 평화를 강구하였다. 그러나 송이 이 약속을 지키지 않으므로 금의 황제는 군사를 일으켜 멀리 남하하여 변경(汴京)을 포위하였다. 이때 성 안에는 병사가 많고 군량이 풍족하며 또 밖으로부터 지원이 있었음에도 불구하고 조정대신이 모두 강화를 주장하여 인심이 흩어졌다. 마침내 금이 변경(汴京)을 함락하고 흠종(欽宗)과 태상황휘종, 그리고 황족 이하 3천여 명을 노획하고 약탈을 자행한 후 북으로 돌아갔다. 단기 3460년(1127)의 일이었으며, 두 황제는 그곳에서 죽었다.

금이 북으로 돌아갈 때 장방창(張邦昌)을 세워 초제(楚帝)라 하였으나 방창은 송나라 사람들이 불복함을 알고 흠종의 아우 고종(高宗)을 즉위시켰다. 고종이 금의 예봉을 피하여 단기 3471년(1138) 강남으로 천도하여 임안(臨安)절강성 항주부(杭州府)에 도읍하였다. 이 이후를 남송이라 한다. 금은 하남, 관중(關中), 회북(淮北)의 땅을 모두 차지하였다.

제26장 송과 금의 교섭

금의 침입은 송나라 신민에게 있어 큰 치욕이었다. 송나라 사람은 도의(道義)를 중시하는 특성이 있어 이와 같은 상황에 분개하는 자가 많았다. 군인, 학자가 모두 전쟁을 주장하여 한때는 원기가 돌며 회복의 기대감이 컸으나 고종이 겁 많고 유약한 인물이라 끝내 성공하지 못하였다.

고종이 처음에는 이강(李綱)[139] 등을 등용하여 회복을 도모하였으나 황잠선(黃潛善)의 대책에 따라 임안으로 천도한 후 점차 안락에 빠졌고, 또 두 황제와 위태후(韋太后)의 환국을 바라 싸울 의지가 없었다. 이때 악비(岳飛),[140] 한세충(韓世忠) 등이 밖에 있으면서 금의 군대를 여러 차

---

139 이강(李綱, 1083~1140) : 자는 백기(伯紀), 호는 양계(梁溪). 휘종 2년 진사. 선화(宣和)년간 태상소경(太常少卿)이 되었는데 금나라가 침공하자 어깨를 찔러 피로 휘종이 태자에게 양위하여 천하에 호소할 것을 상소하였다. 흠종이 즉위하자 병부시랑, 동경유수(東京留守)가 되었다. 금에의 항거를 주장하고 천도를 반대하였다. 남송 고종 건염(建炎) 원년에 상서좌복야(尙書左僕射)겸 문하시중이 되어 의사(義士)와 연합하고 종택(宗澤)을 추천하여 적극 항전할 것을 주장하였으나 고종은 받아들이지 않았다.

140 악비(岳飛, 1103~1141) : 자는 붕거(鵬擧)이다. 가난한 농민 출신이지만 금나라 군사의 침입으로 북송이 멸망할 무렵 의용군에 참전하여 전공을 쌓았다. 남송 때가 되자 무한(武漢)과 양양(襄陽)을 거점으로 호북 일대를 영유하는 대군벌이 되었다. 그의 군대는 금나라 군대의 침공을 회하(淮河), 진령(秦嶺) 선상에서 저지하는 전공을 올렸다. 하지만 당시 조정에서는 진회(秦檜)가 금과의 화평을 주장하였다. 1141년 진회는 악비 등 군벌의 군대 지휘권을 박탈하고 중앙군으로 개편하였다. 이때 조정의 명령에 복종하지 않은 악비는 무고한 누명을 쓰고 투옥된 뒤 39세의 나이에 살해되었다. 진회가 죽은 후 혐의가 풀리고 명예가 회복되었으며, 구국(救國)의 영웅으로 악왕묘(岳王廟)에 배향되었다.

례 격파하고 하북의 땅을 회복하였다. 그러나 재상 진회(秦檜)가 정권을 잡고, 고종의 뜻을 헤아려 알고는 금의 재상 달달(達獺) 등과 연합하여 화의의 실리를 주장하였다. 그리고는 악비에 죄를 덮어씌워 죽이고, 한세충은 축출하였다. 또 세폐로 은과 비단 각각 20만을 바치고, 금의 책봉을 받는다는 조건으로 화약을 체결하고, 휘종의 재궁(梓宮)[141]과 위태후를 맞아들였다. 진회는 또 동은 회수, 서는 대산관(大散關)섬서성 봉상부(鳳翔府) 보계현(寶鷄縣)으로 국경을 정한 후에 그 공을 자부하며 반대당을 압박하였고, 학자로 국정을 논하는 자를 배척하였다. 이에 조정의 어느 누구도 감히 전쟁을 말하지 않게 되었다.

이때 금의 종실 적고내(迪古乃)가 희종을 시해하고 자립하여 수도를 연경(燕京)으로 옮기고 궁실을 크게 조성하였다. 또 60만 대군을 직접 이끌고 송을 침략하다가 송의 장수 우윤문(虞允文)[142]에게 채석(采石)안휘성 내에서 대패하였다. 적고내는 천성이 잔학하여 인망을 잃었기 때문에 군대 내에서 부하에게 시해당하였다. 이에 금의 국세가 갑자기 기울었으나 그 뒤를 이어 현군인 세종이 즉위하였다.

금 세종이 즉위하였는데 현명하고 덕이 있었으며 내정에 뜻을 두고 남으로 정벌하던 것을 그쳤다. 또 천도 이후 한인 사이에 사치하고 문약한 풍조가 유행하니 이를 엄금하고 강건한 옛 풍속을 유지하게 하였다. 동시에 송은 효종이 고종의 뒤를 이어 정치를 선량하게 하였고

---

141 황제, 황태후, 황후, 황태자 등의 유해를 모시는 관(棺).

142 우윤문(虞允文, 1110~1174) : 자는 삼보(彬父) 또는 삼보(彬甫)라 한다. 소흥(紹興)년간 진사. 소흥 3년(1160) 금나라에 사신으로 가서 식량을 운송하고 배를 만드는 것을 보고 돌아와 방어를 강화할 것을 청하였다. 다음해 전투에 참가하여 금나라 군대를 대파하였다. 32년 천섬선유사(川陝宣諭使)가 되어 오공(吳共)과 더불어 섬서 여러 주군을 수복하려고 하였다. 건도(乾道) 5년(1169) 재상이 되었다.

옛 땅을 회복하고자 하였다. 그러나 금의 청에 응하여 세폐의 양을 감하고, 종래의 군신의 예를 숙질(叔姪)의 예로 바꾸었으며 이전 조약의 국경선에 의거하여 화의를 맺었다. 이로부터 양국이 무릇 30년 간 휴전하였다.

송 효종과 금 세종이 동시에 죽었다. 금은 장종(章宗)이 즉위하였다. 송은 광종(光宗)이 즉위한 지 얼마 안 가서 영종(寧宗)이 즉위하였는데 한탁주(韓侂胄)가 정권을 농락하였다. 탁주는 올곧은 사람을 쫓아내고, 공명을 세우려고 금을 공격하다가 대패하였으며 오히려 금군의 침입을 받았다. 그 결과 송은 탁주의 목을 베어 보내고 화의하였다. 그러나 이후로 양국 모두 쇠퇴하였는데 몽골족이 새외에서 일어나 동양사상 대변동을 가져오게 되었다.

제27장 송의 유학과 문예

송 초에는 문치주의로 국가를 통치할 뿐 아니라 한당(漢唐)의 훈고학에 대한 반동으로 참신한 연구법이 크게 유행하였다. 그리하여 철학적 사상이 유학에 반영되었으며 고금 통틀어 가장 많은 학자가 배출되었다.

이러한 까닭으로 송학은 또한 이학(理學)이라 칭하여 지는데 그 개조는 주돈이(周敦頤)[143] 렴계(濂溪)이다. 그의 제자 정호(程顥) 명도(明道)와 정이(程

---

143 주돈이(周敦頤, 1017~1073) : 자 무숙(茂叔). 호 염계(濂溪). 지방관으로서 공적을 세운 후 만년에 여산(廬山) 기슭 염계서당(濂溪書堂)에 은퇴하였으므로 염계선생이라 불렸다. 도가사상의 영향을 받고 새로운 유교이론을 창시하였다. 즉, 우주의 근원인 태극(太極)으로부터 만물이 생성하는 과정을 도해(圖解)하여 '태극도(太極圖)'를 그렸다. 인간만이 가장 우수

頤)이천(伊川) 형제가 이를 계승하고 확대하여 이정(二程)이라 불리며 후대에 전해지게 되었다. 이와 전후하여 하남의 소옹(邵雍)강절(康節)이 역학과 수리에 통달하였고, 또 관중의 장재(張載)횡거(橫渠)가 유명하였다. 남송 고종 때에 주희(朱熹)회암(晦庵)가 나와 이러한 여러 유가의 설을 종합하여 논리 정연한 철학적 체계를 세웠으며 이후 유학의 정통으로 자리잡게 되었다. 이와 동시에 육구연(陸九淵)상산(象山)[144]이 있었는데 그의 설은 주희와 달라 또 다른 한 계보를 이루었다.

당나라 사람의 장기는 시에 능한 것이었으나 송나라 사람은 문장에 능하였는데 의론의 정밀하고 교묘함이 고금에 독보적이었다. 또한 시의 일종인 사(詞)가 이 시대에 매우 발달하였다. 문장에는 구양수 이하 증공(曾鞏), 왕안석, 소순(蘇洵), 소순의 아들 소식(蘇軾) 및 소철(蘇轍)이 유명하였다. 시에는 구양수, 매효신(梅曉臣), 황정견(黃庭堅), 소식이 이름을 날렸다. 소식동파(東坡)은 또 글씨와 그림에도 두루 능하였다. 남송시대 주희는 시와 문장에 모두 뛰어났으며 육유(陸游)방옹(放翁)는 시로써 이름을 날렸다. 인쇄업도 발달하였는데 소위 송판(宋板)은 아주 아름다웠다. 그림은 휘종 때에 특히 발달하였는데 유명한 그림이 많다. 요와 금 두 나라는 모두 송의 것을 받아들였으므로 그 문화는 특별히 거론할 것이 없다.

한 존재이기 때문에, 중정(中正) 인의(仁義)의 도를 지키고 마음을 성실하게 하여 성인(聖人)이 되어야 한다는 도덕과 윤리를 강조하였다.

144 육구연(陸九淵, 1139~1192) : 자는 자정(子靜), 호는 상산(象山), 시(諡)는 문안(文安)으로, 남송의 사상가이다. 형인 구소(九韶), 구령(九齡)과 함께 학문으로 이름을 남겼다. 1172년(건도 8) 진사시험에 합격한 후 지방관으로 종사하면서 자제교육에 종사했다. 주자의 격물치지론(格物致知論)과 달리 상산의 이(理)는, 내 마음의 이라고 하여 심즉리(心卽理)를 설파하였다. 상산의 사상은 명대의 진백사(陳白沙)를 거쳐 왕양명(王陽明)에게 영향을 끼쳤다.

제28장 송대의 일본

일본은 당(唐) 시대에 신라, 고구려, 백제, 지나로부터 문화를 받아들였다. 또 이들 나라에서 들어와 사는 사람이 많았기 때문에 점차 뒤떨어진 상태를 벗어났다. 그러나 신라가 통일된 후로는 신라의 침입을 크게 받았다.

앞서 덴지[天智]천황은 오미[近江]의 오쓰[大津]로 천도하고 율령을 제정하였는데 이것이 소위 오미령[近江令]이다. 보수당이 이에 불만을 품더니 황자 오아마[大海人]가 찬립하였는데 이가 곧 덴무[天武]천황이다. 그는 야마토[大和]로 환도하였으며 그의 손자 몬무[文武]천황 때에 대보율령(大寶律令)을 개정하였다. 몬무천황을 이어 그 모후 겐메이[元明]천황이 즉위하여 나라[奈良]로 천도하였다. 이때로부터 고닌[光仁]천황에 이르는 70여 년 간을 나라조[奈良朝]라 칭하였다. 그 사이 쇼무[聖武]천황과 고묘[光明]황후가 불법(佛法)을 깊이 믿어 불교가 크게 흥하였으나 준닌[淳仁]천황 때에 승려 도쿄[道鏡]가 에미노 오시카쓰[惠美押勝]와 더불어 다투어 총애받으려 하였는데 오시카쓰가 배반하였다가 죽었다. 도쿄는 그 후에 찬립을 도모하다가 고닌천황 때 벌받아 죽었다. 단기 3105년(772) 경의 일이었다.

간무[桓武]천황은 즉위한 후 단기 3127년(794) 헤이안성[平安城]지금의 서경(西京)으로 천도하고 에조하이(蝦夷)의 난을 평정하였다. 세와[淸和]천황 때에는 외척 후지와라 요시후사[藤原良房][145]가 섭정하였는데 그 권한이

145 후지와라 요시후사[藤原良房, 804~872] : 일본 헤이안 시대[平安時代]의 관료. 후지와라 씨가 3세기에 걸친 오랜 기간 동안 일본 왕실을 지배할 수 있는 기틀을 마련했다. 857년 요시

점점 커졌다. 요무[陽武]천황이 뒤를 이은 후에는 요지후사의 아들 모토쓰네[基經]가 천황을 폐하고 아들 고코[光孝]천황을 옹립한 후 모든 일에 대하여 모토쓰네에게 관백(關白)하게 하였다. 이러하니 천황은 다만 공허한 자리를 유지하는 것에 지나지 않게 되었다. 일본의 관백(關白)[146] 제도가 여기서 비롯되었는데 단기 3221년(878)의 일이었다.

이때 이후로 후지와라[藤原] 씨가 섭정(攝政)과 관백을 세습하여 권위가 대단하였고, 천황은 모두 후지와라 씨의 외손으로 어린 나이에 즉위하여 실권이 전혀 없었다. 그리하여 국정이 점점 혼란해졌는데 고산죠[後三條] 천황[147]이 즉위한 후에 후지와라 씨의 권한을 억제하게 되었다. 그 다음 시라카와[白河]천황 때에는 아들 호리카와[堀河]천황에게 천황위를 내려준 후 원(院)에 머물며 정치를 하면서 불교에 귀의하고 국가의 물품을 낭비하여 국고가 고갈되었다. 그러자 관작을 팔았으며 또 승려가 전횡을 하였다.

이때 무장 미나모토노[源賴] 가(家)는 무츠[陸奧] 진수부(鎭守府)의 장군이 되어 동방에서 득세하고, 다이라노 타다모리[平忠盛]는 천황의 총애를

후사는 몇 대에 걸쳐 공석이던 태정대신에 임명되었고, 이듬해 9세 된 외손자를 왕위에 오르게 하고 자신은 섭정이 되었는데, 왕족이 아닌 신하가 섭정이 된 것은 일본 역사상 처음이며, 이후 오랫동안 후지와라 가문만이 섭정을 맡을 수 있었다.

146 관백(關白) : 모든 일에 관하여 의견을 사뢴다는 의미로, 일본 역사에서 성인(成人)이 된 천황의 최고 보좌관 또는 섭정을 일컫게 되었다. 헤이안 시대에 생겨난 이 직책은 이후 관례적으로 후지와라 씨 가문의 사람들이 맡아왔다. 표면상으로는 천황을 대행해 정무를 수행하였으나 종종 정권의 실세로 행동했다. 1068년 퇴위한 상황(上皇)이 천황을 대신해 지배체제를 장악하면서 관백의 정치 권력은 무너져갔다.

147 고산죠[後三條, 1034?~1072] : 제71대 천황으로, 1068~1072년 재위. 헤이안 시대 최대 귀족이었던 후지와라씨의 외손이 아니었기 때문에 황자 시절을 불우하게 보냈다. 즉위후 후지와라씨 세력에 제동을 걸기 위해 장원을 정리하여 후지와라씨의 경제적 기반을 제약하였고 천황권을 세우기 위해 천황의 자리에서 물러나 상황(上皇)이 된후 원청(院廳)을 설치하여 정치활동을 하였다.

얻어 미나모토[源]와 다이라[平] 양 씨가 조정에 우뚝 서 정권을 장악하였다. 때마침 고시라카와[後白河]천황과 스토쿠 상황[崇德上皇] 사이에 쟁란이 일어 조정 대신과 무장이 모두 두 파로 나뉘어 골육상쟁을 하였다.

미나모토노 요시토모[源義朝]미나모토노 가의 증손와 다이라노 기요모리[平淸盛]다이라노 타다모리[平忠盛]의 아들는 천황 쪽에 서고, 미나모토노 다메요시[源爲義]미나모토노 요시토모[源義朝]의 아버지와 다이라노 타다마사[平忠正]다이라노 타다모리[平忠盛]의 동생는 상황 쪽에 섰는데 결국 상황이 대패하였다. 그리하여 요시토모와 기요모리가 다메요시와 타다마사를 주살하니 도의(道義)는 땅에 떨어졌고 기강은 무너졌다. 그러나 미나모토노 요시토모는 자신이 다이라노 기요모리와 똑같이 공을 세웠는데 관위가 그보다 못함을 원통하게 생각하여 난을 일으켰는데 다이라노 기요모리가 이를 토벌하고 미나모토 씨 가문을 대대적으로 죽여 버렸다.

다이라노 기요모리는 태정대신(太政大臣)이 되어 조정을 전횡하며 교만하고 사치하였다. 그 일족으로 고관이 된 자가 60여 명이었으며, 장원이 전국의 반을 점하여 국내가 모두 원망하였다. 단기 3510년(1178) 미나모토노 요리마사[源賴政]가 군대를 일으켜 다이라노 기요모리를 치다가 패하여 죽었는데 이후 여기 저기 산재하여 있던 미나모토 씨가 모두 군대를 일으켰다. 미나모토노 요시토모의 아들 요리토모[賴朝]가 화를 피하여 이즈[伊豆][148]에 있다가 역시 군대를 일으켰는데 그 군사력이 막강하였다. 다이라노 기요모리가 몹시 두려워하며 방어하였으나 승리하지 못하고 병으로 죽었다. 그러자 그의 아들 다이라노 무

148 옛 지명. 현재의 시즈오카[靜岡]현 대부분과 도쿄[東京]도(都) 관할의 이즈시치토[伊豆七島].

네모리[平宗盛]가 천황을 데리고 서쪽으로 도망갔다. 미나모토 씨의 군대가 수도로 진입하여 안토쿠[安德] 천황을 폐하고 고토바[後鳥羽]천황을 세운 후에 미나모토노 요리토모[源賴朝]가 가마쿠라[鎌倉][149]에서 막부를 열고 정권을 잡았다. 이후는 소위 가마쿠라[鎌倉]시대이다. 일본 막부의 설치가 여기서 시작되었으니 단기 3519년(1186)의 일이었다.

제29장 대식국(大食國)과 인도

당(唐)의 중세에 대식국의 칼리프(칼니푸)[150] 알만수르가 다마스커스로부터 바그다드로 천도하였고, 그 후 계승자가 학술을 장려하여 문화가 자못 발달하였다. 그 폐단은 문약에 흘러 숙위하는 용병이 칼리프의 폐립을 자행하였고, 또 곳곳에서 호걸이 봉기하여 술탄(셜탄)[151]황제라는 뜻이라 자칭하며 독립하는 경향이 있었다. 이때에 페르시아의 호족 이스마일이 칼리프를 위하여 반란자들을 정복한 결과 그 신임을

---

149 가마쿠라[鎌倉] : 일본 혼슈[本州] 가나가와 현[神奈川縣]에 있는 도시. 요코하마[橫濱] 남쪽 태평양 연안에 있다. 원래 조그만 어촌이었으나 1180년 미나모토 씨의 근거지가 세워지면서 발전하기 시작하여 300여 년 동안 일본 제2의 수도라는 정치적 지위를 누렸다. 내전, 해일, 화재 등으로 인해 쇠퇴하다가 도쿠가와 시대[德川時代 : 1603~1867]에 궁궐 · 절 · 귀족 저택들이 건설되면서 관광 중심지가 되었다.

150 칼리프(caliph) : 이슬람 제국의 종교 수장. 아랍어로는 칼리파(Khalīfah)라고 하며, 본래는 '칼리파트 라술 알라(Khalīfat rasul Allah)'로 그 사전적 의미는 '신의 사도의 대리인'이다. 칼리프는 예언자 무함마드의 뒤를 이어 이슬람 교리의 순수성과 간결성을 유지하고, 종교를 수호하며, 동시에 이슬람 공동체를 통치하는 모든 일을 관장하는 이슬람 제국의 최고 통치자이다.

151 술탄(Sultan) : 이슬람교의 종교적 최고 권위자인 칼리프가 수여한 정치적 지배자의 칭호. 술탄의 어원은 '통치자', '권위' 를 의미하는 아랍어에 있으며, 역사적으로 다양한 의미를 지녀왔다. 본래 이슬람의 코란에서는 종교적인 의미에서 '도덕적 책임과 종교적 권위를 수행하는 통치자의 역할'을 의미하는 비인격적인 용어로 사용되었으나, 시간이 지날수록 칼리프제 하에서 칼리프로부터 권한을 위임받아 특정한 지역을 지배하는 무슬림 통치자를 지칭하는 칭호로 사용되었다.

얻어 부하라[152]에 정착하고 넓은 토지를 점령하였다. 그러나 얼마 안 있어 회흘 계통으로 중앙아시아로 도망쳐와 한 부족을 이룬 세력이 침입하여 부하라 영지의 태반을 빼앗았다. 바로 이때 또 이스마일의 신하 세부티긴이 자기 주군이 쇠약해진 틈을 타서 가즈니[哥疾寧][153]가쓰니니 카불의 남쪽에 웅거하며 나라를 세웠고,[154] 그 아들 마무드가 마침내 이스마 일가를 멸망시키고 부근을 정복하여 술탄이라 칭하고 아무다리아강 이남 페르시아만에 이르는 땅을 점령하였다.

이때 인도는 라즈푸트(라자푸트) 종족이 서, 북, 중 인도를 점령하고 있었는데 많은 소왕국으로 나뉘어 있었으며 통일의 기운이 없었다. 단기 3334년(1001) 가즈니의 마무드가 대식국 칼리프의 이름을 내걸고 인도로 진격하였는데 여러 국왕이 서로 협조하여 방어하였다. 그러나 마무드는 전후 25년 간에 17차례나 인도에 침입하여 도처에서 가람을 파괴하고 불상을 훼손하였으며 인도의 대부분을 그의 영지로 만들었다. 그러나 마무드의 사후에 가즈니 가(家)의 위세가 갑자기 약해졌으며 그 영토의 태반은 당시 부하라에서 발흥한 셀주크 가가 차지하게 되었다.

이에 앞서 돌궐 종족으로 부하라 부근에 이주해온 자 가운데 셀주크라는 자가 인근의 여러 부족을 병탐하여 강성해지더니 그 손자인 토그

---

152 부하라(Bukhara) : 우즈베키스탄 부하라 주의 주도. 1세기 이전에 세워진 도시로 709년 아랍인들에게 점령당했을 때는 이미 교역과 수공업 중심지로 번창하고 있었다. 9~10세기 사만 왕조의 수도였으며 1220년 칭기즈칸에게, 1370년에는 티무르에게 정복되었다. 1506년 우즈베크의 샤이반 왕조에게 점령되어 16세기 중엽부터 그들이 세운 부하라 칸국의 수도가 되었다.

153 가즈니[哥疾寧] : 아프가니스탄 가즈니주(州)의 주도(州都). 수도 카불에서 남서쪽으로 130km.

154 가즈니 왕조 : 962년부터 1186년까지 아프가니스탄의 가즈니를 중심으로 번영한 이슬람 왕조. 투르크 계의 노예 알프티긴이 처음 세워 손자 마무드 때에 전성기를 맞았다. 중앙아시아의 카라한 왕조를 쳐부수고 10여 차례 인도를 원정하였다.

룰[155]이 가즈니 가를 치고 코라산의 땅을 차지하여 니샤프르에 도읍하고 칼리프로부터 회교 보호자라는 호칭을 얻었다. 단기 3460년(1037)의 일이었다. 그 후 연달아 군대를 일으켜 사방을 정복하였는데 서로는 카쉬가로부터 동은 아라비아에 이르는 넓은 지역을 차지하였으나 중앙아시아에서 일어난 서요(西遼)[156]에게 크게 세력을 잃게 되었다.

---

155 토그룰 벡(993?~1063) : 트랜스 옥시아나에 거주하는 오그스족 유목민의 추장으로 1037년 가즈니왕조의 군단을 격파하고 대셀주크왕조를 창건하였다. 이후 그는 레이(테헤란 근교)에 수도를 정하고 이란 본토의 경략에 나섰다. 1055년 아바스왕조 칼리프의 요청으로 바그다드의 부와이왕조 세력을 소탕하고 이라크 북부지역을 정복한 후 칼리프로부터 '동서의 왕'이라는 칭호를 받았다. 그 때부터 술탄이라 칭하고 칼리프의 수호자로서의 지위를 수니파 이슬람세계로부터 승인받게 되었다.

156 서요(西遼) : 12~13세기 초에 거란인이 중앙아시아에 건설하였던 국가(1132~1218). 1125년 금(金)에 의해 만주지방의 요가 망하자 요의 왕족인 야율대석(耶律大石)이 몽골로 탈출하였다가 무리를 거느리고 중앙아시아로 진출, 1132년 위구르족 등의 지원을 받아 터키계 카라칸 왕조를 멸망시키고 제위에 올라 구르칸[德宗]이라 불렸다. 1137년 서투르키스탄을 공략한 서요는 1141년 사마르칸트 부근에서 셀주크 제후의 대군과 싸워 이겼고, 이로써 동서 투르키스탄의 전역이 서요의 영토에 편입되었다.

제3편 근고사(近古史) –단기 3539년부터 3977년까지–

근고사는 원(元)의 통일로부터 시작하지만 원이 세워지기 전의 업적도 서술한다. 또 이야기를 서술하는 편의상 송왕조의 멸망을 근고사에 편입하였다.

제1장 몽골[蒙古]의 발흥

송과 금이 분쟁하고 있을 때 막북(漠北)에서 몽골이 흥기하였다. 몽골족은 본래 흑룡강의 상류 오논강[斡難河][1] 부근에서 유목생활을 하며 요와 금에 복속해 있었다. 몽골 부족장 하불[合不勒]이 몽골 보국왕(輔國王)이라 처음으로 칭하였고, 그 손자인 예수게이[也速該]가 부근의 여러 부족을 통합하여 강성해졌다. 예수게이의 아들 테무친[鐵木眞]이 13세 때 아버지의 뒤를 이은 후 인근 부족의 병사를 모두 아울러 알타이산안대(按臺) 가까이에 웅거하며 맹위를 떨쳤다. 이때 나이만왕[乃蠻王] 태양칸[太陽汗]이 테무친의 강성해짐을 두려워하여 쳐들어왔다. 테무친이 항해산(杭海山)항애산(杭愛山)[2]에서 태양칸을 격파하고 마침내 내몽골 땅을 병합하였다. 단기 3539년(1206), 테무친은 각 부족의 추장을 오논 강가

---

1 원문에는 간난하(幹難河)로 되어 있으나 알난하(斡難河)의 오기라고 판단된다. 오논 강은 러시아와 몽골을 흐르는 강으로 유역 길이는 818km, 유역 면적은 94,010 평방km이다. 헨티 산맥의 동쪽에서 발원한다. 인고다 강과 합류하여 실카 강을 이룬다. 칭기즈칸이 이 강 부근에서 태어나고 자랐다.

2 항애산(杭愛山) : 현재의 몽골인민공화국에 있는 산으로 옛날에는 연연산(燕然山)이라고 불렸으며 항애의 의미는 탁타(槖駝 : 낙타의 일종)인데, 산모양이 낙타와 닮았기에 이러한 이름이 붙여졌다고 한다.

에 모아놓고 몽골 대칸[大汗]에 즉위하였으며 강성한 군주를 뜻하는 칭기즈칸[成吉思汗]이라 칭하였는데 이가 바로 몽골의 태조이다.

이보다 앞서 서하는 이원호(李元昊)가 송과 늘 다투다가 그 후에는 금에 복속해 있었다. 그러던 중 당시 서하 국내가 크게 어지러우니 이미 새외의 땅을 모두 겸병하고 있던 칭기즈칸이 이 기회를 놓치지 않고 여러 차례 공격을 가하였다. 서하왕 이안전(李安全)이 딸을 바치며 항복을 청하였고, 이에 칭기즈칸이 온힘을 다해 금으로 진격해 들어갔다.

이때 금에서는 장종(章宗)이 죽고 그 숙부인 영제(永濟)가 즉위하였는데 국세가 크게 쇠약해져 감히 저항하지 못하였다. 대신들이 영제를 시해하고 장종의 형인 선종(宣宗)을 세운 후 공주와 예단을 바치며 강화를 구걸해왔으나 칭기즈칸이 이를 되돌려 보냈다. 금의 황제가 수도 연경(燕京)이 몽골에서 가까운 점을 두려워하여 변경(汴京)으로 천도하였다. 이에 칭기즈칸은 금이 다른 마음을 품고 있다고 의심하여 연경을 함락하고 변경 부근을 침략하여 하북(河北)의 땅을 모두 차지하였다. 단기 3548년(1215)의 일이었다.

서요는 앞에서 서술한 바와 같이 요의 왕족인 야율대석이 중앙아시아로 도주한 후 셀주크 가(家)와 싸워 사방을 정복하여 일대 강국을 세우고 취하(吹河)이리하동(伊犁河東)의 상류 호사알이타(虎思斡耳朶)에 도읍을 하였다.[3] 이 인물이 바로 서요의 덕종(德宗)이다. 호라즘[花剌子模]을 점령하고 그 세가 융성하였는데 손자인 직노극(直魯克) 때 사냥하며 노는

---

3 천조제(天祚帝) 때부터 요나라의 국력은 쇠퇴하여 1114년 이후 여진 금나라의 공격을 받았고 1125년 천조제가 여진에게 잡힘으로써 요나라는 멸망했다. 그러나 요 태조의 8대손 야율대석은 일족들과 함께 서쪽으로 달아나 중앙아시아의 호사알이타(虎思斡耳朶 : 토크마크 부근)를 본거지로 하여 서요국(西遼國)을 세웠다. 서요국은 카라키타이[黑契丹]라고도 한다.

데에만 힘쓰더니 국운이 쇠약해졌다. 그런데 이보다 앞서 나이만국 태양칸의 아들 구츄루크[屈出律]가 이곳으로 도주해 와서 국정을 참견하다가 호라즘 왕 무하메트와 서로 협조하여 서요를 멸망시키고 그 땅을 나누어 가졌다. 그 후 몽골의 틈을 엿보며 옛 나라를 수복하고자 하니 칭기즈칸이 단기 3551년(1218) 군대를 보내 구츄루크를 격살하고 그 땅을 차지하였다.

호라즘은 셀주크 가의 부족장이 세운 나라이다. 셀주크 가(家)가 멸망한 후 서요에 복속되었다가 구츄루크를 도와 그 뜻을 이루게 한 대가로 중앙아시아의 일부를 점령하고 세력이 강성해져 사마르칸트(삼아칸드)에 도읍하였다. 이보다 앞서 가즈니[哥疾寧]가 쇠약할 때 꼬리 가(家)꼬어에서 일어난 왕가로, 꼬어는 헤라트[4]의 동남쪽에 위치함가 대신하여 아프가니스탄[阿富汗斯坦]과 북인도를 겸병하고 중인도를 정벌하여 평정하였다. 이에 호라즘 왕 무하메트가 아프가니스탄을 습격하여 빼앗고 나아가 바그다드의 칼리프를 치다가 공을 세우지 못하고 돌아와 국세가 갑자기 쇠약해졌다. 때마침 몽골 대상(隊商)이 호라즘 왕국에 왔는데 무하메트가 이를 죽였다. 그러자 몽골에서 그 실상을 묻기 위해 사절을 파견했는데 이를 또다시 죽였다. 칭기즈칸이 크게 노하여 네 아들 주치[朮赤], 차가타이[察合台], 오고타이[窩闊台], 툴루이[拖雷]를 거느리고 호라즘

---

4 헤라트(Herat) : Harāt라고도 씀. 아프가니스탄 서부에 있는 주. 주도는 헤라트 시이며, 서쪽으로 이란과 접하고, 북쪽으로 투르크메니스탄 및 아프가니스탄의 바드기사트 주, 동쪽으로 고우르 주, 남쪽으로 파라 주와 이웃한다. 이 지역은 역사적으로 줄곧 이곳을 차지하려는 수많은 외국 세력들의 각축장이 되어왔다. 마케도니아의 알렉산드로스 대왕에게 점령된 것을 시작으로 뒤에는 파르티아인 · 쿠샨인 · 페르시아인 · 에프탈인들의 지배를 받았다. 7세기에 아랍인, 13세기에 몽골인들의 손에 넘어갔으며, 1747년에 연합 아프가니스탄에 합병될 때까지 그 외 여러 민족들의 싸움터가 되었다.

을 치고 수도인 사마르칸트를 함락하였다. 무하메트가 도망가자 몽골 장군 수부타이[速不台][5]와 제베[哲伯][6]가 끝까지 추격하였고, 이에 무하메트는 카스피해[乃裡海]의 한 외딴섬에서 객사하였다. 단기 3553년(1220)의 일이었다.

이때 무하메트의 아들이 인도로 도망갔는데 태조가 군대를 보내 토벌하였다. 수부타이와 제베는 무하메트를 추격하던 여세를 몰아 대화령(大和嶺)코캐서스산을 넘어 아라사(阿羅思)[7]러시아를 침입하여 남부를 정복하였다. 그런데 때마침 칭기즈칸이 인도에서 군사를 돌려 돌아온다는 소식을 듣고 역시 이들도 돌아왔다. 단기 3559년(1226)의 일이었다.

칭기즈칸이 돌아온 후 서하가 심복하지 않는 것을 보고 노하여 단기 3560년(1227) 정벌하고, 그 왕 이현(李晛)에게서 항복을 받았다. 서하는 10명의 왕이 201년 간 통치. 계속해서 칭기즈칸은 금으로 진격하고자 하였으나 그해 육반산(六盤山)감숙성(甘肅省) 공창부(鞏昌府) 부근에서 병으로 죽었는데 73세였다.

몽골은 칭기즈칸이 군사를 일으킨 후로 패한 적이 한 번도 없었는데 그 원인을 간략히 설명하겠다. 하나는, 칭기즈칸의 웅대한 계획이

---

5 수부타이[速不台] : 우랑카이족 출신으로, 용맹하고 말타기와 활쏘기를 잘하여, 젤메 · 제베 · 쿠빌라이와 더불어 칭기즈칸의 4선봉으로 불리며, 천호장(千戶長)에 임명되었다. 메르키트 부족의 잔병(殘兵)을 소탕하는 작전에서 큰 공을 세웠고, 칭기즈칸의 서정 때는 호라즘 국왕 추격 명령을 받고, 그를 카스피해의 한 작은 섬으로 몰아넣어 죽게 했다. 1223년 킵차크족과 러시아 제후의 연합군을 궤멸시켰다.

6 제베(Jebe, ?~1225) : 베수트 부족 출신으로, 칭기즈칸 휘하의 4선봉 가운데 한 사람이다. 중국의 사서에는 '철별(哲別)' · '자별(者別)'이라 표기되어 있다. 본명은 지르고가타이인데 제베라는 이름을 칭기즈칸에게서 하사받았다. 칭기즈칸의 정복전쟁에서 많은 공을 세워 만호장(萬戶長)이 되었다.

7 아라사(阿羅思) : 러시아를 가리키며 보통은 '俄羅斯'로 표기한다. '我羅斯'라 표기하기도 했다.

고, 또 하나는 몽골인의 고유한 습관이다. 칭기즈칸은 침착하고 생각이 깊으며 웅대하고 굳센 의지가 있으면서 큰 계획이 서 있었다. 싸우기를 좋아하고, 병사를 쓰는 것이 신과 같아 평생 동안 정복한 나라가 40칸국이나 되었다. 또 당시 몽골인은 만풍(蠻風)을 숭상하고 이에서 벗어나지 않아 치밀하고 강함이 비할 바 없었으며 기마전에 강하고 군기가 엄하였다. 경작하는 일은 여자가 전담하고 남자는 밖으로 정벌에만 힘썼는데 집안일에 근심이 없고, 군대의 식량에 부족함이 없어 능히 대원정을 단행할 수 있었다.

제2장 태종(太宗)과 헌종(憲宗)의 서정남벌(西征南伐)

몽골의 풍습에 대칸의 추대 및 선전포고, 강화 등의 중대사는 왕족, 공신, 여러 추장으로 이루어진 집회에서 의논하여 결정하도록 되어 있었다. 따라서 칭기즈칸의 사후 셋째아들인 오고타이[窩濶台]가 이 집회에서 추대되어 대칸에 즉위하였는데 바로 태종이다. 태종이 아버지의 유지를 이어 금을 칠 때 동생 툴루이와 안팎에서 협격하여 변경(汴京)으로 진격해 이를 함락시키니 금 애종(哀宗)이 채주(蔡州)하남성(河南省) 여녕부(汝寧府)로 도망가 남송(南宋)에 도움을 청하였다. 몽골은 남송에게 하남의 땅을 주기로 약속하고 함께 금을 쳐서 멸망시켰다. 금 애종 및 그 후사가 모두 죽었는데 단기 3567년(1234)의 일이며 금은 9대 120년 간 존립하였다.

당시 남송은 이종(理宗)이 즉위하였는데 몽골과 함께 금을 공격한 후 그 여세를 몰아 북방을 회복하고자 하여 화약을 파기하고 변경과 낙양을 빼앗았다. 이에 태종이 군대를 보내 송을 침략하니 송은 비록 맹공(孟珙)[8]과 같은 훌륭한 장군이 있었지만 그 세가 점점 꺾였다.

태종은 카라코룸[喀喇和林]카라코람이니 외몽골 오콘강변에 있음에 도읍하고, 동으로 고려(高麗)를 침략하였다. 또 서로 정벌을 단행하여 조카인 바투[拔都]주치의 아들를 총사령관으로 삼고, 태종의 아들 구유크[貴由]와 툴루이의 아들 몽케[蒙哥] 그리고 노장 수부타이를 부사령관으로 하여 유럽에 침입해 들어갔다. 단기 3571년(1238)의 일이었다. 몽골군이 러시아로 들어가 모스크바(모스코)로부터 각지를 유린하고 유럽 내지로 진군할 때 두 갈래로 길을 나누어 한 쪽은 폴란드(폴낸드)파란(波蘭)로 진군하여 수도인 크라쿠프[9](글나고)를 불태우고 더 나아가 그 나라 및 독일(저마니)일이만(日耳曼)[10]의 왕과 여러 제후들의 연합군을 리그니츠[11]에서 무너뜨리고 동남으로 진출해 모라비아를 굴복시키고 올뮈츠[12]를 함락하였다. 다른 한 쪽은 월네키아를 유린한 후 카페디안 산을 넘어 헝가리(마지아)흉가리(凶加利) 군대를 사요 강가에서 대파하고 부다페스트를 함락한 후 다뉴브 하(河)를 건넜는데 유럽 전체가 공포에 떨었다. 그런데 이

---

8 맹공(孟珙, 1195~1246) : 자는 박옥(璞玉)이며 남송의 걸출한 군사가이며 장수이다. 후세 군사가(軍史家)들은 그를 일러 '기동방어대사(機動防禦大師)'라 한다. 남송(南宋) 말년에 일찍이 한사람의 힘으로 남송 3분의 2의 전선을 통어했다는 이야기가 전한다.

9 크라쿠프(Krakow) : 크라쿠프Kraków라는 지명은 600년경 바벨 구릉에 요새를 구축하고 비스툴라강 출입을 통제하던 한 슬라브 종족의 전설적 지배자였던 크라크Krak라는 이름에서 유래하였다. 1039년 피아스트왕조는 수도를 그니에즈노Gniezno에서 크라쿠프(Kraków)로 천도하였다. 그 후 6백 년 간 지기스문트 바자왕이 바르샤바로 천도할 때까지 수도였다. 영어로는 크라코우(Cracow)라고 한다.

10 '日耳曼' 혹은 '白耳曼'이라 표기된 용어는 일본어로 '게루만(ゲルマン)'이라고 읽으며, 그 뜻은 게르만 민족, 나아가 독일을 가리킨다.

11 본문에서는 나이스라 하였지만 이는 리그니츠(Leignitz)이다.

12 영어로는 올로무츠(Olomouc)이고 원어로는 올뮈츠(Olmütz)이다.

때 마침 태종이 죽었다는 부음이 전해져 단기 3576년(1243) 바투가 여러 부하 장수들을 돌아가도록 하였다. 그리고 자신은 남러시아에 머무르면서[13] 동으로는 키르기스(키기스) 고원으로부터 서로는 카페디안산에 이르는 땅을 영유하고 킵차크 칸국[欽察汗國]을 건립한 후 볼가강[벌가河] 상류에 위치한 사라이에 수도를 정하였다.

태종의 사후 아들 정종(定宗) 구유크가 즉위하였는데[14] 3년 만에 또 죽었다. 여러 장수와 공신이 태종의 정통을 세우지 않고 툴루이의 아들 몽케를 옹립하였는데 이가 바로 헌종(憲宗)이다. 헌종이 태종의 자손을 학대하므로 태종의 자손들은 추천이 합당하게 이루어지지 않았다고 생각하고 불만을 품게 되었다. 이것이 훗날 몽골이 대 칸국으로 분열되는 한 원인이 되었다.

헌종이 즉위한 후 또다시 군사를 서쪽과 남쪽 양방향으로 동원하였다. 아우 쿠빌라이[忽必烈]는 남쪽으로 가는 원정대의 총사령이 되어 대리(大理)를 정복하고, 토번(吐蕃)을 평정하였으며 교지(交趾) 즉 안남(安南)을 항복시켰다. 이에 헌종이 그 여세를 몰아 남송을 멸망시키고자 아우인 아리크부카[阿里不哥][15]에게 수도 카라코룸을 지키게 하고 친히 대군을 거느리고 출발하였다. 세 갈래로 길을 나누어 헌종은 사천(四川)의 여러 성을 취하고 합주(合州)사천성 중경부(重慶府)를 포위하였으며, 쿠빌

---

13 1242년 초, 바투는 오고타이가 1241년 12월에 사망하였다는 소식을 접했다. 이에 바투는 공격작전 준비를 중지하고 오고타이의 후계자를 선출할 쿠릴타이에 참가하기 위하여 카라코룸으로 돌아갔다.

14 저자는 정종을 태종의 아우로 잘못 기재하였기에 아들로 바로잡았다.

15 아리크부카(?~1266) : 쿠빌라이와 몽골제국 제5대 칸의 지위를 다툰 사람. 형제간의 제권을 둘러싼 무력항쟁이 시작되어 1261년 말에 카이핑 북쪽 시무르트호 부근의 전투에서 패하자 대세는 결정되었다. 1264년 7월 쿠빌라이칸에게 항복하였으며, 1266년 병으로 죽었다.

라이는 강을 건너 악주(鄂州)호북성 무창부(武昌府)를 포위하였다. 우량하타이[兀良哈台]는 교지로부터 북상하여 담주(潭州)호남성 장사부(長沙府)로 쳐들어갔다. 이때 남송의 이종(理宗)은 가사도(賈似道)에게 명하여 몽골군을 방어하도록 하였다. 가사도가 악주에 이르러 두려움에 떨며 은밀히 쿠빌라이에게 사람을 보내서, 신하로 칭하고 세폐를 바치고 땅을 떼어주는 조건으로 평화를 청하였다. 때마침 몽골 헌종이 군중에서 병사하였고, 수도에 있던 아리크부카가 대칸에 즉위하고자 하였다. 이에 쿠빌라이가 마침내 가사도의 청을 받아들여 송과 화의를 맺고 군대를 되돌렸다. 그런데 사도는 이 일을 비밀로 하고, 몽골군의 퇴거는 자신의 공이라고 이종에게 거짓 보고를 하여 후하게 상을 받았다.

헌종은 이와 같이 남방을 경략하였고, 동시에 아우인 훌라구[旭烈兀]는 서쪽으로 정벌에 나서 페르시아[波斯]와 소아시아의 여러 회교 국가를 정복하고 바그다드의 칼리프를 살해하였으며 대식국을 멸망시켰다. 더 나아가 시리아를 거쳐 이집트로 진입하려 할 때 헌종의 사망 소식을 듣고 군을 되돌려 귀국하다가 일칸국[伊兒汗國]을 건립하였다.

이때 쿠빌라이는 송과 화의를 맺고 북으로 돌아오던 중 개평(開平)내몽골 다륜(多倫)강가에 이르렀을 때 장수의 추대로 대칸[大汗]에 즉위하고 아리크부카에게서 항복을 받았다. 수도를 연경(燕京)으로 옮긴 후 대도(大都)라 개칭하고, 국호를 원(元)이라 하였다.[16] 이가 곧 원의 세조(世祖)이며, 때는 단기 3604년(1271)의 일이었다.

---

16 원나라는 1260년 칭기즈칸의 손자이며 몽골 제국의 제5대 대칸으로 즉위한 쿠빌라이가 1271년 몽골 제국의 국호를 '대원'으로 고침으로써 성립되었다. 몽골어로는 다이온 이케 몽골 울루스(Dai-ön Yeke Mongγol Ulus), 즉 '대원대몽골국(大元大蒙古國)'이다. 원나라는 유목 국가인 몽골 제국의 직계 국가다. 그러면서도 중국화된 명칭과 제도를 사용하였다.

제3장 송의 멸망과 원(元)의 통일

가사도가 송의 황제를 속이고 원과 화의를 맺은 후 황제의 총애를 받으며 전횡하고 국난을 숨겼다. 원의 세조가 사신을 파견하여 이전에 한 약속을 재촉하자 사도는 사신을 구금하고 돌려보내지 않았다. 세조가 크게 노하여 장군 백안(伯顏)을 파견해 대거 남하하도록 하였다. 이때 송에서는 공종(恭宗)이 즉위하여 사도를 축출하고 근왕의 장수인 문천상(文天祥), 장세걸(張世傑) 등이 부름에 응하여 임안(臨安)으로 왔다. 그러나 임안성이 함락되고 황제는 원군에 항복하였다. 송의 종실과 군신이 공제의 형인 단종(端宗) 하(昰)를 세우고 복주(福州)에 웅거하며 나라를 회복하고자 하였다. 원의 군대가 다시 위협해 들어오자 장세걸 등이 황제를 받들고 바닷길로 광주(廣州)로 도망하였으나 황제가 또 죽었다. 육수부(陸秀夫) 등이 다시 황제의 아우인 병(昺)을 옹립하고 애산(崖山)광동성(廣東省) 광주부 신회현(新會縣)에서 버티니 원의 군대가 육지로 바다로 쳐들어 왔다. 문천상이 붙잡히고 육수부는 황제를 업고 바다로 뛰어들었으니 그 비장함에 눈물을 흘리지 않을 수 없다. 이렇게 송조는 멸망하였으니 단기 3612년(1279)의 일이었다. 송은 18황제가 320년 간 통치.

원의 세조는 고려와 화의를 맺고, 일본을 정벌하다가 뜻을 이루지 못하자 방향을 바꾸어 남방 경략에 나섰다. 앞서 교지가 항복한 이래로 안남이 평정되어 조용하였더니 지금에 이르러 안남이 명령을 듣지 않자 장군을 보내 정복하였다. 또 버어마[緬甸], 타이[暹羅]사이암 등 후인도(後印度)의 여러 나라를 정복하고, 자바[瓜哇]자바, 수마트라(서마트라)소목도척(蘇木都剌) 등 여러 섬나라를 복속시켰다.

제4장 원의 전성과 동서교류

칭기즈칸의 즉위 후 3세(世) 70여 년 간 몽골족의 융성은 정점에 달하여 아시아 대륙의 대부분과 유럽의 동부를 차지하였다. 그 판도의 광대함은 일찍이 없었던 바로, 이같은 대판도를 통할한 자는 원 세조였다. 세조는 원의 황제로서 지나 본부, 요동, 내외 몽골, 중앙아시아를 직할하고, 후인도, 남양 제도 및 토번을 복속시켰으며 네 개의 대칸국을 다스렸다. 4대 칸국은 원 황실과 가장 가까운 혈연관계가 있는 자로, 지난날 밖으로 원정 나갔을 때 큰 공을 세운 자들이다. 킵차크, 차가타이, 오고타이, 일[伊兒]이며 이를 표로 만들면 다음과 같다.

나라명	시조	수도	영토
킵차크 칸국	바투	사라이[薩萊]볼가강 하류	시베리아 서반부와 유럽
차가타이 칸국	차가타이	알마리크[阿力麻里]이리곡성(伊犁曲城) 부근	서요의 옛 땅
오고타이 칸국	오고타이태종(太宗)	에밀[也迷里]외몽골 에밀강 부근	나이만의 옛 땅
일 칸국	훌라구	타브리즈(마라과)우루미아호(湖)의 동쪽	서아시아 일대 아무다리아강의 서쪽

이상 차가타이, 오고타이의 두 칸국은 태조성길사한(成吉思汗)가 나누어 준 것이고, 다른 두 칸국은 새로 건립된 것이다.

세조는 통일의 대업을 달성하고 난 후 힘을 내치에 기울였다. 대개 세조 이전은 정벌에 전력하느라 내치에 신경 쓸 겨를이 없었다. 세조는 한족 학자를 임용하여 제반 제도를 수정하였고, 몽골족과 한족의 조화를 도모하여 양쪽을 병용하였다. 그러나 중앙정부의 장관 등은 모두 몽골인을 임용하여 우월한 지위를 보존해 주고자 하였다. 또 역법을 개혁하고, 도로를 개통하며 운하를 잘 정비하여 남북의 교통을 편리하게 함으로써 내지의 상업이 크게 발달할 수 있었다.

당시 원의 영토는 동·서양에 걸쳐 있어 해륙 양면으로 동서 교통이 발달하였다. 강남의 천주(泉州)[17]와 같은 곳은 당시 제일의 무역항으로, 왕래하는 외국 상인이 수만에 이르렀다. 이에 동양과 서양간 문화의 교류가 자연스럽게 이루어졌으며 세계 인문(人文)의 진보에 기여하는 바가 컸다.

태조로부터 시작해 역대 대칸의 관리 임용이 종족의 차별을 두지 않은 까닭에 세조 때 아라비아·페르시아의 학자와 기술자, 이탈리아[伊太利]이탈니의 화가, 프랑스[佛蘭西]프랜스의 금세공업자, 독일의 광부 등이 많이 내도하여 원의 황실에서 활동하였다. 그중 이탈리아 사람 마르코 폴로(막코 폴노)는 원에서 벼슬한 지 20년 만에 고향으로 돌아가 『동방견문록(東方見聞錄)』을 저술하였다. 이 책은 지나의 부강함과 일본의 살기좋음[樂土]을 역설하여 지리학의 발달에 기여하였고, 또 유럽인의 탐험적 사상과 이익을 추구하는 욕망을 더욱 고취시켰다.

당시 유럽의 기독교 국가들은 여러 차례 십자군(十字軍)을 일으켜 회교도와 전쟁하였는데 몽골의 융성함을 듣고 회교의 침략을 막아줄 구

17 이탈리아 여행가 마르코 폴로의 『동방견문록』에는 "이곳은 해상 도시로 사치한 상품, 값비싼 보석, 굉장히 알이 굵은 진주 따위를 잔뜩 실은 인도의 배가 잇따라 들어오는 항구이다. 그리스도교 여러 나라에 팔기 위한 후추를 실은 한 척의 배가 알렉산드리아나 그 밖의 항구에 입항한다면 이곳 자이툰(천주) 항에는 실로 그 백 배가 되는 백 척의 배가 입항한다. 그 무역고로 말해서 자이툰은 확실히 세계 최대를 자랑하는 2대 해항의 하나라고 서슴지 않고 단언할 수 있다"라고 천주를 묘사하였다.

원자라 칭하며 동맹을 체결하여 함께 회교도를 협격하고자 하였다. 또 포교할 목적으로, 헌종과 세종 때에는 로마 교황[法王] 이노센트(인노센트) 4세와 프랑스 왕 루이 9세의 사자들이 여러 차례 카라코룸을 왕래하였다. 그 결과 세조 말년에 이르러서는 입국하는 선교사가 아주 많아지더니 급기야 연경에 대예배당[大僧正區] 1곳, 천주에 예배당[僧正區] 1곳을 세웠다. 이에 당 말에 멸실되었던 기독교는 다시 그 빛을 발하게 되었다.

제5장 원의 황실과 4칸국[汗國]의 쇠퇴

원이 지나를 통일하고 대제국을 건설하였으나 1세기도 못가 쇠락의 길에 빠졌다. 그 원인을 한 가지 측면만으로 말할 수는 없으나 요점을 말하자면 종실의 내홍, 그리고 각 지역의 특수한 문화로 도저히 통일된 정치를 실행할 수 없었던 점에서 찾을 수 있다.

이보다 앞서 헌종이 대칸의 지위에 올랐을 때 태종의 자손은 오고타이 칸국을 영유했을 뿐이므로 이에 불만을 품고 있다가 헌종이 죽자 아리크부카를 도와 세조와 다투었다. 때마침 세조가 동남 지역을 경영하기에 겨를이 없는 틈을 타서 태종의 손자 하이두[海都][18]가 단기 3609년(1276) 에밀에서 반기를 들었다. 이에 세조가 킵차크의 칸 몽케티무르와 차카타이의 칸 바라크[八剌]로 하여금 방어하게 하였는데 오히려 하이두가 두 칸을 꼬여 결연하고는 대칸의 직할지인 중앙아시아

18 하이두(Khaidu, 1230~1301) : 카이두라고도 한다. 1260년경부터 1301년까지 오고타이 칸국을 다스렸던 칸이다. 쿠빌라이칸과 몽골제국의 종주권을 놓고서 30여 년 간 항쟁을 벌였다.

를 점령하고 대칸 위에 올랐다. 이때 유일하게 일국의 칸 아바하[阿八哈]가 세조의 아우 훌라그의 아들인 까닭에 하이두에 맞섰다. 그러나 얼마 안 있어 아바하가 죽고 그 나라 안에서 계승 쟁탈전이 일어나 국력이 쇠퇴하여 하이두를 능히 제압할 수 없었다. 하이두는 드디어 차가타이의 군대와 합하여 동쪽으로 원을 침입하고, 만주 길림지방에 있는 태조의 자손을 유혹하여 세조를 협격하였다. 세조가 백안에게 명하여 카라코룸을 지키게 하고 친히 만주를 평정하니 하이두가 서쪽으로 철수하였다. 단기 3627년(1294) 세조가 죽고 성종(成宗)이 뒤를 이었다. 하이두가 또다시 군사를 일으켜 쳐들어 왔으나 성종이 조카 카이산[海山]에게 명하여 격파하였다. 얼마 후 하이두가 죽고 그 아들 차파르[察八兒]가 원에 항복하였다. 성종을 거쳐 무종(武宗) 카이산[海山][19] 때에 차파르가 다시 모반하였으나 결국 패사하였고 이로써 오고타이 칸국은 멸망하였다. 대략 40년 간 지속되던 내란이 일시에 진정 국면에 들어갔는데 이후 종실의 관계가 점차 소원해져서 여러 칸국은 각기 독립된 세력을 보유하게 되었다.

이보다 앞서 세조가 토번을 정복할 때 그곳에서는 라마교가 성행하여 라마승의 세력이 막강하였다. 세조가 그곳을 달래고 어루만질 필요가 있다고 판단하여 달라이라마[達賴喇嘛] 파스파[拔思巴]를 국사로 모시고 그곳을 다스리게 하였다. 후대의 황제들도 역시 라마승을 존경하며 신뢰하게 되었는데 이로 인하여 승려들이 전횡하는 폐단이 심해

19 무종(武宗) 카이산[海山](1281~1311) : 원의 제3대 황제로, 재위 기간은 1307~1311년이다. 시호는 인혜선효황제(仁惠宣孝皇帝), 휘는 패아지근해산(孛兒只斤海山)이다. 쿠빌라이의 황손 친김 태자의 아들 다르마발라와 다기의 아들이다.

졌다. 또 불교행사와 공양 등에 낭비가 심해져 국민의 부담이 크게 늘어나고 국가의 재정이 갈수록 궁핍해졌다. 그 결과 지폐의 일종인 교초(交鈔)를 발행하였으나 남발로 인하여 가치가 정화(正貨)의 1/2에 불과하게 되었고, 따라서 원활하게 유통되지 않았다. 결국 경제상황이 극히 혼란스러워지고 물가가 등귀하더니 거래가 두절되었다.[20]

또 세조가 스스로 즉위하여 대칸이 된 후, 대칸을 추대하는 회의를 폐지하였다. 상속법은 부자계승이 아니므로 찬탈의 화가 연속해 일어났고, 제위를 계승할 때 군신이 위세를 부리므로 국위를 떨어뜨렸다. 또 역대로 여러 황제가 용렬하고 어리석어 원의 황실은 점점 쇠망의 길을 걷게 되었다.

이상에서와 같이 재정이 궁핍하여 인민은 무거운 세금에 시달리고, 정치는 문란하여 국력이 쇠약해지는 가운데 홍수, 기근 등 자연재해가 빈발하자 인심은 원 황실을 등졌고 도적이 봉기하였다. 또 오랜 세월 이민족에 굴복해온 한족은 분하고 원통하며 수치스런 감정이 폭발하여 곳곳에서 영웅이 군사를 일으켰다. 이때 원의 순제(順帝)가 재위에 있었으나 제대로 제압하지를 못하였다. 이에 서수휘(徐壽輝), 곽자흥(郭子興), 장사성(張士誠) 등이 각각 황제라 잠칭하였는데 그 위세가 막강하였다. 곽자흥의 휘하 장수인 주원장(朱元璋)이 자흥을 대신하여 무리를 이끌고 금릉(金陵)강소성 강녕부(江寧府)에 웅거하면서 군웅을 소탕하고

20 원대에 처음으로 발행한 지폐는 중통(中統) 원년(元年 : 1260)의 중통원보교초(中統元寶交鈔) 즉 약칭하여 중통초(中統鈔)이다. 그러나 지폐의 다량 발행으로 인한 인플레 때문에 중통초의 가치가 하락하자 지원(至元) 24년(1287)에 지원통행보초(至元通行寶鈔) 소위 지원초(至元鈔)를 발행하였는데 그 가치는 중통초의 5배였다. 즉 중통초의 가치가 5분의 1로 평가 절하되었던 것이다.

강남의 땅을 평정하였으며 이어 북상하여 연경까지 진격해 들어갔다. 이때 원의 승상 삭사감(搠思監)은 사방에서 알려오는 경보를 비밀에 붙이고, 태평을 가장하면서 정권쟁탈만 일삼고 있었다. 주원장의 군대가 사방에서 연경을 포위하며 진격해 들어오자 능히 대적하지 못하고 원 순제는 개평(開平)으로 도망갔다. 이로써 몽골족이 지나의 본 근거지로부터 쫓겨나게 되었다. 때는 단기 3711년(1368)으로원 세조로부터 이에 이르기까지 10대 88년, 주원장이 황제위에 즉위하여 국호를 명(明)이라 하였으니 이가 곧 명 태조이다.

다른 3 칸국도 역시 쇠운으로 기울었다. 일 칸국은 아바하의 손자 가잔[合贊][21] 때 내정을 잘 다스리고 밖으로는 로마교황의 십자군에 가담하여 이집트[埃及]를 정벌하고 시리아를 수복하였다. 후에 킵차크의 칸 토크타[脫脫]의 아들 우즈베크[月卽別][22]가 아버지가 폴란드[波蘭]와 헝가리[凶加利]를 정벌하러 간 틈을 타 이집트의 칼리프와 내통하고, 회교와 동맹을 맺은 후 일의 칸 아부새인(阿不賽因)을 공격하였다. 일 칸국은 이때부터 국세가 점차 기울어졌다. 킵차크 칸국은 우즈베크 때 러시아의 모스크바 대공 이반 1세를 신임하여 러시아 제국 발흥의 기초를 닦게 하였다. 우즈베크의 아들 자니베크[札尼別]의 사후에 계승의 난이 계속 일어나 국세가 역시 기울었다. 차가타이 칸국은 원 인종(仁宗) 때

---

21 가잔(Ghazan, 合贊, 1271~1304) : 일 칸국의 제7대 칸으로 재위기간은 1295~1304년이다. 서구의 사학자들은 그를 카사누스라 언급한다. 아르군 칸과 불루칸 하툰의 아들로 계승자였으며 훌라구 칸의 증손이다.

22 우즈베크[月卽別, Uzbek 1282~1341] : 킵차크 칸국 제9대 군주로, 재위기간은 1312~1341년이다. 토글룰르자의 아들이다. 『원사(元史)』에는 '月卽別'로 기록하였다. 제8대 토크타칸의 뒤를 이어 즉위하여, 바투 사라이에서 베르케 사라이로 수도를 옮기고 그곳에 이슬람 교회와 궁전을 세웠다. 킵차크 칸국의 전성기를 이룩하였고 일 칸국과 사이가 나빴다.

동쪽 변경에 침략의 피해를 입었고, 또 일 칸국 가잔의 아우 악륵철도(鄂勒哲圖)에게 대패한 가운데 상속법이 완전하지 못하여 40년 간 15명의 칸이 바뀌었다. 결국 동과 서 두 칸국으로 분열되었고, 시무다리아강(씨어다랴강) 이남의 추장들은 모두 독립하여 티무르[帖木兒] 때에까지 이어졌다.

제6장 원대의 조선과 일본

이보다 앞서 단기 3001년(688)에 신라가 고구려를 멸하고 통일을 달성하였다. 단기 3268년(935), 고려 태조 왕건(王建)이 신라 말기의 반란을 말끔히 정리하고 고려국을 창건하였으며[23] 거란에게 축출당한 발해국의 유민을 받아들여 안주하게 하고 국토를 개척하였다. 지나의 후당과는 평화롭게 잘 지냈다. 그 후 태조의 손자인 성종(成宗) 때 요가 막강해져 변경을 침략하니 화의를 맺고 물러나게 하였다. 그러나 현종(顯宗) 때 요가 대군을 거느리고 자주 쳐들어오자 고려 장군 강감찬(姜邯贊)이 단기 3352년(1019) 요의 군대를 대파하고 동방의 강국이 되었다. 이에 여진(女眞)이 투항하였고, 송조(宋朝)가 화의를 요청하였으며, 일본이 우호관계를 맺자고 하는 등 국위를 선양하였다. 또 금이 요를 대신하고 들어서자 역시 와서 화약을 체결하였다.

그러나 원이 지나로 들어온 후 그 강성함을 믿고 자주 고려로 쳐들

---

23 고려 태조 왕건이 고려왕조를 연 것은 918년이고 신라가 멸망하여(고려에 병합) 고려가 통일의 기틀을 마련한 것은 935년이며 후백제를 무찔러 고려가 후삼국을 통일한 것은 936년이다. 여기서 935년 고려국을 창건하였다는 것은 오류이다.

어왔다. 이에 고려왕은 군대로 싸우는 것이 국가에 불리하다고 판단하고, 또 예전에 지나와 통혼한 예에 따라 화약을 맺고 서로 결혼을 하였다. 그리고 상호 사절을 파견하였으며 고려왕이 원의 황실을 누차 방문하여 교의의 돈독함이 형제와 같았다. 이러한 즉 그 문물의 수입이 많았으며 양국이 서로 없어서는 안 될 밀접한 관계를 이루었다. 원이 망하고 명이 들어서자 고려왕이 우리 태조(太祖) 황제를 대원수로 임명하고 명을 정벌하였다. 그런데 태조께서 생각하시건대 이웃 나라의 난을 평정하는 것이 본디 대의에 속하나 고려가 실정(失政)하여 국내가 소란하므로 국가의 대계를 도모해야한다고 판단하여 군대를 돌리셨으니 이때가 단기 3721년(1388)이었다. 이때 우리 태조께서 일본 왜구가 침입해 들어오는 것을 격파하시고 몽골의 남은 족속을 멸하시는 등 큰 공을 누차 세우셨으며 덕행과 위세가 겸비하셨으므로 전국의 인심이 귀부(歸附)하더니 마침내 태조를 추대하여 고려를 대신하게 하였다. 이때가 단기 3725년(1392)으로, 국호를 조선(朝鮮)이라 개칭하였으며 명조와 우호관계를 맺었다.

일본은 미나모토노 요리토모[源賴朝]가 가마쿠라에서 막부(幕府)를 열고 무가(武家) 정치를 행하며 정권을 전횡하였다. 요리토모 사후에는 미나모토노 요리이에[源賴家][24]와 미나모토노 사네토모[源實朝][25]가 연이어 가며 3대 장군[26]이 되었다. 또 호조 도키마사[北條時政][27]가 미나모토

---

24 미나모토노 요리이에[源賴家, 1182~1204] : 가마쿠라 막부의 제2대 장군(쇼군)이다. 1204년 호조 마사코에게 암살되었다. 재위기간 1202~1203년.

25 미나모토노 사네토모[源實朝, 1192~1219] : 가마쿠라 막부의 제3대 장군이다. 1219년 1월, 2대 장군 요리이에의 아들 구교에게 암살되었다. 재위기간 1203~1219년.

26 장군(將軍)은 일본 막부의 수장을 말한다. 일본어로는 쇼군이라 한다. 정이대장군(征夷大將軍)의 약자이다. 장군은 명목상으로는 천황의 신하로 최고위직 신하에 불과하나, 실제로

씨[源氏]를 대신해서 막부를 열고 황위의 폐립을 마음대로 하였다.

이때 원 세조가 지나를 통일하고 그 여세를 몰아 일본을 복속시키고자 사신을 파견하여 투항을 요구하였다. 그러나 호조 도키무네[北條時宗]가 따르지 않자 세조가 군대를 보내 정복하고자 하였지만 뜻을 이루지 못하였다. 다시 10만의 병사를 보내 일거에 격멸시키려 하였으나 그때 마침 태풍이 크게 일어 전군이 배가 뒤집혀 전멸하였으므로 일본이 큰 화를 면할 수 있었다. 단기 3614년(1281)의 일이었다.

일본에서는 이 무렵 또 황권쟁탈전이 일어나 조정이 두 파로 나뉘어 서로 충돌하였다. 호조 씨[北條氏]가 이 틈을 타서 무력을 더욱 확장하더니 얼마 안 있어 호조 다카도키[北條高時]가 장군의 지위를 이었으나 어리석고 사리를 분간하지 못하여 인심이 떠나버렸다. 이에 고다이고[後醍醐] 천황이 이 기회를 이용해 구스모토 마사나리[楠本正成]와 닛타 요시사다[新田義貞] 등 충성스런 무사를 일으켜 호조 씨를 멸망시키고 막부를 폐하였다. 이렇게 해서 왕정이 복고되었다.

그러나 호조 씨의 유족과 그밖에 불만을 품은 무리가 각지에서 난을 일으켰다. 이에 아시카가 다카우지[足利尊氏][28]에게 가서 치도록 명

는 천황의 의견과는 관계없이, 정치와 행정 · 경제를 실질적으로 이끌었고, 장군직을 세습했기 때문에 군주와 같은 위치에 있던 자이다.

27 호조 도키마사[北條時政, 1138~1215] : 미나모토노 요리토모의 처 호조 마사코[北條政子]의 부친. 요리토모가 가마쿠라 막부[鎌倉幕府 : 1192~1333]를 창건하도록 도움을 주었다. 가마쿠라 막부를 통해 요리토모는 천황을 상징적인 통치자로서 교토[京都]에 계속 머물러 있게 하고, 자신은 중부 가마쿠라의 본거지에서 남서부까지 직접 지배했다. 요리토모가 죽자 도키마사는 요리토모 가문이 쥐고 있던 정치 권력을 자신의 가문으로 이양시키는 작업을 진행시켰다.

28 아시카가 다카우지[足利尊氏, 1305~1358] : 본명은 아시카가 다카우지[足利高氏]이다. 아시카가 가문은 가마쿠라시대[鎌倉時代] 최고의 권력을 가진 무사 집안이었다. 반란을 일으킨 고다이고 천황(재위 1318~1333)을 진압하다 추종자들과 함께 가마쿠라 정권을 무너뜨

령하였더니 다카우지가 카마쿠라[鎌倉]에 웅거하며 배반하였다. 조정에서는 닛타 요시사다에게 토벌을 명하였는데 요시사다가 구스모토 마사나리와 군대를 합쳐서 교토[京都]를 수복하였다. 다카우지가 큐슈[九州]로 도망갔다가 다시 군사를 일으켜 교토로 북상하였으며 마사나리가 전사하고 요시사다도 패하였다. 고다이고 천황이 어쩔 수 없이 도망가자 다카우지가 교토로 다시 돌아와 고묘[光明] 천황을 옹립하였다. 고다이고 천황은 요시노[吉野]로 다시 도망가 회복을 도모하였으며 이렇게 해서 남북조가 병립하게 되었다. 요시노가 남조(南朝)이고, 교토가 북조(北朝)이니 단기 3669년(1336)의 일이었다.

제7장 명(明)의 초기

명 태조가 제위에 올라 군웅을 토벌하여 평정하고 지나를 통일하였다. 그러나 이때 원 순제가 아직 북방에서 황제의 호칭을 사용하며 존립해 있으므로 서달(徐達), 이문충(李文忠) 등에게 명하여 가서 치도록 하였다. 얼마 안 가서 순제가 죽고 그 유족이 또 항거하니 태조가 군대를 보내 개평 부근에서 격파하고 막남(漠南)의 만주를 모두 명의 판도로 하였다. 이에 요동(遼東)성경(盛京), 대녕(大寧)내몽고(內蒙古), 대동(大同)산서성(山西省), 조주(洮州)감숙성(甘肅省) 등 변방의 요지에 행도지휘사사(行都指揮使司)

리고 천황을 세웠다. 그 공으로 원래 이름인 다카우지[高氏] 대신 천황으로부터 휘(諱)를 받아 다카우지[尊氏]로 개명하였다. 그러나 전국적인 통제권을 갖지 못한 천황에게 불만 세력이 늘어나자 1335년 호조[北條] 가문이 군사를 일으켜 가마쿠라를 탈환하였다. 다카우지는 가마쿠라로 진격해 승리를 거두자 자신을 비난하는 고다이고 천황을 교토에서 내몰았다. 1338년 고묘천황[光明天皇]을 옹립하여 스스로 장군이라 칭하고 무로마치막부를 열었다.

를 설치하여 변고에 대비하였다. 이처럼 원의 부족이 거의 궤멸·해산되었으나 칭기즈칸의 후예는 막북에 아직 웅거하며 타타르[韃靼] 칸이라 칭하고 명의 틈을 엿보고 있었다. 이때 사천과 운남 지역이 아직 복속되지 않았으므로 황제는 장수를 보내 정복하고 더 나아가 남방의 여러 야만족을 쳐서 항복을 받았다.

태조는 한족의 통일된 정치를 실행하며 한족의 옛 문화를 회복하기 위해 전력을 기울였다. 율령을 고쳐 보완하고, 의관을 당의 제도로 회복하고, 학교를 일으키고, 과거제도를 다시 시행하였다. 한림원을 재흥시키고, 원조(元朝) 대신의 전횡을 거울삼아 관제는 승상을 폐하고 6부를 설치하였다.[29] 또 송과 원에서 황실을 고립시켰던 폐단을 거울삼아 여러 황자를 요지에 봉하여 황실의 울타리로 삼았으며 특히 북변의 왕들에게는 정토(征討)의 자유를 부여하였다. 그러나 황제의 성격이 시기와 의심이 많아 후일 여러 공신이 제멋대로 할까 우려하였다. 그 결과 두 차례의 대옥(大獄)[30] 사건을 일으켜 공신을 주륙하여 내외 편중의 폐단을 낳았다.

태조 사후에 손자인 혜제(惠帝) 주윤문(朱允炆)이 즉위하였는데 숙부인 여러 왕들의 강대함을 두려워하여 봉작을 폐하거나 봉토를 삭감하였다. 이에 연왕(燕王) 주체(朱棣)가 연경(燕京)에서 반기를 들어 황제 측

---

29 명의 개국공신 이선장(李善長)의 뒤를 이어 중서성의 장관인 승상에 재직하였던 호유용(胡惟庸)이 모반사건을 기도했다는 구실로 어사대부(御史大夫) 진녕(陳寧)과 함께 1만 5천 명의 관료가 처형되는 사건이 발생하였다. 이것이 유명한 1380년 호유용의 옥(獄)이다. 이 사건을 계기로 중서성과 그 장관인 승상이 폐지되고, 6부가 황제에 직속되었다.

30 위의 각주에서 말한 1380년 호유용의 옥과 1393년 남옥(藍玉)의 옥(獄)을 말한다. 남옥의 옥은 명조의 개국공신인 남옥이 불궤(不軌, 즉 모반)를 도모했다는 이유로 처단되었는데, 이때 무려 2만 명이나 처형되었다 한다. 음모의 내용, 사건의 경과는 일절 발표하지 않았다.

근의 간신을 제거한다는 명분 아래 정난(靖難)의 군대라 칭하며 여러 왕들을 협박하고 부추겨 함께 남하를 시도하였다. 오래된 옛 무신들은 이미 모두 제거되었으므로 대적할 자가 없는지라 황제는 땅을 나누어 주겠다며 화의를 청하였지만 연왕 주체는 받아들이지 않았고 수도 금릉(金陵)을 포위하였다. 궁중의 환관 등이 연왕에 내응하여 결국 성이 함락되었고, 혜제는 궁을 빠져나갔으나 그 뒷일을 알 수가 없다. 연왕 주체는 드디어 단기 3735년(1402)[31] 제위에 오르니 이가 바로 명 성조(成祖)이다. 연경으로 천도하여 북경이라 칭하고 옛 수도인 금릉을 남경(南京)이라 칭하였다.

성조의 사람됨이 웅대하고 무술에 능하며 뛰어난 계략이 있어 제위를 찬탈하였으며 또한 원정에도 힘을 기울였다. 이때 원 순제의 후예인 울제이 테무르[本雅失里][32]가 신하인 아루크타이[阿魯台][33]의 옹립으로 타타르 칸이 되었는데 성조가 사자를 보내 항복을 권유하였으나 응하지 않고 오히려 사자를 죽였다. 성조가 크게 노하여 친히 정벌에 나서 울제이 테무르를 치고 아루크타이에게서 항복을 받았으며 나아가 막북을 노리고 있는 오이라트부[瓦剌部]를 격파했다.

처음에 원 황실이 쇠약해졌을 때 안남왕(安南王) 진호(陳皥)가 명과 내

31 단기 3735년은 AD로 1402년이다. 본문에는 1403년으로 잘못되어 있다.

32 울제이 테무르[Oljei Temur, 本雅失里, 1379~1412] : 북원(北元)의 대칸. 명 영락제(永樂帝)와 맞서 싸우다 대패하고 숙적 오이라트의 무하무드(Muhamud)에 의해 살해되었다.

33 아루크타이(阿魯台, Aruqtai, 생몰년 미상) : 15세기 초에 활동한 타타르부(部)의 추장. 오이라트 몽골족의 추장인 마하무와 손을 잡고 명이 몽골족의 통치자로 인정한 우게치를 멸망시켰다. 1423년 그는 자신을 몽골의 위대한 칸이라고 선언하고 중국 북부를 무서운 기세로 침입하기 시작했다. 1425년 마하무의 아들 토곤 테무르가 그에 맞서 반란을 일으키자 결국은 패배했다.

통하였는데 신하 여계리(黎季犛)라는 자가 자립하여 진씨(陳氏)를 대신하고 나라 이름을 대우(大虞)라 하였다. 진씨의 후예인 진천평(陳天平)이 라오스[老撾]로 난을 피하였다가 명으로 가서 구원을 요청하였다. 성조가 이를 받아들이려 하였는데 진천평이 길에서 여계리에게 살해되었다. 크게 노한 성조가 장보(張輔)에게 명하여 여계리를 정벌하라 하였다. 여계리의 군대를 부랑강(富浪江)홍하(紅河) 강변에서 대파하고, 계리를 사로잡고, 그 땅을 평정하였으며 교지포정사사(交趾布政使司)를 설치하였다. 이에 참파[占城], 라오스 등이 모두 위세에 굴복하여 귀순하였다. 더 나아가 황제는 환관 정화(鄭和)에게 수군 4만 명을 주면서 남해[海南]의 여러 나라들을 정벌하도록 하였다. 이는 아마도 혜제가 혹시 해외로 도망갔을까 의심하였기 때문이다. 전후로 모두 7회에 걸쳐 남해 여러 나라를 두루 방문하였으며 이에 남양(南洋) 및 인도양 연안의 30여 국이 모두 명에 귀부하였다.[34] 아라비아도 역시 조공을 바쳤으며 실론(씰논)석윤(錫倫)섬은 이후 50년 간 명의 통할 하에 있었으니 지나 해군의 활동이 이때가 제일이었다.

제8장 티무르[帖木兒]제국의 발흥

원의 황실이 동방에서 쇠약해짐과 동시에 서방의 3 칸국도 역시 그

34 성조는 정화를 지휘관으로 하는 대함대를 이슬람교도가 활약하는 남해(남지나~인도양)에 파견하였다. 1405년부터 1433년까지 29년 간 7회나 파견되었다. 제1회 원정은, 1405년 6월 27,800명의 장병을 이끌고, 세계 최고 수준의 조선기술로 만든 대선(大船 : 길이 약 150미터, 너비 약 62미터, 톤수 약 8천톤) 62척, 소선 255척에 분승하여 나침반과 항해도를 사용하는 진보된 항해술을 구사하였다. 안남, 자바, 팔렘방, 수마트라, 캘커타, 실론 등을 방문하였다.

세력을 점차 잃어가고 있을 때 티무르가 차가타이 칸국에서 출현하여 몽골대제국을 재건하기에 이르렀다.

티무르는 몽골의 먼 친척이었다. 단기 3668년(1335), 갈석(碣石)사마르칸트(삼아칸드)의 남쪽에서 태어났는데 일생동안 큰 뜻을 품고 있었으며 칭기즈칸의 위대한 업적을 흠모하였다. 단기 3692년(1359), 서차가타이 칸을 도와 중앙아시아를 평정하였다. 칸의 아들 일리아스(에리아쓰)를 도와 중앙아시아에 진을 치고 머물렀으나 의견이 갈라져 호라즘[花剌子模]에서 군사를 일으켜 일리아스를 격파하고 중앙아시아를 점령하였으며 사마르칸트(삼아칸드)에 도읍하였다. 단기 3702년(1369)의 일이었다. 티무르는 또 동차가타이 칸국을 겸병하고 더 나아가 일 칸국을 병탐하고자 하였다.

이때 일 칸국은 칸이 학정을 하여 민심이 이반되어 있었으므로 티무르가 일거에 차지할 수 있었다. 이어 킵차크 칸국을 도모할 때 당시 그곳에는 킵차크 칸의 시조인 바투의 형제의 자손 백당(白黨), 우즈베크[月即別], 가리미(哥里米) 세 칸이 정통을 다투고 있어 국내가 몹시 혼란스러웠다. 티무르가 가리미 칸인 토크타미시(토쿠다밋슈)[35]를 도와 킵차크 칸으로 세웠는데 얼마 안 가서 토크타미시가 오히려 티무르를 공격하였다. 티무르가 크게 노하여 직접 군대를 이끌고 우랄하[紮牙黑河]우랄하(河)를 건너 볼가강[亦的勒河]벌가하(河) 강변에서 킵차크 군대를 대파하고 여세를 몰아 러시아로 들어가 모스코바를 점령하고 킵차크 칸국

---

35 토크타미시 칸(Тохтамыш, 1380~1395년 재위) : 백장 칸국의 마지막 칸으로, 백장 칸국과 청장 칸국을 통합하여 킵차크 칸국을 하나의 나라로 만들었다. 징기스칸의 손자 오르다 칸의 후손이다.

을 겸병한 후에 군대를 되돌렸다.

티무르는 세 칸국을 모두 복속시킨 후 그 예봉을 바꾸어 인도로 진격해 들어갔다. 이보다 앞서 인도는 델리(쎌하이)에 노예왕조가 일어났고 그 뒤를 이어 뚜그락(토그락)왕조[36]가 들어섰으나 국세가 미약하였다. 티무르가 멀리까지 말달려가 침입하니 감히 대적하는 자가 없었으며 수도 델리가 함락되었다. 이때 마침 오스만제국(오토만帝國)[37]이 강력하다는 소문을 듣고 군사를 되돌려 서쪽 정벌에 나섰다.

오스만제국은 원 태조에게 쫓겨난 투르크[突厥] 종족이 소아시아로 도망가서 건설한 나라이다. 그 추장인 오스만이 아드리아노플에 도읍하고 오스만터어키제국[오토만土耳其帝國]의 기초를 닦았다. 지금 그 아들 바예지드(빠자씨드)[38]가 그리이스와 동로마제국[東羅馬帝國]을 침략한 후 이집트[埃及]의 술탄(셜탄)과 내통하여 티무르를 협격하려 하였다. 티무르가 인도에서 이 소식을 듣고 급히 돌아와 이집트군대를 격파하고, 바예지드를 소아시아의 앙카라(망골나)에서 대파한 후 사로잡으니 그 위세가 동로마제국을 진동하였다. 티무르가 이처럼 아시아의 서부

---

36 뚜그락 왕조 : 킬지왕조의 지방관이었던 가지 말리크(기야스 웃 딘)가 1320년 세운 왕조. 유력한 군주 피루즈가 사망하여 뚜그락 왕조가 쇠퇴일로를 걷고 있을 때 티무르가 인도를 침범하였다. 티무르는 델리를 점령하고 도시를 유린한 후 몇 세기 동안 축적된 인도의 재화를 사마르칸트로 가져갔고, 수만 명의 인도 여인과 노예, 건축가들을 끌고 갔다. 이로 말미암아 뚜그락 왕조는 해체되었다.

37 오스만제국 : 서양인이 오스만 제국을 오스만 투르크 내지는 투르크 제국이라고 불렀는데, 이것을 영어식으로 Ottoman Turks, Turkish Empire라고 표기하게 되었다. 한국에서는 이 표현을 그대로 따와 오스만 투르크, 투르크 제국, 오스만 투르크 제국으로 많이 불렀지만, 현재는 오스만 제국 또는 오스만 왕조라는 표기가 일반적이고 오스만 투르크는 거의 사용되지 않는다.

38 바예지드 1세(1360~1403) : 오스만 제국 제4대 술탄으로, 무라트 1세의 아들이다. 재위기간 1389~1402년으로, 오스만제국의 건설자 오스만의 증손자이므로 여기서 말하는 아들은 잘못된 표현이다.

를 평정한 후 나아가 동으로 명조를 멸망시키고 세계를 통일하여 칭기즈칸의 유지를 회복하고자 동쪽 정벌의 군대를 일으켰다. 명 성조가 이 소식을 듣고 크게 놀라 변경을 방비하였다. 티무르가 겨우 시무다리아강[씨어다라河]을 건넜을 때 병에 걸려 단기 3738년(1405) 길에서 죽었다.

티무르가 비록 동쪽 정벌의 뜻을 이루지는 못하였으나 광대한 판도를 영유하였는데, 그가 죽은 후 그의 제국은 사분오열하였다. 그 5대 손인 바부르(쌔뽀)[39]가 중앙아시아로부터 인도로 들어가 무굴제국[莫臥兒帝國]을 세웠다.

제9장 명의 중기

명 태조가 나라를 다스릴 때에는 역대 환관의 폐단을 거울삼아 환관이 정치에 개입하는 것을 엄격히 금하였다. 그런데 성조가 혜제와의 싸움에서 승리하여 황위를 찬탈할 수 있었던 데에는 환관이 내응한 공이 컸기 때문에 이후로 환관을 신임하게 되었다. 결국 환관의 세도가 점차 커져서 정권을 멋대로 좌지우지하더니 성조의 손자인 영종(英宗) 주기진(朱祁鎭)의 치세에 이르러서는 환관 왕진(王振)이 조정을 장악하고 전횡하여 국세가 갑자기 쇠약해졌다.

이때 바이칼호 서쪽의 오이라트부의 추장 에센[也先]이 쳐들어왔다.

---

39 자히르 웃-딘 무함마드 바부르(1483~1531) : 무굴제국의 창시자. 재위기간은 1526~1530. 중앙아시아의 우즈베키스탄 안디잔 태생의 무슬림 정복자이다. 아버지를 통해 티무르의 피를 이어받았고, 어머니를 통해 칭기즈칸의 피를 이어받았다. 그는 중앙아시아에서 아프가니스탄을 거쳐 인도에 침입, 델리 지방을 점령하고 벵골에 이르는 북인도 지방을 통일하였다.

오이라트부는 원래 몽골에 복속해 있었는데 몽골이 쇠약해진 틈을 타서 점차 실력을 쌓아 천산북로와 몽골의 서반부를 차지하게 되었다. 이에 이르러 에센이 원의 유족을 추대하여 칸으로 삼고 남하하여 침투해왔다. 영종이 환관 왕진의 말을 믿고 친히 정벌에 나섰다가 토목(土木)직예성 선화부(宣化府)에서 대패하여 에센의 포로가 되었다.[40] 에센이 멀리 말을 달려 북경으로 진출해 포위하니 우겸(于謙) 등이 영종의 아우 경제(景帝) 주사옥(朱祁鈺)을 옹립하고 성을 지키며 오이라트를 격퇴하였다. 에센이 마침내 화의를 구하고 영종을 보내주었다. 영종이 귀환한 후 경제와 화합하지 못하였는데 때마침 경제가 병이 났다. 환관 조길상(曹吉祥) 등이 이를 기회로 삼아 경제를 폐하여 성왕(郕王)으로 강등시키고 영종을 다시 옹립한 후 전횡을 더욱 심하게 하였다. 무종 때에 이르러서는 그 폐해가 특히 심하여 사방에서 반란이 연이어 일어났다.[41] 다행히 왕수인(王守仁)이 힘써 반란을 진압하였다. 에센은 오이라트부의 내홍으로 피살되었고 이후 그 세력이 기울어졌다.

무종이 죽고 후계자가 없자 태후 장씨(張氏)가 여러 대신과 의논하여 효종의 아우 흥헌왕(興獻王)의 아들인 주후총(朱厚熜)을 영입하였는데 이가 세종(世宗)이다. 세종이 부왕(父王)과 모비(母妃)의 추존(追尊)을 의논하였는데 예관(禮官)들이 효종을 돌아가신 아버지라 하고 부왕을 황숙부(皇叔父)라 해야한다고 결의하였다. 황제가 이를 불쾌히 여기고 다시 의논하도록 명령하여 효종을 황고(皇考)라 하고 부왕을 본생황고(本生皇

---

40 이를 역사에서는 토목(土木)의 변(變)이라고 한다.

41 대표적인 반란으로 유육(劉六), 유칠(劉七)의 난이 있다. 1506년에 일어나 2년 간 지속되었는데 민란이 일어난 이유는 환관들이 세금을 과도하게 징수하였기 때문이었다. 당시 정권을 좌우한 환관은 유근(劉瑾)이었다.

考)라 칭하기에 이르렀다. 장총(張璁)이 본생이라는 두 자를 없애야 한다고 주장하여 학자와 조정 대신 사이에 쟁론이 끊이지 않았다. 결국은 효종을 황백고(皇伯考), 그 황후를 황백모(皇伯母), 부왕을 황고, 모비를 황모라 하고, 무종을 황형(皇兄), 그 황후를 황수(皇嫂)라 칭하고, 이에 반대하는 사람들을 면관 혹은 감봉하거나 장형(杖刑)으로 죽도록 하였다. 이 문제로 수년을 끌어왔으므로 이로 인하여 정무가 지체된 것이 많아 천하의 분란을 재촉하게 되었다.[42]

이보다 앞서 오이라트부는 이미 쇠약해졌으나 타타르부는 세력을 회복하였다. 원 순제의 7대손인 다얀[達延]이 타타르 칸이 되어 내외 몽골을 통일하고 대원 칸[大元可汗]이라 칭하며 누차 명을 침략해와 오르도스[河套]지금의 악이다사(鄂爾多斯) 지방을 경략하였다. 그 손자인 알탄[俺答][43]이 단기 3875년(1542) 대대적으로 쳐들어와 지나인 20여만 명을 살해하고 노략질해갔다. 그러나 세종은 엄숭(嚴嵩)을 총애하고 맡겼으며 이를 방어하지 못하고 거의 20여 년 간 그 병화를 당하였다. 알탄이 오이라트를 치고, 토번에게서 항복을 받고, 청해(青海)를 경략한 이후에 라마교를 믿게 되면서 살육을 싫어하여 마침내 명에 쳐들어오는 것이 드물게 되었다.

42 이를 역사에서 대례의(大禮議) 논쟁이라 부른다. 황제의 뜻을 거스른 수보(首輔) 양정화(楊廷和)와 장면(蔣冕), 모기(毛紀) 등이 연이어 파직되었고, 정신(廷臣)으로 투옥된 사람이 백수십 명에 이르렀으며, 정장(廷杖)을 받고 죽은 사람도 17명이 되었다.

43 알탄[俺答, Altan, 1507~1582] : 칭기즈칸의 직계 자손이라고 자칭하였다. 1520년대 이후 명의 북변을 공략하여, 하북과 산서에까지 침략하였다. 1542년 산서에 침공하였을 때는 20여 만을 살상하고, 8만 호를 방화하였으며, 10만 경의 토지를 황폐화시켰고, 200만 두의 가축을 약탈하였다. 1550년에는 북경을 8일 간 포위하였는데 이를 경술(庚戌)의 변(變)이라 한다.

제10장 교지(交趾)의 반란·복속과 연해의 해적

처음 명 성조(成祖)는 안남을 정복하고 교지포정사사(交趾布政使司)를 설치하며 수군을 파견하여 남해 여러 나라를 위엄으로써 복속시켰다. 그 말년에 토착민이 명의 통치를 달갑게 여기지 않았는데 여리(黎利)라는 자가 군대를 일으켜 명에 배반하더니 얼마 안 있어 다시 명을 향하여 진씨(陳氏)의 후손을 왕으로 세워줄 것을 요청하였다. 선종(宣宗)이 이를 받아들이고 책봉하여 주었는데 또 얼마 안 있어 여리(黎利)가 진씨의 왕위를 찬탈하고 명의 책봉을 청하며 국호를 대월(大越)이라 개칭하였다.

이와 같이 여씨(黎氏)가 계속 왕위에 올라 한때는 자못 강성하였는데 후에 국정이 혼란스러워지면서 권신 막등용(莫登庸)이 왕위를 찬탈하였다. 이에 왕자 여녕(黎寧)이 남은 대신을 거느리고 막등용(莫登庸)을 친 후 명에 그 진상을 아뢰며 도움을 청하였다. 명 세종이 이를 받아들이고 군대를 보내니 막등용이 자신의 죄에 대하여 용서를 구하며 번신(藩臣)이 될 것을 청하였다. 세종이 이를 또 받아들였다. 이로써 교지가 양분되어 여씨와 막씨가 서로 싸우다가 마침내 여씨가 승리하여 국내가 통일되었다.

미얀마(緬甸)는 원나라 때에 원에 입공하였다. 명 초에 미얀마왕은 녹천부장(麓川部長) 사임발(思任發)이 미얀마로 도망갔을 때 명을 위하여 그를 체포하였다. 이 때문에 사임발의 후예로 운남 맹양부장(孟養部長)이 된 자가 옛 원한을 갚기 위해 미얀마 수도 아와(阿瓦)를 함락하고 왕 망기세(莽紀歲)를 살해하자 그 아들 망서체(莽瑞體)가 동오(洞吾)로 도망갔다. 단기 3887년(1554) 망서체가 인도에 있는 포르투갈[葡萄牙]포튜갈 인을 고용하여 미얀마를 되찾고 사방으로 정벌을 단행하여 남방의 강국이 되었다. 그러나 그 후에 망서체의 아들 망응리(莽應理)가 운남을 치러 갔다가 명의 장수 유정(劉珽)에게 대패하였다. 유정이 군대를 전진시켜 아와를 함락하고 타이[暹羅]도 이 기회를 틈타 그 동변을 침략하니 미얀마가 아주 쇠약해졌다. 타이는 섬(暹)과 나곡(羅斛)의 두 부(部)로 나뉘어 있던 것을 원 말에 패라달이보제(孛羅達伊菩提)가 비로소 통일하여 타이[暹羅國]을 건설하게 되었다.[44]

명 세종 때 연해에 왜구가 몹시 창궐하였다. 이보다 앞서 일본의 서해 변경 주민들이 연해에 출몰하여 고려와 원에서 표략질을 하였는데 소위 왜구(倭寇)라는 것이 이들이다. 명 태조가 그에 대한 방비를 엄히 하였고,[45] 성조 때는 일본 막부가 명과 통상하기 위하여 금지함으로써 한때는 조용하였다. 얼마 안 있어 일본의 상인은 명나라 사람에게 학대받는 것을 원망하여 연해의 도적떼로 변하였다. 명에서도 자기의 뜻을 이루지 못한 자가 이들에 합세하여[46] 그 세력이 창궐하게 되었으므로 명 조정이 군대를 발하여 토벌하였으나 오히려 대만에 웅거하며 왕왕 도적질을 하였다.

---

44 타이에 세워진 최초의 국가는 전통적으로는 1238년에 중부지방에 세워진 불교국가인 수코타이 왕국인 것으로 보고 있다. 한 세기 뒤, 수코타이 왕국은 1350년에 세워진 더 큰 타이의 국가인 아유타야 왕국에 의하여 지배되었다. 아유타야 왕조는 현재의 타이 중부를 중심으로 타이족에 의해 세워졌던 왕조로 1351년에서 1767년까지 존재하였다.

45 명 태조는 명을 건국한 후 국내의 반명세력과 외부세력[倭寇]과의 결합을 우려하여 해금령(海禁令)을 내렸다. 해금은 민간의 사적인 도항(渡航)과 무역을 금하는 일이지만 반면 조공무역이 허용되고 있었기에 국가가 교역을 독점한다는 면도 있었다.

46 "진짜 왜구는 2, 3할이고 가짜 왜구는 7, 8할이다"고 할 정도로 중국인 참가자가 많았다. 복건, 광동의 중국인 밀무역자들의 이해관계가 일본 무역업자의 이해와 일치하였기 때문이었다.

제11장 명의 말기

명이 북쪽의 오랑캐와 남쪽의 왜구에 대한 경계를 게을리하면서 변경이 불안해졌다. 목종을 거치고 신종 주익균(朱翼鈞) 때 일본이 조선을 쳐들어갔고,[47] 명은 조선의 구원 요청에 응하여 군대를 파견하였다. 수년을 거치면서 장군과 병사가 많이 죽고 재력의 손실이 커서 국력이 점차 쇠약해졌다.

명은 태조 이래로 언론의 자유를 허락하였는데 영종 이후 조정이 문란해지자 학자들 가운데 그 득실을 논하는 자들이 점점 늘어나게 되었다. 신종 때 황제가 정귀비(鄭貴妃)를 총애하고 그가 낳은 아들로 후사를 삼으려 하였다. 이에 학식이 일세를 풍미하던 고헌성(顧憲成)이 이를 직간하니 황제가 싫어하여 그의 관직을 파하고 고향으로 쫓아버렸다. 헌성이 고향에 가서 동지를 동림서원(東林書院)에 모아놓고 학문을 강연하고 조정을 풍자하여 의론하고 시사를 논하였다. 얼마 안 있어 정원표(鄭元標), 조남성(趙南星)이 역시 조정에서 뜻을 얻지 못하고 고향으로 돌아가 문하생을 모아 가르치면서 고헌성을 응원하였다. 재야 학자 중에 동의하는 자가 많아지니 이에 맞서 조정 대신들도 당을 결성하여 고헌성을 비방하고 고헌성 일파를 동림당(東林黨)이라 지칭하며 서로 충돌하였는데 수십 년 간 지속되었다. 이러한 동안 정격(梃擊),[48]

47 1592년(선조 25)부터 1598년까지 2차에 걸친 왜군의 조선 침략으로 일어난 전쟁인 임진왜란(壬辰倭亂)을 말한다.

48 정격(梃擊) : 신종(재위 1573~1620)은 8명의 아들을 두었지만 황후와의 사이에는 자식이 없었다. 신종은 공비(恭妃)와의 사이에서 태어난 장자 주상락(朱常洛)을 황태자로 삼아야 했지만, 총애하던 정귀비(鄭貴妃)가 낳은 셋째 아들 주상순(朱常洵)을 황태자로 삼으려 하였다. 주상락은 여러 대신들의 간쟁과 할머니인 자성황태후(慈聖皇太后)의 지원을 받아 황태

홍환(紅丸),[49] 이궁(移宮)[50]의 세 사건이 있어 양 당이 상호 비방하였다. 때마침 동림당의 섭향고(葉向高)가 국상이 되어 세력이 막강하였는데 비동림당 무리가 환관 위충현(魏忠賢)과 결탁하여 동림당을 배척하고 의심스러운 옥사를 누차 일으켜 충성스럽고 선량한 인물을 죽여 버렸다. 마침내 동림당이 거의 고사하고 소인배가 조정에 가득차며 위충현이 전횡하여 국정이 갈수록 어지러워졌다. 희종(熹宗)의 뒤를 이어 의종(毅宗) 주유검(朱由檢)이 즉위하여 위충현을 주살하고 소인 무리를 쫓아내었으나 대세가 이미 기울어 국세를 만회할 수 없었다. 게다가 재정의 부족으로 인하여 소금, 차, 선박에 무거운 세금을 부과하고, 백성의 어려움을 돌보지 않아 민심이 모두 명에서 떠나 반란을 생각하고 있었다. 그때 마침 단기 3961년(1628) 크게 기근이 들어 상하가 일층 곤란을 겪게 되었다. 이에 떠도는 도적들이 봉기하였는데 그중 장헌충(張獻忠), 이자성(李自成)이 가장 강력하였다.

사방에서 떠돌아 다니던 도적들이 마침내 장헌충, 이자성에 호응하였는데 장헌충은 사천을 차지하였고, 이자성은 섬서, 하남, 산서 등을 취하고 서안에 웅거하며 국호를 대순(大順)이라 칭하고 북경으로 진격

자로 책봉되었다. 그런데 장차(張差)라는 남자가 몽둥이를 들고 황태자를 위해하려다 미수에 그친 정격안(梃擊案)이 발생하였다. 정격안이 정귀비의 사주로 이루어졌음이 밝혀져 황태자의 지위는 오히려 안정되었고 그는 신종의 뒤를 이어 황위에 올랐다.

49 홍환(紅丸) : 광종(光宗, 재위 1620)은 황위에 오른 지 한 달도 안 되어 이가작(李可灼)이란 관인이 바친 붉은 환약(紅丸)을 먹은 뒤 갑자기 죽어 정귀비에게 독살되었다는 의혹이 제기되었다. 이를 홍환안(紅丸案)이라 한다.

50 이궁(移宮) : 광종이 홍환안(紅丸案)으로 갑자기 죽은 후 희종(熙宗, 재위 1620~1627)이 16살의 어린 나이로 황위에 올랐다. 광종의 총애를 받던 이선시(李選侍)는 건청궁에 계속 머무르며 어린 황제를 이용하여 조정의 실권을 장악하려 하였는데 이를 우려한 좌광두(左光斗), 양연(楊漣) 등 동림당 관리들은 이선시가 건청궁을 떠나도록 압박하였다. 이 문제를 둘러싸고 명 조정에서 정쟁이 치열하게 벌어졌는데 이를 이궁안(移宮案)이라 한다.

해 들어갔다. 이때 명은 성조가 여러 왕의 병력을 삭감하였기 때문에 번진의 권한이 별로 없었고, 또 변경에서 일이 자주 발생하여 국내의 군사적 준비가 부족한 상태였다. 이로 인하여 관군이 떠도는 도적떼를 토벌하지 못하였고, 단기 3977년(1644) 북경성이 함락되고 의종이 스스로 목을 매어 순국하였다. 이에 명의 장군 오삼계(吳三桂)가 동북에서 발흥하는 만주족 아이신교로[愛親覺羅] 씨의 도움을 얻어 이자성을 토벌하였다. 그러나 만주인이 마침내 명 황실을 대신하여 지나를 차지하였으니 이는 앞문에서는 호랑이를 물리치고 뒷문에서는 사자를 받아들인 격으로, 결국 명이 멸망하였는데 무릇 17대 277년 간 존립하였다. 이후 19년 간 명 황실의 유족이 남방에서 황제를 칭한 것이 3대에 이르므로 혹자는 이를 명조의 통치 연간에 포함시키기도 한다.[51]

제12장 조선 및 명과 일본의 관계

일본은 남북조(南北朝)가 분립한 지 57년 만에 다시 통일되더니 그 후에 군웅이 또다시 할거하였다. 대략 단기 3910년(1577) 경 오다 노부나가[織田信長]와 도요토미 히데요시[豊臣秀吉]가 국내를 평정하였는데 도요토미 히데요시가 관백이 되어 정권을 장악하였다. 이때 히데요시의 위세가 막강하였으며 이런 여세를 몰아 명을 공격하고자 조선에게 길

51 이를 보통 남명정권(南明政權)이라 하는데 세 가지 계열이 있다. ① 1644년 5월 남경에서 복왕(福王)을 추대하였는데 이가 홍광제(弘光帝)이다. ② 1645년 6월 복건 복주(福州)에서 당왕(唐王)을 추대하였는데 이를 융무제(隆武帝)라 한다. ③ 1645년 11월 광동 조경(肇慶)에서 계왕(桂王) 영력제(永曆帝)를 옹립하였다. 관료와 지주 중심의 남명정권과 농민군 사이에 연합전선이 이루어져, 15년 간이나 항전할 수 있었다. 그러나 영력제는 1661년 버어마에서 체포되어 남명정권도 끝났다.

을 빌려달라고 하였다. 조선이 명과의 화약을 지키기 위하여 허락하지 않으니 히데요시가 노하여 단기 3925년임진(壬辰, 1592) 우키타 히데이에[浮田秀家],[52] 가토 기요마사[加藤清正] 등으로 하여금 수군과 육군 15만을 거느리고 부산을 침범하도록 하였다.[53] 일본군이 쳐들어오자 조선의 해군 장군 이순신(李舜臣)이 일본 수군을 연거푸 섬멸하였고, 육군 장군 권율(權慄) 등이 일본 육군을 대파하니 일본군이 감히 수로로 침입하지 못하고 육로로 우회하여 경성을 압박하였다. 이에 선조께서 의주(義州)로 파천하고는 사신을 명으로 파견하여 도움을 청하였다. 명 황제는 조선이 자국을 대신하여 전쟁을 하게 되었다 하여 장수 이여송(李如松)[54]과 유정(劉綎) 등에게 명하여 조선을 구원하도록 하였다. 명의 군대가 평양에서 일본군을 대파하고 패잔병을 쫓아서 동진하다가 벽제관(碧蹄關)[55]에서 패전하였다. 그런데 당시 조선 국내에서는 근왕의 군대가 도처에서 봉기하여 일본 군대를 크게 물리치니 일본이 강화하고자 하였다. 이에 조선정부가 명의 장수와 의논한 후, 일본과

---

52 우키타 히데이에는 보통 한자로 宇喜多秀家(1573~1655)로 쓴다. 물론 浮田秀家도 발음은 같다.

53 도요토미는 1591년부터 침략 준비를 시작하여 규슈 · 시코쿠 · 주고쿠의 다이묘들의 군대를 재편성했다. 총15만 8,700명의 육군을 1~9번대로 편성하고 11만 8,300명을 후속 병력으로 잔류시켰다. 그중 선봉대로서 최전선 투입은 고니시 유키나가[小西行長]를 주장(主將)으로 하는 제1번대 1만 8,700명, 가토 기요마사[加藤清正]의 제2번대 2만 2,800명, 구로다 나가마사[黒田長政]의 제3번대 1만 1,000명 등 5만 2,500명의 병력을 편성했다.

54 이여송(李如松, 1549~1598) : 명 말기의 장수. 요동(遼東) 철령위(鐵嶺衛) 출생. 명에 귀화한 조선인 출신의 명 요동총병관(遼東總兵官) 이성량(李成樑)의 아들이다. 이성량은 서자 출신이었는데 조선 사회의 서자에 대한 심한 차별을 견디지 못하고 명에 귀화하였다고 한다. 1592년 이여송은 영하(寧夏)에서 발배(哱拜)의 난이 일어났을 때 동정제독(東征提督)으로서 이를 평정하여 장수로서의 명성을 높였다.

55 벽제관(碧蹄關) : 경기도 고양시 벽제에 있던 조선시대 역관(驛館). 중국에 내왕하는 사신들이 서울에 들어오기 전에 쉬는 곳이기도 하였다. 임진왜란 때 이 근처에서 명군(明軍)과 왜군(倭軍) 사이에 대격전이 벌어졌는데 이것을 벽제관 싸움이라 한다.

화약을 체결하고자 상호 휴전하였는데 평화조건에서 합의를 보지 못하였다. 일본이 재차 침입해왔고, 조선이 또 명의 장수와 함께 힘을 합해 방어하여 일본군을 연파하였다. 일본군의 세력이 점차 약해져 갔는데 때마침 도요토미 히데요시가 죽자 일본 장수 등이 승리하기 어렵다고 판단하고 모두 돌아갔다.

이 전쟁이 무려 8년 간 지속되었는데 조선은 명나라 때문에 병화에 시달렸고, 명은 직접 전쟁의 화를 입지는 않았지만 군력과 재정의 소모가 컸다. 일본은 히데요시의 사후 도쿠가와 이에야스[德川家康][56]가 정권을 장악하였는데 조선과 통교하고자 하였다. 그러나 조선이 윤허하지 않아 6년이 지나서야 화의가 성립되었다.

제13장 유럽인[歐洲人]의 동래와 기독교의 포교

원의 전성기에는 동서양의 왕래가 자못 빈번하였으나 그 후 거의 150여 년 간은 중단되었다. 그러다가 유럽에서 원양 항해, 대륙 발견의 사업이 발흥하면서 유럽인이 동쪽으로 진출하는 단서가 열렸다.

이탈리아[伊太利]이탈니 사람 콜럼버스(콜넘버스)가 아메리카주아미리가(亞米利加)를 발견하고 6년 후 포르투갈 사람 바스코 다 가마(바스코다까마)가 단기 3840년(1507) 희망봉을 돌아 인도에 도착하면서부터 포르투갈 사람들이 많이 동쪽으로 항해하여 오게 되었다. 이후 15년 지나서는

56 도쿠가와 이에야스[德川家康, 1543~1616] : 일본 에도 막부[江戶幕府]의 초대 장군. 도요토미 히데요시가 죽자 세키가하라 전투에서 그의 지지 세력을 제거하고 지방 제후를 압도하여 일본 전역의 실권을 장악하고 에도에 막부를 개설, 패자의 지위를 합법화했다. 여러 가지 정책으로 일본 근세 봉건제 사회를 확립했다.

인도의 서안 고아(쏘아)를 차지하여 그곳을 근거지로 삼고 점차 동진하여 말라카(말낵카), 자바를 빼앗고 타이와 교류하였다. 또 지나해로 항해하여 광동(廣東), 영파(寧波), 하문(廈門), 마카오항[澳門港]에 상관(商館)을 건설하더니 마침내 단기 3896년(1563)에 마카오를 강제로 취하고[57] 근거지로 삼았다. 이후 일본 큐우슈우[九州]의 히라도[平戶]에까지 이르러 동양무역의 선구자가 되었다.

포르투갈인 외에 스페인[西班牙]스페인 사람도 역시 동으로 진출하였다. 포르투갈인 마젤란(마겔나인스)이 스페인왕의 명령을 받고 남아메리카로부터 태평양을 건너 단기 3898년(1565) 필리핀(필닙핀) 군도를 점령하였다. 그리고는 마닐라(마닐나)시를 개항하여 근거지로 삼고 지나 및 일본과 무역을 하였는데 상권은 항시 포르투갈인이 장악하였다.

이상과 같이 유럽인이 동으로 진출할 때에 동반해서 동양으로 온 것이 있는데 바로 기독교의 한 파인 천주교의 전파이다. 처음 당 태종 때 경교(景敎)가 동으로 진출하였다가 이내 쇠하였으며 원에 이르러 다시 왕성히 전파되었다. 명초에는 엄금하여 일시 중단되었다. 그런데 이때 유럽에서 종교개혁으로 인한 전쟁이 발생하자 구교도는 신교도에게 서양에서 빼앗긴 세력을 동양에서 만회하고자 하였다. 그리하여 구교 즉 천주교의 일파인 제수이트(쪠수이트)파[58]의 신부 프란시스코

---

57 마카오[澳門] : 본래 광동성 향산현(香山縣)의 일부였다. 1557년, 명은 포르투갈이 해적 정벌을 원조한 공적으로, 포르투갈인에게 마카오의 거주권을 주었다. 그 후 마카오는 금, 은, 도자기, 아편 등의 중계무역과 기독교 포교의 기지로서 번영했다. 1887년에는 포르투갈과 청 사이에 맺은 조약에 따라 정식으로 포르투갈 령이 되었지만, 영국이 홍콩을 식민지로 경영하면서 무역항은 쇠퇴했다.

58 예수회(Society of Jesus)라고도 한다. 1540년 성 이그나티우스 데 로욜라(Ignatius de Loyola)가 프란시스코 사비에르(Francisco Xavier) 등과 함께 파리에서 창설한 가톨릭의 남자 수도

사비엘(프란시스 사비엘)[59]이 고아에 왔고 점차 인도, 일본으로 포교를 넓혔으며 지나로 가는 도중에 병사하였다. 이후 제수이트파의 마테오 리치(마데오릿치)리마두(利瑪竇)[60]가 지나에 들어가 학문과 기예로써 명 신종의 신임을 얻어 공공연히 선교를 하게 되었다. 그리하여 북경에 교당을 건립하게 되었고, 이후 제수이트파 신부로서 북지나로 오는 자가 점점 늘어나게 되었다. 선교하러 오는 자들이 모두 역법과 포술에 능하여 명 황제의 신임을 얻음으로써 쉽게 포교를 할 수 있었을 뿐 아니라 지나의 학술계에도 많은 도움을 주었다.

제14장 원과 명의 유학과 문예

송대 주희의 학설이 성행한 후로 원·명의 유학자는 모두 이를 그대로 따랐으며 감히 고치지를 못하였다. 그중 명의 성조는 마침내 그

회. 1540년에 로마 교황청의 정식 인가를 받았다. 1541년 4월 8일 초대 총장으로 이그나티우스가 선출되었으며, 1556년 그가 죽을 때는 예수회원이 거의 1,000여 명에 이르렀고, 4대륙에 걸쳐 사도들이 파견되었다. 제수이트 교단이라고 하며, 한국에서는 중국식 음사(音寫) 그대로 야소회(耶蘇會)로 써왔다.

59 프란시스코 사비에르(Francisco Xavier, 1506~1552) : 한자명은 방제각(方濟各). '동양의 사도'로 불린다. 1534년 27세 때에 이그나티우스 데 로욜라와 함께 예수회(Jesuit)를 창설하였고, 일본에 최초로 그리스도교를 전한 사람이다. 또한 예수회의 동인도 관구장(管區長), 교황특사로서 동양 일대의 선교책임을 맡아 일하였다. 1552년 다시 중국에 선교하려고 광동항에 도착하였으나 열병으로 죽었다.

60 마테오리치(Matteo Ricci, 利瑪竇, 1552~1610) : 이탈리아의 예수회 선교사로 중국에 최초로 선교한 인물이다. 1582년 마카오에 도착하여 중국어를 공부한 후, 전교를 개시하였다. 1601년 북경으로 진출하였는데 명 만력제에게 바친 자명종과 대서양금(大西洋琴 : 피아노의 전신)이 황제를 기쁘게 하여 북경에서의 정주를 허락받았기 때문이다. 중국에서 전교하기 위해서는 독서인층의 신임을 얻어야 한다고 믿고, 서양의 학술을 중국어로 번역하였는데, 가장 유명한 것이 유클리드 기하학의 역서인 『기하학 원본』과, 세계지도 위에 각종 천문학·지리학적 설명을 덧붙인 『곤여만국전도(坤輿萬國全圖)』이다. 저서에 『천주실의(天主實義)』 등이 있는데, 이는 한국의 천주교 성립에 결정적인 영향을 끼쳤다.

학설을 채택하여 경전의 뜻을 통일시켰기 때문에 주희의 설에 반대하는 육구연(陸九淵)의 학설은 위축되어 부진하였다. 그런데 왕수인(王守仁) 왕양명(王陽明)[61]이 육구연의 학설을 지지하며 점차 확장시켜나갔으며 주희의 학설과 서로 경쟁하였는데 명 말의 명사 가운데 이 학설에 동조하는 자가 아주 많았다.

원·명의 시문(詩文)은 당·송의 것을 답습할 뿐이었으나 역시 대가가 적지 않았다. 원의 조맹부(趙孟頫)는 서화와 문장이 당대에 독보적이었고, 우집(虞集) 역시 저명하였다. 명대에는 산문에 송렴(宋濂), 방효유(方孝孺), 귀유광(歸有光), 양사기(楊士奇), 왕양명 등이 유명하고, 시가에는 유기(劉基), 고계(高啓), 이동양(李東陽), 왕세정(王世貞) 등이 저명하였다. 그런데 원·명에 이르러서는 특히 소설과 희곡이 매우 발달하였다. 원대의 『수호전(水滸傳)』, 『삼국지연의(三國志演義)』와 명대의 『서유기(西遊記)』, 『금병매(金甁梅)』는 세상에 회자되는 기서였다. 또 잡극, 전기(傳奇) 등 소위 희곡도 역시 크게 발달하여 작가가 아주 많았는데 『서상기(西廂記)』와 같은 작품은 아주 유명하였다.

이밖에 동서양 교류의 결과 학술이 아주 발달하였다. 원대의 역법을 새롭게 바꾼 것이 가장 현저한 예이다. 명 말에 이르러서는 근세의 문화를 전하는 자가 점점 많아져 수학, 천문학 등 과학적 지식의 전파

---

61 왕양명(王陽明, 1472~1529) : 호 양명. 이름 수인(守仁). 자 백안(伯安). 시호 문성(文成). 심성론(心性論)으로 동아시아 여러 나라들의 철학사상에 깊은 영향을 미쳤다. 관리로서 굴곡이 많은 세월을 보내기는 했지만 반란 진압에 큰 공을 세워, 그가 다스리던 지역은 100여 년에 걸쳐 평화를 누렸다. 양지(良知 : 선악을 구분할 줄 아는 마음)가 바로 천리(天理 : 세상의 올바른 이치)라는 그의 주장은 12세기에 활약한 성리학자 주희(朱熹)의 "각각의 사물에 그 이치가 있다"라는 주장과는 정면으로 대립한다. 왕양명의 주장은 전통 유교사상과 어긋난다는 인식 때문에 한동안 사학(邪學)으로 간주되기도 했다.

가 성행하였으나 지나인이 그다지 관심을 기울이지 않아 거론할 만한 인물이 별로 배출되지 않았다.

제15장 무굴[莫臥兒]제국의 성쇠

티무르 대왕의 사후에 그 제국은 붕괴되고 와해되어 소란이 끊이지 않았다. 몽골의 후예인 우즈베크 족[月卽別族]의 칸 시반이 빈번히 침입하더니 마침내 단기 3830년(1497) 경 중앙아시아를 점령하였다. 이때 티무르의 5대손[62] 바부르(빠뻐)가 용기와 무예를 두루 갖췄는데 분연히 조상의 업적을 부흥시킬 뜻이 있어 페르시아의 왕 샤 이스마엘(쉬아이스마엘)의 후원을 얻어 시반을 격퇴하고 중앙아시아를 수복하였다. 그런데 민심이 이에 복종하지 않자 시반이 이러한 기회를 틈타 다시 바부르를 격파하고 중앙아시아를 점령하여 부하라(쌕하라), 히바(키바) 두 칸국을 건설하였다. 이에 바부르가 중앙아시아에서 뜻을 접고 인도를 점령하고자 하였다.

인도는 불교를 탄생시킨 나라이다. 그러나 아소카왕, 카니시카왕[迦膩色迦王] 이후 불교는 여러 차례의 흥망을 거치면서 갈수록 부진해졌고, 브라만교[婆羅門敎]의 변형체인 힌두교[溫都敎]가 불교를 대신하여 국교가 되었다. 그 후 회교가 들어와 안으로는 종교상의 전쟁이 발생하였고, 밖으로는 칭기즈칸 및 티무르의 침략을 받아 극히 국력이 쇠약하였다. 이러한 가운데 티무르의 사후 로디(로데) 왕조가 아프가니스

62 바부르는 앞의 제8장 티무르제국의 발흥에서 티무르의 제5대손이라고 했는데 여기서는 6대손이라고 잘못 쓰고 있다.

탄으로부터 들어와 인도의 국세는 더욱 약해졌다. 바부르는 이러한 기회를 틈타 로디왕조[63]를 멸망시키고 수도 델리(쩰하이)를 빼앗아 무굴제국의 기초를 닦으니 단기 3861년(1528)의 일이었다.

바부르의 사후 국내가 몹시 혼란해져 그의 아들이 페르시아로 도망갔다가 페르시아왕의 도움을 얻어 다시 돌아왔으나 얼마 못가서 죽었다. 바부르의 손자 악바르(아크쌔)가 뒤를 이었는데 천성이 영민하고 통치에 능하여 실로 무굴왕조의 으뜸가는 현명한 군주였다. 그의 치세는 명의 신종(神宗) 때였다. 그는 즉위 후에 브라만교도와 혼인을 하고, 종래 회교 이외의 이교도에게 부과하였던 세를 폐지하며, 인종상 종교상의 차별과 혐오를 조정하여 인도인의 마음을 얻었다. 또 토지세법을 바꾸고, 봉건제를 실시하고, 아그라[64]로 천도하였으며 남인도를 제외한 전지역을 판도로 삼아 국위를 신장시켰으므로 백성이 그 공덕을 추존하여 대제(大帝)라 칭하였다.

악바르 대제의 사후 왕위가 계속 이어져 증손인 아우랑제브(아우렁쎕)[65]에 이르러서는 남인도까지 겸병하여 무굴제국 최전성기에 달하

---

63 로디왕조 : 중세 인도의 이슬람왕조(1451~1526). 델리 주변을 본거지로 한 5왕조 중의 마지막 술탄 정권으로, 이 왕조만이 아프간계통이었다. 초대는 펀자브 지방에서 세력을 축적했던 아프간계 로디족의 추장 바룰 로디(재위 1451~1489)로서 사이이드왕조의 쇠퇴를 틈타 이를 쓰러뜨리고 로디왕조를 창건했다. 무굴제국의 창건자인 바부르에게 파니파트 전투에서 패하여 멸망했다.

64 아그라(Agra) : 야무나강(江) 우안에 있는 지방행정의 중심지이다. 델리 남동쪽 200km 지점에 위치하는데 동쪽에는 갠지스강 유역의 광대한 평야가 전개되고, 북쪽은 야무나강 연안을 따라 델리를 거쳐 펀자브 지방의 평야에 연속되어 있다. 무굴 제국이 수도를 델리로 옮길 때까지 1564~1658년 약 1세기 동안 수도로서 북부 인도를 지배했다.

65 아우랑제브(1618~1707, 재위 1658~1707) : 인도 무굴제국의 제6대 황제. 남쪽의 마라타족은 25년에 걸친 황제의 친정에도 불구하고 게릴라전으로 대항을 계속하여 무굴제국의 정벌군을 격파하였다. 이와 같은 혼미한 정세에서 아우랑제브가 죽자 무굴제국은 급속히 붕괴되었다.

였다. 그러나 쇠퇴의 조짐은 역시 이 시기에 발생하였으니 회교를 숭배함이 지나쳐 이교도를 학대하였다. 이에 브라만교도가 남인도와 마라타 동맹[66]을 체결하여 반란을 일으켰고, 왕의 사후에는 그 세력이 더욱 커졌다. 게다가 페르시아인은 빈번히 내침하는데 왕의 후사가 모두 용렬하고 우둔하였다.

페르시아는 이보다 앞서 일찍이 악바르 대제를 도와 인도를 평정하였고, 또 대제의 사후에는 인도 국경을 여러 차례 침범하였다. 그러나 얼마 안 가서 아프가니스탄(아프갠이스탄)인 마무드가 페르시아에 반기를 들고 침입하여 국왕이 되었는데 페르시아인 나델이 아프가니스탄인을 쫓아내고 왕위에 올라 아프가니스탄을 정복하였으며, 그 여세를 몰아 인도로 향하였다. 이때 무굴제국의 왕은 극히 우둔하고 약하였으며 국세가 크게 기울었으므로 감히 대항하지 못하였다. 그리하여 단기 4071년(1738) 혼인 관계를 맺고 토지를 할양하면서 화의를 청하였다. 이렇게 해서 단지 제왕이라는 명목만을 유지하며 겨우 목숨만을 보존할 뿐이었다.

---

66 마라타동맹(Mahratta confederacy) : 18세기 인도에서 마라타 왕국의 재상 페슈와를 중심으로 결성된 봉건 제후의 연합체. 무굴 제국에 대항하여 인도 중부를 지배하였으나, 영국과의 충돌로 지배권을 잃었다.

제4편 근세사–단기 3977년 이후–

제1장 청(淸)의 개국과 통일

청은 만주를 바꾸어 일컫는 이름이며 만주족은 퉁구스족이다. 만주족은 금(金)의 멸망 이후에 거의 위축되어 부진하였다. 명 말에 이르러 압록강(鴨綠江) 상류 장백산(長白山) 아래 거주하는 추장 아이신교로 누르하치[愛親覺羅 奴兒哈赤][1]가 허투알라[赫圖阿拉]지금의 홍경(興京) 지방으로 이동하여 점차 만주의 여러 부락을 평정하고 단기 3946년(1614)[2]에 자립하여 제위에 오르고 국호를 만주라 하였는데 이가 곧 청 태조이다. 이때에 만주 여러 부족 중 예허부[葉赫部][3]가 유독 태조에게 항거하니 태조가 직접 군사를 이끌고 공격하자 예허부가 명의 구원을 요청하였다. 명이 이를 받아들이고 조선에 도움을 구하였으므로 조선이 응하여 명나라 군사와 함께 청 태조를 협공하였으나 오히려 대패하였다. 청 태조는 드디어 예허부를 멸하고 나아가 심양(瀋陽)지금의 봉천부(奉天府)과 요양(遼陽)을 함락한 후 심양에 도읍을 정하였는데 이곳이 즉 성경(盛京)이다. 이때로부터 청의 위세가 강성하고 나날이 발전하여 북방에 웅거하였다.

---

1 아이신교로 누르하치[愛親覺羅 奴兒哈赤, 1559~1626] : 후금(後金)의 초대 황제. 여진족의 추장에서 칸 자리에 올라 후금이라 칭하였다. 여진족을 통합하고 만주 문자를 제정하여 청나라 발전의 기틀을 세웠다. 재위 기간은 1616~1626년이다.

2 단기 3946년은 AD 1613년이다. 아울러 누루하치가 후금을 세운 것은 1616년으로 알려져 있다.

3 예허부[葉赫部] : 해서여진의 후룬국의 사부족 중의 한 부족이다. 후룬국(忽剌國, 扈倫)은 우라(烏拉), 후이파(輝發), 하다(哈達), 예허(葉赫)의 4개 정치단체로 구성되어 있으며 만주사의 후룬 4부로 불렸다. 예허나라(葉赫那拉) 씨는 만주족의 씨족의 하나로 16세기 후반에서 17세기 전반의 명말에 여진족의 예허부의 수장을 배출한 가계이다.

얼마 후, 청 태조가 죽고 아들 태종 홍타이지[皇太極][4]가 즉위하여 부업을 이어서, 조선을 침략[入寇]하였으나 조선병에게 패하여 화친을 청하고 물러갔다.[5] 이때에 몽골부[蒙古部]의 막남(漠南)에 근거를 둔 자가 명과 연합하여 쳐들어갔다. 청 태종은 먼저 몽골을 정복하고 국호 만주를 바꾸어 청(淸)이라 칭하고 명의 북변을 여러 차례 침략하자, 명 의종(毅宗)은 오삼계(吳三桂)[6]에게 명하여 방어하였다.

이보다 앞서 조선은 일본의 침략을 받았을 때 명 왕조와 공수동맹을 체결하였었다. 앞서 기술했듯이 청이 침략해 왔을 때는 청의 요청에 응하여 화친을 맺었었다. 이때에 이르러 명나라 황제가 구원병을 청하여 오자 조선정부는 일찍이 명의 후의를 얻고 맹약을 수립하였던 까닭에 명을 원조하였다. 청 태종은 지난번의 화약에서 뜻대로 되지 않았음을 분하게 여겨 군사를 거느리고 경성(京城)으로 쳐들어와 명을 원조하지 않겠다는 조건으로써 조선과 화약을 맺고 돌아갔다.[7] 이때가 단기 3970년(1637)이었다.

당시 명나라에는 유적(流賊)이 도처에서 일어나 그 세력이 극성하였

---

4 홍타이지[皇太極, 1592~1643] : 청의 제2대 황제이며 묘호는 태종이다. 재위 기간은 1626~1643년이다. 부황인 천명제가 세운 후금을 이어받아 연호를 천총(天聰)이라 하다가 1636년 나라 이름을 청(淸)으로 바꾸고 연호 역시 숭덕(崇德)으로 바꾸었다.

5 1627년(인조 5) 1월 중순부터 3월 초순까지 약 2개월간 지속되었던 후금과 조선 사이의 전쟁인 소위 정묘호란(丁卯胡亂)을 가리킨다. 인조가 강화로 피란하였다가 강화조약을 맺고 두 나라는 형제의 나라가 되었다.

6 오삼계(吳三桂, 1612~1678) : 명말 청초의 무장(武將). 이자성이 북경을 함락하고 귀순을 권하자 이를 뿌리치고 청나라의 중국 본토 진출을 도왔다. 중국 전토 평정에도 앞장서 3 번(藩) 가운데 하나가 되었고, 후에 '삼번의 난'을 일으켰으나 실패했다.

7 1636년(조선 인조 14)에 청나라가 침입한 병자호란(丙子胡亂)을 가리킨다. 청에서 군신(君臣) 관계를 요구한 것을 조선이 물리치자 청 태종이 20만 대군을 거느리고 침략하였다. 이에 인조는 1637년 삼전도에서 항복하고 청에 대하여 신(臣)의 예를 행하기로 한 굴욕적인 화약(和約)을 맺었다

다. 명 의종은 이자성(李自成)[8]에게 나라를 빼앗기고 죽었다. 오삼계는 청 태종의 아들 세조(世祖) 순치제(順治帝)[9] 후린[福臨]에게 항복하고 그 병사를 빌려 이자성을 토벌하였다. 이에 지나 전국이 이자성의 손에서 벗어나 드디어 청나라에 돌아갔다. 청 세조는 마침내 북지나를 영유하고 연경(燕京)으로 도읍을 옮겼으며 장군 도도[多鐸][10]를 보내 남지나를 경략하였다.

이때 명의 유신(遺臣) 사가법(史可法)[11] 등은 신종(神宗)의 손자 복왕(福王) 주유숭(朱由崧)을 남경에서 옹립하고 의병을 모집하여 청군의 남하를 막았다. 그러나 전세가 불리해져 사가법이 전사하고 남경이 함락되었으며 복왕이 포로로 잡혔다. 명의 유신(遺臣)이 또다시 명 황실의 종족을 옹립하여 부흥을 도모하였다. 당왕(唐王) 주율교(朱聿釗)는 복주(福州)에서 황제로 즉위하였고, 노왕(魯王)은 소흥(紹興)에 거처하며, 영녕왕(永寧王)은 무주(撫州)를 지키고, 계왕(桂王)은 조경(肇慶)에서 청에 맞서 싸웠으나 결국은 져서 도망가거나 전사하였다. 이후에 계왕은 미얀마[緬甸]로 도주하여 도움을 구하였고, 노왕은 하문(廈門)으로 도망가

---

8 이자성(李自成, 1606~1645) : 명 말기의 농민 반란 지도자로, 1644년 대순(大順)을 세우고 북경을 점령해 명을 멸망시켰으나 오삼계와 청의 연합군에 패하였다.

9 순치제(順治帝, 1638~1661) : 청의 제3대 황제. 이름은 후린[福臨]. 묘호는 세조(世祖). 연경(지금의 북경)을 도읍으로 정하고 중국을 통일하였으며, 한족을 등용하고 유교 정치를 폈다. 재위 기간은 1643~1661년이다.

10 도도[多鐸, 1617~1649] : 본명은 아이신교로 도도[愛新覺羅 多鐸] 청 태조 누루하치의 15자이다.

11 사가법(史可法, ?~1645) : 자는 헌지(憲之), 호는 도린(道鄰)이며, 시호는 충정(忠靖 : 남명의 융무제(隆武帝)로부터 받음), 충정(忠正 : 청나라 건륭제로부터 받음). 명나라 말의 충신이다. 이자성의 반란군이 북경에 진격하자 군대를 이끌고 나갔으나 북경함락 소식이 전해지자 되돌아갔다. 복왕 휘하에서 병부상서에 임명되었다. 청나라 장군 도도[多鐸]와 치열한 전투를 벌이다가 전사하였다.

정성공(鄭成功)에 의탁하였다. 정성공의 아버지는 명나라 사람 정지룡(鄭芝龍)이고, 어머니는 일본인이다. 정성공이 노왕을 받들고 하문에 거처하며 수군으로써 잘 방어하여 청병을 여러 차례 치고 강남의 땅을 조금 회복하였으나 끝내는 패하여 대만(臺灣)으로 쫓겨 갔다. 이때 네덜란드[荷蘭]홀란드 사람이 대만에 거주하며 학교를 세우고 사원을 건축하는 등 개척에 힘쓰고 있었다. 정성공이 네덜란드인을 격퇴하고 대만에 거주하면서 힘써 방어하며 명 황실을 회복하고자 하였다. 그러나 단기 3994년(1661)에 노왕이 죽고, 이듬해 정성공이 죽었다. 계왕은 이보다 3년 앞서 미얀마 사람에게 잡혀 청조로 보내졌다. 이에 명의 사직이 마침내 끊기고 청조가 지나 전부를 통치하게 되었다.

제2장 청 성조(聖祖)와 고종(高宗)의 업적

정성공이 대만에 웅거하던 해단기 3994년(1661), 청 세조가 죽고 아들 성조(聖祖) 현엽(玄曄)강희(康熙)[12]이 뒤를 이었다. 성조로부터 세종(世宗)[13]을 거쳐 고종(高宗) 홍력(弘曆)건륭(乾隆)[14]에 이르기까지 무릇 130년 간은 실

12 성조(聖祖) 강희제(康熙帝, 1654~1722) : 청의 제4대 황제. 이름은 현엽(玄燁). 묘호는 성조(聖祖). 문무를 장려하였으며, 운하를 정비하고 조세를 감면하여 제국의 기초를 확립하였다. 삼번의 난을 평정하고 대만, 몽골, 티베트를 복속시켰다. 재위 기간은 1662~1722년이다.

13 세종(世宗) 옹정제(雍正帝, 1678~1735) : 청의 제5대 황제. 묘호는 세종(世宗). 중앙 집권제를 확립하고, 세제의 안정을 꾀하여 건륭연간의 번영의 기틀을 닦았다. 재위 기간은 1723~1735년이다.

14 고종(高宗) 건륭제(乾隆帝, 1711~1799) : 청의 제6대 황제. 본명은 홍력. 묘호는 고종(高宗). 건륭은 연호. 10차례에 걸친 정복 사업을 펼쳐 준가르와 위구르를 복속시키고 티베트, 버마, 베트남, 네팔까지 진출하는 등 현재 중국 영토의 틀을 만들었다. 『대청일통지(大清一統志)』, 『사고전서(四庫全書)』 따위를 편집하도록 하여 청나라의 융성기를 이루었다. 재위기간은 1735~1795년이다

로 청조의 전성기였다. 성조와 고종 두 황제는 안으로 명의 남은 무리들을 모두 평정하고 밖으로 새외 경략에 종사하여 사방이 모두 청의 위세에 복종하게 되었다. 그 판도의 광활함이 비록 원에 미치지는 못하였으나 한이나 당보다는 광대했으며 또 문예가 일시에 발달하여 세상 사람들이 그 연호로써 강희, 건륭의 치세라 칭하니 실로 중국 근세에 보기 드문 성세였다.

명 황실이 이미 망하였으나 명의 신하와 백성이 아직 강남에 남아 있자 이에 앞서 청 세조는 명의 항복한 장수 오삼계를 운남에 봉하고, 상가희(尙可喜)를 광동(廣東)에 봉하고, 경계무(耿繼茂)를 복건에 봉하여 삼번(三藩)의 왕으로 삼아 이들을 진압하여 평정하도록 하였다. 그런데 삼번이 땅이 넓고 군대가 강하여 제멋대로 전횡하는 일이 많았다. 이에 성조는 통일의 업적을 달성하고 난 후 이를 우려하여 대비함이 있었다. 마침내 삼번이 평안하지 못하고 단기 4006년(1673)에 오삼계가 먼저 반란을 일으켜 경계무의 아들 경정충(耿精忠)과 상가희의 아들 상지신(尙之信)과 서로 연합하였다. 그러자 한족 가운데 청조의 통치에 불복하는 자들이 서로 응하여 봉기를 일으켰다. 정성공의 아들 정경(鄭經)도 대만에서 군사를 일으켰는데 그 세가 자못 강하였다. 그러나 청 조정의 토벌이 극히 강력하여 얼마 안 있어 경정충과 상지신이 항복하고 오삼계가 죽었다. 이에 강남이 모두 평정되었고, 대만도 정경이 죽은 후 청조에 귀순하였으며 이후로는 청 황실에 대항하는 자가 다시는 없게 되었다.

명대는 그 위세와 정치적 명령이 멀리 미치지 못하여 내외 몽골 및 서장(西藏)이 관할 밖에 놓여 있었다. 원래 서장은 종교와 정치가 일치한 나라로 라마(喇嘛)의 관할을 받았다. 라마는 언제나 붉은 옷에 붉은 모자를 쓰므로 홍교라마(紅教喇嘛)라 불렸다. 원나라 때 라마가 극진히 숭앙받자 교만해져서 처자를 거느리고 기타 폐해가 적지 않았다. 명초에 총카파[宗喀巴][15] 라는 자가 나타나 혁신을 부르짖고 누런 옷에 누런 모자를 쓰고 스스로 황교라마(黃教喇嘛)라 칭하였다. 이같이 황교는 홍교에서 개량된 것으로, 부인을 두는 것을 인정하지 않으며 또 그 상속법이 자못 기괴하였다. 대대로 달라이라마[達賴喇嘛] 한 사람을 세워 두고 그로 하여금 교도를 통할하게 하였으며 점차로 그 세력이 번성하였다. 마침내 타타르부장[韃靼部長] 엄달(晻噠)이 귀의한 후부터 내외몽골과 청해(青海) 땅이 모두 황교에 복종하였다. 또 오이라트부[衛拉部] 와척부(瓦剌部)의 일족 호쇼트부[和碩特部][16]가 황교에 복종하고 청해로 들어와서 홍교도를 격파한 후로는 서장 전지역이 마침내 황교에 귀의하였다. 호쇼트부는 이로 인하여 그곳의 병권을 장악하게 되었다. 오이라트부는 에센[也先]이 죽은 후에 분열하여 힘이 약해졌는데 그 일족 가운데 이리(伊犁) 지방에 있던 준가르부[準噶爾部]가 이를 다시 통일하여 청해 및 서장을 정복하였다. 그리고 호쇼트부를 대신해 서장의 병권을 장악한 후 더 나아가 천산(天山) 남로를 병탄하고, 동으로는 외몽골의 하르하부[喀爾喀部]를 공격하였다. 하르하부는 타타르의 다얀칸[達延可汗][17]의 막내아들인 찰재이(札賚爾)가 분봉받은 지역인데 이때 고립무

15 총카파(宗喀巴, 1357~1419) : 티베트의 라마교 황교의 창시자. 이전의 홍교를 개혁하여 엄격한 계율의 실행을 주장하는 새로운 교파를 창건하였다. 저서에 『보리도차제론(菩提道次第論)』, 『비밀도차제론(祕密道次第論)』 등 300여 권이 있다.

16 저자는 이를 '和碩部'라 하였으나 '호쇼트부[和碩特部]'를 잘못 기재한 것이다.

17 다얀칸[達延可汗, 1464~1524(?)] : 몽골의 군주. 1488년 이래 대원(大元) 대가한(大可汗)이라 칭하였으며, 서방의 오이라트를 정벌하여 내몽골을 통일하고 발전의 기틀을 마련하였다.

원의 처지가 되자 청을 향해 도움을 청하였다. 청 성조가 이 기회를 틈타 친정에 나서 단기 4029년(1696)에 준가르부를 툴라[土拉] 강변에서 대파하였다. 이렇게 해서 알타이아이태(阿爾泰)산 동쪽의 내외 몽골지역이 청의 판도로 되었다.

준가르부가 패하자 그 남은 무리가 서장에서 병사를 일으켜 회복을 꾀하였다. 이에 단기 4030년(1697), 성조가 아들 윤제(允禵)를 보내 서장을 쳐서 라마를 정복하고, 이후로는 주장대신(駐藏大臣)을 수도인 라싸[拉薩]에 두고 이곳을 통치하도록 하였다. 또 청해 지방을 평정하였는데 고종 때에 이르러 준가르에서 내란이 발생하였다. 이에 황제가 준가르의 한 추장인 아무르사나[阿穆爾撒拉]의 말을 받아들여 그곳을 토벌하여 평정하였다. 그러나 아무르사나가 청에서 뜻을 얻지 못하자 이를 원망하고 천산남로의 회교도와 내통하여 청의 서쪽 경계를 쳐들어왔다. 이에 청의 황제는 대군을 파견하여 이들을 전멸시키고 나아가 천산남로를 정복하였다. 이로써 청의 위세가 멀리 파미르[葱嶺] 서쪽 지역까지 미치게 되어 서방 경략이 완성되었는데 이때가 단기 4092년(1759)이었다.

운남(雲南)과 귀주(貴州) 땅에는 묘족(苗族)이 살고 있었는데 청의 통치가 미치지 못하였다. 세종 때에 이르러 이곳을 토벌하였으나 늘 불온한 채로 있다가 고종이 즉위한 후에 완전히 진압하고 평정하게 되었다.

이보다 앞서 명 중세에, 킵차크칸국[欽察汗國][18]에서 내홍이 일어나

18 킵차크칸국[欽察汗國] : 몽골 제국의 4칸국의 하나. 1243년에 칭기즈칸의 아들 주치와 손자 바투가 서시베리아의 키르기스 초원과 남러시아에 세운 나라이다. 시라이를 수도로 하였는데, 14세기 전반 최성기를 누리다가 1502년에 모스크바 대공국에 망하였다.

사분오열하자 러시아[露西亞]의 모스코바 대공(大公) 이반 3세가 이 틈을 타서 러시아 안의 작은 소국들을 병탐하고, 킵차크의 두 칸[汗]과 연맹을 맺어 킵차크칸을 쳐서 멸망시켰다. 그런 후에 이반 3세의 아들 이반 4세가 다시 앞의 두 칸국즉 앞서 연맹을 맺었던 크리미아[哥里米]와 카잔[喀山] 두 칸을 가리킴을 병탐하고 더 진격해 나아가 동방을 경략할 대책을 강구하였다. 이때 바투[拔都]의 아우 시반[昔班][19]의 후예인 고정(庫程)이 지금의 토볼스크(토뻘스크)[20] 부근에 있는 우즈베크[月卽別] 족(族)에 군림하면서 번번히 러시아의 변경을 공략하고 있었다. 이에 돈(乭) 강가에 떠돌던 코사크[喀薩克] 부장(部長)이 부하를 거느리고 우랄산을 넘어가 고정을 격파하고 그 땅을 평정하여 이반 4세에게 헌납하였다. 이것이 러시아인의 동방 경략의 제1보로, 단기 3913년(1580)의 일이었다. 러시아는 이때로부터 더욱더 동방 원정의 책략을 강구하게 되었다. 코사크부가 점차 시베리아(사이삐리아)서비리아(西比利亞)를 영유하고 흑룡강(黑龍江)까지 이르게 되었는데 이때 청조가 새로 나라를 세우고 세조가 남방경략에 급급하여 북쪽으로는 신경을 못 쓰자 이 틈을 타 더욱 남하하면서 만주를 몰래 차지하고자 하였다.

청 성조 때 이르러 남방의 반란을 평정하고 대만을 정복하고 북변을 강화하면서 러시아 군대를 격파하였다. 또 네덜란드[荷蘭] 사람의 소개로 러시아에 친서를 보내 변경을 획정하자고 요청하였다. 이에

---

19 몽골의 제2차 서방정벌 후, 바투의 동생인 시반(昔班)은 서방정벌의 주요한 장수였다. 헝가리를 정복하는 데 공을 세웠다. 바투는 남부 우랄을 그에게 준다. 청장한국(靑帳汗國)을 건설한다.

20 토볼스크(Тобóльск)는 튜멘 주의 도시로, 인구는 96,400명(2001)이다. 우랄 산맥의 동쪽 토볼 강과 이르티슈 강의 합류점에 위치하고, 튜멘에서 북동으로는 247km 지점에 위치해 있다.

러시아 황제 피터[彼得] 1세가 공사 골로빈(코로윈)[21]을 파견하여 청의 사신 색액도(索額圖)와 실카(셀넹가) 강변에서 만나기로 하였다. 그러나 때마침 준가르부에서 난이 발생하여 양국 사절이 이를 피해 단기 4022년(1688) 네르친스크[尼布楚]흑룡강(黑龍江)의 상류에서 만나 외흥안령(外興安嶺)을 경계로 획정하였다. 이것이 네르친스크조약[22] 이며 이후 청 성조는 흑룡강 연안에 둔전병(屯田兵)을 설치하고 방어하였다.

이상과 같이 청 성조는 정벌을 단행하여 큰 공을 세움과 동시에 내치에도 힘을 기울였다. 새로운 제도를 만들고, 학문과 예술을 장려하였으며 또한 명 말 이래 이름난 유학자를 초치하여 역사서를 편찬하도록 함으로써 한족(漢族)의 마음을 어루만지는 데 힘썼다. 고종도 역시 그 유지를 받들어 국위를 크게 떨쳤으나 재위 60년 간 정벌과 순행이 잦아[23] 금전과 곡식의 소모가 많아 재력이 고갈되어 점차 쇠운으로 기울게 되었다.

---

21 골로빈(Golovin, Fyodor Alekseyevich, Count, 1650~1706) : 표트르 1세(재위 1682~1725) 때 두드러지게 활약한 러시아의 정치가 · 외교관. 외교임무를 띠고 아무르 강 유역에 파견되어 중국과 협상을 벌인 끝에 네르친스크 조약(1689 비준)을 맺었다. 모스크바로 돌아온 뒤 표트르에게 포상받아 보야르(boyar : 대귀족)가 되었다.

22 네르친스크(Nerchinsk)조약 : 1689년에 네르친스크에서 청과 러시아가 체결한 국경 확정 조약. 외흥안령(스타노보이 산맥)과 아르군강[額爾古納河]으로 국경을 정했다. 또한 양국 국민으로서 여권을 휴대한 자는 양국을 자유로이 왕래하며 필요품을 교역할 수 있다는 조항도 있다. 청이 외국과 맺은 최초의 대등한 조약으로 알려져 있다.

23 건륭제는 아버지인 옹정제와 조부인 강희제 시대에 축적된 경제력과 국력을 이용하여 활발한 외정(外征)을 벌였다. 평생 10차례의 외정을 시행하여 자신을 십전노인(十全老人)이라고 불렀을 정도였다. 만년에는 준가르[準噶爾, Jungar] 평정 2회(1754, 1757), 위구르[回部] 평정(1759), 대금천(大金川) 평정(1749), 대 · 소금천(大小金川) 평정(1776), 타이완(1788) · 미얀마(1778) · 베트남(1789) · 네팔[廓爾喀, Guorkha, 1790, 1792 2회] 등의 원정과 평정을 단행하였다. 또 조부 강희제를 본떠 남순(南巡) 6회, 동순(東巡) 5회, 서순(西巡) 4회의 내지 순회도 하였다. 그러나 많은 외정(外征)과 내순(內巡), 천수연(千叟宴) 등의 사치로 막대한 경비를 낭비하여 만년에는 쇠운을 가져왔다.

제3장 청의 제도와 학술

한나라와 당나라의 제도는 시대의 변천에 따라서 후대로 가면서 몇 차례 계승과 변혁이 있었다. 청에 이르러 그 제도의 면모가 크게 바뀌었는데 이는 모두 강희와 건륭 사이에 형성된 것이다. 중앙 정부 조직의 핵심은 내각이다. 대학사(大學士)[24] 와 협판대학사(協辦大學士)를 두어 천하의 정무를 총괄하게 하고, 그 아래 이(吏)·호(戶)·예(禮)·병(兵)·형(刑)·공(工)의 6부를 두었는데 6부의 장관은 상서(尙書)이고 차관은 시랑(侍郞)이었다. 맡은 바 업무는 당의 6부와 차이가 없었다. 건륭이후 군기처(軍機處)를 설치하고[25] 친왕과 중신 가운데서 군기대신[26]을 특임하여 군국의 기무를 의논하여 정하도록 한 후로 내각의 실권이 이리로 옮겨가게 되었다. 또 근세로 내려오면서 외교를 관장하는 총리각국사무아문(總理各國事務衙門)[27]과 해군을 통괄하는 해군아문 및 도찰원(都察院),[28] 이번원(理藩院),[29] 한림원(翰林院)[30]의 3원(院)을 두었으며 중

24 저자는 대학사를 태학사로 오기하였음.

25 저자는 건륭 이후 군기소(軍機所)를 설치하였다고 기술하였으나, 이는 저자의 오류이다. '옹정이후 군기처(軍機處)를 설치하였다'로 바꾸어야 한다. 군기처는 옹정제가 설치할 당시는 전쟁지휘 등 군사관계만을 전담하였으나 건륭 이후로는 군사와 정치 등 중요한 정무의 전반을 관할하는 최고기관이 되었다.

26 군기처 소속으로 3~10명으로 구성된다. 황제가 직접 만·한 대학사, 각 부 상서와 시랑 중에서 선임한다. 따라서 전임의 관직이 아니고 고관이 겸직하는 것이 원칙이었다. 초기에는 만주인이 다수를 점하였으나 태평천국 이후 한인이 다수를 이루게 되었다.

27 총리각국사무아문(總理各國事務衙門)은 일반적으로 줄여서 총리아문이라 한다. 1861년에 창설되었으며 외교업무를 처리하고 각국 주재공사를 파견했다. 또한 통상, 해관, 해안 방어, 무기 구입, 수도에 있는 동문관(同文館) 경영, 유학생 파견 등의 일을 담당하고 삼구통상대신(三口通商大臣)과 오구통상대신(五口通商大臣)을 관할했다. 1901년 외무부로 바뀌었다.

28 도찰원(都察院) : 명, 청대에 관리의 비위를 규탄하고 지방 행정을 감찰하는 일을 맡아보던 관아. 최초로는 명대 홍무제가 어사대를 개편하여 설치하였다.

29 이번원(理藩院) : 17세기 중국과 내륙 아시아의 여러 민족 간의 교섭관계 업무를 담당하던 기

요한 대관(大官)은 만주인과 한인이 균형을 이루도록 하였다.[31]

지방 행정에 있어서는 전국을 직성(直省)과 번부(藩部)로 나누었다. 직성은 다시 지나 본부(本部)를 18성(省)으로 나누었고, 만주를 3성으로 나누었으며, 천산 남북로는 합하여 신강성(新疆省)이라 하였다. 본부는 각 성을 다시 부(府), 주(州), 현(縣)으로 나누었으며, 그 지세(地勢)에 따라서 1개 성 혹은 2~3개 성에 총독(總督)을 1인 두어 관내의 문무 대권을 장악하도록 하였는데 이는 마치 자치와 같았다. 총독 아래 순무(巡撫)가 1성에 1인이 있어서 역시 민치와 병사를 담당하였으나 때로는 순무를 두지 않는 성도 있었다. 또 그 아래 지부(地府), 지주(知州), 지현(知縣)을 두어 각 관내를 다스리도록 하였다. 만주지역에는 각 성에 장군 1인을 두어 통할하도록 하였다. 작년(1907)에 만주 3성에 총독 1인을, 각 성에 순무 1인씩을 둠. 신강성에는 순무가 있고, 또 이리장군(伊犂將軍)이 있다. 몽골에는 친왕, 추장, 관장(管長)이 있고, 청해 및 서장에는 각각 판사대신(辦事大臣)이 파견되어 주재한다. 번부는 모두 이번원(理藩院)이 관할하는데 몽골, 청해, 서장지역이 이에 속해 있다.

군사제도는 육군을 팔기(八旗)와 녹기(綠旗)[32]로 나누었다. 팔기는 태

관. 중국의 행정기구 중에서 이번원 같이 이민족과의 관계 업무를 맡아볼 기구가 만들어진 것은 처음 있는 일로, 당시 내륙 아시아에 대한 중국의 관심이 증가하고 있었음을 보여준다.

30 한림원(翰林院) : 당 현종 때 처음 설립된 고급 학문 연구기관으로, 황실의 문서를 작성하고, 유교경전을 연구한 곳으로 1911년까지 존속되었다. 명대에 이르러서는 이 기관에 소속된 성원들에게는 특권이 부여되었으며, 성원의 자격도 제한되어 진사 시험에 합격한 뛰어난 학자들에게만 부임을 허용하였다.

31 이를 보통 만한병용제(滿漢併用制)라 부른다. 예컨대 6부의 상서는 각기 두 명을 임용하는데 만주인 1명과 한인 1명이다. 차관인 시랑은 각기 4명을 임용하는데 만주인 2명, 한인 2명이다.

32 보통은 녹영(綠營)이라 하는데 녹기(綠旗)를 사용하여 팔기(八旗)와 구별하였기에 녹기란 명칭이 생겼다. 녹영은 명대의 잡군(雜軍)을 정리하여 반으로 줄인 용병으로, 약 60~80만이었다. 대규모 군사 훈련을 받지 않았으나 전란시에는 일선에서 활약하여 큰 피해를 입었

조 당시에 만주병을 여덟 개의 기(정백(正白), 정황(正黃), 정홍(正紅), 정람(正藍), 양백(鑲白), 양황(鑲黃), 양홍(鑲紅), 양람(鑲藍))로 나누었고, 그 후 다시 한인팔기(漢人八旗), 몽골팔기를 편제하였다. 팔기는 황제의 친위군으로, 만주와 수도 그리고 전국의 요충지를 방비하며 각 기의 우두머리를 도통(都統)이라 한다. 녹기는 한인으로만 편성된 상비군으로, 본부의 수비를 주로 담당하며 각 성의 총독이 이를 통할한다. 이밖에 본부에는 또 용병이 있었고, 내외 몽골 및 청해에 기병(旗兵)이 있어 각 방면을 경비하였다. 해군은 근래에 창설되었는데 북양(北洋), 남양(南洋), 복건(福建), 광동(廣東) 4 함대가 있으며 해군아문(海軍衙門)에 소속되었다.

청조의 유학으로는 고증학(考證學)이 발달하였다. 송학(宋學)이 유행한 이래로 성리학설을 위주로 하여 학자들이 의논하면 번번이 고매한 것에만 힘쓰고 공리공담을 숭상하였다. 이에 대한 반동으로 명 말에 이르러 고염무(顧炎武), 황종희(黃宗羲), 염약거(閻若璩) 등이 고전의 내용을 근거로 하는 치밀하고 정확한 연구를 주장하게 되었는데 이것이 고증학이다. 요약하자면 고증학은 한나라와 당나라 때의 훈고(訓詁)로 되돌아가되 나아가 그 범위를 넓히고 그 수준을 높힌 것이다. 대개 그 주안점은 경전의 의미를 밝히는 데에 있으나 역시 이로 인하여 지리, 고고(考古), 언어, 사학 등의 여러 학과가 그 영향을 받아 큰 진보를 이루게 되었다. 이렇게 고증학이 성행하였으나 그렇다고 해서 송학이 완전히 폐지된 것은 아니고, 관리의 선발과 승진에는 여전히 사용되었다. 강희에서 건륭 사이에 전국의 문인 학자를 불러들여 편찬에 종

다. 즉 청은 녹영의 희생으로 팔기를 보전하는 군사정책을 취했다.

사하도록 함으로써 유용한 서적이 많이 간행되었다. 즉 『강희자전(康熙字典)』,[33] 『패문운부(佩文韻府)』, 『사고전서(四庫全書)』,[34] 『도서집성(圖書集成)』,[35] 『연감류함(淵鑑類函)』 등은 방대한 저작으로 학술계에 크게 도움이 되었다. 이처럼 황명을 내려 문신에게 편찬하도록 하였을 뿐만 아니라 고종은 친히 찬술도 하였는데 『어비통감집람(御批通鑑輯覽)』이 바로 그것이다.

고증학은 필경 자구를 중시하는 학문인 까닭에 청조의 시문(詩文)도 역시 형식면에 치중하여 근거가 되는 문헌의 해박한 내용과 문구의 정교함을 추구하였다. 그리하여 강희, 건륭의 전성기에 문학이 볼 만하였으며 역사가로는 조익(趙翼), 옥명성(玉鳴盛) 같은 대가가 있었다. 후방역(侯方域), 왕사정(王士禎) 등은 시문(詩文)으로 저명하였고, 이어(李漁), 장사전(蔣士銓) 등은 소설, 희곡으로 이름을 날렸다.

---

33 『강희자전(康熙字典)』: 청 강희제의 명에 따라 장옥서(張玉書) 등 30명의 학자가 편찬한 중국 최대의 자전. 『설문해자(說文解字)』와 『옥편(玉篇)』을 기본으로 하여 역대의 자전을 집대성한 것으로, 모두 4만 9천 30자(字)를 수록하였으며, 강희 55년(1716)에 간행되었다. 42권 12집 119부.

34 『사고전서(四庫全書)』: 청 건륭제의 명에 따라 건륭 37년(1772)에 시작하여 1782년에 완성한 중국 최대의 총서(叢書). 궁중에서 소장하고 있던 서적 외에 전국의 민간에 소장된 서적을 골라 모아서 경(經), 사(史), 자(子), 집(集)의 네 부문으로 나누었다. 7부(部)를 작성하여 여러 서고에 나누어 보관하였다.

35 『고금도서집성(古今圖書集成)』을 저자는 『도서집성(圖書集成)』이라 한 것이다. 이는 청대 편찬된 유서(類書)의 하나이다. 명대의 『영락대전』에 준거하여 청강희제 때 진몽뢰(陳夢雷)가 시작한 것을 옹정제 때 장정석(蔣廷錫)이 완성하였다. 중국 최대의 백과사전으로 6휘편(彙篇) 32전(典) 6,109부(部)로 이루어져 있다. 1만 권.

제4장 동양에서 유럽 여러 나라의 경쟁

포르투갈[葡萄牙]과 스페인[西班牙]이 동양 무역에 선구적으로 내항하여 100여 년 간 상권을 장악하였다. 그런데 스페인의 속국이던 네덜란드[荷蘭]가 스페인에서 독립한 후로 분연히 동양 무역에 뛰어들어 단기 3931년(1598) 경에 인도에 동인도회사(東印度會社)[36]를 설립하고 인도와의 통상에 전력을 기울였다. 네덜란드는 점차 스페인과 포르투갈을 누르고 실론(씰논), 말라카(말낵카), 수마트라(써마트라) 등을 빼앗고 나아가 자바의 바타비아(빠다비아)[37]를 점령하여 근거지로 삼았다. 또 동으로 나아가 대만을 점령하고 지나 및 일본과 통상을 하였다. 처음에 포르투갈과 스페인이 동양에 진출하여 통상할 때에 동시에 천주교를 전파하는 데에도 힘써 동양의 나라들이 이를 혐오한 까닭에 무역에 장애가 된 바가 적지 않았었다. 이 점을 간파한 네덜란드는 무역에만 힘쓰고 선교는 거론하지 않음으로써 그 세력이 점차 스페인과 포르투갈을 압도할 수 있었다. 그리하여 마침내 동양의 상권이 거의 네덜란드인의 수중으로 들어가게 되었다.

---

36 동인도회사 : 17~19세기, 동인도-유럽 간의 무역과 동양에 있어서 식민지 경영에 종사했던 유럽 여러 나라의 회사이다. 국가로부터 특허장을 발부 받아 동인도 무역을 독점하였는데 각국의 동인도회사는 아시아 지역에서 치열하게 경쟁하였다. 영국은 1600년에, 네덜란드는 1602년에, 프랑스는 1604년에, 덴마크는 1616년에 각각 동인도회사를 설립하였다. 저자는 네덜란드의 동인도회사 설립시기를 1598년으로 착오하였다.

37 바타비아(Batavia, ~1949) : 인도네시아 공화국 제1의 도시이며 수도인 자카르타(Djakarta, 1949~1972)의 네덜란드 식민지 때의 이름. 자바 섬 북서부 해안, 리웅 강 어귀에 자리잡고 있다. 대(大)자카르타(Jakarta Raya) 특별구와 영역을 같이 하며, 1966년 주의 지위에 가까운 특별수도지구로 지정되었다. 오랫동안 무역 및 재정 중심지로 중요한 역할을 해왔으며, 산업 및 교육 중심지로도 큰 발전을 이루었다.

그러나 이때 또한 영국[大不列顚]그렛섄리텐, 즉 영길리(英吉利)인이 내항하여 동양 무역에 종사하면서 네덜란드와 영국 사이에 경쟁이 일게 되었다. 처음에 영국인이 네덜란드인보다 조금 앞서 인도, 타이[暹羅], 자바 등지에 상관(商館)을 개설하였으나 스페인의 세력에 밀려났었다. 그러나 단기 3921년(1588)에 영국인이 스페인의 해군을 대파하고 해상권을 장악하였으며[38] 여왕 엘리자베스(엘니사쎄드)가 동인도회사에 무역 특권을 부여하니 그 세력이 갑자기 팽대해지고 일본 및 지나와도 통상을 하게 되었다. 이때에 네덜란드인이 타국인을 압도하고 지나 및 일본과의 무역을 독주하며 영국인을 동인도군도로부터 쫓아내었다. 그러자 영국인은 오로지 인도와의 무역에만 힘을 쏟아 마침내 그곳의 상권을 장악하였다. 뿐만 아니라 당시에는 그밖에 다른 나라의 세력도 또한 극성을 부렸다. 덴마크[丁抹]덴막크인도 역시 내항하여 동인도회사를 설치하였으나 네덜란드인의 방해로 말미암아 뜻을 이루지 못하고 퇴거하였다. 당시 프랑스[佛蘭西]ᅋᅳ랜쓰인 역시 동양 무역에 종사하였다. 영국인이 마드라스(마드리스), 캘커타(칼커타)를 영유하고 세력을 떨치고 있었는데 프랑스인도 동인도회사를 설립하고 인도에서 상권을 확장하며 마침내는 인도에 있는 포르투갈인과 네덜란드인을 쫓아내고 영국과 경쟁하며 인도를 차지하고자 하였다. 결국 영국과 프랑스

---

38 스페인 펠리프 2세는 영국이 새로운 해상무역의 강자로 떠오르자 이를 물리치기 위해 무적함대(無敵艦隊, Spanish Armada)를 조직하였다. 이는 전함 127척, 수병 8,000, 육군 1만 9000, 대포 2,000문을 가진 대함대였다. 영국의 엘리자베스 여왕은 하워드경(卿)을 사령관으로 하고, 호킨스, 드레이크 등의 명장을 배치하여, 전함 80척, 병력 8,000으로 싸우게 하였다. 영국함대는 수적으로 열세였으나 기동력이 뛰어나고 선원들은 잘 훈련되어 있었다. 무적함대는 영국함대에 패배하여 54척만 본국으로 돌아갔다. 무적함대의 패배는 스페인의 해상무역권을 영국에 넘겨주고 네덜란드가 독립하는 계기가 되었다.

사이에 전쟁의 기미가 일더니 영국이 승리하게 되었는데 이에 대하여는 다음 장에서 더 다루고자 한다.

제5장 대영제국[大不列顚] 지배하의 인도제국

인도는 단기 4100년(1767)경 북방 지역에서는 페르시아에 침략을 당하고 남방 지역에서는 힌두교도[溫都敎徒]의 마라타 동맹[39]의 소요가 일어나 무굴 왕조의 위세가 땅에 떨어졌다. 이때 유럽의 여러 나라들이 동양 무역에 활발히 나서 점차 토지를 점령하기에 이르렀다. 그 가운데 영국이 가장 강성하여 네덜란드 동인도회사 및 스페인, 포르투갈 사람을 쫓아내고 프랑스인과 다투게 되었다. 프랑스인은 퐁디셰리(펀디쉐리)[40]를 점령하였고 영국인은 마드라스를 점령하였다. 때마침 유럽에서 스페인왕위계승전쟁[41]이 일어나 영국과 프랑스 사이에 충돌이 발생하였다. 그리하여 인도에 있는 영국인과 프랑스인 사이에도 서로 반목질시하게 되었다. 그러한 가운데 무굴제국의 형세는 나날이 쇠퇴해져 나라 안이 분열하여 여러 왕이 각기 독립하는 형세가 되었

---

39 마라타동맹 : 18세기 초 인도에서 성립된 마라타족(族)의 동맹체(일종의 독립국가)로서 데칸고원 중 · 서부에 근거지를 두고 있었다. 마라타족의 지방호족(地方豪族 : 데슈무크)층이 농민들의 지지를 받아 무굴 점령군과 게릴라전을 벌이던 중 1720년경부터 이들 호족층의 연합정권이 성립하게 되었다. 무굴 제국에 대항하여 인도 중부를 지배하였으나 영국과의 충돌로 지배권을 잃었다.

40 퐁디셰리(Pondicherry) : 인도 동부 마드라스 남쪽에 있는 항구 도시. 프랑스령(France領) 인도의 수도였으며, 1954년에 인도령이 되었다.

41 스페인왕위계승전쟁 : 합스부르크 가문 출신의 마지막 스페인 왕 카를로스 2세가 후사 없이 죽은 뒤 스페인 왕위계승문제를 둘러싸고 일어난 전쟁으로, 1701~1714년에 프랑스 · 스페인과 영국 · 오스트리아 · 네덜란드 사이에 발생했다.

다. 이를 틈타 프랑스의 퐁디셰리총독 뒤플렉스(듀푸레)[42]가 침투해 들어가 잠식할 계획을 품고 각 지방의 여러 왕들을 도와 퐁디셰리 부근의 땅을 겸병하고 영국을 공격하여 그 세력이 막강하였다. 이에 영국 동인도회사의 서기 클라이브(클나이브)[43]가 분개하며 이쪽 지방의 여러 왕들을 도와 저쪽을 공격하여 프랑스병들을 격파하고, 프랑스령 퐁디셰리를 함락하여 프랑스 동인도회사의 점령지가 거의 모두 영국령이 되었다. 단기 4089년(1756)[44]에 프랑스인은 다시 인도의 여러 왕국과 연합하여 영국인을 공격하였다. 클라이브가 이를 격파하고 그 다음해에 연합군을 플라시(풀낫시)에서 대격파하고 벵골(벵갈) 지방의 실권을 장악하였다.[45] 이 때문에 역사에서 이 해를 영국령 인도제국 건설의 기년으로 삼게 되었다.

이때로부터 영국은 인도인의 내란에 항상 간섭하였고 점차 각 지방의 조세권을 획득하였다. 클라이브의 뒤를 이은 헤이스팅스(헤스팅스)[46]가 처음으로 인도 총독이 되어 민정권과 병권을 장악하고 벵골지

---

42 뒤플렉스(Dupleix, Joseph François, 1697~1763) : 프랑스의 정치가, 식민지 경영자. 프랑스 동인도 회사의 근거지인 퐁디셰리에서 투기 사업으로 거부가 되었다. 1742년에 인도의 총독이 되어 영국에 대항하였으나, 본국 방침에 어긋나서 소환되었다.

43 클라이브(Clive, Robert, 1725~1774) : 영국의 군인, 정치가이다. 동인도 회사의 초대 벵골 지사(知事)를 지냈으며, 플라시 싸움에서 프랑스와 인도 토후(土侯)의 연합군을 격파하여 영국의 지배권을 확고히 하였다.

44 단기 4089년은 AD 1756년인데 저자는 1765라고 실수하였다.

45 플라시 전투(Battle of Plassey) : 1757년, 영국 동인도 회사와 프랑스 동인도 회사 간에 벌어진 전투이다. 무굴 제국의 벵골 나와브 태수인 밀 자파르가 영국 동인도 회사의 밀무역이 벵골 경제에 타격을 준다고 항의하며 영국인들을 추방하여 일어났으며, 영국이 벵골 나와브와 프랑스의 연합군에 이겼다. 이로써 영국은 벵골을 지배하게 되었고, 인도 전체를 식민지로 만드는 첫번째 계기가 되었다.

46 헤이스팅스(Hastings, Warren, 1732~1818) : 영국의 정치가, 1773년에 초대 벵골 총독에 취임하여 식민지 행정을 정리하고 개혁하는 데 힘썼다. 마라타 전쟁, 마이소르 전쟁 등 무력에 의한 영토 확장으로 영국이 인도를 지배할 수 있는 기반을 굳히는 데 공헌하였다.

역을 모두 영국의 점령지로 편입하여, 오우드(아우드)국을 보호국으로 하게 되었다.[47] 무굴 황제에게 연금을 수여하여 그 환심을 사고 점차 제후왕의 권위를 떨어트려 영토를 빼앗았다. 뒤이은 총독도 모두 똑같은 정책을 집행하여 마침내 무굴 황제를 대신해서 전 인도를 호령할 수 있는 권한을 획득하게 되었다.

이보다 앞서 페르시아왕 나칠이 죽고 국내가 소란하자 아프가니스탄(아프갠이스탄)사람 아마드[48]가 굴기하여 북인도를 정벌하고 무굴황제를 등에 업고 남방의 마라타 동맹을 무너뜨렸는데, 이때가 단기 4094년(1761)이었다. 이에 아프가니스탄인이 북인도를 겸병하여 무굴 황제는 실권 없는 제위를 유지할 뿐이었으며 마라타 동맹도 역시 힘을 발휘하지 못하더니 얼마 안 있어 아프가니스탄 왕 아마드가 죽자 계승의 난이 일어나 더욱더 인도를 장악하기 어렵게 되었다. 이러한 기회를 틈타 영국은 마침내 무굴 황제를 옹립하고 인도 전체를 정복하였는데, 이때가 단기 4182년(1849)이다.

처음에 미얀마 왕 보다풀나(쌔다풀나)가 아라칸[阿羅漢]을 쳐서 항복받고 더 나아가 타이를 공격하다가 대패하였다. 그러자 아라칸 사람이 이 기회를 틈타 독립을 도모하였으나 뜻을 이루지 못하고 벵골 지방으로 도주하였다. 미얀마 군대가 이를 추격하여 벵골로 침입해 들어가 마침내 영국과 갈등이 발생하게 되었다. 단기 4152년(1819)에 미얀

---

47 헤이스팅스 총독시기에는 오우드(아와드라고도 발음함) 왕국은 마라타 동맹에 대한 완충국의 기능을 하였고 오우드 왕국이 영국에 합병된 것은 1856년 달하우지 총독 시기이다.

48 아마드 샤 두라니(?~1773) : 아프가니스탄의 두라니 왕조의 창립자. 왕조의 이름을 두라니로 고치고 아프간 대지를 평정하여 아프가니스탄에 처음으로 민족적 독립왕조를 세웠다. 그 뒤로 자주 인도를 침략하였으며 한때는 델리를 점령하여(1756) 마라타족, 시크교도와 싸웠다.

마 왕이 아삼[49]의 내란을 틈타 그 곳을 점령하니 아샘 왕이 영국에게 구원을 요청하였다. 영국의 인도 총독 암허스트(Amherst)가 해군과 육군으로 구원에 나서 미얀마와 전투하고 곧바로 랑군[50]으로 출격하여 그 도성에 들어갔다. 단기4157년(1824)에 아삼 및 아라칸의 땅을 할양하게 하고, 또 배상금 100만 파운드를 지불하게 한 후 군대를 해산시키니 이것이 영국의 제1차 미얀마 원정이다.[51] 이후 미얀마인은 영국을 몹시 원망하였으며 점차 영국인을 홀대하였다. 단기 4185년(1852)에 영국의 인도 총독은 미얀마 남쪽지방을 취하였는데, 이것이 영국의 제2차 미얀마 원정이다. 이후 단기 4211년(1878)에 미얀마에서 계승의 반란이 일어나[52] 신왕 티바우(Thibaw, 치바우)가 즉위하여 영국을 소외시키자 프랑스인이 이 틈을 타서 세력을 확대하고자 하여[53] 단기

---

49 아삼(Assam) : 인도 북동부의 주. 동쪽은 나갈란드 · 마니푸르 주, 서쪽은 방글라데시, 메갈라야 주, 서(西)벵골 주를 경계로 한다. 북서쪽으로 서벵골의 히말라야 산맥 기슭 구릉들 사이로 나 있는 좁은 회랑지대를 통해 인도와 연결된다.

50 랑군 : 과거 버마의 수도로 영국 식민지 시대부터 랑군(Rangoon)으로 알려졌다가 국호를 버마에서 미얀마로 바꾸면서 1989년 양곤으로 개칭하였다. 미얀마 최대의 도시로 정치 · 경제 활동의 중심지이다. 2005년 11월까지 미얀마의 수도였으나 2006년 수도를 양곤(Yangon)에서 밀림지대인 핀마나(Pyinmana)로 옮겼고 네피도(Naypyidaw)로 이름을 바꿨다.

51 영 · 버마 제1차 전쟁(1824~1826) 결과, 1826년 2월 얀다보 강화조약(Peace Treaty of Yandabo)을 체결하고, 버마는 영국에 아삼, 아라칸, 테나세림 등 3개 주와 이에 부속한 도서를 모두 할양하고 100만 파운드를 배상하게 되었다.

52 민돈(Mindon, 1814~1878, 재위 1853~1878)왕은 영국에 빼앗긴 영토를 회복하려고 노력하였으나 성과를 거두지 못하였다. 그러나 문화와 종교방면에서 커다란 업적을 쌓았다. 1857년 만달레이에 새 수도를 건설해 전통적 미얀마 건축의 걸작인 궁전과 사원들을 지었다. 1871년 만달레이에서 5차 결집(結集 : 불교회의)을 개최했으며 만달레이를 불교 교육의 중심지로 만들고자 했다. 그러나 왕위를 동생에게 양위하려다가 아들의 모반사건을 야기하여 왕위계승의 혼란을 초래하였다.

53 티바우(Thibaw, 1858~1916) : Theebaw라고도 씀. 미얀마의 마지막 왕(재위 1878~1885). 영국이 상(上)미얀마를 합병함으로써 짧은 치세기간을 끝내고 폐위되었다. 티바우는 민돈 왕의 둘째 아들로 폭력과 내란 끝에 왕위에 올랐다. 하(下)미얀마를 병합한 영국에 대항하고, 프랑스의 도움을 얻기 위해 그는 1883년에 파리로 사절단을 파견했다. 2년 후 통상조약이

4218년(1885)에 프랑스 미얀마 공수동맹을 체결하고 메콩강[媚公河]메콩강 좌안의 땅을 프랑스에 할양하게 하였다. 영국의 인도 총독은 미얀마 왕을 협박하고 책망하였으나 영국의 말을 듣지 않자, 마침내 군대를 파견하여 미얀마를 쳐서 수도 만달레이(만달레)를 함락시키고 왕을 폐위시킨 후에 그곳을 인도의 속주로 만들었다.[54] 이렇게 해서 동양에서 한 왕국이 사라지게 되었다.

영국이 인도를 점령한 후에 내치를 제대로 하지 못하자 마침내 단기 4190년(1857)에 인도 병사가 반란을 일으켜 무굴 황제를 추대하고 영국 군대를 공격하였다. 영국이 이를 평정하고 그 다음해에 무굴 황제가 반란 세력에 가담하였기 때문에 마침내 황제의 명의를 박탈하였다. 이렇게 해서 무굴제국이 창건된 지 302년 만에 멸망하였다.

인도가 처음에는 동인도회사에 소속되었으나 영국 정부는 인도의 정치를 개혁한다는 이름 아래 단기 4210년(1877)에 정권을 정부에 이양시키고 영국 여왕 빅토리아가 인도 여왕을 겸하도록 하였다. 캘커타(칼커타) 총독은 영국의 인도대신의 예하가 되어 전인도의 정무를 집행하게 되었다. 이후로 또 말레이 반도의 여러 소국을 단기 4228년(1895)에 보호국으로 만들었다.

체결되고, 프랑스 대표가 만달레이에 도착했다. 양곤 · 캘커타 · 런던에 있던 영국인 관리들은 상미얀마의 즉각적인 합병을 요구하기 시작했다.

54 영국은 1885년 11월 만달레이를 점령하고, 국왕, 왕비, 세자를 체포하여 랑군으로 이송한 후, 1886년 1월 1일 버마를 병합하였다.

제6장 아편전쟁(阿片戰爭)

청국은 성조와 고종의 전성기가 있었으나 건륭 말년에 이르러 유송(劉松)안휘성 사람이 백련교를 창립하여 대중을 유혹하고 재산을 가로채자 유송을 멀리 유배보냈다. 그러나 남아있던 백련교도 유지협(劉之協) 등이 사천, 섬서, 호북에서 난을 일으켰다. 인종 때에 이르러 몹시 창궐하자 청 정부는 이를 토벌하여 평정하였다. 9년 간을 거치면서 군비가 2억 냥에 달하고 도적떼를 살육한 것이 수십 만에 이르렀다. 뒤이어 남해에서 해적이 활동하자 이를 평정하였다. 곧이어 이문성(李文成)이 천리교(天理教)[55]의 난을 일으켜 일시 그 세력이 확대되었으나 곧 평정하였다. 그러나 이들 종교 세력은 그 자취가 완전히 끊어지지 않아 근래에 또다시 가로회(哥老會),[56] 천지회(天地會)[57] 등이 생겨났다. 요컨대 이들 내란은 그다지 언급할 바는 못 되고 청조가 외세의 수모를 받기 시작한 사실은 아편전쟁(阿片戰爭)에서 비롯되니 이것이 참으로 청조가 쇠운으로 기울어지는 단서를 연 사건이다.

아편은 일명 아부용(阿芙蓉)이다. 단기 3800년경(15세기경) 포르투갈 사람이 동양 무역의 전권을 장악하고 말라카에 아편을 처음으로 수입하였다. 명 말에 네덜란드 사람이 자바로부터 대만에 수입하였으며

---

55 천리교(天理教) : 청 건륭 연간에 일어난 신흥 종교의 하나. 백련교의 한 분파로, 호생문(皓生文)을 교조로 하며 천문(天文)을 보고 인간사를 예언하였는데, 1813년에 이문성 · 임청(林淸) 등이 난리를 일으킨 일을 계기로 탄압을 받아 쇠퇴하였다

56 가로회(哥老會) : 청 건륭 때의 비밀 결사. 사천성, 호북성 지역에서 결성되어 청나라를 무너뜨리고 한족(漢族)의 세력을 되찾으려 하였으며, 1911년 신해혁명 때에도 크게 활약하였다

57 천지회(天地會) : 청 말기에, 반청복명(反淸復明), 즉 만주족을 무너뜨리고 한족을 일으키기 위하여 조직한 비밀결사 조직. 광동성을 중심으로 한 화남지역에서 세력이 강하였다.

오직 약용으로만 사용되었다. 그 후 일상의 흡음 재료가 되었고, 금지령을 누차 내렸으나 효과가 없었다. 영국인이 인도에 상권을 장악한 후에 그곳에서 재배한 아편을 대량으로 지나에 수입하여 아편을 피우는 백성이 많게 되었다. 고종과 인종 때 수입을 금하였으나 오히려 밀수입이 더욱 늘어나 폐해를 금하기 어렵게 되었다. 선종 때 린쩌쉬[林則徐][58]가 호광(湖廣) 총독에서 양광(兩廣) 총독으로 옮겨가게 되었는데 이전부터 그는 아편의 폐해를 통탄해 왔다. 그는 광동에 도착하자 단기 4172년(1839) 광동에 거주하는 영국 상인에게 엄명을 내리고 아편 2만여 상자를 공개적으로 몰수하여 모두 소각하고 그 재를 바다 속에 버렸다. 영국인이 여전히 몰래 판매하자 임칙서가 마침내 영국과의 통상을 금지하였다.

이에 단기 4173년1840, 도광(道光) 20년 영국 정부는 전쟁을 결정하고, 무역을 보호한다는 빌미로 수사제독 브레머(쓰렘어)에게 명하여 군함 10여 척을 거느리고 주산열도(舟山列島)를 점령하고 광동, 하문 등 여러 항구를 봉쇄하도록 하였다. 또 영국 장군 조지 엘리오트(죠지 엘니오트)[59]는 발해로 들어와 국서를 전하고 화의를 촉구하였다. 청 조정이 광동에서 평화를 교섭하였으나, 합의를 이루지 못하였다. 이에 영국 군대가 다시 절강을 침입하였으며 청 정부는 이에 맞서 싸웠다. 이때 인도로부터 원군이 도착하여 영국의 군세가 크게 약진하여 정해(定海), 진해(鎭海), 영파(寧波), 사포(乍浦)를 함락하고 상해를 취하고 양자강을 거

58 린쩌쉬[林則徐, 1785~1850] : 청 말기의 정치가. 흠차대신(欽差大臣)이 되어 밀수한 아편을 불태우고 수입 금지를 명하여 아편전쟁이 발발하였다.

59 조지 엘리오트(Jeorge Elliot) : 남아프리카 방면에서 복무하던 영국 해군 소장으로, 아편전쟁 발발 직전 아편문제를 해결하기 위한 영국측 전권대사로 임명됨.

슬러 올라가 진강(鎭江)을 공략하니 남경이 위험에 처하게 되었다. 청의 황제가 전쟁의 불리함을 깨닫고 어쩔 수 없이 이리부(伊里布)와 치잉[耆英]을 흠차대신(欽差大臣)[60]으로 임명하여 영국 전권대사 헨리 포틴저[61]와 남경에서 강화조약을 체결하도록 하였다. 이것이 바로 남경조약(南京條約)이며 단기 4175년1842, 도광 22년 8월의 일이었다.

이 조약의 내용은 청국이 배상금 2500만 냥[62]을 지불하고, 홍콩을 할양하며 광동, 복주(福州), 하문(廈門), 영파, 상해의 5개 항구를 개항한다는 것이다. 이로써 종래 암묵적으로 청 거주가 허용되었던 외국인은 법률상 인정을 받고 보호를 받기에 이르렀다. 뒤이어 미국, 프랑스와도 통상조약을 체결하게 되었다.

제7장 장발적(長髮賊)의 난과 북청전쟁(北淸戰爭)

청조의 전성기는 끝나고 내란이 계속 일어났다. 아편전쟁의 결과 굴욕을 당하니 인민 가운데 청 정부를 경시하는 자가 속출하였다. 그런 가운데 양광지방에서 대 기근이 발생하여 도적떼가 봉기하였다. 단기 4182년1849, 도광 29년 광서(廣西) 계평(桂平) 사람 홍수취안(洪秀全)[63]이

60 흠차대신(欽差大臣) : 청의 임시 특설 관직으로, 황제로부터 임시로 권한을 부여받아 특정 사항을 처리하는 3품 이상의 관직이다.

61 헨리 포틴저(Henry Pottinger, 1789~1856) : 남경조약 체결시 영국측 전권대사. 인도, 아프가니스탄 등지에서 30여 년 이상 영국 식민지 경영의 경험을 쌓았다.

62 남경조약에서 청조가 영국에 내야 할 배상금은 은원(銀元) 2100만 원(2100만 달러)이었다. 이를 은냥(銀兩)으로 환산하면 1512만 냥에 달한다. 여기서 2500만 냥이라고 한 것은 착오이다.

63 홍수취안[洪秀全, 1814~1864] : 청 말기 태평천국의 창시자. 1850년에 광서성에서 군사를 일으켜 남경을 점령하고 태평천국을 세워 스스로 천왕이라 일컬었다. 청나라를 타도하고자 하였으나, 내분과 외국 군대의 공격으로 남경이 함락되기 직전에 자살하였다. 홍수취안은

군사를 일으켜 청조에 반기를 들었다. 그는 기독교에 부회하여 자신을 여호와[耶和華]의 둘째 아들이며 예수[耶蘇]의 아우라고 칭하여 외국인의 뜻에 영합하고, 또 명 황실을 부흥한다고 칭하여 한인의 마음을 얻었다. 이때에 청 선종(宣宗)이 돌아가시고 아들 문종(文宗)함풍(咸豊)이 제위를 이었는데 린쩌쉬에게 명하여 도적을 토벌하도록 하였으나 그가 도중에 병으로 죽었다. 홍수취안은 단기 4184년(1851)에 왕위에 즉위하고, 국호를 태평천국(太平天國)이라 칭하였으며 자신을 천왕(天王)이라 하였다. 따르는 무리에게 모두 머리를 길러 청조의 변발(辮髮)과 체두(剃頭)하는 풍속을 폐지하였다. 이로 인해 이들을 장발적(長髮賊) 혹은 태평적(太平賊)이라 칭하게 되었다.

당시 청조의 녹기(綠旗)와 팔기(八旗)[64] 병사가 모두 부패하여 이를 방어하지 못하므로 태평군은 나날이 세력을 뻗어나가 호남으로부터 강을 건너 남경을 점령하고 이곳에 도읍하였는데 단기 4186년1853, 함풍 3년의 일이었다. 이때 홍수취안이 무기를 정비하고 돈과 곡식을 저축하며 장강을 지키면서 남중국[南淸]에 군림하였는데 스스로 명 황실을 이은 정통이라 하였다. 율령제도는 서양 것을 모방하고, 기독교로써 백성을 가르치고 자유를 중시하였다. 축첩과 성매매를 금하였고, 전족(纏足)의 풍습과 노비제도를 폐지하였으며 휼민원(恤民院)을 설립하여 빈궁한 자를 구제하였다. 개혁을 이룬 새로운 정치가 민심을 움직였

광서 계평 사람이 아니고 광동 화현(化縣) 사람이다.

64 팔기(八旗) : 청의 독특한 군사 행정조직으로, 전국의 전략적 요지에 집중적으로 배치되었으며 약 20만의 병력으로 구성되었다. 군대를 기(旗)의 빛깔에 따라 여덟으로 나누었으며. 처음에는 만주족만으로 조직하였으나 후에 몽골족과 한족도 편입되어 만주팔기, 몽골팔기, 한인팔기로 구성되었다.

으며 각 성에서 뜻있는 지사가 많이 와서 합세하였다.

홍수취안이 마침내 군대를 나누어 북쪽으로 직예성을 핍박해 들어가고 사방을 겁략해 나갔으나 내부에서 내홍이 일어나 서로 다투다 멸망할 지경에 이르렀다. 청 문종은 관군이 태평군을 제압하지 못하자 조서를 내려 전국에서 황제를 보필할 군대를 모집하였다. 이때 호남 상향인(湘鄉人) 쩡궈판[曾國藩][65]이 의용군을 이끌었으며 그의 아우 쩡궈취안[曾國荃]과 리훙장[李鴻章],[66] 쭤종탕[左宗棠][67] 등이 이어서 군사를 일으켜 적을 토벌하여 공을 세웠다. 그러나 이때 북지나전쟁(北支那戰爭)[68]이 또 일어나 도적떼의 세도가 다시 떨치기에 이르렀다.

청은 이처럼 내란이 끊이지 않았을 뿐만 아니라 외세의 침략도 계속되어 영국 및 프랑스와 전쟁을 치르게 되었다. 지난번 맺은 남경조약 체결 후 청정은 그 실행을 미루며 광동을 쉽사리 개항하지 않았다.[69] 이에 영국은 몹시 불만을 품고 있었는데 당시 청국의 범죄자 가운데 외국 선박으로 도피하여 체포를 피하고자 하는 자가 많았다. 단

---

65 쩡궈판[曾國藩, 1811~1872] : 청의 정치가, 학자. 자는 백함(伯涵). 호는 척정(滌正). 태평천국 운동을 진압하고 양무운동에 노력한 공신이며, 주자학자 문장가로도 유명하였다. 저서에 『증문정공전집(曾文正公全集)』 174권이 있다. 당시 그가 모집한 군대는 상군(湘軍) 또는 상용(湘勇)이라 하였다.

66 리훙장[李鴻章, 1823~1901] : 청의 정치가. 태평천국 운동을 진압하는 데에 공을 세운 양무 · 변법운동의 중심인물로, 군대와 산업의 근대화에 힘썼으나 청일 전쟁의 패배로 실각하였다. 당시 그가 조직한 군대는 회군(淮軍) 또는 회용(淮勇)이라 한다.

67 쭤종탕[左宗棠, 1812~1885] : 청 말기의 군인, 정치가. 자는 계고(季高). 태평천국 운동과 위구르족의 난을 진압하였고, 중국 최초의 관영 조선소(造船所)를 만들어 양무운동의 선구자가 되었다.

68 북지나전쟁(北支那戰爭) : 1856년 애로우(Arrow)호 사건을 계기로 발생한 제2차 아편전쟁을 저자는 북지나전쟁으로 표현하였다.

69 저자는 광주를 광동으로 표현하고 있다. 당시 광주는 개항되었으나 광주성으로의 입성(入城)이 거부되었다. 저자는 이것을 개항하지 않은 것으로 표현한 것 같다.

기 4189년1856, 함풍 6년, 광주의 청국 관리가 영국기를 게양한 덴마크[丁沫] 선박 애로우(아로)호[70]에 대하여 조회도 보내지 않고 무조건 쳐들어가 수색하고 선박에서 사역되고 있던 청국인 범죄자 12명을 체포하였다. 사실 애로우호는 청국인이 소유주였으나 영국의 홍콩지사[香港知事]는 이런 행위를 문제 삼아 전쟁을 일으켰다. 그런데 이때에 광서 지방에서는 중국인이 프랑스 선교사 1인을 살해하는 일이 발생하였다. 프랑스황제 나폴레옹(나폴니온) 3세는 동방에서 위세를 떨치고자 영국과 연합하여 군대를 지나로 파견하였다.

단기 4190년(1857), 영국과 프랑스의 연합군이 광동을 함락하고 곧이어 북상하여 대고(大沽)[71]의 포대를 점령한 후 천진으로 압박해 들어왔다. 이때 청정은 장발적의 난으로 인해 어떻게 대응하지를 못하고 대학사 꾸이량[桂良] 등을 파견하여 영국 사신 엘긴(엘긴)과 프랑스 사신 그로(구로)와 천진에서 회담하고, 단기 4191년(1858) 6월 가조약[72]을 체결하여 잠시 전쟁을 휴지하였다. 다음해 두 나라 사절이 비준을 교환하기 위해 북경으로 향하던 중 대고에 이르렀을 때 청국은 지난날의 수치를 설욕하고자 이들에게 포격을 가하였다. 이에 양국의 연합군이 단기 4193년1860, 함풍 10년 천진과 북경을 함락하였다. 청 문종은 열하(熱河)직예성(直隸省) 승덕부(承德府)로 피난하였고, 러시아 공사의 알선으로 청국 전권대신 공친왕(恭親王)이 양국 사절과 북경에서 만나 강화조약을 체결하였다.[73]

---

70 애로우호는 덴마크 선적이 아니라 홍콩 선적이라는 것이 정설이다. 저자의 착오이다.

71 저자는 이를 '태고(太沽)'라고 오기하고 있다.

72 전문 56개조로 된 천진조약(天津條約)을 가리킨다.

73 이는 1860년 영국, 프랑스와 각각 체결한 속증조약(續增條約)이다. 보통 이 조약을 북경조

조약 결과, 청은 영국과 프랑스에게 배상금 1천 8백만 량을 지불하고,[74] 기독교의 포교를 공인하며, 우장(牛莊), 등주(登州), 대만(臺灣), 조주(潮州), 구강(九江), 한구(漢口), 경주(瓊州) 의 7개 항구를 개항하게 되었다.[75] 러시아는 이 북경조약(北京條約)을 체결할 때에 중간에서 알선한 공을 내세워 우수리오소리(烏蘇里)강 동쪽 일대의 땅을 얻어내 동아시아 연안에 막대한 근거지를 마련하게 되었다.

한편 전쟁으로 인하여 장발적을 토벌하는 데에는 전력을 기울일 수 없었다. 비록 리훙장, 쩡종탕, 쩡궈판 등이 누차 이들을 치러 갔지만 평정에 실패하자 목종(穆宗)동치(同治) 때 이르러 미국인[北米合衆國人] 와드(와트)와 영국인 고든(쏠든)[76]이 정예의 양창대(洋鎗隊)를 편성하여 진압을 도와 마침내 남경을 회복하였다. 이때 청 정부는 유럽 여러 나라를 향하여 태평천국과 통교하지 말 것을 요구하였다. 이에 열강국은 모두 국외중립을 선언하였고, 선교사들도 태평천국이 진정한 기독교도가 아님을 알고 원조하지 않게 되었다. 힘을 잃은 홍수취안은 단기 4197년(1864) 약을 먹고 자살하였고, 잔당도 점차 모두 평정되었다.

약(北京條約)이라 말한다.

74 속증조약 즉 북경조약에서 영국과 프랑스에 배상해야하는 금액은 각기 8백만 냥이므로 합산하면 1600만 냥이 된다.

75 천진조약에서 10개의 항구를 개항하기로 했는데, 우장(牛莊, 후에 영구(營口)로 개명), 등주(登州, 후에 연대(煙臺)로 바뀌고 다시 지부(芝罘)로 대체), 대만(臺灣, 후에 대남(臺南)으로 바뀌고 다시 기륭(基隆)으로 대체), 담수(淡水, 대만 북부 기륭근처), 조주(潮州, 후에 산두(汕頭)로 대체), 경주(瓊州), 한구(漢口), 구강(九江), 남경(南京), 진강(鎮江)이었다. 다시 북경조약에서 천진(天津)이 추가되어 모두 11개 항구가 새로이 개항되었다.

76 고든(Gordon, Charles George, 1833~1885) : 영국의 군인. 중국식 이름은 꺼덩[戈登]. 1860년에 영불(英佛) 연합군의 베이징 공략에 참가하여 태평천국 운동의 진압에 활약하였다. 뒤에 이집트의 수단 총독을 지냈으며, 1885년에 수단의 반영(反英) 반란을 진압하러 갔다가 전사하였다.

장발적의 난은 무릇 15년이나 계속되었고, 그 피해를 입은 지역은 16성(省)에 6백여 성(城)에 이르렀으며 인명 피해는 2천만을 상회하였다. 이로 인하여 국력이 급격히 피폐해졌고, 변방의 수비가 소홀해져 외국의 침략이 더욱 심해졌다. 그중에서도 러시아[露西亞]가 만주를 빼앗으려는 우환이 가장 컸다.

제8장 러시아[露西亞]의 동진과 파미르(파미어) 문제

지나와 러시아의 동쪽 경계는 네르친스크(너첸스크)조약으로 이미 정해졌으나 러시아의 동방 경략은 날이 갈수록 그 도를 더하였다. 러시아는 청 세종 때 캬흐타(키아크타)합극도(哈克圖)조약[77]을 맺고 통상과 포교의 권한을 얻어냈고, 한편으로는 캄차카(캄챗가)감찰가(堪察加)를 경략하였으며, 장발적의 난을 틈타 흑룡강구(黑龍江口)를 점령하고 니콜라이스크를 건설하여 새롭게 근거지를 마련하였다. 청 조정을 협박하여 단기 4191년(1858)에는 아이훈(아이군)애혼(愛渾)조약[78]을 체결하여 흑룡강 이북을 차지하게 되었다. 또 북경조약을 맺어 우수리강 동쪽지역을 차지하고, 그 남단에 블라디보스토크해삼위(海蔘威) 항구를 개설함으로써 우리 조선과 국경을 접하게 되었다. 또 일본과 교섭하여 단기 4208년(1875)에 쿠릴열도[千島諸島]와 사할린섬[薩哈連島]화태(樺太)을 맞교환

77 캬흐타(Kyakhta)조약 : 1727년 캬흐타에서 청과 러시아가 맺은 조약. 국경 획정과 무역에 관하여 협정하였다

78 아이훈(Aihun)조약 : 1858년에 흑룡강 연안의 아이훈에서 러시아와 청이 맺은 조약. 흑룡강 좌안을 러시아령으로 하고 우안의 우수리 강에 이르는 지역을 청의 영토로 하며, 우수리 강에서 바다에 이르는 연해주 지역을 양국의 공동 관리 아래에 두도록 하였다.

하여 사할린 섬을 획득하였다. 이렇게 하여 일본해[79] 맞은편에 있는 대륙의 땅을 모두 러시아의 영토로 만들고 동방의 여러 나라를 위협하기에 이르렀다.

이상과 같이 러시아는 동아시아를 침략하였을 뿐만 아니라 중앙아시아 역시 잠식하고자 하였다. 중앙아시아 지역은 지나와 인도 사이에 위치한 요충지로, 러시아는 키르기스부(키기스部)의 시무다리아(씨어다라) 및 우랄해 사이에 있는 지역을 정복하고 점차 남하하고 있었다. 이때 중앙아시아에는 히바(키바), 부하라(쌕하라), 코칸트(코켄드)의 3 칸국이 정립하여 서로 다투고 있었다. 러시아는 이 기회를 이용하여 점차 침략의 야욕을 드러내었다. 이에 코칸트와 부하라 두 칸국이 협력하여 러시아군을 방어하다가 오히려 대패하였다. 그 결과 부하라칸은 단기 4201년(1868)에 55만 환(圜)의 배상금과 사마르칸트(삼아칸드) 이북의 땅을 할양하고, 러시아의 보호를 받을 것을 약속하고 무장해제하였다. 러시아는 또 히바칸국에서 왕위계승의 난이 일어난 틈을 타 단기4206년(1873)에 군대를 파견하여 히바를 대파하고, 배상금 2백 40만 환과 아무다리아(아무다랴) 이북의 땅을 빼앗았으며 이후로 히바를 보호국으로 삼기로 약조하였다. 코칸트칸국도 이보다 앞서 러시아의 보호국이 되었는데 이를 혐오한 코칸트인이 러시아인을 번번이 학살하자 러시아는 단기4209년(1876)에 코칸트를 쳐서 멸망시키고 그 땅을 투르키스탄[80](퉈키스탄)토이기사탄(土耳其斯坦)성(省)에 합병시켰다. 이에 러시아의 판

---

79 한국에서는 이를 동해(東海)라고 부른다. 이 저술이 간행된 1908년은 일본의 식민지화가 진행되는 시기여서 이러한 표기가 나타났다고 생각된다.

80 투르키스탄(Turkistan) : 투르케스탄(Turkestan)이라고도 표기한다. 투르키스탄은 '터키인의 땅'을 뜻하는 이란어이며, 동·서 투르키스탄으로 구분된다. 동투르키스탄은 중국의 신

도가 지나의 북서쪽 국경과 접하게 되어 갈등이 다시 발생하게 되었다.

앞서 청 고종 당시 천산 남로를 정복하였을 때 그곳의 회교도가 코칸트국으로 도망가 보호를 구하는 자가 많았다. 청에서 장발적의 난이 일어나자 이들이 옛 땅으로 침입해 들어왔다. 이 땅은 본래 회교도의 소굴인지라 이에 향응하여 봉기를 일으키니 러시아가 마침내 자국의 변경을 안정시킨다는 이름하에 이리 지방의 회교도를 정벌하고, 그 곳을 점령하였다. 단기 4204(1871)년의 일이었다.

단기 4211년(1878) 청 장군 쭤종탕이 회교도를 평정한 후, 청 정부가 러시아 측에 러시아군의 철수를 요구하였으나 러시아가 이를 받아들이지 않았다. 양국 간 전쟁의 기미가 있자 청 정부는 또 다시 쨍지쩌[曾紀澤]를 러시아에 파견하여 담판하도록 하였다. 양국은 서로 양보한 결과 호르고스강[霍爾科斯河]이리하(伊犁河)의 지류을 양국의 경계로 정하고, 청이 러시아 측에게 수비 비용 900만 루블대략 1천만 환을 지불하기로 하고 평화협정을 맺었다. 이것이 이리조약(伊犁條約)이며 단기 4214년1881, 광서 7년의 일이었다.

러시아는 청국과의 국경분쟁을 마무리하자 중앙아시아로부터 남하하여 머브를 공략하고 더 나아가 아프가니스탄으로 침입하여 헤라트(헤라트)를 압박하였다. 이보다 조금 앞선 시기에 영국의 인도 총독 오크랜드가 러시아의 남하를 우려해 아프가니스탄의 왕 무하메트(무하멧트)를 설득하여 영국과 동맹을 체결함으로써 두 나라가 함께 러시아와 페르시아를 방어하기로 하였다. 이렇게 된 연유는 일찍이 페르

장웨이우얼[新疆維吾爾] 자치구를 구성하고, 서투르키스탄에는 카자흐스탄 · 키르기스스탄 · 타지키스탄 · 우즈베키스탄 · 투르크메니스탄 · 아프가니스탄 등이 포함된다.

시아가 러시아와 갈등이 있어 영국의 후원을 얻어 러시아를 배격하였는데, 도중에 영국인이 그 후원을 포기하여 페르시아 군대가 연달아 러시아에 패하게 되었다. 이에 페르시아는 어쩔 수 없이 카스피해[裏海][81] 서안의 땅과 배상금을 러시아에 지불하고 평화를 회복한 후, 러시아와 연합하여 아프가니스탄으로 침략해 들어갔던 것이다. 그런데 아프가니스탄왕이 오크랜드의 말을 따르지 않자 단기 4172년(1839) 오크랜드가 카불(카블)로 진격해 들어가 무하메트를 폐위시키고 새로운 왕을 옹립하였다. 이런 행위가 아프가니스탄인의 원망을 사게 되어 일이 성사되지 않자 후임 인도 총독인 엘렌보로(엘넨포로)가 무하메트를 다시 옹립하고 동맹을 체결하였다.

그런데 무하메트의 사후에 뒤를 이은 왕이 은밀하게 러시아와 내통하고 영국과 맺은 동맹을 배반하자 단기 4211년(1878) 영국인이 또다시 아프가니스탄의 수도 카불로 진격해 들어가 멋대로 왕을 폐위시켰다. 이즈음에 러시아인이 중앙아시아를 경략하고 점차 남하할 야심을 품고 있는 데다가 인도에 대재해가 발생하자 영국은 아프가니스탄의 왕을 도와 러시아와 개전하려 하였다. 그런데 이때 마침 영국이 아프리카[亞弗利加洲] 수단을 원정 중이라 동방으로 신경을 쓸 수가 없었다. 이에 단기 4220년(1887) 영국이 한 발 양보할 방침을 세우고 양국의 위원이 만나 경계를 의논하여 정하고 평화의 국면으로 들어가게 되었다.

러시아가 이미 그 뜻을 아프가니스탄에서 이루지 못하자 다시 파미

81 카스피해(Caspian Sea) : 러시아 남서부, 아제르바이잔, 투르크메니스탄, 카자흐스탄, 이란 북부로 둘러싸인 세계 최대의 내해(內海). 면적 약 37만 1,000㎢, 길이 약 1,200km, 평균너비 약 300km, 호안선 길이 약 7,000km이다.

르(파미어) 지방을 점령하였다. 파미르는 지리상 아시아의 척추이며, 정치상으로도 중요한 의의를 지니고 있어서 청국, 러시아, 영국 3국의 이해 충돌 지점이었는데 특히 영국과 러시아 사이에 갈등이 심한 곳이었다. 이에 영국과 러시아 사이에 분쟁이 또 발생하자 청과 러시아는 단기 4227년(1894) 파미르에서 경계를 정하였고, 영국과 러시아는 그 다음해에 경계를 정하여 갈등 국면을 마무리하였다.

제9장 프랑스[佛蘭西]의 후인도(後印度) 경략과 청과의 전쟁

후인도[82]는 인도지나의 땅이다. 안남(安南)이 여기에 있는데 안남은 원래 교지(交趾)의 땅이다. 앞 장에서 이미 서술한 바와 같이 여씨(黎氏)가 국내를 통일하였는데 공신인 완씨(阮氏)와 정씨(鄭氏)가 서로 화합을 이루지 못하였다. 완황(阮潢)은 남쪽에 광남국(廣南國)을 세웠고, 정송(鄭松)은 여씨를 끼고 북쪽에 대월국(大越國)을 세웠다. 그런데 청 고종 때에 완문악(阮文岳)이 광남을 멸망시키고 자신을 교지 왕이라 칭하였고, 그 아우 완문혜(阮文惠)는 대월을 취하고 여씨를 멸한 후 자신을 동경(東京) 왕이라 칭하였다. 이에 여씨의 후예인 여유기(黎維祁)가 청으로 도망가 구원을 요청하자 청 고종이 완문혜를 정벌하려다가 오히려 불리한 지경에 처하였다. 그러나 완문혜가 청병이 다시 올 것을 두려워하여 청에 복종해 들어왔다.

그런데 왕족 완복영(阮福暎)이 단기 4136년(1803) 프랑스 선교사의 권

82 후인도(後印度) : 인도차이나의 다른 이름. 서양 사람들이 인도 반도보다 늦게 발견한 데서 이르는 말이다.

고를 받아들여 토지 할양과 통상을 약속하고 대신 프랑스의 도움을 받아 완문혜에 대항하였다. 얼마 안 있어 완문혜가 죽자 그의 아들을 쫓아내고 베트남[越南國]을 세웠다.

이 당시 타이[暹羅]는 바야흐로 강한 나라였다. 앞서 청 성조 초기에 그리이스인[希臘人] 콘스탄틴(콘스탠틴)이 타이에 와서 왕의 신임을 얻어 군국의 대권을 장악하고, 국왕에게 프랑스의 보호를 받으라고 설득하였다. 또 천주교를 전격적으로 선포하고, 마침내는 프랑스군을 경내로 끌어들였다. 이에 국민이 반항하게 되었는데 이러한 틈을 타서 미얀마인[緬甸人]이 침략해 들어왔다. 그러자 그곳에 재류하는 지나인 정소(鄭昭)가 동지를 규합하여 미얀마인을 격퇴하고, 타이 왕국을 부흥시킨 후 수도를 유지아로부터 방콕[盤谷]으로 천도하였다. 이것이 단기 4100년(1767)의 일로, 지금 왕조의 선조 이야기이다. 이때에 이르러 타이왕은 안남의 소요를 틈타 크메르[眞臘]로 침투하였다. 이에 크메르 왕이 베트남에 도움을 요청하였으나 베트남 왕이 타이에 패전하였으므로 크메르는 단기 4174년(1841)에 타이의 조공국이 되었다.

지난 시기 베트남 왕 완복영은 안남을 통일할 때 프랑스에게 약속했던 토지할양을 이행하지 않았다. 또 베트남 사람들이 프랑스인을 혐오하고 천주교 포교에 정치적인 의도가 있음을 의심하는 등 베트남에서는 배외사상이 크게 일어나 프랑스 선교사를 학대하고 학살하였다. 이에 프랑스는 동방 침략의 방침을 세우고 단기 4191년(1858), 프랑스황제 나폴레옹(나폴니온) 3세가 군대를 보내 베트남을 쳐서 사이공[柴棍]을 점령하였다. 3년 후 양국이 평화협정을 체결할 때 베트남은 교지지나(交趾支那) 3주(州)를 할양하고 배상금 2천만 프랑[法]을 지불하였다. 얼마 안 있어 프랑스인은 캄보디아[柬蒲塞國]캄샛디아를 보호국화하였는데 단기 4196년(1863)의 일이다. 프랑스인의 야심이 나날이 심해지자 베트남의 군신은 크게 증오심을 품고 프랑스인을 여러 차례 살해하였다. 이에 프랑스인은 단기 4207년(1874) 베트남 왕을 위협하여 기독교(基督教)천주교(天主教) 선교와 홍하(紅河) 항행의 자유권을 획득하고, 또 이러한 여러 가지 권한의 보호라는 구실로 통킹[東京] 지방에 군대를 제멋대로 주둔시켰다. 베트남 왕이 크게 노하여 프랑스와 전쟁을 할 때 장발적의 난에서 패한 장수 류용푸[劉永福][83]을 초치하고 유영복이 거느리는 흑기병(黑旗兵)으로 하여금 프랑스 군대를 방어하도록 하였다. 유영복이 잘 방어하여 프랑스 군대에 몇 차례 승리를 거두었다. 프랑스 해군 제독 쿠르베(쿠버)가 군대를 돌려 수도인 순화부(順化府)로 갑자기 쳐들어와 함락시키니 베트남 왕은 결국 통킹 지방을 할양하고 강화조약을 맺었다.[84] 이렇게 하여 프랑스의 보호국이 되었는데 단기 4216(1883)의 일이었다.

베트남이 프랑스에 통킹 지방을 할양하고 그 보호를 받게 되자 청은 종래 베트남 왕에게 책봉을 하고 번속으로 삼아왔으므로 이 화약에 이의를 제기하였다. 리훙장과 쩡지쩌를 파견하여 프랑스 장군에게 힐문하였으나 프랑스 장군은 고집불통으로 협상이 성사되지 못하였다. 프랑스인이 조약을 실행한다며 랑손[諒山]홍하의 상류 지방을 점령하려 하였다. 이에 청국 수비병이 역으로 쳐들어가 대파함으로써 베트

83 류용푸(劉永福, 1837~1917) : 청 말기의 민족 운동 지도자. 태평천국 운동 후에 베트남으로 피신하여 흑기병을 조직하고 프랑스의 침략에 대항하였으며, 청일전쟁 후에는 일본의 대만 영유(領有)에 반대하여 항일 운동을 벌였다.

84 1883년 8월 25일 베트남과 프랑스 사이에 체결된 전문 25개조의 '신보호조약(新保護條約)'(일명 順化條約)을 가리킨다.

남과 프랑스 사이에 맺은 화친조약이 파기되었다. 프랑스인이 배상금으로 1천2백만 프랑을 요구하였으나 청은 이를 질책하며 배척하였다. 마침내 프랑스 장군 네크리엘이 랑손을 함락하고 진남(鎭南)으로 침입해 들어왔고, 해군 장수 쿠르베는 복건함대를 격파하고 대만을 봉쇄하여 청 조정을 위협하였다. 때마침 프랑스에서는 주전파(主戰派) 내각이 국론의 반대에 부딪혀 전복되고 새로운 내각이 조직되어 외교정책이 일변하고 있었다. 게다가 영국이 중간에 서서 조정을 시도하였고, 청 장군 펑쯔차이[馮子材]가 랑손을 회복하니 쿠르베가 팽호도에서 분에 못이겨 죽었다. 이렇게 되자 단기 4218년(1885) 6월, 리훙장이 프랑스공사와 천진에서 강화조약을 체결하였다. 프랑스는 배상금의 요구를 철회하였고, 청은 베트남의 주권을 포기하였다. 이에 프랑스는 2년 후 프랑스령 인도지나를 세우고 사이공에 총독을 설치하였으며 더 나아가 타이와 미얀마를 도모하였다.

이보다 앞서 타이 왕은 유럽 여러 나라와 통상하며 개국의 방침을 세웠다. 지금왕 출라롱콘 1세[85]가 서양의 문화를 받아들여 국내 정치를 개량하고 있을 때 프랑스가 통킹 지방을 점령한 후 야심을 드러내면서 메콩강 동안 지방은 원래 크메르와 베트남에 속하였던 곳이니 할양하라고 타이 왕을 위협하였다. 타이 왕은 이에 굴하지 않고 개전하고자 하였으나 적을 대적하기 힘든 것을 깨닫고 드디어 단기 4226년(1883) 메콩강으로써 프랑스와 타이의 경계로 삼고 배상금 5백만 프

85 출라롱꼰(1853~1910, 재위 1868~1910) : 라마 5세라고도 한다. 타이의 국왕이자 차크리 왕조의 5번째 군주이다. 그는 1868년 왕위에 올랐으며, 영국와 프랑스의 압박 속에서도 근대화를 이루었다.

량을 지불하였다.

당시 영국은 일찍이 미얀마를 합병하고 메콩강 상류를 끼고 있었으므로 지나 운남 지방과의 교통을 독점하고자 하였다. 그런데 이제 프랑스가 메콩강 동쪽 지역을 획득하였으므로 영국의 이익을 침해할 우려가 발생하자 이의를 제기하였다. 결국 메콩강 상류에 50마일[英哩]의 중립지대를 두기로 영국과 프랑스가 합의하고 일이 마무리 되었다.

제10장 일본의 명치유신(明治維新)

도쿠가와 이에야스[德川家康][86]는 도요토미 히데요시[豊臣秀吉][87]의 뒤를 이어 정권을 잡고 에도[江戶]에 막부(幕府)를 연 후 대대로 장군이 되었고, 막부를 유지하기 위한 필연적인 정책으로써 쇄국주의를 견지하였다. 통교하는 서양인과 포교하는 서양인을 남만(南蠻)이라 지칭하였으며 또 바다 건너 해외로 가는 것을 금하였다. 이때 네덜란드인이 일본과의 무역을 독점하였는데 영국인이 와서 네덜란드인과 다투다가 패하여 물러났다.

단기 4171년(1838), 네덜란드인이 와서 개국 통상을 요구하였으나 막부는 받아들이지 않고 오히려 외국 함대를 격퇴하라고 명령하였다. 단기 4186년(1853), 미국[北米合衆國]의 페리(퍼리, M.C.Perry)가 군함을 거느리

86 도쿠가와 이에야스[德川家康, 1543~1616] : 에도막부의 초대 장군(쇼군). 처음에 도요토미 히데요시의 밑에 있었으나 그가 죽은 뒤 도요토미 일족을 멸하고 전국(戰國)을 제패하여 에도 막부를 세웠다.

87 도요토미 히데요시[豊臣秀吉, 1536~1598] : 일본의 무장 · 정치가. 일본을 통일하고 중국 대륙 침략의 야망을 실현하기 위하여 우리나라를 공격하여 임진왜란을 일으켰으나 실패하였다.

고 우라가[浦賀]에 와서 통상을 청하자 막부는 다음해에 회답하겠다고 답신을 보내고 돌려 보냈다. 이어서 프랑스, 영국, 러시아, 네덜란드 등이 계속하여 통상을 청하여 왔다. 또 미국 공사 해리스(T.Harris)가 조약을 촉구하였는데 이이 나오스케[井伊直弼]가 외교의 난국에 처하여 단기 4191년(1858) 칙허를 기다리지 않고 미국 등 5개국과 통상조약을 체결하여 나가사키[長崎], 함관(函館), 가나가와[神奈川], 효고[兵庫], 니이가타[新瀉]의 5개 항구를 개항하기로 약속하였다. 이에 존왕양이론(尊王攘夷論)이 크게 일어나 막부를 폐하고자 도모하며 나오스케를 암살하였다.

단기 4195년(1862), 양이당(攘夷黨)의 우두머리인 조슈번[長州藩]의 번주 모리 다카치카[毛利敬親][88]가 프랑스, 미국, 네덜란드의 선박이 아카마가세키[赤間關][89] 해협을 지나가는 것을 포격하였다. 이에 다음해 영국, 프랑스, 미국, 네덜란드의 연합군이 아카마가세키를 포격하여 그 위세가 대단하였다. 막부는 배상금 3백만 달러[弗]를 지불하고 겨우 평화를 회복하였다.

이에 조슈번과 사쓰마번[薩摩藩]은 외국인에게 대적할 수 없음을 비로소 깨닫고 양이론을 포기하였다. 이때 조슈번의 난이 일어났는데 막부가 이를 치다가 대패하자 사쓰마번이 조슈번과 힘을 합하여 근왕토막(勤王討幕)[90]의 병사를 일으켰다. 이때 막부는 권위가 완전히 땅에 떨어졌으므로 장군 도쿠가와 요시노부[德川慶喜][91]가 마침내 단기 4200

---

88 모리 다카치카[毛利敬親, 1819~1871] : 조슈번의 14대 영주(1837~1869). 저자가 '毛利慶親'으로 오기한 것을 바로잡았음.

89 시모노세키[下關]의 옛 지명이다. 일본 혼슈 야마구치현의 최대도시. 혼슈와 규슈[九州] 사이의 시모노세키 해협에 자리잡은 전략적 요충지이다. 예전에는 아카마가세키[赤間關] 또는 바칸[馬關]이라 불렸다.

90 근왕토막(勤王討幕) : 천황을 모시고 막부를 토벌하자는 입장.

년(1867) 싸우지 않고 평화롭게 정권을 지금의 황제에게 갖다 바치니[奉還] 이에 막부의 제도가 폐지되었다.

그러나 도쿠가와의 신하가 불만을 품고 간토[關東] 각지에서 군사를 일으켰는데 에노모토 타케아키[榎本武揚]와 오토리 게이스케[大鳥圭介][92] 등이 그 우두머리였다. 이들은 전술에 능하여 잘 방어하였으나 마침내 항복하였다.

일본은 오랜 세월 유지되던 섭관막부(攝關幕府)[93]가 폐지되고 황제가 친정하면서 봉건제도를 없애고 군현제를 실시하였는데 이것이 바로 명치유신(明治維新)이다. 즉위 원년 즉 단기 4201년(1868) 에도[江戶]로 천도하여 도쿄[東京]라고 개칭하였으며 외국의 문화와 제도를 받아들이기 위하여 이와쿠라 도모미[岩倉具視],[94] 오쿠보 도시미치[大久保利通],[95] 이토 히로부미[伊藤博文][96] 등을 유럽 및 아메리카 여러 나라로 파견하여 시

91 도쿠가와 요시노부[德川慶喜, 1837~1913] : 도쿠가와 막부의 마지막 장군. 본명은 도쿠가와 게이키. 막부를 무너뜨리고 왕정복고를 이룩한 비교적 평화적인 정권교체인 명치유신(明治維新, 1868)의 달성에 일익을 담당했다

92 오토리 게이스케[大鳥圭介, 1833~1911] : 일본의 정치가. 도쿠가와 막부 군대의 서양식 훈련을 담당하였고, 뒤에는 중국 청나라와 조선의 공사(公使)로 부임하였으며 추밀원(樞密院)의 고문이 되었다.

93 섭관막부(攝關幕府) : 일본 헤이안시대[平安時代] 이후 천황의 실권이 섭정이나 관백(關白)에게 넘어갔고, 특히 12세기 말 이후의 가마쿠라 막부, 무로마치 막부, 에도 막부가 등장하면서 천황의 실권은 장군(쇼군)에게 넘어갔다. 이렇게 천황에게 실권이 없고 섭정, 관백, 장군이 실권을 장악한 상태를 표현한 말이다.

94 이와쿠라 도모미[岩倉具視, 1825~1883] : 일본의 정치가. 명치 행정부에서 가장 강력한 지도자 가운데 한 사람. 1871년 48명의 정부 주요 인사들로 구성된 사절단을 이끌고 미국 및 유럽 국가들을 순방하였다.

95 오쿠보 도시미치[大久保利通, 1830~1878] : 메이지 시대에 활약했던 일본 사쓰마번 출신의 정치가. 메이지유신을 이끌었던 유신삼걸 중 하나였으며 근대 일본 건국에 크게 공헌한 인물이다.

96 이토 히로부미[伊藤博文, 1841~1909] : 일본의 정치가. 막부 정권 타도에 앞장섰으며, 총리대신과 추밀원 의장을 지냈다. 주한 특파대사로서 을사조약을 강제로 체결하였으며, 1905년에 초대 조선통감으로서 우리나라 국권 강탈을 준비하던 중, 1909년에 하얼빈에서 안중근 의사에게 피살되었다.

찰하도록 하였다.

이에 앞서 일본이 조선에 사신을 파견하여 화친을 종용하였지만 조선정부가 받아들이지 않자 사이고 다카모리[西鄕隆盛], 이타가키 다이스케[板垣退助], 고토 쇼지로[後藤象次郎] 등이 정한론(征韓論)[97]을 주장하며 태정대신(太政大臣)인 산조 사네토미[三條實美]를 협박하였다. 이에 이르러 이와쿠라 도모미 등이 돌아와 대세에 합당치 않음을 파악하고 그들의 뜻에 거절하자 다카모리 등이 관직을 내놓고 고향으로 돌아가 가고시마[鹿兒島]에 군사학교를 세우고 사관을 양성한 후에 구마모토[熊本]에서 군대를 일으켰다.[98] 단기 4210년(1877)의 일이다.

사이고 타카모리는 육군대장으로 명치유신의 으뜸가는 공훈자로서 크게 인망을 얻고 있었다. 이런 자가 군사를 일으키니 따르는 자가 많았다. 이에 일본정부는 아리스가와 노미야[熾仁親王]를 총독으로, 야마가타 아리토모[山縣有朋][99]와 가와무라 수미요시[河村純義]를 참군으로 임명하고, 구로다 기요타카에게 명하여 함께 토벌에 나서도록 하였다. 이에 반란 세력을 가고시마에서 포위하니 다카모리가 전사하였고, 그를 따르던 무리가 모두 항복하였다.

---

97 정한론(征韓論) : 1870년대를 전후하여 일본 정계에서 일어났던 조선 정복에 관한 주장.

98 서남전쟁(西南戰爭) : 1877년 현재의 구마모토 현, 미야자키 현, 오이타 현, 가고시마 현에서 사이고 다카모리가 맹주로서 주도하여 일으킨 사무라이의 무력 반란으로, 명치 초기에 일어난 일련의 사무라이 반란 중 최대 규모였으며 일본 역사상 마지막 내전이 되었다.

99 야마가타 아리토모[山縣有朋, 1838~1922] : 일본의 군인, 정치가. 20세기 초반 일본이 강대한 군국주의 국가로 출현하는 데 큰 영향력을 행사했던 인물로, 의회 체제 하에서 최초의 총리를 역임했다.

제11장 한(韓) · 일(日) · 청(淸)의 관계 및 일청전쟁(日淸戰爭)

조선은 청과 화약을 체결한 후로 줄곧 청에 세폐를 바쳤다. 태황제[100] 즉위 초에 프랑스와 미국이 함대를 거느리고 조선에 와서 통상을 강요하면서 자주 해안을 포격하였다. 이에 조선군이 격침시키자 양국이 청국 정부를 향하여 힐문하였다. 이는 여러 나라들이 조선과 청의 관계를 오해한 데에서 비롯된 것이다. 청 정부는 이에 대하여 회답하기를 조선은 독립국으로 그 외교를 청정부가 간섭할 바가 아니라고 하였다. 여러 나라들이 비로소 조선이 독립국임을 깨닫게 되었다.

단기 4209년(1876), 일본이 구로다 기요타카[黑田淸隆][101]을 조선에 파견하여 강화에서 통상조약[102]을 체결하고 부산, 원산, 인천의 3항을 개항하게 하고, 조선이 자주독립국임을 확인하였다. 이후 영국, 독일[日耳曼]저마니, 프랑스, 러시아, 미국이 뒤이어 와서 통상조약을 체결하였다.

이보다 앞서 일본 류큐[琉球]의 어민들이 대만에 표류하였는데 대만의 원주민들이 살해하였다. 이 일로 일본정부는 청국 정부를 향해 내막을 물어보다가 뜻을 이룰 수 없자 사이고 쓰구미치[西鄕從道][103]를 보

---

100 고종이 1897년 대한제국을 세우고 국체를 황제국으로 하였기에 고종을 태황제로 호칭한 것이다.

101 구로다 기요타카[黑田淸隆, 1840~1900] : 일본의 정치가. 메이지유신의 공신으로, 1876년 강화도 조약에 전권대사로 참석하였다.

102 강화도조약 : 공식 명칭은 '조일수호조약(朝日修好條約)'이며, '병자(丙子)수호조약'이라고도 한다. 강화도 운요호사건을 계기로, 군사력을 동원한 일본의 강압에 의해 맺어진 12개조로 된 불평등 조약이다.

103 사이고 쓰구미치[西鄕從道, 1843~1902] : 일본의 정치가. 1869년 유럽으로 건너가 군사조직을 공부, 1874년 육군 중장이 되어 타이완 출병을 지휘하였으며, 해군대신, 내무대신을 역임하였고, 1895년 후작이 되었다.

내 단기 4207년(1874) 원주민을 정복하였다. 이에 대하여 청이 이의를 제기하자 일본은 오쿠보 도시미치[大久保利通]를 청으로 파견하여 담판하도록 하였다. 그 결과 일본이 배상금 50만 량을 획득하고 대만에서 군대를 철수하였는데 이후로부터 일본과 청 양국의 감정이 점점 나빠지게 되었다.

단기 4215년(1882), 조선에서 군란이 일어나 경성에 주재하는 일본 공사관을 불태우자 조선이 청의 군대를 빌려서 반란을 일으킨 무리를 진압하였다.[104] 이에 일본은 하나부사 요시카타[花房義質][105]를 조선에 파견하여 배상금 40만 환(圜)을 요구하고 경성의 일본 공사관에 일본 수비병을 주재시키기로 약정하였다.

세계의 추세가 쇄국할 수 없는 방향으로 나아가고 있음을 간파한 조선의 청년은 내정을 개혁하고 세계에 독립의 기상을 드러내고자 하였으나 보수당이 굳건하게 세력을 장악하고 이를 차단하였다. 이에 단기 4217년(1884) 독립당의 김옥균(金玉均),[106] 박영효(朴泳孝)[107] 등이 일

---

104 임오군란(壬午軍亂) : 1882년인 임오년에 구식 군대의 군인들이 신식 군대인 별기군과의 차별 대우와 밀린 급료에 불만을 품고 군제 개혁에 반대하며 일으킨 난리. 이를 계기로 다시 정권을 잡은 대원군은 여러 가지 개혁을 단행하는 등 사태 수습에 노력하였으나 결국 실패하여 청나라에 압송되었으며, 조정은 일본과 제물포 조약을 맺게 되었다.

105 하나부사 요시카타[花房義質, 1842~1917] : 일본 외교관. 1871년 일본 공사관 서기생으로 조선에 들어와 인천을 개항하기 위하여 힘썼으며, 결국 제물포 조약을 체결하였다. 뒤에 일본 적십자사장, 추밀원(樞密院) 고문을 지냈다.

106 김옥균(金玉均, 1851~1894) : 고종 때의 정치가. 자는 백온(伯溫). 호는 고균(古筠) · 고우(古愚). 근대 부르주아 혁명을 지향했던 급진 개화파의 지도자로 갑신정변을 주도하였으며, 개화사상의 형성에 크게 기여하였다. 1894년 중국 상해에서 자객 홍종우(洪鍾宇)에게 살해되었다. 저서에 『기화근사(箕和近事)』, 『치도약론(治道略論)』, 『갑신일록(甲申日錄)』 등이 있다.

107 박영효(朴泳孝, 1861~1939) : 조선 후기의 친일 정치가. 자는 자순(子純). 호는 춘고(春皐) · 현현거사(玄玄居士). 정치적 혁신을 부르짖어 김옥균 등과 개화당을 조직하여 갑신정변을 일으켰으나 사대당(事大黨)에 패하여 일본으로 망명하였다. 귀국하여 김홍집 내각의 내무 대신, 이완용 내각의 궁내부 대신을 지냈다. 국권 강탈 후 일본으로부터 후작(侯爵)을

본 병사를 빌려서 보수당을 제거하려 하였으나 청병이 보수당을 지원하여 실패하고 일본으로 도주하였다.[108] 이때에 경성의 일본 공사관이 또다시 불에 탔다.

일본 정부는 이노우에 가오루[井上馨][109]를 조선 정부에 파견하여 배상금 13만 환을 요구하고, 이토 히로부미[伊藤博文]를 청국에 파견하여 청국의 전권대신 리훙장과 천진에서 회담하도록 하였다.[110] 그 결과 조선에 주재하는 양국의 군대를 동시에 철수하고 훗날 다시 파병할 때에는 양국이 서로 통지하기로 협약을 체결하였다. 단기 4318년(1885)의 일이었다.

천진조약을 맺은 지 9년째 되는 해인 단기 4227년(1894), 조선에서 동학(東學)의 난이 발생하였다.[111] 조선 정부가 청국에 도움을 청하였고, 청 정부는 이에 응하여 군대를 파견하였다. 이에 일본 정부가 천진조약의 약속을 실행에 옮기겠다고 통고하자 청 정부는 일본의 뜻을

받고 중추원 고문에 임명되었다.

108 갑신정변(甲申政變) : 1884년 김옥균, 박영효 등의 개화당이 민씨 일파를 몰아내고 혁신적인 정부를 세우기 위하여 일으킨 정변. 거사 이틀 후에 민씨 등의 수구당과 청나라 군사의 반격을 받아 실패하였다.

109 이노우에 가오루[井上馨, 1836~1915] : 일본의 정치가. 제1차 이토[伊藤] 내각의 외상과 농상무상, 내상, 장상 등을 지냈으며, 1876년에 전권대사로 우리나라와 강화도조약을 맺고, 임오군란 때에는 일본 대표로 우리나라와 한성조약을 맺었다.

110 천진조약(天津條約) : 조선의 갑신정변이 청의 개입으로 실패하자, 조선에 대한 청의 영향력 확대를 우려한 일본이 이토 히로부미를 전권대사로 천진에 보내 이홍장과 담판을 지어 1885년 4월 전문 3개조의 '천진조약'을 체결하였다. 3조에서, 조선에 병란이 일어나 파병할 경우 쌍방이 미리 통보하고 사후 즉시 철병하기로 합의하였다.

111 오늘날 학계에서는 '동학농민운동'으로 지칭한다. 1894년 동학 지도자들과 농민이 일으킨 무장 봉기를 가리키며, 음력 3월의 고부 봉기(제1차)와 음력 9월의 전주 · 광주 궐기(제2차)로 나뉜다. 동학농민전쟁(東學農民戰爭), 동학농민혁명(東學農民革命)으로도 불리며, 갑오년에 일어났기 때문에 갑오농민운동(甲午農民運動), 갑오농민전쟁(甲午農民戰爭)이라고도 한다. 청일 전쟁의 직접적인 원인이 되었다.

거절하면서 조선이 청의 속국이기 때문에 군대를 보내는 것이라 했다. 일본 정부는 청 정부가 조약을 위반한 것을 분하게 여겨 조선으로 군대를 파견하였다. 이렇게 해서 양국 사이에 전쟁의 서막이 열렸고, 이는 다년 간에 걸쳐 쌓여온 나쁜 감정이 일시에 터진 것이었다.

일본 군대가 조선에서 청병을 여러 차례 격파하고 승승장구하며 전진해 요동(遼東)을 함락하였다. 일본 해군은 청의 북양함대를 황해에서 격파하고 위해위(威海衛)에서 대승리한 후 육군과 해군이 상호 협력하여 북경을 함락하고자 하였다. 이에 청의 조정이 어쩔 수 없이 리훙장을 전권대신으로 삼아 일본으로 파견하였다. 단기 4228년(1895) 4월, 일본측 전권대신 이토 히로부미와 무쓰 무네미쓰[陸奧宗光]가 시모노세키[馬關]적간관(赤間關)에서 리훙장과 회담하고 강화조약을 체결하였다. 그 조건은 첫째, 청국은 조선이 독립국임을 확실히 인정할 것, 둘째, 청국은 일본에 요동반도와 대만 그리고 팽호열도를 할양할 것, 셋째, 사시(沙市), 중경(重慶), 항주(杭州), 소주(蘇州)를 개방하고 배상금 2억만 량을 지불하는 것이었다. 이를 약속하고 전쟁을 종결하였다.

이때 러시아는 크리미아전쟁[112]에 패배한 후 유럽 쪽으로 진출하려던 뜻을 접고, 또 중앙아시아에서도 영국으로 인해 야심을 채울 수 없게 되어 오로지 동아시아로만 전력을 기울이고 있었다. 러시아가 블라디보스톡을 태평양 진출의 근거지로 삼고, 시베리아(사이쎄리아)서백리아(西伯利亞)철도를 건설하는 데에 전력하며 남하의 의지를 불태우고 있

112 크리미아(Crimea)전쟁 : 일명 크림전쟁. 1853년 제정 러시아가 흑해로 진출하기 위하여 터키, 영국, 프랑스, 사르디니아 연합군과 벌인 전쟁. 1856년 러시아가 패배하여 남진 정책이 좌절되었으며, 나이팅게일의 간호 활동으로 잘 알려져 있다.

는 바로 그때 요동반도가 일본에게 넘어가게 된 것이었다. 몹시 실망한 러시아는 마침내 프랑스와 독일을 끌어 들여 연합하고는,[113] 요동이 일본의 수중에 들어가면 극동의 평화가 위협받게 된다는 구실로 이의를 제기하며 요동반도를 청에 되돌려 주라고 위협하였다. 일본은 어쩔 도리가 없어 원한을 품은 채 되돌려주는 대가로 배상금 3천만 량을 받고 요동반도를 청에 환부하였다.

제12장 청국의 내란과 외침

청일전쟁 결과, 오랜 전통을 지닌 대국 청의 쇠약함이 전 세계에 드러났고, 이후 청은 유럽 여러 나라 간 이권 쟁탈의 각축장이 되었다. 제일 먼저 프랑스가 요동반도를 반환시키는 데에 힘을 쓴 대가로, 광동(廣東), 광서(廣西), 운남의 광산채굴권을 획득하였다. 일청강화(日淸講和)와 같은 해. 러시아는 단기 4229년(1896), 시베리아철도와 연결되는 만주철도의 부설권을 획득하였다. 다음해 독일의 선교사가 산동성에서 살해되는 사건[114]이 발생하였다. 독일은 이에 대해 배상금을 얻어내고, 또 군대로 교주만(膠州灣)을 점령한 후 99년 간의 조차권[租領權][115]을 획득하였으며, 산동성에서 광산채굴권 및 철도부설권도 획득하였다. 영국은 청 조정을 협박하여 양자강(楊子江)[116] 연안을 다른 어느 나라에도

---

113 삼국간섭(三國干涉) : 1895년에 러시아, 프랑스, 독일이 간섭하여, 일본이 청일전쟁의 결과로 얻은 요동(遼東) 반도를 청나라에 돌려주게 한 것을 가리킨다.

114 1897년 산동성 조주부(曹州府) 거야현(鉅野縣)에서 독일인 선교사 2명이 중국인에게 피살된 거야교안(鉅野教案)을 가리킨다.

115 조차(租借) : 조약에 의해 한 나라가 다른 나라 영토의 일부를 빌릴 경우 그 지역을 조차지(租借地)라 한다. 조차국은 조차지의 사법, 입법, 행정을 장악하고 군대를 주둔시킨다.

대여하거나 할양하지 않겠다는 약속[117] 을 얻어냈다.

그러나 열강은 여전히 이에 만족하지 못하였다. 단기 4231년(1898), 러시아는 여순구(旅順口)와 대련만(大連灣)을 25년 간 조차하였다.[118] 이곳은 앞서 극동의 평화를 위해서라는 구실로 일본에게 압력을 가해 청에 돌려주도록 한 요동반도에 있는 지역이다. 이곳이 결국 평화를 운운하던 자의 수중으로 들어가게 되니 러시아는 동양에서 부동항을 획득하게 되었다. 그러자 영국도 러시아와 균형을 이루기 위하여 25년 간 위해위를 조차하였고, 프랑스도 같은 기간으로 하여 광주만(廣州灣)을 조차하였다. 영국은 홍콩[香港] 부근의 땅을 조차하고,[119] 남중국[南淸] 지방과 미얀마 방면을 연결하는 철도부설권을 획득하였다. 프랑스는 또다시 통킹철도를 운남으로 연장하는 철도부설권 및 광동·광서·운남의 3성을 다른 나라에 할양하지 않겠다는 약속을 받아냈다. 일본은 복건성을 다른 나라에 할양하지 않겠다는 약속을 받아냈다.

이상에서 본 바와 같이 청국은 패전한 후에 열강의 위협 아래 손해가 막심하여 나라를 보존하기 어려운 지경에 이르렀다. 이에 뜻있는 자들이 분함을 참지 못하고 분연히 일어나 변법자강(變法自强)을 제창하였는데[120] 남중국 지방에서 그 기세가 가장 강하였다. 광동의 유생

116 양자강(楊子江)은 양자강(揚子江)의 오기이다.

117 역사적인 용어로는 불할양선언(不割讓宣言)이라 한다. 불할양선언이란, 세력범위를 설정하는 표현 방식의 하나로, 중국이 일정한 지역을 어떤 다른 나라에도 할양하지 않겠다는 것을 특정 국가에게 선언해 주는 것이다. 이는 결국 그 지역이 불할양선언을 받은 특정국의 세력범위임을 중국이 인정하는 것이다.

118 러시아는 1898년 3월 청과 '여대조지조약(旅大租地條約)'을 체결하여 여순과 대련을 조차하고 아울러 동청철도의 남만지선(南滿支線) 건설권도 획득하였다.

119 홍콩의 구룡반도(九龍半島)를 99년 간 조차한 것을 가리킨다.

120 변법자강운동(變法自强運動) : 1898년 중국의 개혁적 지식인과 일부 고위 관료가 중심이 되

캉유웨이[康有爲]는 이 같은 개혁을 부르짖는 무리의 총수로, 여러 차례 상소를 올려 개혁의 필요성을 진술하였다. 황제가 이를 경청하고 캉유웨이를 등용시켜 단기 4231년(1898) 신정(新政)을 시행하도록 하였다. 그러나 그 개혁이 지나치게 급진적이라 조정의 구신(舊臣)과 대신 및 만주인이 이에 불만을 품고 실행을 방해하였다. 캉유웨이를 축출하고, 그를 따르는 명사를 살육하였으며 서태후(西太后)를 받들어 정치를 총괄하게 하고 광서제(光緖帝)를 유폐시켰다.

청의 국권이 쇠약해지는 가운데 단기 4233년(1900), 내란이 또 일어났다. 의화단비(義和團匪)의 난[121] 으로, 기독교를 배척하고 외국인을 박멸하는 것을 그 주된 목적으로 삼았다. 처음 산동에서 시작되어 차츰 퍼져나갔는데 청 정부가 진압하지 않았을 뿐 아니라 황실 친척인 단군왕(端郡王)이 오히려 원조하는 형세였다. 이로 인하여 그 세력이 나날이 강해져 마침내 북경으로 진출하여 관군과 합세해서 열국의 공사관을 습격하고 외국인을 살해하기까지 이르렀다.

이에 일본, 영국, 미국, 프랑스, 독일, 러시아, 이탈리아, 오스트리아

어 일어난 정치 · 사회 제도의 개혁운동으로, 무술 변법이라고도 한다. 과거제 개혁과 서양식학교 설립, 산업의 보호 육성, 헌법제정, 국회 개설 등을 목표로, 주요 도시에 학교를 설립하고 신문을 발행하여 관료나 독서인층을 대상으로 계몽, 선전 활동을 펼쳤다. 광서제는 캉유웨이, 량치차오, 탄쓰퉁 등 변법파를 등용하여 그들의 주장을 실행하였으나 이 운동은 서태후의 쿠데타로 좌절되고, 캉유웨이와 량치차오는 망명하였다.

121 저자는 '의화단비의 난'이라 하였으나 오늘날은 '의화단운동'이라 한다. 이 운동을 보는 오늘날의 시각이 저자와 많은 차이가 있어 이하 간략히 덧붙인다. 19세기말 제국주의 열강이 경쟁적으로 중국을 침탈하고 세력범위를 획정하자 이에 대항하여 중국 화북지역 민중이 일으킨 반제운동(反帝運動)을 가리켜 의화단운동이라 한다. 의화단운동이 일어나자 러시아, 영국, 일본 등 8개국이 자국민을 보호한다는 명분으로 8개국 연합군을 조직하여 천진과 북경으로 진격하였다. 1900년 6월 21일, 중국정부가 이들 연합군을 상대로 선전포고를 단행하여 소위 의화단운동진압전쟁이 발발하였다.

의 8국이 연합군을 조직하여 대고(太沽)를 점령하고 천진을 함락한 후 북경으로 들어와 공사관과 거류민을 보호하였다. 이때 청 황제 및 서태후는 서안부(西安府)옛 장안(長安)로 도피하여 난을 피하였다. 경친왕(慶親王)과 리훙장이 열강의 사신과 만나 배상금 4억 5천만 량을 지불하고, 난을 일으킨 우두머리를 목 베고, 사죄사절을 파견하기로 합의하는 강화조약[122]을 맺었다. 단기 4234년(1901)의 일이었다.

이후 청 황제와 서태후는 북경으로 돌아왔으며 새롭게 바꾸려는 개신의 기풍이 일어나게 되었다. 그리하여 근년에 이르러서는 외국의 제도를 받아들이는 데에 힘쓰고 있으나 보수의 잔재가 아직 강고히 남아 있다.

제13장 일로전쟁(日露戰爭)과 동양의 현세

청국에서 단비(團匪)의 난이 일어났을 때 러시아는 만주로 진군하여 요지를 점령하고 그곳을 러시아의 판도로 삼고자 하였다. 일본과 영국 등이 항의하며 철병할 것을 요구하였으나 러시아는 평화가 회복된 후에 철병하겠다고 답변하였다.

이보다 앞서 조선은 청일전쟁 후 독립 선언을 세계에 공포하고, 광범위하게 내정을 개혁하였다.[123] 이때 일본인을 고문으로 초빙하여

122 의화단운동진압전쟁 결과, 청과 11개국이 1901년 체결한 '신축각국조약(辛丑各國條約)' (통칭 신축조약)을 가리킨다. 전문 12개조와 19개 부건(附件)으로 이루어져 있다.

123 저자는 마치 조선이 전쟁에서 승리하여 스스로 독립을 쟁취하고 세계를 향해 독립국임을 선포한 양 서술하고 있으며 또한 조선이 자주적으로 내정개혁을 단행한 것처럼 서술하고 있다. 그러나 실상은 청일 간 맺은 시모노세키 조약 제1조에서 '청국은 조선국이 완전한 자주독립국임을 인정한다'고 하여, 청의 조선에 대한 종주권을 부정한 것일 뿐이다. 그리고 조

점차 개혁을 추진하였다. 단기 4229년(1896), 러시아의 경성주재 공사가 은밀히 조선 개혁당의 내각을 전복하고 오히려 자국의 권력을 확장시켰다.[124] 이에 일본은 러시아와 협상조약을 체결하고 한국의 주권과 독립을 확인시켰다. 조선은 이 해 국호를 한(韓)으로 바꾸고 제국(帝國)이 되었다.[125]

러시아가 동양에 대하여 야심을 품은 것은 하루 이틀의 일이 아니었다. 한국과 청 양국에 대한 러시아의 정략은 갈수록 음험하고 폭압적이었으므로 열강이 모두 경계하였다. 이에 일본이 동양의 대국면을 장악하기 위하여 영국과 동맹을 체결하였는데 단기 4235년(1902)의 일이었다.[126]

일본과 영국 사이에 동맹이 체결되자 러시아는 어쩔 수 없이 18개월 이내에 만주로부터 철병을 하겠다고 선언하였다. 그러나 이는 단

선의 내정 개혁은 청일전쟁에서 승리한 일본이 조선의 친일적 개화세력을 통하여 주도적으로 추진하였음은 이미 잘 알려져 있다.

124 을미사변이후 친일세력에 위협을 느낀 고종이 당시 일본과 대립하고 있던 러시아의 힘을 빌리고자 러시아 공사관으로 거처를 옮긴 아관파천(俄館播遷, 1896.2.11~1897.2.20)이 있었다. 이를 계기로 조선의 정치적 국면이 바뀌어 친일내각의 김홍집과 어윤중 등이 살해되고, 유길준이 일본으로 망명하였으며 이범진 등의 친러내각이 성립되었다. 저자는 이러한 상황을 생략하고 오직 러시아 공사에 의해 조선의 내각이 전복된 것으로 설명하고 있어 오해의 소지가 다분하다.

125 일본과 러시아가 협상을 체결하여 한국의 주권과 독립을 상호 확인한 것은, 1898년 4월에 주일 러시아 공사 로젠과 일본 외상 니시[西德二郎]가 맺은 '로젠-니시협정'에서이다. 조선이 국호를 대한제국으로 바꾼 것은 1897년이다. 저자가 연도에서 착오를 하였다.

126 제1차 영일동맹 : 1902년 영국과 일본이 러시아를 공동의 적으로 하고 동아시아의 이권을 분할하려고 체결한 조약이다. 전문은 6개조로, 주요내용은 ① 영 · 일 양국은 한 · 청 양국의 독립을 승인하고 영국은 청에, 일본은 한국에 각각 특수한 이익을 갖고 있으므로 제3국으로부터 그 이익이 침해될 때는 필요한 조치를 취할 것, ② 영 · 일 양국 중 일국이 전항의 이익을 보호하기 위해 제3국과 개전할 때 동맹국은 중립을 지킬 것, ③ 위의 경우에서 제3국 혹은 여러 나라들이 일국에 대해 교전할 때 동맹국은 참전하여 공동 작전을 펴고 강화도 서로의 합의에 의해서 할 것 등이었다.

지 외면적인 허언에 불과하였고 실행에 옮겨지지는 않았다. 게다가 한국의 북쪽 경계를 침입하고 위협하며 일로협상(日露協商)을 위반하였다. 또한 일본이 러시아에 만주철병조약[127]을 실행하도록 누차 교섭하였으나 러시아는 이에 아랑곳하지 않고 만주지방에 육군과 해군의 군비를 더욱 증강시켰다. 이렇듯 평화의 우의를 고려함이 없이 적의가 명백히 드러나는 데에다 조정을 시도할 여지가 없게 되자 일본은 어쩔 수 없이 단기 4237년(1904) 러시아에 교섭 단절을 통지하였다. 이어 인천과 여순구에서 해군이 충돌하여 일본이 승리하였으며 양국의 황제는 마침내 개전을 선포하였다.

양국이 개전을 선포하자 일본의 해군이 여순구를 봉쇄하고 포위 공격을 단행하였으며 6개월 만에 여순을 함락하였다. 또한 동으로 항해해오는 러시아의 발틱(쌜틱)함대를 대마해협(對馬海峽)에서 섬멸하여 동양 해상에서 러시아의 전투력을 완전히 꺾었다. 이러는 사이 일본의 육군은 압록강변으로부터 북진하여 요동에서 싸웠는데 사하(沙河), 요양(遼陽)에서 크게 승리하고 마침내 봉천을 함락하였다. 또 다른 육군부대는 사할린[薩哈連][128] 즉 가라후토[樺太島]를 점령하였다.

이와 같이 러시아가 해상과 육지에서 연전연패하자 미국의 대통령 루즈벨트가 세계의 평화를 중히 여겨 중간에서 조정을 시도하며 평화를 권하였다. 이에 양국에서 각각 사절을 파견하여 협의하였다. 단기

127 여기서 만주철병조약이란 1902년 4월 8일 청과 러시아 사이에 체결된 '중아교수동삼성조약(中俄交收東三省條約)'을 가리킨다. 이 조약문 제2조에, 러시아군은 3기로 나누어 철수하며 매 기는 6개월로 하여 모두 18개월에 만주에서 완전히 철수하는데 단 그 조건으로 다시는 변란이 발생하지 않고 또 다른 나라의 거동에 의해 방해받지 않을 경우에 한한다고 명시되어 있다.

128 러시아에서는 사할린, 일본에서는 가라후토라 하며, 현재는 러시아령이다.

4238년(1905) 8월, 일본 전권대신 고무라 주타로[小村壽太郞][129]와 다카히라 고고로[高平小五郞]가 러시아 전권대신 비테(윗테)[130]와 로젠과 함께 미국 포츠머스(폿스머스)에서 회담하였다. 그 결과 러시아는 일본에게 동청철도(東淸鐵道)[131]를 할양하고, 요동의 조차권을 양도하며 러시아군을 만주에서 철수하고, 사할린의 남반부후에 북위 50도 이남의 땅으로 정함를 할양하고, 한국에 대한 일본의 우월권을 승인하는 조건으로 강화조약을 맺었다.[132] 이와 동시에 일본과 영국은 그 동맹의 범위를 확대하여 훗날에 대비하였다.[133]

이보다 앞서 필리핀군도[比律賓群島]는 오랫동안 스페인의 압제 하에 있다가 단기 4227년(1894) 마침내 독립을 도모하여 스페인군을 수차례

---

129 고무라 주타로[小村壽太郞, 1855~1911] : 일본 메이지 시대의 외무관료이다. 제1회 문부성 해외유학생에 선발되어 하버드 대학교에서 법학을 공부하였다. 청일전쟁 후 주한 판리공사, 외무차관, 주미 · 주러공사를 역임하였다. 1900년 의화단 사건에서는 강화회의 전권대사를 맡았다. 1901년 외무대신에 취임하였으며, 1902년 체결한 영일동맹을 적극적으로 주장하였다. 러일전쟁에서 전시외교를 담당하였고, 일본 전권대사로서 러시아측 전권대사인 비테와 교섭하여 포츠머스 조약을 조인하였다.

130 비테(Witte, Sergey Yulyevich, 1849~1915) : 러시아의 정치가이다. 재무장관으로서 공업진흥을 도모하였으며, 내정과 외교 전반에 발언권을 가지고 있었다. 극동정책의 추진자로 한때 실각하였으나, 1905년의 혁명 이후 총리가 되어 자유주의적 개혁을 추진하였다.

131 동청철도(東淸鐵道) : 러시아의 시베리아 철도 가운데 청의 만주지역을 횡단하는 부분을 특별히 동청철도라 부른다. 이 철도는 청의 만주리(滿洲里)에서 시작하여 하얼빈을 거쳐 동쪽의 수분하(綏芬河)로 이어지며 최종적으로는 러시아의 블라디보스톡으로 연결된다. 러시아는 이홍장을 돈으로 매수하여 1896년 6월 '중아밀약(中俄密約)'을 체결하였는데 제4조에 의해 동청철도 건설권을 획득하였다.

132 포츠머스 조약(Treaty of Portsmouth) : 미국의 주선으로 1905년 8월 10일 뉴햄프셔 주 포츠머스에서 열린 러일전쟁의 강화 조약이다. 미국의 대통령 시어도어 루스벨트는 이 일로 인하여 노벨 평화상을 수상하였다.

133 제2차 영일동맹 : 일본은 포츠머스 조약을 체결한 직후인 1905년 8월, 일본의 한국 지배를 외교적으로 보장하는 '제2차 영일동맹'을 체결했다. 그 내용은 영국은 일본이 한국에서 가지는 정치상 · 경제상 · 군사상의 이익을 보장하며, 일본은 영국의 인도 지배 및 국경지역에서의 이익을 옹호하는 조치를 취할 것 등이었다. 이렇게 하여 여러 제국주의 열강의 동의를 얻어 일본은 한국의 식민지화를 노골적으로 추진해갔다.

격파하고 장차 뜻을 이룰 수 있게 되었다. 그런데 이때 마침 미국이 쿠바의 독립을 위해 스페인과 전쟁을 한 결과, 스페인 해군을 격파하고 필리핀 군도를 할양하여 미국의 판도로 만들었다. 이에 필리핀이 다시 미국에 저항하자 미국은 병력으로써 진압하였는데 단기 4231년(1898)의 일이었다. 미국이라는 나라는 서반구의 한 공화국으로, 지난날 대통령인 먼로(몬로)[134]의 정치사상을 계승하여 다른 대륙의 사람들로 하여금 아메리카 주에 간섭하지 못하게 하고 아메리카 주 사람들도 다른 대륙의 교섭에 관여하지 않고 오직 독립과 부강에 힘썼는데 이것이 바로 미국의 먼로주의[135]라는 것이다. 그러나 열강의 쟁탈전이 끊이지 않고 계속되자 미국은 자국의 어리석음을 자각하고 먼로주의를 제국주의로 바꾸고 열강과 경쟁하며 동아시아에 뛰어들었다.

청국은 국세가 나날이 쇠약해지고 국권이 나날이 땅에 떨어지자 점차 개선하는 방향으로 나아가게 되었다. 학생을 외국으로 많이 내보내고, 또 열강의 제도를 시찰하도록 하며, 관리 선발 제도를 바꾸고, 입헌을 준비하는 상유를 재작년 9월에 반포하여 인민에게 경각심을 갖도록 하는 등 자못 전도가 유망하였다.

---

134 먼로(Monroe, James, 1758~1831) : 미국의 제5대 대통령(1817~1825). 아메리카에 대한 유럽 제국의 외교적 간섭을 금하는 먼로독트린을 발표했다. 그의 통치기간은 미국의 정치사상 '화합의 시대'로 일컬어진다.

135 먼로주의(Monroe Doctrine) : 1823년 12월 2일 먼로 대통령이 의회 연두교서에 발표한 미국 외교정책의 기본방향이다. ① 미국은 유럽 열강의 국내 문제나 열강 사이의 세력 다툼에 개입하지 않는다. ② 미국은 아메리카 대륙의 기존 식민지와 보호령을 인정하고 간섭하지 않는다. ③ 장차 아메리카 대륙에서의 식민지 건설을 엄금한다. ④ 유럽 열강이 아메리카 대륙의 어떠한 나라라도 억압하고 통제하려고 한다면, 이는 미국에 대한 적대행위로 간주될 것이다.

|찾|아|보|기

ㄱ

ㄴ

ㄷ

ㄹ

ㅁ

ㅂ

ㅅ

ㅇ

ㅈ

ㅊ

ㅋ

ㅌ

ㅍ

ㅎ

영인

동양사 교과서

東洋史教科書 全

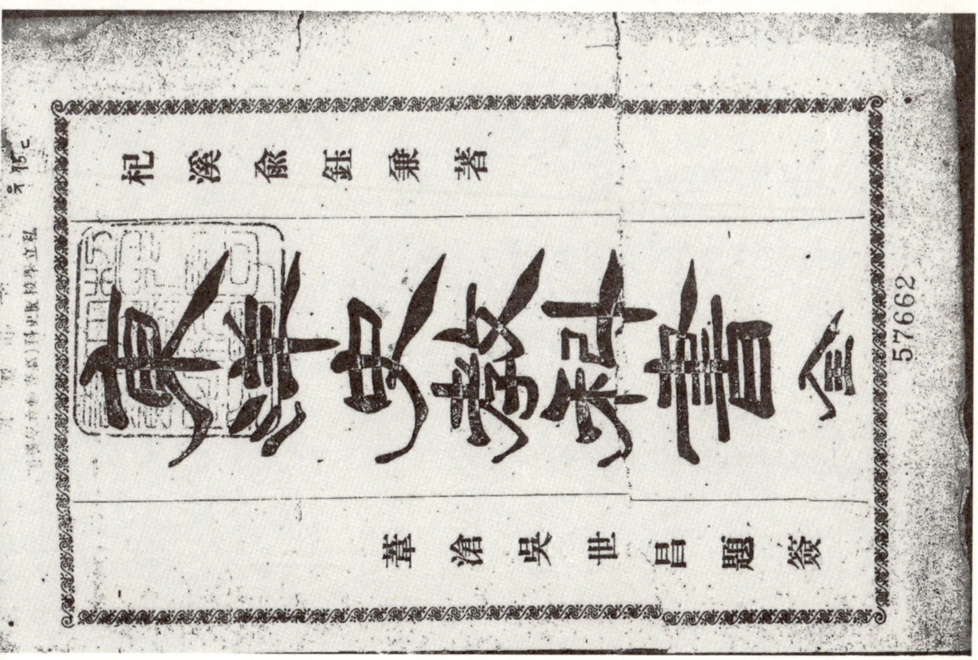
杞溪兪鈺兼著
東洋史教科書 全
華滄吳世昌題簽
57662

이라周는一井을九百畝로ᄒᆞ야一家에百畝를授ᄒᆞ고中央公田을共耕ᄒᆞ야써上納케ᄒᆞ니此는徹法이라地方의形勢에因ᄒᆞ야貢法과助法을幷行ᄒᆞ니此는粟米의征이오此外에又力役、布縷의征이有ᄒᆞ니卽後世租、庸、調의濫觴이니라

兵制

兵制는田制에依ᄒᆞ니其徵集方法은八家를一井、四井을一邑、四邑을一丘、四丘를一甸으로定ᄒᆞ고一甸에셔兵車一乘、戎馬四匹、牛十三頭、甲士三人、步卒七十二人、輜重兵二十五人을出케ᄒᆞ되農隙으로兵을鍊ᄒᆞ고服役年限은二十으로六十에至ᄒᆞ니現役이一年이니라其編制는五人을一伍、五伍를一兩、四兩을一卒、五卒을一旅、五旅를一師、五師를一軍으로定ᄒᆞ니天子의王畿는大略萬甸인故로萬乘의主오諸侯는方百里에千甸인故로千乘이라謂ᄒᆞ니其出征軍隊는天子는六軍이오諸侯는三軍、二軍、一軍이니라

法制

法制는槩是刑事에關ᄒᆞᆫ者오民事에關ᄒᆞᆫ者는殆無ᄒᆞ니刑律은上世

에五刑이已有ᄒᆞ고周時에流刑、徒刑、贖刑、朴刑等을加ᄒᆞ고其後에更히夷族、車裂의酷刑이生ᄒᆞ니라

學制

學制는虞夏의際에學校의設立이已有ᄒᆞ고周에至ᄒᆞ야大備ᄒᆞ니國學(高等敎育)鄕學(普通敎育)의二種에分ᄒᆞ야鄕學을又里의塾、黨의庠、州의序에分ᄒᆞ니皆是小學이라天子의太子以下公卿大夫及庶民의子가八歲가되면皆小學에入ᄒᆞ야普通敎育을受ᄒᆞ니其敎科目은六德、六行、六藝오小學에셔業을卒ᄒᆞᆫ則年十五니其聰俊ᄒᆞᆫ者는大學卽國學에入ᄒᆞ야高等敎育을受ᄒᆞᄂᆞ니國學은天子의國都에設ᄒᆞ니其敎科目은詩書禮樂과窮理、正心、修己、治人의大道를學ᄒᆞ야九個年에業을卒ᄒᆞᆫ後仕途에始登ᄒᆞᄂᆞ니라

文字

文字는上古에象形文字를用ᄒᆞ더니宣王時에史籒가大篆을作ᄒᆞ야簡便을取ᄒᆞ며竹又木을編ᄒᆞ야卷을作ᄒᆞ며鐵筆을用ᄒᆞ얏다ᄒᆞ며書는三墳五典九丘八索이有ᄒᆞ다ᄒᆞ나共히傳치못ᄒᆞ니라

風俗

風俗은上世로브터萬有를神靈으로視ᄒᆞ야天地山川에祭ᄒᆞ고又祖先을祀ᄒᆞ며王者ᄂᆞᆫ泰山에封禪ᄒᆞᆷ을盛事로作ᄒᆞ고又卜筮로疑를決ᄒᆞ니라

周人은又階級을重히視ᄒᆞ야貴賤上下의別이甚嚴ᄒᆞ야士農工商을四民이라ᄒᆞ야其業을世守ᄒᆞ며家庭에ᄂᆞᆫ男女長幼의間에嚴格ᄒᆞᆫ禮가有ᄒᆞ며婦人은夫權에服從ᄒᆞ야閨內에셔家庭을治理ᄒᆞᆷ으로其務를作ᄒᆞ니一般히卑視ᄒᆞ고一夫一婦의制ᄂᆞᆫ唯庶人에行ᄒᆞ며冠婚喪祭로써四大禮라稱ᄒᆞ야其禮가甚繁ᄒᆞ며男은二十에冠ᄒᆞ고三十에娶ᄒᆞ며女ᄂᆞᆫ十五에笄ᄒᆞ고二十에嫁ᄒᆞ며父母의喪은三年이오其他族戚의親疎에因ᄒᆞ야一定의服期가有ᄒᆞ니라

春秋의世

第六章 春秋의世

春秋

平王東遷後二百五十年間歷史를孔子가魯史春秋를筆削ᄒᆞ야尊王의義를著ᄒᆞᆫ故로其間을春秋의世라稱ᄒᆞᄂᆞ니라

社會의紛亂

周室이此頃에至ᄒᆞ야ᄂᆞᆫ極히微弱ᄒᆞ야內에ᄂᆞᆫ諸侯가兼併을行ᄒᆞ야其數가百餘에不過ᄒᆞ고外로ᄂᆞᆫ諸種의蠻族이侵入ᄒᆞ야形勢가岌嶪ᄒᆞ나但王室이名位ᄂᆞᆫ尙存ᄒᆞᆫ則其中有力ᄒᆞᆫ大諸侯가王命을假ᄒᆞ야一時의急을救ᄒᆞ고又天下에號令ᄒᆞ야其野心을充ᄒᆞ니此是霸者라

霸者

當時諸侯中最大ᄒᆞᆫ者가周의同姓에魯、衛、晉、鄭、曹、蔡、燕과異姓에齊、宋、秦、陳、楚오此外에吳와越이又有ᄒᆞ니其中霸業을成ᄒᆞᆫ者ᄂᆞᆫ齊桓公、宋襄公、晉文公、秦穆公、楚莊王이니所謂五霸오又吳王夫差와越王句踐도亦一時의霸業을成ᄒᆞ니라

五霸

齊桓公

齊桓公은姓姜、名小白이니呂尙의後라其地가海에濱ᄒᆞ야漁鹽이利가富ᄒᆞ고其政이亦簡易ᄒᆞ니桓公의時에管仲을信用ᄒᆞ야舊政을改革ᄒᆞ야時宜에合케ᄒᆞᆷ셔財政을整理ᄒᆞ며兵制를刷新ᄒᆞ야富强의實을擧ᄒᆞᆫ後遂乃王室을尊ᄒᆞ고戎狄을攘ᄒᆞ야天下를一匡ᄒᆞ고諸侯를九合ᄒᆞ야霸業을遂ᄒᆞ더니밋管仲이歿ᄒᆞ매桓公이小人을任用ᄒᆞ야

管仲

國政이大亂ᄒᆞ다가桓公이歿ᄒᆞᆫ則齊의霸業이仍衰ᄒᆞ니라

宋襄公

宋襄公은姓子、名玆父니殷宗室微子의後라齊桓公을繼ᄒᆞ야霸를行ᄒᆞ야一時ᄂᆞᆫ諸侯를統合ᄒᆞ더니밋楚와泓(河南省歸德縣)에셔戰ᄒᆞ다가大敗ᄒᆞ야霸業을墜失ᄒᆞ고宋襄의仁의嘲를受ᄒᆞ니라

晉文公

晉文公은姓姬、名重耳라其始에父獻公에게得容치못ᄒᆞ야凡十九年間을諸國에流寓ᄒᆞ다가年六十二에秦의力을藉ᄒᆞ야國에歸ᄒᆞ야狐偃趙衰等賢良을用ᄒᆞ야霸業을成ᄒᆞ야戎狄을攘ᄒᆞ고周室을安ᄒᆞ며楚를城濮(山西省曹州府濮州)에셔破ᄒᆞ야其北上의勢를挫ᄒᆞ고其後子孫이皆其遺業을克守ᄒᆞ야凡二百餘年에及ᄒᆞ니라然ᄒᆞ나其孫靈公의失政에因ᄒᆞ야楚가一時霸業을成ᄒᆞ니라

楚莊王

楚莊王은姓芈、名侶니顓頊後孫熊繹의所封이라楊子江附近의地를占ᄒᆞ야隱然히周室을抗ᄒᆞ고春秋의初에王號를僭用ᄒᆞ며齊晉二國과爭ᄒᆞ더니莊王에至ᄒᆞ야晉을破ᄒᆞ고威를中國에振ᄒᆞ야諸侯에霸ᄒᆞ다가數傳ᄒᆞ야昭王의時에國勢가大衰ᄒᆞ니라

秦穆公

秦穆公은姓嬴、名任好니世世로西戎의間에在ᄒᆞ다가周平王時에漸大ᄒᆞ야諸侯에列ᄒᆞ더니穆公이立ᄒᆞᄆᆡ百里奚蹇叔等을用ᄒᆞ야晉難을定ᄒᆞ고河西의地를仍得ᄒᆞ며又戎을攘ᄒᆞ고土地를開ᄒᆞ야後來崛起ᄒᆞᆯ基礎를作ᄒᆞ나中國에爭霸치ᄂᆞᆫ못ᄒᆞ니라

吳와越

吳의先은周文王의伯父太伯의後라姑蘇(江蘇省蘇州府)에都ᄒᆞ고越은夏少康의後라會稽(浙江省紹興府)에都ᄒᆞ니共히蠻夷라稱ᄒᆞ던者라吳ᄂᆞᆫ壽夢의時에王을僭稱ᄒᆞ고楚와屢次交兵ᄒᆞ더니闔廬의時에楚의亾臣伍子胥를用ᄒᆞ야楚를大破ᄒᆞ고越을攻ᄒᆞ다가越王句踐에게大敗ᄒᆞᆫ지라

吳越의爭

子夫差가立ᄒᆞᆫ後에兵을勵ᄒᆞ야句踐을大破ᄒᆞ고北上ᄒᆞ야中國에爭霸ᄒᆞ더니맛참ᄂᆡ越에게亾ᄒᆞ니라越王句踐이吳王夫差에게大敗ᄒᆞ고吳에降ᄒᆞᆫ後에其恥를雪코져ᄒᆞ야范蠡文種을用ᄒᆞ야民을敎ᄒᆞ야力을養ᄒᆞ며兵을鍊ᄒᆞ야銳를蓄ᄒᆞᆫ지二十年에吳를擊滅ᄒᆞ야其地를

并ᄒᆞ고遂北上ᄒᆞ야覇王이라自稱ᄒᆞ더니後數世ᄅᆞᆯ經ᄒᆞ야楚에게亾ᄒᆞ니라

第七章 戰國의世

戰國의世

戰國의世ᄂᆞᆫ春秋의後秦의統一에至ᄒᆞ기凡二百六十餘年間이라春秋의末에至ᄒᆞ야ᄂᆞᆫ周室은愈衰ᄒᆞ야無와殆同ᄒᆞ고又尊王의義ᄅᆞᆯ唱ᄒᆞᄂᆞᆫ覇者도無ᄒᆞ야天下가大亂ᄒᆞᆫ中諸侯의國도陪臣이專權ᄒᆞ야其君을弑ᄒᆞ고其國을奪ᄒᆞ니晉의韓,魏,趙三氏ᄂᆞᆫ共히晉國을分領ᄒᆞ고周王에게請ᄒᆞ야諸侯가되며齊의田氏도亦簒立ᄒᆞ니라且兼并의風이大行ᄒᆞ야當時諸侯의社稷을保有ᄒᆞᆫ者가十餘國에不過ᄒᆞᄂᆞᆫ中宋,衛,鄒,魯,莒ᄂᆞᆫ者ᄂᆞᆫ殘喘을僅延ᄒᆞᆯᄲᅮᆫ이오唯韓,魏,趙,齊의新立國과舊國의燕,楚,秦이最强ᄒᆞ니此是戰國의七雄이니라

韓魏趙三氏와田氏

當時大局의形勢

七雄

七雄의中에其力이愈强ᄒᆞᆫ者ᄂᆞᆫ秦이라秦이穆公의後로世世로西戎에覇ᄒᆞ더니十六世의後孝公에至ᄒᆞ야勵政圖治ᄒᆞ야賓客羣臣中에

秦의勃興

秦孝公과商鞅

能히秦國을富强케ᄒᆞᆯ者ᄅᆞᆯ求ᄒᆞᆫᄃᆡ魏의亾臣商鞅이來歸ᄒᆞ야覇道로說ᄒᆞ니公이大悅ᄒᆞ야國政을專任ᄒᆞ거ᄂᆞᆯ商鞅이遂變法을大行ᄒᆞ야富國强兵의策을講ᄒᆞ니其變法의大要ᄂᆞᆫ爵位ᄂᆞᆫ軍功에因ᄒᆞ야授ᄒᆞ고二男以上이有ᄒᆞ야分家치아니ᄒᆞᄂᆞᆫ者ᄂᆞᆫ其賦ᄅᆞᆯ倍ᄒᆞ며耕織을勉ᄒᆞᄂᆞᆫ者ᄂᆞᆫ力役을免ᄒᆞᆷ이라行ᄒᆞᆫ지十年에秦國이大治ᄒᆞ야其勢가益盛ᄒᆞᆫ則他六國이皆秦의侵掠을不被ᄒᆞᄂᆞᆫ者가無ᄒᆞ더라

蘇秦의合從

孝公의子孝文王時에周人蘇秦이六國兼并의策을來說ᄒᆞ다가聽치아니ᄒᆞ거ᄂᆞᆯ蘇秦이遂山東諸國에往ᄒᆞ야六國君王을見ᄒᆞ고滔滔ᄒᆞᆫ雄辯으로攻守同盟의必要ᄅᆞᆯ陳ᄒᆞ니此卽合從이라從은縱의義니當時六國이南北에縱列ᄒᆞᆫ故라列國君王이皆悅ᄒᆞ야蘇秦으로從約長을삼고六國의相을兼케ᄒᆞ야將次秦을禦코져ᄒᆞ더니不幸히各國이皆公約을重히아니ᄒᆞ고又秦의離間에因ᄒᆞ야其功效ᄅᆞᆯ得奏치못ᄒᆞ니라

張儀와連衡

此時에蘇秦의友人張儀가有ᄒᆞ니秦을爲ᄒᆞ야六國을服從케ᄒᆞ고저ᄒᆞ야連衡策을立ᄒᆞ니衡은橫의義니六國은東에在ᄒᆞ고秦은西에在ᄒᆞᆫ則東西가相連케ᄒᆞᄂᆞᆫ策이라儀가魏로始ᄒᆞ야他五國을皆欺ᄒᆞ야秦에服事케ᄒᆞ고秦都에歸ᄒᆞ기前에惠王의子武王이立ᄒᆞ야儀를不信ᄒᆞ거ᄂᆞᆯ於是에六國이又皆衡約을背ᄒᆞ니라

六國의形勢

列國이更히合從을結ᄒᆞ나其利ᄂᆞᆫ得지못ᄒᆞ고爭亂은愈甚ᄒᆞᆫ則謀士說客은處處에紛起ᄒᆞ야皆一身의榮達을謀ᄒᆞ기에汲汲ᄒᆞ야去就가無常ᄒᆞ고明君良主도唯眼前의利害를憂ᄒᆞ야久遠의計에不遑ᄒᆞᆯ뿐더러且六國의境界ᄂᆞᆫ地理上交錯ᄒᆞᆷ을因ᄒᆞ야衡突이屢生ᄒᆞ야秦에倂呑의機를資與ᄒᆞ더라

秦의侵畧

齊孟嘗君 楚春申君 魏信陵君 趙平原君

秦은此時를當ᄒᆞ야其力을倂呑에專ᄒᆞᄂᆞᆫ中又函谷關의險阻를據ᄒᆞ야恒常攻者의地位에立ᄒᆞ며且范睢의遠交近攻策을用ᄒᆞ야諸侯를孤立ᄒᆞ고白起等良將을用ᄒᆞ야他國을侵伐ᄒᆞ야長平에서趙卒四

十萬을一朝에坑ᄒᆞ고又李斯의反間策을用ᄒᆞ야諸侯의君臣을離畔케ᄒᆞᆫ則六國은互相攻擊ᄒᆞ야疲弊가莫甚ᄒᆞᆫ지라是以로趙에廉頗李牧의良將과魏에信陵君의智略이有ᄒᆞ나所用이無ᄒᆞ더니時適周赧王이諸侯를從約ᄒᆞ야秦을伐ᄒᆞ거ᄂᆞᆯ秦이西周를滅ᄒᆞ니時ᄂᆞᆫ檀君二千七十八年(前二五七)이오越七年에秦이東周를又滅ᄒᆞ니라(周凡三十七君八百七十三年)

周祚의滅絶

第八章 周末의學術

周末의學術

上古의支那學術은槃傳ᄒᆞᄂᆞᆫ바가少ᄒᆞ고降ᄒᆞ야春秋戰國時代에至ᄒᆞ야支那思想界ᄂᆞᆫ活動ᄒᆞᄂᆞᆫ頂點에達ᄒᆞ니是槃周朝에造言律이有ᄒᆞ야人의思想을束縛ᄒᆞᆫ故로春秋의頃에至ᄒᆞ도록新學의興ᄒᆷ이無ᄒᆞ더니紀綱이解弛ᄒᆞ고文物이衰頹ᄒᆞ매言論의自由가大開ᄒᆞᆫ지라

思想界의發達

最先老子와孔子가出ᄒᆞ야二大敎義를立ᄒᆞ야支那의思想界를主宰ᄒᆞ니라

支那思想界의二大分派

孔子

孔子ᄂᆞᆫ名丘오字仲尼니魯人이라檀君千七百八十三年(前五五一)十一月에生ᄒᆞ니聖德이有ᄒᆞ며才智가富ᄒᆞᆫ지라堯、舜、虞、湯에셔發源ᄒᆞᆫ漢族固有의倫理思想을集合大成ᄒᆞ야

儒敎

儒敎ᄅᆞᆯ確立ᄒᆞ니其學의主旨ᄂᆞᆫ修身、齊家、治國、平天下에在ᄒᆞᆷ이라當時에周室이微弱ᄒᆞ고諸侯가跋扈ᄒᆞ거ᄂᆞᆯ世道의淩夷ᄒᆞᆷ을歎ᄒᆞ고周初의盛世에再次挽回코져ᄒᆞ야天下에轍環ᄒᆞ야其道ᄅᆞᆯ行ᄒᆞ려ᄒᆞ다가得遂치못ᄒᆞ고遂乃洙泗에退歸ᄒᆞ야弟子로더브러道ᄅᆞᆯ講ᄒᆞᆯ시詩書禮樂을修ᄒᆞ야後世에傳ᄒᆞ고春秋ᄅᆞᆯ筆創ᄒᆞ야名刑을當時에正ᄒᆞ고年七十三(檀君千八百五十五年)에卒ᄒᆞ니其弟子三千人中에六藝ᄅᆞᆯ能通ᄒᆞᄂᆞᆫ者가七十人이有ᄒᆞ더라

老子

老子ᄂᆞᆫ楚人이니姓李、名聃이라亦天下ᄅᆞᆯ救ᄒᆞᆯ志가有ᄒᆞ나孔子와其見이大異ᄒᆞ니以爲호ᄃᆡ天下의亂ᄒᆞᆷ은禮文의繁多에由ᄒᆞᆷ이라ᄒᆞ고道德經五千言을著ᄒᆞ야禮樂을排斥ᄒᆞ고無爲道德의說을創唱ᄒᆞ다니後에世ᄅᆞᆯ遯ᄒᆞ야其終을知치못ᄒᆞ니此에後人이神仙의說을附會

道敎

ᄒᆞ야道敎ᄅᆞᆯ成ᄒᆞ니라

儒敎及道敎의勢力

右와如히孔子ᄂᆞᆫ儒敎ᄅᆞᆯ唱ᄒᆞ야世間的敎義ᄅᆞᆯ主ᄒᆞ고老子ᄂᆞᆫ自然을主ᄒᆞᄂᆞᆫ道敎ᄅᆞᆯ唱ᄒᆞ야出世間的敎義ᄅᆞᆯ主ᄒᆞ니於是에此二大思潮ᄂᆞᆫ支那人의精神界ᄅᆞᆯ管理ᄒᆞ야伊后諸子百家가互相詆誹호ᄃᆡ其要ᄂᆞᆫ此二敎에不外ᄒᆞ니라

儒敎及道敎의承繼者

戰國의世에儒家에ᄂᆞᆫ孔子의弟子曾參及孔子의孫子思가有ᄒᆞ니子思ᄂᆞᆫ中庸을作ᄒᆞ고又其弟子에孟軻가有ᄒᆞ고其後에荀況이有ᄒᆞ며道家에ᄂᆞᆫ列禦寇、莊周等이有ᄒᆞ야各其祖師의敎義ᄅᆞᆯ發揮擴充ᄒᆞ니其中儒家의孟軻와道家의莊周가最著ᄒᆞ니라

孟子

孟軻ᄂᆞᆫ鄒人이니性善說을唱ᄒᆞ며王道로列國을遊說ᄒᆞ야儒道로天下ᄅᆞᆯ治코져ᄒᆞ다가得遂치못ᄒᆞ고其門人으로더브러孟子의書ᄅᆞᆯ著ᄒᆞ야儒敎ᄅᆞᆯ闡明ᄒᆞ니라

莊子

莊周ᄂᆞᆫ孟軻와同時니老子의書ᄅᆞᆯ祖述敷演ᄒᆞ야莊子ᄅᆞᆯ著ᄒᆞ니文章의快健縱橫ᄒᆞᆷ은百代에卓越ᄒᆞ나自然을主

ᄒᆞᆫ故로此學을老莊이라稱ᄒᆞᄂᆞ니라

諸子百家

儒及道의外에墨翟은兼愛說을唱ᄒᆞ고楊朱ᄂᆞᆫ自愛說을唱ᄒᆞ며法家에ᄂᆞᆫ管仲이其首先이니名實의一致ᄅᆞᆯ責ᄒᆞ며法術의政治에必要ᄒᆞᆷ을說ᄒᆞ니其後에申不害ᄂᆞᆫ專히術을論ᄒᆞ며商鞅은專히法을主ᄒᆞ고韓非ᄂᆞᆫ法術을兼論ᄒᆞ니李斯가此에因ᄒᆞ야秦의大業을成ᄒᆞ고兵家에ᄂᆞᆫ呂尙의六韜後에孫武、吳起等이兵術戰略에關ᄒᆞᆫ書ᄅᆞᆯ著ᄒᆞ고公孫龍、惠施의徒ᄂᆞᆫ詭辯을善히ᄒᆞ니盖今의論理家오蘇秦、張儀의徒ᄂᆞᆫ縱橫術로著ᄒᆞ고詩賦歌曲에至ᄒᆞ야ᄂᆞᆫ詩經의外에楚의屈原이離騷ᄅᆞᆯ作ᄒᆞ고史家에ᄂᆞᆫ左丘明이有ᄒᆞ니라

第九章 上古의印度及佛敎의興起

上古의印度及佛敎興起

印度ᄂᆞᆫ支那와共히世界最古國의一이라히말네야、힌두쿠쉬兩山脉의南에突出ᄒᆞᆫ大半島國이니其初에ᄂᆞᆫ土人ᄯᅳ라비다안種이住居ᄒᆞ더니距今大略五千年前頃에中央亞細亞의아무다랴及씨어다랴

아리안種이ᄯᅳ라비디안種을驅逐ᄒᆞᆷ

兩河間에住ᄒᆞᄂᆞᆫ白人種의一派아리안種(印度歐羅巴種이라稱ᄒᆞᆷ)이인더스河ᄅᆞᆯ循ᄒᆞ야先次펀잡地方에定居ᄒᆞ고更進ᄒᆞ야갠지스流域에占居ᄒᆞ야ᄯᅳ라비디안族을征服ᄒᆞ니其事蹟은茫然히稽古키難ᄒᆞ나然ᄒᆞ나當時ᄂᆞᆫ幾多의部落에分ᄒᆞ야酋長을各戴ᄒᆞ다가漸次國家ᄅᆞᆯ形成ᄒᆞ니

印度의諸國

其中最著名ᄒᆞᆫ者ᄂᆞᆫ憍薩羅國은요디아(今아우드라)에都ᄒᆞ고배라타國은헤스티나푸라에都ᄒᆞ고팬찰나國은배라타國의南에在ᄒᆞ니其배라타國及팬찰나國이헤스티나푸라에서交戰ᄒᆞᆫ事ᄂᆞᆫ其國마하ᄲᅡ라타詩에在ᄒᆞ고憍薩羅國의라마大王事蹟은라마야나詩에在ᄒᆞ니歷史上此時代ᄅᆞᆯ敍事時代라稱ᄒᆞ니略檀君千年頃이니라

社會의四級

此後에又摩揭陀國이起ᄒᆞ며此外에又衆多의小國이有ᄒᆞ니此時ᄅᆞᆯ當ᄒᆞ야印度內에아리안諸國이相繼幷起ᄒᆞ야干戈ᄅᆞᆯ日尋ᄒᆞ나文化ᄂᆞᆫ漸次增進ᄒᆞ더니但社會에ᄂᆞᆫ階級의制가遂生ᄒᆞ야人民이四級에分ᄒᆞ니卽婆羅門、刹帝利、吠舍、首陀羅니婆羅門族은最高級의僧族이

니宗敎學術을專掌ᄒᆞ고刹帝利族은武士니卽兵事政治의權을掌握ᄒᆞᆫ王族이오吠舍族은商工의實業에從事ᄒᆞᄂᆞᆫ平民이니此三級은皆아리안種이라其初ᄂᆞᆫ嚴截ᄒᆞᆫ區別이無ᄒᆞ더니漸次區別ᄒᆞ야各族이相婚치아니ᄒᆞ고又生業도固定ᄒᆞ야世守ᄒᆞ며首陀羅族은征服ᄒᆞᆫ舊來土人이라奴隷로諸種의賤業에從事ᄒᆞ니라

婆羅門敎

僧族은아리안種祖先으로브터傳來ᄒᆞ든經典吠陀(智識의義)를研究ᄒᆞ니此로因ᄒᆞ야宇宙의眞相과人生의目的을解釋코저ᄒᆞ야婆羅門敎를創ᄒᆞ니其開祖及起源地와年代ᄂᆞᆫ共히詳知치못ᄒᆞ나此族으로브터哲學의諸派가大起ᄒᆞ야眞理를研鑽ᄒᆞ고又幾何學、數學、天文學、醫學及論理學等에通曉ᄒᆞ야一切智識的研究ᄂᆞᆫ彼等一族의特權이되야其勢力이同一種族中의首班에居ᄒᆞᆫ則遂乃利己의私情에本ᄒᆞ야其權을濫用ᄒᆞᆯ서大略檀君千三百年頃에마누法典을規定ᄒᆞ야他三級의人을抑壓ᄒᆞ니於是에王族이先起反抗ᄒᆞ며尋又僧族中에도其腐

마누法典
婆羅門의專橫과佛敎興起의原因

敗ᄒᆞᆷ을攻擊ᄒᆞᄂᆞᆫ者가有ᄒᆞ더니맛참내佛敎가興起ᄒᆞ야社會、宗敎의革新을創ᄒᆞ니라

釋迦牟尼佛

右와如히婆羅門族의專橫을諸族이皆厭惡攻擊ᄒᆞ더니大略支那의儒家、道家의創起와同時에印度에佛敎가興起ᄒᆞ니其敎祖ᄂᆞᆫ釋迦牟尼佛이라釋迦牟尼ᄂᆞᆫ檀君千七百七十八年(前五五八)에生ᄒᆞ니刹帝利族이라中印度迦毘羅(今고락푸)城主淨飯王의太子니名은喬荅摩悉達多라稱ᄒᆞ니其釋迦라云ᄒᆞᆷ은種族의名이오牟尼ᄂᆞᆫ賢者의義오佛은覺者의義라因ᄒᆞ야此敎를佛敎라稱ᄒᆞ니

釋迦牟尼佛의意義

釋迦가本是富貴中에生長ᄒᆞᆫ人이나恒常人生의無常을感ᄒᆞ고婆羅門의專橫을慨嘆ᄒᆞ야一世를敎ᄒᆞᆯ志가有ᄒᆞ더니年二十九에父母、妻子、珍寶、王位를棄ᄒᆞ고山에入ᄒᆞ야難行苦學ᄒᆞᆫ지六年에一朝에豁然히正覺을得ᄒᆞ야因果應報의理를明ᄒᆞ고生老病死의解脫ᄒᆞᄂᆞᆫ法을悟ᄒᆞ야一宗敎를新成ᄒᆞ야遂乃出山說法ᄒᆞ니其敎義에因ᄒᆞᆫ則階級

佛教의創始와佛教의精神

을嚴守ᄒᆞᄂᆞᆫ婆羅門教를排斥ᄒᆞ고平等主義를唱ᄒᆞ야一切의衆生이能히迷想을拂ᄒᆞ고人世의繫縛을離脫ᄒᆞ야道를修行ᄒᆞ면何人이든지悉皆來世에無限ᄒᆞᆫ幸福을得享ᄒᆞᆫ다홈이라於是에從來婆羅門教의弊를苦ᄒᆞ든者가相率來歸ᄒᆞ야上은王公으로브터下ᄂᆞᆫ民庶婦幼에至ᄒᆞ기出家捨身ᄒᆞ야僧尼가되며捐財出地ᄒᆞ야淨舍를作ᄒᆞᄂᆞᆫ者가甚多ᄒᆞ더라

佛教의宣布

파ᄐᆞ나城

釋迦가凡五十年間을各地에布教ᄒᆞ다가檀君千八百五十六年에遂入滅ᄒᆞ니其後에其弟子及信徒가結集ᄒᆞ야教法의弘布에盡力ᄒᆞ나廣行치못ᄒᆞ더니約二百年後에摩揭陀國王阿育王이佛教에歸依ᄒᆞ야佛教로國教를作ᄒᆞ고千僧을파ᄐᆞ나城에會集ᄒᆞ야經典을註釋ᄒᆞ고全國에勅令으로布教ᄒᆞ며又布教僧을四方에派遣ᄒᆞ니於是에佛教의宣布가極히廣濶ᄒᆞ더라

然而當時印度의大局을觀察ᄒᆞ면數多의小邦國이分立ᄒᆞ야統一치

外人의征服

셰라이어스

알넥산더

못ᄒᆞ야爭亂不已ᄒᆞ더니맛참내外人의侵略을被ᄒᆞ니檀君千八百十六年에波斯王셰라이어쓰가來侵ᄒᆞ야인더스河畔의地를略取ᄒᆞ더니其後約百九十年을經ᄒᆞ야檀君二千六年(前三二八)에希臘의마시도니아王알넥샌더가崛起ᄒᆞ야波斯를滅ᄒᆞ고其鋒을東轉ᄒᆞ야인더스河를渡ᄒᆞ야펀잡을征服ᄒᆞ야北印度의포러스王을破ᄒᆞ고將次中印度의摩揭陀國을擊코저ᄒᆞ다가炎暑에因ᄒᆞ야退去ᄒᆞ고其將셀뉴커스로留鎭ᄒᆞ거ᄂᆞᆯ是時에摩揭陀國의旃陀羅笈多라稱ᄒᆞᄂᆞᆫ者가簒立ᄒᆞ야毛利耶王朝를開ᄒᆞ고셀뉴커스의來侵홈을擊破ᄒᆞ니笈多王이雄兵六十萬을擁ᄒᆞ고中、北、西의三印度를占領ᄒᆞ야威勢가大强ᄒᆞ고其孫阿育王에及ᄒᆞ야愈益强盛ᄒᆞ니王은卽佛教의保護者러라然ᄒᆞ나王의歿後四十年에大臣弗沙密多가簒立ᄒᆞ니라

旃陀羅笈多

阿育王

第二編　中古史

(檀君二千八十六年으로브터三千五百三十九年ᄭᆞ지)

第一章　秦의一統及其滅亾

秦의一統과滅亾

六國을統一ᄒᆞᆷ

皇帝의稱號

先是檀君二千八十五年에秦이東周를滅ᄒᆞ더니越三年에王政이立ᄒᆞ야王翦, 王賁等으로六國을征服ᄒᆞᆯ셰其卽位十七年에韓을始滅ᄒᆞ고連ᄒᆞ야其後九年間에趙, 魏, 楚, 燕, 齊를盡滅ᄒᆞ고其二十六年卽檀君二千百十三年(前二二一)에統一의大業을成ᄒᆞᆫ지라於是에王政이自思ᄒᆞᄃᆡ德은三皇을兼ᄒᆞ고功은五帝에過ᄒᆞᆫ다ᄒᆞ야王號를皇帝로改ᄒᆞ야尊嚴을以表ᄒᆞ고又諡法을廢ᄒᆞ고代數로計케ᄒᆞ야始皇帝라自稱ᄒᆞ야二世三世로萬世에傳코저ᄒᆞ더라

秦의制度

郡縣의制

帝가國都를咸陽(鎬京의北)에定ᄒᆞ고政法制度의改革을大行ᄒᆞᆯ셰周室封建의弊害를鑑ᄒᆞ고李斯의言을從ᄒᆞ야地方은封建의制를廢ᄒᆞ고郡縣의制를創ᄒᆞ니全國을三十六郡에分ᄒᆞ고又郡을縣에分ᄒᆞ며中央政府ᄂᆞᆫ行政, 兵馬, 監察의三權을分立ᄒᆞ야大政은丞相이總理ᄒᆞ고兵馬ᄂᆞᆫ太尉가掌握ᄒᆞ고御史大夫ᄂᆞᆫ糾察ᄒᆞ며各郡에守尉監의三官을寘ᄒᆞᄃᆡ皆中央政府에서任命ᄒᆞ고皇帝가上에서統治의大權을攬有

ᄒᆞ야皇威를重히ᄒᆞ고臣權을輕히ᄒᆞ야君主專制, 中央集權의實을以擧ᄒᆞ고賦稅를割ᄒᆞ야諸子功臣을支給ᄒᆞ니라

秦의治蹟

始皇帝ᄂᆞᆫ又國內의民心을統一ᄒᆞ고天下騷亂의源을遏코저ᄒᆞ야文字를同히ᄒᆞ고律度量衡을一케ᄒᆞ며民間의兵器를咸陽에收集銷融ᄒᆞ야金人十二를鑄ᄒᆞ고諸郡의豪富十二萬戶를咸陽에移ᄒᆞ며又皇威를揚코저ᄒᆞ야土木을大起ᄒᆞ야渭水의南에阿房宮을新起ᄒᆞ니極히莊嚴ᄒᆞ며又各郡에離宮七百을建ᄒᆞ고道路를修治ᄒᆞ야交通을便케ᄒᆞ며又頻數히地方에巡狩ᄒᆞ고石을刻ᄒᆞ야秦의功德을頌ᄒᆞ고長生키爲ᄒᆞ야徐市를海에送ᄒᆞ야神仙의不死藥을求케ᄒᆞ니라

始皇의外征

始皇帝ᄂᆞᆫ又其版圖를擴張코져ᄒᆞ야外征을專力ᄒᆞ야國威를宣揚ᄒᆞᄂᆞ니時에터키種의一種凶奴(古時의獯鬻又玁狁이라)가漸次强盛ᄒᆞ야北邊을屢侵ᄒᆞ거늘於是에將軍蒙恬으로ᄒᆞ야금三十萬兵을率ᄒᆞ야此를擊逐ᄒᆞ고河南의地를盡取ᄒᆞ며「亾秦者ᄂᆞᆫ胡라」云ᄒᆞᄂᆞᆫ讖言을畏ᄒᆞ야蒙恬을

萬里長城

仍命ᄒ야戰國諸侯의經營ᄒ든바長城을增築ᄒ야其侵入을防ᄒᆯ시西ᄂᆞᆫ臨洮(甘肅省鞏昌府岷州)에起ᄒ야東은遼東에至ᄒ니此卽萬里長城이러라

秦의版圖

始皇帝ᄂᆞᆫ又南으루百越(兩廣地方)及南越(安南地方)을征服ᄒ야郡을作ᄒ니其版圖의廣ᄒᆷ이北은蒙古의漢域으로브터南은安南에達ᄒ며西ᄂᆞᆫ甘肅으로브터東은遼河에抵ᄒ더라

焚書坑儒

始皇帝가如是히壯大ᄒᆫ功業을奏ᄒ나當時에戰國을去ᄒᆷ이不遠ᄒᆫ則諸子百家의說이縱橫ᄒᆫ지라秦의新政이急激ᄒᆷ을見ᄒ고誹詆ᄒᄂᆞᆫ者가多ᄒᆫ되於是에始皇帝가大怒ᄒ야丞相李斯의言을從ᄒ야醫藥、卜筮、農業以外의書ᄂᆞᆫ博士官所職外에ᄂᆞᆫ悉皆焚燒ᄅᆞᆯ命ᄒ며挾書의禁을發ᄒ고儒生四百人을咸陽에서坑殺ᄒ고人民의法令을學코저ᄒᄂᆞᆫ者ᄂᆞᆫ吏로師ᄅᆞᆯ作케ᄒ야言論의自由ᄅᆞᆯ束縛ᄒ더라然ᄒ나此로因ᄒ야秦國의滅亾은其機가漸熟ᄒ니라

沙丘平台에崩ᄒ다

檀君二千百二十四年에始皇帝가東巡ᄒ다가外에서崩ᄒ거ᄂᆞᆯ宦者

二世의嗣立 趙高의弄權

趙高와丞相李斯가帝命을矯ᄒ야長子扶蘇ᄅᆞᆯ殺ᄒ고少子胡亥ᄅᆞᆯ立ᄒ니是乃二世皇帝라趙高가乃二世의庸愚ᄒᆷ을乘ᄒ야政權을弄ᄒᆯ셔刑罰을嚴히ᄒ야諸大臣、公子ᄅᆞᆯ殺ᄒ고土木을大起ᄒ야宮室을營作ᄒ며人民을驅ᄒ야邊塞에遠戍ᄒ니天下가皆秦의暴虐을怨苦ᄒ더라

羣雄의競起 陳勝、吳廣 項籍、劉邦 楚懷王

民心의亂을思ᄒᆷ이久ᄒ나但始皇을畏ᄒ야敢發치못ᄒ더니驪山의土가乾치못ᄒ야楚人陳勝、吳廣이刑徒에서起ᄒ야叛旗ᄅᆞᆯ蘄(安徽省鳳陽府宿州)에擧ᄒ니於是에羣雄이四方에蜂起ᄒ야互相應援ᄒ니其中最著ᄒᆫ者ᄂᆞᆫ楚의舊臣項籍과沛(江蘇省徐州府)人劉邦이是라項籍은其叔項梁과吳(江蘇省蘇州)에서起ᄒ야楚懷王을擁立ᄒ고劉邦은沛에서起ᄒ야亦楚懷王에歸ᄒ더라

此時ᄅᆞᆯ當ᄒ야崛起ᄒᆫ諸人이皆王을稱ᄒ야民心을收拾ᄒ거ᄂᆞᆯ二世가大驚ᄒ야章邯等을遣ᄒ야陳勝、吳廣의兵을破ᄒ고項梁을擊殺ᄒᆫ

鉅鹿의戰

則秦勢가大振ᄒᆞᄂᆞᆫ지라項籍과劉邦이楚懷王의命을共受ᄒᆞ야秦을擊ᄒᆞᆯᄉᆡ劉邦은寬厚ᄒᆞᆷ으로秦都關中에進向케ᄒᆞ고項籍은上將軍宋義와共히章邯을襲ᄒᆞ야河北에戰케ᄒᆞ더니宋義가中途에서滯留ᄒᆞ거ᄂᆞᆯ籍이義를殺ᄒᆞ고스ᄉᆞ로秦軍을奮擊ᄒᆞ야鉅鹿(直隷省順德府平鄕縣)에大破ᄒᆞ고章邯等을降ᄒᆞ며諸侯의上將軍이되니라

二世의遭害　子嬰　秦의滅亾

此際에趙高가用事ᄒᆞ야專히二世를隱蔽ᄒᆞ더니其怒를恐ᄒᆞ야李斯를誣殺ᄒᆞ고又二世를弑ᄒᆞ고從子公子嬰을迎立ᄒᆞ거ᄂᆞᆯ子嬰이卽位ᄒᆞ야趙高를誅ᄒᆞ나時에劉邦의軍이咸陽에已逼ᄒᆞᆫ지라子嬰이可禦치못ᄒᆞᆷ을知ᄒᆞ고素車白馬로邦軍에出降ᄒᆞ니秦이玆에亾ᄒᆞ니時ᄂᆞᆫ檀君二千百二十八年(前二○六)이러라(始皇帝死後四年이오稱帝後合十五年이라)

第二章　楚漢의爭

楚漢의爭

初에楚懷王이諸將을遣ᄒᆞᆯ時에關中에先入ᄒᆞᆫ者ᄂᆞᆫ王ᄒᆞᆫ다約ᄒᆞᆫ故로邦이秦을滅ᄒᆞ매秦의苛法을除ᄒᆞ고三章의法을約ᄒᆞ야民望을大收

劉項의失和

ᄒᆞ더니項羽(籍의字라)가河北으로브터關에至ᄒᆞ야劉邦의入關ᄒᆞᆷ을見ᄒᆞ고其功을猜ᄒᆞᄂᆞᆫ中又邦이羽를拒ᄒᆞ거ᄂᆞᆯ羽가乃鴻門(咸陽의東)에軍ᄒᆞ고謀臣范增의言을從ᄒᆞ야將次邦을進擊코져ᄒᆞ야邦의運命은危機一髮의間에在ᄒᆞ더니邦의謀臣張良이此를知ᄒᆞ고邦에게告ᄒᆞ야邦이親히羽에게往謝ᄒᆞ야平和에僅至ᄒᆞ니라

鴻門宴

項羽의霸業

然ᄒᆞ나項羽ᄂᆞᆫ忿憤을不勝ᄒᆞ야咸陽을屠ᄒᆞ고阿房宮을燒ᄒᆞ며始皇의塚을掘ᄒᆞ고降王子嬰을殺ᄒᆞᆫ後東歸ᄒᆞ야彭城(江蘇省徐州府)에都ᄒᆞ고西楚霸王이라自稱ᄒᆞ며懷王을義帝라陽尊ᄒᆞ야江南(郴에都ᄒᆞ니郴은今湖南省郴州府라)에移置ᄒᆞ고스ᄉᆞ로諸侯를分封ᄒᆞᆯᄉᆡ舊約을背ᄒᆞ고劉邦을巴蜀漢中의地에封ᄒᆞ고秦降將章邯等三人을關中에分封ᄒᆞ야邦을禦케ᄒᆞ니劉邦은國號를漢이라稱ᄒᆞ더라

漢王의出關

漢王이遂其忿을忍ᄒᆞ고國에就ᄒᆞ야蕭何、張良、韓信等을用ᄒᆞ야實力을養ᄒᆞ더니未幾에東出ᄒᆞ야章邯을破ᄒᆞ고關中을據ᄒᆞ며洛陽을進

項羽의弑逆

定ᄒᆞ더니時適項羽가人을送ᄒᆞ야義帝를弑ᄒᆞ거ᄂᆞᆯ漢王이遂羽의弑逆을布告ᄒᆞ고諸侯兵을合ᄒᆞ야彭城을進陷ᄒᆞᄂᆞᆫ지라羽가此時에齊地에在ᄒᆞ다가精兵을率ᄒᆞ고睢水上에서漢軍을急擊大破ᄒᆞ나然ᄒᆞ나漢은蕭何가關中에在ᄒᆞ야內政을修ᄒᆞ고韓信이兵事를掌ᄒᆞ며又張良陳平의計策을用ᄒᆞ야滎陽(河南省開封府滎陽縣)에서楚를大破ᄒᆞ고因ᄒᆞ야鴻溝에依ᄒᆞ야天下를中分ᄒᆞ더니未幾에漢이羽를追擊ᄒᆞ야垓下(安徽省鳳陽府靈璧縣)에重圍ᄒᆞ니時에羽ᄂᆞᆫ范增이已去ᄒᆞ고又援者가無ᄒᆞ야勢孤力弱ᄒᆞᆫ지라羽가慷慨의悲歌를自禁치못ᄒᆞ고圍를衝出ᄒᆞ야烏江(安徽省和州城東北)에自刎ᄒᆞ매五年의戰爭은其局을遂結ᄒᆞ니於是에漢王劉邦이統一의大業을成ᄒᆞ야帝位에登ᄒᆞ니是乃漢高祖라時ᄂᆞᆫ檀君二千百三十二年(前二〇二)이니支那에徵賤의匹夫로帝業을成ᄒᆞᆫ者ᄂᆞᆫ漢高祖가其始니라

鴻溝의中分

項羽의敗亾

漢王의統一

第三章 漢의初世

漢高祖

漢高祖의爲人이豁達ᄒᆞᆫ大度가有ᄒᆞ고又人을善用ᄒᆞᆫ故로帝業을能成ᄒᆞ니卽位의初에遂長安(周의鎬京)에定都ᄒᆞ고其朝廷의規模ᄂᆞᆫ秦制를多用ᄒᆞ나地方制度ᄂᆞᆫ周秦의成敗를鑑ᄒᆞ야郡縣封建의兩制를合用ᄒᆞ야郡과國을定ᄒᆞ야郡에ᄂᆞᆫ守國에ᄂᆞᆫ王을置ᄒᆞ되諸宗室及功臣을封王ᄒᆞ니라然ᄒᆞ나異姓의封王은帝의不欲ᄒᆞᄂᆞᆫ바라故로晩年에韓信彭越英布等의諸功臣이次第로叛名을被ᄒᆞ야誅戮ᄒᆞ고宗室로代ᄒᆞ야同姓의王九國이有ᄒᆞ니其地가廣大ᄒᆞ야本支의權衡이其宜를失ᄒᆞᆷ으로後日七國의叛亂을釀成ᄒᆞ니라

郡縣制及封建制의並用

七國의亂源

先是楚漢爭亂의時를當ᄒᆞ야北邊의凶奴ᄂᆞᆫ河南에侵入ᄒᆞ더니高祖의末年에大擧來侵ᄒᆞ거ᄂᆞᆯ高祖가親征ᄒᆞ다가單于冒頓에게平城(山西省大同府)白登山에서困圍를當ᄒᆞᆫ지라不得已和約을結ᄒᆞ고幣物을贈ᄒᆞ며公主를嫁ᄒᆞ야其歡心을以求ᄒᆞ더라

白登의耻及凶奴와의和親

呂后의攝政

高祖後에子惠帝가立ᄒᆞ니冲弱ᄒᆞ거ᄂᆞᆯ母后呂氏가攝政ᄒᆞ니呂后가

呂氏의亂

高祖를內助ᄒᆞᆫ功이多ᄒᆞ야羣臣이威畏ᄒᆞ더니是에至ᄒᆞ야政權을專握ᄒᆞ니高祖의愛子如意及其母戚氏를虐殺ᄒᆞ고밋惠帝의崩後에呂氏의諸族을四方에分封ᄒᆞ며呂氏가將次劉氏의帝位를簒코저ᄒᆞ거늘周勃陳平等이宗室과謀ᄒᆞ야呂氏를誅除ᄒᆞ고惠帝의弟文帝恒을迎立ᄒᆞ니라

文帝

文帝既立ᄒᆞ매恭儉仁愛ᄒᆞ야政務를勉勵ᄒᆞ며民力을休養ᄒᆞ야田租를減ᄒᆞ고嚴刑을除ᄒᆞ야國內가寧謐ᄒᆞ고財用이豐足ᄒᆞ야固是一代의聖君이라可謂ᄒᆞᆯ뿐더러又賈誼의策을用ᄒᆞ야諸侯의勢力을減衰케ᄒᆞ더니及其崩後에子景帝가即位ᄒᆞ야更히鼂錯의言을用ᄒᆞ야强大ᄒᆞᆫ諸侯의封地를削ᄒᆞ되於是에吳王濞가先叛ᄒᆞ고膠西,膠東,菑川濟南,楚,趙六國이皆兵을起ᄒᆞ야吳에應ᄒᆞ야鼂錯를殺ᄒᆞᆫ다稱ᄒᆞ고北으로凶奴를連ᄒᆞ야其勢가極熾ᄒᆞᆫ지라景帝가鼂錯를殺ᄒᆞ야써謝ᄒᆞ나服치아니ᄒᆞ거늘乃周亞父를命ᄒᆞ야討平ᄒᆞ니此是七國의亂이라

景帝

七國의亂

諸侯王의權을減殺ᄒᆞᆫ結果

自是以後로ᄂᆞᆫ諸侯王의就國ᄒᆞᆷ을不許ᄒᆞ고特別히其國相을任命ᄒᆞ니名雖封建이나其實은郡縣이라帝室의權力이愈益鞏固ᄒᆞ더라然ᄒᆞ나其結果ᄂᆞᆫ맛참내王莽의簒奪을生케ᄒᆞ니라

第四章 武帝의功業과王莽의簒奪

武帝의功業及王莽의簒奪

武帝의文德武功

景帝의後에武帝徹이繼位ᄒᆞ니雄偉英明의姿로써父祖豐富의後를承ᄒᆞ야在位五十餘年間에內로ᄂᆞᆫ學術을奬勵ᄒᆞ야文敎를興ᄒᆞ고外로ᄂᆞᆫ國威發揚의武功을著ᄒᆞ매實로東洋史上屈指의英主니라

文學의興隆

秦의焚坑ᄒᆞᆫ時에官府의書籍은尙存ᄒᆞ더니項羽의咸陽을焚ᄒᆞᆷ과楚漢의交戰에因ᄒᆞ야先秦의典籍이幾皆失亾ᄒᆞ고又老儒도凋謝ᄒᆞ야文學이其傳을將失ᄒᆞᆯ너니高祖가叔孫通을用ᄒᆞ고惠帝가挾書律을除ᄒᆞᆷ을因ᄒᆞ야文景二帝의時에ᄂᆞᆫ黃老申韓의學이上下에盛行ᄒᆞ나儒學은尙且微微ᄒᆞ더라

年號의創始

밋武帝가即位ᄒᆞ매元年에年號를創建ᄒᆞ고

儒敎의盛

賢良의士를求ᄒᆞᆯ셔儒學을大好ᄒᆞ야董仲舒의議를用ᄒᆞ야大學을建

五經博士

ᄒᆞ고五經博士ᄅᆞᆯ置ᄒᆞ야弟子ᄅᆞᆯ養成ᄒᆞ고天下의遺書ᄅᆞᆯ收集ᄒᆞ며學術德行이有ᄒᆞᆫ者ᄅᆞᆯ採用ᄒᆞ고諸子百家ᄅᆞᆯ排斥ᄒᆞᆫ則儒敎ᄂᆞᆫ國敎됨을

儒敎가國敎됨

始得ᄒᆞ야學術界ᄅᆞᆯ獨占ᄒᆞ야爾後歷朝에永久히政治道德의法則이되니當時儒家의有名ᄒᆞᆫ者ᄂᆞᆫ董仲舒、公孫弘이是오文學에著名ᄒᆞᆫ者

文學家等

ᄂᆞᆫ散文의司馬遷詞賦의司馬相如、枚乘等이有ᄒᆞ더라大抵武帝의儒

儒敎ᄅᆞᆯ專尙ᄒᆞᆫ結果

學을專尙ᄒᆞᆷ이國民思想의統一을圖코저ᄒᆞᆷ이나他學을禁黜ᄒᆞᆫ結果ᄂᆞᆫ學界의形勢가固定ᄒᆞ며人의思想이凝滯ᄒᆞ니라

武帝의外征

亞細亞大陸의當時狀勢

武帝의功業中最著ᄒᆞᆫ者ᄂᆞᆫ遠征이니今에當時亞細亞大陸의形勢ᄅᆞᆯ暫言ᄒᆞ건ᄃᆡ漢以外에建國ᄒᆞᆫ者가甚多ᄒᆞ니條支國(시리아)은最西端에位ᄒᆞ고其北西ᄂᆞᆫ大秦(羅馬)이오安息國(파ᄯᅦ아)은條支의東南에起ᄒᆞ고大夏國(박드리아)은安息의東에位ᄒᆞ며大月氏(아랄湖의東南)ᄂᆞᆫ大夏ᄅᆞᆯ侵略新興ᄒᆞ고大月氏의東南에罽賓(카시미어)身毒(印度)諸國이有ᄒᆞ고大月氏의北東에大宛國이有ᄒᆞ며大宛의北에康居國이有ᄒᆞ고其南東伊犂地方에烏

孫國이有ᄒᆞ고漢의北邊을隣ᄒᆞ야國을建ᄒᆞᆫ者ᄂᆞᆫ凶奴니烏孫의東에當ᄒᆞ고漢의南西에夜郞、滇의等國이有ᄒᆞ고漢의西에西羌等이有ᄒᆞ며東에ᄂᆞᆫ朝鮮이有ᄒᆞ더라

於是에漢武帝ᄂᆞᆫ其雄圖勇略이版圖ᄅᆞᆯ擴張코저ᄒᆞ야隣近諸國을征服ᄒᆞ니其最力戰ᄒᆞᆫ者ᄂᆞᆫ凶奴라今其外征을略擧ᄒᆞ면南은南越及西南夷ᄅᆞᆯ平ᄒᆞ고西ᄂᆞᆫ中央亞細亞諸國과交通ᄒᆞ며北은凶奴ᄅᆞᆯ逐ᄒᆞ고東은朝鮮을侵略ᄒᆞ니라

凶奴의强盛

凶奴ᄂᆞᆫ高祖와結和ᄒᆞᆫ後로屢次入侵ᄒᆞ며其附近諸地ᄅᆞᆯ略取ᄒᆞ야其勢가大張ᄒᆞᆫ지라武帝가前代의恥辱을雪코저ᄒᆞ야衛靑、霍去病等으로ᄒᆞ야금大軍을率ᄒᆞ고數次往征ᄒᆞ야內蒙古의地ᄅᆞᆯ盡取ᄒᆞ고又張

凶奴ᄅᆞᆯ破ᄒᆞᆷ

騫을大月氏에遣ᄒᆞ야其凶奴에舊怨이有ᄒᆞᆷ을因ᄒᆞ야凶奴ᄅᆞᆯ協力共擊코저ᄒᆞ니盖大月氏ᄂᆞᆫ本是月氏라漢初에凶奴의擊逐을被ᄒᆞ고又

大月氏의建國

烏孫의逼迫을當ᄒᆞ야嬀水(아무다라)畔에移ᄒᆞ야大月氏國을新建ᄒᆞᆫ者라

張騫이西域에往홈

張騫이往路에凶奴의捕ᄒᆞᆫ바가되야다가後에大月氏에逃至ᄒᆞ야共히凶奴를擊ᄒᆞᆷ을謀ᄒᆞ더니其君民이肥饒의新土에安ᄒᆞ야復讎의念이無ᄒᆞᆫ則遂其目的을貫徹치못ᄒᆞ고本國에歸ᄒᆞᆯ서又凶奴에게被執ᄒᆞ야艱辛이逃歸ᄒᆞ니라然ᄒᆞ나騫이當時西域諸國의風土人情을武帝에게詳陳ᄒᆞ니帝가此를通코저ᄒᆞ야再次騫을西域에遣ᄒᆞ야東西의交通을始ᄒᆞ니라

東西의交通

帝가西域을通ᄒᆞᆫ後에烏孫과通婚ᄒᆞ고同盟을結ᄒᆞ며尋又李廣利를命ᄒᆞ야大宛을擊破ᄒᆞ고其王을斬ᄒᆞ고善馬를取ᄒᆞ니漢威가葱嶺의西에遠及ᄒᆞ고其地特産의珍品奇物을輸入치아니ᄒᆞᆷ이無ᄒᆞ며又此를因ᄒᆞ야西方亞細亞及希臘의文化도多少傳來ᄒᆞ니라

漢威가葱嶺의西에達홈

南越及西南夷의征服

武帝ᄂᆞᆫ又南越을擊平ᄒᆞ고叓히苗族의數多小國을成ᄒᆞᆫ西南夷(雲南、貴州、四川、等地)를服屬ᄒᆞ야地를南方에大擴ᄒᆞ니於是에當時漢의版圖가漢初二倍에殆至ᄒᆞ더라

方士의信任

如是히武帝의武威ᄂᆞᆫ四方에震ᄒᆞ나同時에帝ᄂᆞᆫ又方術을好ᄒᆞ야方士를爵으로授與ᄒᆞ야神仙을求케ᄒᆞ고苑囿池沼를大作ᄒᆞ며巡狩封禪을屢爲ᄒᆞᆫ지라其晩年에及ᄒᆞ야前代의貯蓄이蕩盡ᄒᆞ고國用이罄竭ᄒᆞ거ᄂᆞᆯ乃官을賣ᄒᆞ며罪를贖ᄒᆞ고賦稅를重히ᄒᆞ며鹽酒의專賣를行ᄒᆞ고且白鹿皮의皮幣를使用ᄒᆞ야人心이動搖ᄒᆞ더니幸히輪臺의一詔에方士를盡罷ᄒᆞᆷ으로無事를僅得ᄒᆞ니라

武帝의晩年鹽酒專賣及皮幣

輪臺의詔

昭帝

霍光의攝政

武帝가崩ᄒᆞ매子昭帝가立ᄒᆞ니年이幼冲ᄒᆞᆫ지라大司馬霍光이先帝의遺詔를受ᄒᆞ야政을攝ᄒᆞᆯ서賦稅를輕減ᄒᆞ야民力을休養ᄒᆞ고內憂外患을鎭撫ᄒᆞ더니昭帝가崩ᄒᆞ고無嗣ᄒᆞ거ᄂᆞᆯ武帝의孫昌邑王賀를迎立ᄒᆞ니甚히無道ᄒᆞᆫ지라光이乃賀를廢ᄒᆞ고叓히武帝의曾孫病已를迎立ᄒᆞ니是乃宣帝러라

宣帝의文德

宣帝가幼時에巫蠱의難을遭ᄒᆞ야民間에隱在ᄒᆞ야人民疾苦를知ᄒᆞᆫ지라是以로政務를親執ᄒᆞᆫ後에勵精圖治ᄒᆞ야魏相丙吉黃覇于定國

西域都護 呼韓耶와郅支 凶奴의衰微 王氏의專權

의名相이輩出ᄒᆞ야國內가大治ᄒᆞ니라帝ᄂᆞᆫ又武帝의遺志ᄅᆞᆯ繼ᄒᆞ야外征을行ᄒᆞᆯ새西羌을趙充國으로征服케ᄒᆞ고又西域에兵을出ᄒᆞ야服치아니ᄒᆞᄂᆞᆫ者ᄅᆞᆯ擊ᄒᆞ고西域都護ᄅᆞᆯ烏壘城에置ᄒᆞ야西域三十六國을統轄케ᄒᆞ고(烏壘城은天山南路에在ᄒᆞᆷ)且烏孫과協力ᄒᆞ야匈奴ᄅᆞᆯ擊破ᄒᆞ더니時適凶奴가其從屬丁零、烏桓等이幷起反離ᄒᆞ고國內에五單于가爭立ᄒᆞ야呼韓耶單于、郅支單于二國에分裂ᄒᆞ야互相爭鬪ᄒᆞ다가呼韓耶單于가敗ᄒᆞ야漢에來降ᄒᆞ야漢의宮人을娶ᄒᆞ고郅支單于ᄂᆞᆫ後數年에漢軍에게敗死ᄒᆞ니自是로匈奴의侵寇가遂絶ᄒᆞ니라

宣帝後에元帝가嗣立ᄒᆞ니優柔多病ᄒᆞ야政權을宦者에게委任ᄒᆞ야弘恭、石顯等이威福을擅恣ᄒᆞᆫ則宣帝中興의業은衰頹에遂至ᄒᆞ더니子成帝가立ᄒᆞ야石顯等을悉皆退黜ᄒᆞ나又外戚王氏가擅權ᄒᆞ야其子弟가皆顯要의職에居ᄒᆞ야帝室이愈益不振ᄒᆞ더라王氏의中에王莽이有ᄒᆞ니大司馬에進至ᄒᆞ야恭儉을飾ᄒᆞ야士ᄅᆞᆯ禮ᄒᆞ며賢을尊ᄒᆞ

王莽의簒立 耶蘇元年 王莽의施政 支那가大亂

야君子의風을陽示ᄒᆞ야人望을以收ᄒᆞ더니哀帝의時에職을辭退ᄒᆞ얏다가平帝의立後에政權을再執ᄒᆞ고其女로皇后ᄅᆞᆯ作ᄒᆞ며宰衡이라自稱ᄒᆞ야諸侯의上에位ᄒᆞ더라然ᄒᆞᆫ지未幾에平帝ᄅᆞᆯ毒弑ᄒᆞ고宣帝의玄孫子嬰을擁立ᄒᆞ고假皇帝라自稱ᄒᆞ야攝政ᄒᆞᆫ지三年에遂又子嬰을廢ᄒᆞ고漢室을簒ᄒᆞ야國號ᄅᆞᆯ新이라改ᄒᆞ니時ᄂᆞᆫ檀君二千三百四十一年八이니漢祚가一時中絶ᄒᆞ니平帝元始元年이即耶蘇紀元元年이러라(高祖로브터是에至ᄒᆞ기十一世二百九年이라)

王莽이崇儒의世運을乘ᄒᆞ야其始에周公으로自擬ᄒᆞᆫ故로帝位ᄅᆞᆯ旣簒ᄒᆞ매諸般의制度文物을改ᄒᆞ고一切周의古法을倣ᄒᆞ야井田을行ᄒᆞ고職官의名稱組織을改ᄒᆞ며州縣의名目境界ᄅᆞᆯ變ᄒᆞ고又貨幣ᄅᆞᆯ新鑄ᄒᆞ고諸種의新稅ᄅᆞᆯ課ᄒᆞ니政令이苛ᄒᆞ고賦斂이重ᄒᆞ야民心이不安ᄒᆞ고又匈奴와戰敗ᄒᆞᆫ지라於是에天下가皆漢을復思ᄒᆞ야兵을起ᄒᆞ더라

劉秀와劉玄

王莽의誅戮

漢의復興과光武帝 東漢又後漢

時에漢宗室劉秀及其兄演이春陵(湖北省襄陽府)에起兵ᄒᆞ야劉玄을帝
ᄒᆞ고諸軍을統一ᄒᆞ야王莽의大軍을昆陽(河南省南陽府)에大破ᄒᆞ니劉演兄
弟의威名이大盛ᄒᆞ거ᄂᆞᆯ玄이是로忌ᄒᆞ야演을殺ᄒᆞ고他將을代遣ᄒᆞ
야長安을陷ᄒᆞ고王莽을斬ᄒᆞ니王莽의稱帝ᄒᆞᆷ이凡十五年이러라
此間에劉秀ᄂᆞᆫ河北의諸賊을討平ᄒᆞ고諸將의推戴에因ᄒᆞ야檀君二
千三百五十八年(五二)에帝位에卽ᄒᆞ야漢室을中興ᄒᆞ고洛陽에都ᄒᆞ니
是卽世祖光武帝라其漢室이中絕ᄒᆞᆷ을因ᄒᆞ야後漢이라稱ᄒᆞ고又其
都城의位置에因ᄒᆞ야東漢이라稱ᄒᆞᄂᆞ니라

第五章 東漢의政治及疆外經略

光武帝의治蹟

光武帝가帝位에登ᄒᆞ매王莽의苛政을悉祛ᄒᆞ고又西漢末年의弊ᄅᆞᆯ
鑑ᄒᆞ야國政을親自綜理ᄒᆞ고外戚을抑ᄒᆞ며功臣을列侯로封ᄒᆞ야其
身을全케ᄒᆞ고武事ᄅᆞᆯ厭苦ᄒᆞ야兵革을用치아니ᄒᆞ고禮樂을修ᄒᆞ며

氣節의奬勵

文學을興ᄒᆞ고氣節을奬勵ᄒᆞ야人民의撫育에專力ᄒᆞ니是以로此後

凡六十年間에國內가大治ᄒᆞ니라

東漢의外征

光武帝가意ᄅᆞᆯ內治에專ᄒᆞ야國家의基礎가鞏固ᄒᆞ고國運이隆盛ᄒᆞᆫ
則於是乎外征의事가復起ᄒᆞ니其最著ᄒᆞᆫ者ᄂᆞᆫ匈奴及西域의征服이
是니라

南北匈奴

匈奴ᄂᆞᆫ前漢에服屬ᄒᆞ다가王莽簒立의時에叛ᄒᆞ야莽兵을敗ᄒᆞ니連
年歲饑ᄒᆞ야甚히疲弊ᄒᆞ더니光武帝의時에內訌이起ᄒᆞ야南北二部
에分ᄒᆞ야南匈奴의單于日逐王比가其衆을率ᄒᆞ고漢에來服ᄒᆞ야北
匈奴와相爭ᄒᆞ니時에北匈奴ᄂᆞᆫ西域諸國을倚且控制ᄒᆞ야邊地ᄅᆞᆯ屢
侵ᄒᆞ거ᄂᆞᆯ漢明帝ᄂᆞᆫ耿秉竇固等을命ᄒᆞ야南匈奴의衆을合ᄒᆞ야北匈
奴ᄅᆞᆯ擊破ᄒᆞ고伊吾盧(哈密)의地ᄅᆞᆯ取ᄒᆞ고又從前慣用의政策을用ᄒᆞ야
班超ᄅᆞᆯ西域諸國에遣ᄒᆞ야其同盟을得ᄒᆞ야北匈奴의右臂ᄅᆞᆯ斷코져
ᄒᆞ니라

先是王莽의時에西域諸國이皆匈奴에게服屬ᄒᆞ다가光武帝統一의

班超의功

後에更히來附홈을請ᄒᆞ나不許ᄒᆞᆫ故로又凶奴에게服屬ᄒᆞᆫ지라班超가西域에往ᄒᆞ야住留ᄒᆞᆫ지三十餘年間에恩威를並施ᄒᆞ야烏孫을滅ᄒᆞ고大月氏를破ᄒᆞ니於是에西域五十餘國이皆凶奴를斷絶ᄒᆞ고漢에復歸ᄒᆞ거ᄂᆞᆯ和帝의時에超를西域都護에任ᄒᆞ야龜玆(天山南路)에住ᄒᆞ니라然ᄒᆞ나超의遞歸後未幾에撫御가其方을失ᄒᆞ야都護를復罷ᄒᆞ고諸國이皆叛ᄒᆞ니라

鮮卑丁零

凶奴의西走

北凶奴가竇固에게大敗ᄒᆞᆫ後에又鮮卑ᄂᆞᆫ其東을侵ᄒᆞ고丁零은其北을攻ᄒᆞ며南凶奴ᄂᆞᆫ其南을攻ᄒᆞ고西域諸國은其西를斷ᄒᆞ야國步가益艱ᄒᆞ거ᄂᆞᆯ檀君二千四百二十四年(一九)에和帝가竇憲을命ᄒᆞ야往擊大破ᄒᆞ고燕然山(外蒙古內)에碑를刻ᄒᆞ니於是에北凶奴ᄂᆞᆫ其餘衆이캐스피안海(裏海)附近에遠遁ᄒᆞ니後日훈스種이歐羅巴(유롭)洲를蹂躪ᄒᆞᆫ者ᄂᆞᆫ卽此遺種이니라

然ᄒᆞ나北凶奴의移去ᄒᆞᆫ同時에又一蠻族이侵入ᄒᆞ야凶奴의故地

東胡

鮮卑의强盛

를占有ᄒᆞ니此卽鮮卑라往昔秦漢의際에東胡가强盛ᄒᆞ야凶奴를對抗ᄒᆞ다가單于冒頓에게大敗ᄒᆞ야其衆이東奔ᄒᆞ야烏桓鮮卑의二部에分ᄒᆞ얏더니後에漸次西下ᄒᆞ야鮮卑가極히强盛ᄒᆞ야版圖를大擴ᄒᆞ야後日漢族의大患을作ᄒᆞ고烏桓은曾往漢에降ᄒᆞ니東胡ᄂᆞᆫ퉁구스族(滿洲族)이니라

第六章 佛敎의東來及漢과大秦의交通

佛敎의東來及大秦의交通

班超가西域에奏功ᄒᆞ고竇固가凶奴를擊破ᄒᆞ야漢家의武威ᄂᆞᆫ裏海의東에及ᄒᆞ매中央亞細亞地方과의交通이其便을愈加ᄒᆞ니於是에印度의文化와歐洲의文化가東方에輸入交通ᄒᆞ기에至ᄒᆞ니라

小乘敎와大乘敎

佛敎ᄂᆞᆫ前述홈과如히印度摩揭陀國阿育王의保護를得ᄒᆞ야世界의大宗敎가되얏더니其後南印度의案荅羅國이北上ᄒᆞ야摩揭陀國을幷呑ᄒᆞ고佛敎를禁壓ᄒᆞ야婆羅門敎가再興ᄒᆞᆫ則佛敎ᄂᆞᆫ獅子國(씰논)으로브터緬甸暹羅等地에傳ᄒᆞ야小乘敎가되고又北으루大月氏에流

迦膩色迦王

布ᄒᆞ니是卽大乘敎라時適大月氏의迦膩色迦王이出ᄒᆞ야佛敎ᄅᆞᆯ深信保護ᄒᆞᆷ으로大月氏의屬領되ᄂᆞᆫ西域地方에流行ᄒᆞ니當時大月氏의版圖ᄂᆞᆫ西ᄂᆞᆫ安息國을壓ᄒᆞ고北西兩印度ᄅᆞᆯ倂ᄒᆞ야葱嶺以東을盡領ᄒᆞ야中央亞細亞의一大强國을成ᄒᆞ얏더라

佛敎의東來

明帝의求佛

佛敎東來의事ᄂᆞᆫ秦始皇帝時에曾有ᄒᆞ얏다云ᄒᆞ고又或漢武帝時에來ᄒᆞ얏다ᄒᆞ나其明白ᄒᆞᆫ確證은明帝의時라明帝가金人의夢을得ᄒᆞ고歸佛의意ᄅᆞᆯ決ᄒᆞ야蔡愔을大月氏에送ᄒᆞᆫ딕蔡愔이大月氏에至ᄒᆞ야佛像、佛經을白馬에載ᄒᆞ고竺法蘭、攝馬騰二僧과偕歸ᄒᆞ니時ᄂᆞᆫ檀君二千三百九十八年(六五)이라於是에帝가洛陽의西에白馬寺ᄅᆞᆯ建ᄒᆞ야此ᄅᆞᆯ迎置ᄒᆞ고東來二僧을命ᄒᆞ야漢語ᄅᆞᆯ學ᄒᆞ야佛經을譯ᄒᆞ니自是로此敎에歸依ᄒᆞᄂᆞᆫ者가甚多ᄒᆞ며又西域의諸僧이東來ᄒᆞ야譯經及布敎에從事ᄒᆞᄂᆞᆫ者가絡繹ᄒᆞ야東亞人文의一大變動을與ᄒᆞ니라然而漢朝ᄂᆞᆫ是로因ᄒᆞ야道、佛의大爭이有ᄒᆞ더라佛敎의我國에傳來

ᄒᆞᆷ은尙且此後七百年後에在ᄒᆞ니라

羅馬의交通

當時歐羅巴洲에ᄂᆞᆫ恰然히羅馬의盛世에當ᄒᆞ니羅馬ᄂᆞᆫ卽漢史의大秦이라大秦及漢이互相他의富强을傳聞ᄒᆞ고直接으로交通ᄒᆞᆷ을渴望ᄒᆞ나得치못ᄒᆞ니班超가西域에在ᄒᆞᆯ時에甘英을遣ᄒᆞ야探險ᄒᆞ다가要領을不得ᄒᆞ고空還ᄒᆞ니是蓋當時에安息이兩國의間에介在ᄒᆞ야中間交易의利ᄅᆞᆯ失ᄒᆞᆯ가恐ᄒᆞ야百方沮戱ᄒᆞᆫ故일뿐더러又兩帝國의中央亞細亞經略이次第不振ᄒᆞ야漢은班超의歿後에西域都護府ᄅᆞᆯ廢ᄒᆞᆫ故라如是히陸路의交通은全히杜絶ᄒᆞ나然ᄒᆞ나大秦은東漢의末에其王安敦(안토니너스)이水路로使ᄅᆞᆯ遣ᄒᆞ야漢에通ᄒᆞ고(檀君二千四百九十九年)其後三國、西晉의頃에도其商人은日南(今東京)에來ᄒᆞ야象牙、玳瑁、犀角、珠玉의類로써繒絹을求ᄒᆞ야交通貿易이不絶ᄒᆞ니라

東西海上交通

第七章 東漢의末路

東漢의末路

初에光武帝ᄂᆞᆫ大政을親執ᄒᆞ고外戚의專權을預防ᄒᆞ야明帝、章帝의

外戚과宦官의禍

時에至토록舊規를恪守ᄒᆞ더니밋章帝의子和帝가立ᄒᆞᄆᆡ年甫十歲라母后竇氏가政을攝ᄒᆞ야竇氏의諸族이政權을擅ᄒᆞ고逆謀를企ᄒᆞᄂᆞᆫ故로宦官鄭衆이帝를扶ᄒᆞ야竇氏를除ᄒᆞ고仍又政權을弄ᄒᆞ야宦者專擅의端緖를開ᄒᆞ니自是以後로歷朝가恒常宦官을引用ᄒᆞ야外戚의跋扈를防止ᄒᆞᄆᆡ宦者의勢力이外戚에加ᄒᆞ더라和帝後數傳ᄒᆞ야順帝의時에后의兄梁冀가威福을恣ᄒᆞ더니遂乃順帝의後에質帝를弑ᄒᆞ고桓帝를擁立ᄒᆞᆫ되帝가卽位ᄒᆞᆫ後에梁冀의專權을惡ᄒᆞ야宦官單超等과謀ᄒᆞ야梁氏를盡誅ᄒᆞᆫ則於是에宦官은其功을恃ᄒᆞ고愈益專恣ᄒᆞᆷ이外戚보다反甚ᄒᆞ더라

東漢의士風

光武帝가在位ᄒᆞᆯ時에高節의士를尊禮ᄒᆞ야氣節을養成ᄒᆞ고歷世에皆其採士의準則을作ᄒᆞᆷ으로桓帝의時에至ᄒᆞ야名士가鬱興ᄒᆞ니其中最著ᄒᆞᆫ者ᄂᆞᆫ李膺陳蕃이라正義를尙ᄒᆞ고氣節을重ᄒᆞ야濁世에處ᄒᆞᆷ을不好ᄒᆞ고宦官의跋扈를憤ᄒᆞ야朝廷의腐敗를攻擊ᄒᆞᄂᆞᆫ者가愈多ᄒᆞ니當時太學의諸生이三萬人에至ᄒᆞ더라於是에宦官等이正義의士를大惡ᄒᆞ야將次李膺范滂郭泰等을盡殺코저ᄒᆞ다가宦官의子弟에辭連ᄒᆞᄂᆞᆫ故로宦官等이大恐ᄒᆞ야皆赦ᄒᆞ고終身鄕里에禁錮ᄒᆞ니此是後漢의黨錮니라

黨錮

宦官의專權及黨人의禍

然ᄒᆞ나桓帝後에靈帝가嗣ᄒᆞᄆᆡ竇太后가臨朝ᄒᆞ야竇武로大將軍을任ᄒᆞ고陳蕃으로太傅를任ᄒᆞᆫ되武、蕃等이宦官을誅코저ᄒᆞ다가遂치못ᄒᆞ고反히宦官等이先發ᄒᆞ야武蕃及前日禁錮ᄒᆞᆫ李膺杜密等百餘人을殺ᄒᆞ고七百餘人을廢錮ᄒᆞ며政權을恣弄ᄒᆞ니天下가漸亂ᄒᆞ더라

黃巾賊

於是에漢室의漸衰ᄒᆞᆷ을乘ᄒᆞ야妖賊張角이鉅鹿에起兵ᄒᆞ야黃巾黨數萬을嘯聚ᄒᆞ야其勢가猖獗ᄒᆞᆫ지라漢廷이皇甫嵩을遣ᄒᆞ야討平ᄒᆞ나爾後羣盜의勢ᄂᆞᆫ去益漸熾ᄒᆞᆫ故로重臣을州牧으로任ᄒᆞ야써鎭壓ᄒᆞ니此結果ᄂᆞᆫ外權이漸重ᄒᆞ야羣雄이各地에割據ᄒᆞ니라

宦官의誅除 董卓의專權 群雄의割據 曹操 孫權 劉備

靈帝의後에子辨이立ᄒᆞ야外戚何進과謀ᄒᆞ야宦官을誅除코저ᄒᆞ다가謀泄ᄒᆞ야何進이宦者에게被殺ᄒᆞ거ᄂᆞᆯ袁紹가乃起ᄒᆞ야宦官을盡誅ᄒᆞ더니未幾에董卓이徵에應ᄒᆞ야河東(山西省南部)의兵을率ᄒᆞ고洛陽에入ᄒᆞ야帝辨을廢ᄒᆞ고獻帝를擁立ᄒᆞ고權을專ᄒᆞ거ᄂᆞᆯ袁紹가東으루出奔ᄒᆞ야諸方에傳檄ᄒᆞ야卓을共擊ᄒᆞ니卓이帝를脅ᄒᆞ야長安에遷都ᄒᆞ더니又未幾에卓이王允、呂布에게殺ᄒᆞᆫ바되니라

是時洛陽에主가無ᄒᆞᆫ則關東의諸將이各自一方을割據ᄒᆞ니卽袁紹、袁術、孫堅、劉表、劉璋、公孫瓚、公孫度、曹操等이니此中에操가權謀智略이最富ᄒᆞ야獻帝를許(河南省開封府許州)에迎ᄒᆞ고其命을假ᄒᆞ야袁術、袁紹、公孫度、公孫瓚을滅ᄒᆞᆫ後에江南을幷呑코저ᄒᆞ야劉表의死를乘ᄒᆞ야襄陽(湖北省襄陽府)을進陷ᄒᆞ니河의南北의地가皆操에歸ᄒᆞ고唯孫堅의子權이江東을保有ᄒᆞ더라

先是에漢의遠族劉備가廓淸의志가有ᄒᆞ야其將關羽、張飛로兄弟로

赤壁의戰 三國이鼎立 東漢의滅亡 魏와曹丕

結ᄒᆞ고曹操를擊ᄒᆞ다가敗ᄒᆞ야劉表에게往依ᄒᆞ야此에서諸葛亮(孔明)龐統二名士를得ᄒᆞ더니時適曹操가劉表를擊勝ᄒᆞ고備를躡擊ᄒᆞ거ᄂᆞᆯ備가江東에奔ᄒᆞ야孫權에게援을求ᄒᆞᆫᄃᆡ權이其將周瑜를遣ᄒᆞ야檀君二千五百四十一年(二〇八)에備와共히曹操의大軍을赤壁(湖北省武昌府嘉魚縣)에서火攻大破ᄒᆞ니江南의地ᄂᆞᆫ權에盡歸ᄒᆞ고操ᄂᆞᆫ南伐의志를絕ᄒᆞ더라

劉備가乃權에게荊州의地를借ᄒᆞ야巴蜀을進定ᄒᆞ고漢中의地를收ᄒᆞ야西方一帶의地를得ᄒᆞ야東으루揚子江을界ᄒᆞ니於是에江北은曹操가領ᄒᆞ고江南은孫權에屬ᄒᆞ매地勢自然의區劃에因ᄒᆞ야三國이鼎立ᄒᆞ얏더라

檀君二千五百五十三年(二二〇)에曹操가死ᄒᆞ고其子丕가漢獻帝를廢ᄒᆞ고魏帝라自稱ᄒᆞ고洛陽에都ᄒᆞ니天子를脅迫ᄒᆞ야位를禪ᄒᆞᆷ이此에始ᄒᆞ고又後世革命의例를成ᄒᆞ니漢이前後漢을合ᄒᆞ야四百六年

蜀漢과昭烈

이러라先是去年에劉備가蜀에서漢中王이라稱ᄒᆞ더니玆에至ᄒᆞ야帝位에卽ᄒᆞ야漢의正統을承ᄒᆞ니其地名에因ᄒᆞ야史家에서蜀漢이라稱ᄒᆞ니此卽昭烈帝니라孫權도亦帝를稱ᄒᆞ야國號를吳라ᄒᆞ고建

吳와大帝

業(江蘇省江寧府)에都ᄒᆞ니此卽吳大帝라於是에三國의形勢가互相對抗ᄒᆞ더라

第八章 三國과西晉

三國과西晉

三國의形勢

三國의中에魏가最大ᄒᆞ고蜀이最小ᄒᆞ나常相對立ᄒᆞ야爭鬪不已ᄒᆞ니漢이能히其中에維持홈은專히諸葛亮의力이러라先是에昭烈帝가孫權으로브터荊州를借ᄒᆞ야關羽로守케ᄒᆞᆫᄃᆡ羽가曹操를進擊코저ᄒᆞ거ᄂᆞᆯ曹操가孫權을說ᄒᆞ야羽를擊케ᄒᆞ니權이羽를擊殺ᄒᆞᆫ지라

昭烈이吳에게敗홈

昭烈帝가帝位에旣登ᄒᆞᄆᆡ關羽의讎를報코저ᄒᆞ야檀君二千五百五十五年(二二二)에吳를親征ᄒᆞ다가吳將陸遜에게大敗ᄒᆞ고憤恚ᄒᆞ야崩ᄒᆞ거ᄂᆞᆯ丞相諸葛亮이後帝禪을輔佐ᄒᆞ야忠義의節을盡ᄒᆞ고軍國의

諸葛亮이魏를伐홈

重事에當ᄒᆞ야漢室의興復을自任ᄒᆞ야吳의舊怨을捨ᄒᆞ고互相連和ᄒᆞ야魏를伐코저ᄒᆞ니時에魏帝丕ᄂᆞᆫ兩度吳를擊ᄒᆞ다가江을渡치못ᄒᆞ고班師ᄒᆞ니라亮이乃南蠻을先征ᄒᆞ야後患을絶ᄒᆞ고北伐에專力ᄒᆞ야前後七年間에祁山(甘肅)에六出ᄒᆞ나其功을奏치못ᄒᆞ고魏將司馬懿와五丈原(陝西省鳳翔府內)에서相持ᄒᆞ다가檀君二千五百六十七年에陣中에서歿ᄒᆞ니라

魏의衰微

時에魏ᄂᆞᆫ文帝丕가死ᄒᆞ고子明帝叡가立ᄒᆞ니諸帝가刻薄ᄒᆞ야骨肉이相殘ᄒᆞ야帝室이甚孤ᄒᆞ더니및明帝의死後에帝芳이立ᄒᆞᆫ則司馬懿가曹爽을殺ᄒᆞ고스사로丞相이되야專權ᄒᆞ며懿의死後에懿子師가芳을廢ᄒᆞ고帝髦를迎立ᄒᆞ니髦가司馬氏의專擅을惡ᄒᆞ야除코저ᄒᆞᆫᄃᆡ司馬師의弟昭가相國이되야髦를廢ᄒᆞ고更히帝奐을立ᄒᆞ니魏의實權이司馬氏에盡歸ᄒᆞ더라

蜀漢은丞相亮의死後에帝禪은小人을任用ᄒᆞ야國政이日非ᄒᆞ고又

蜀漢의亡

姜維ᄂᆞᆫ亮의遺志를繼ᄒᆞ야屢次魏를出擊ᄒᆞ매國力이大衰ᄒᆞᆫ지라司馬昭가遂乃鍾會、鄧艾等으로ᄒᆞ야금間道로入ᄒᆞ야漢을擊滅ᄒᆞ고帝禪을降ᄒᆞ니時ᄂᆞᆫ檀君二千五百九十六年(二六三)이러라(蜀漢凡二世四十三年)

魏의亡

司馬炎이西晉을創ᄒᆞᆷ

司馬昭가死後에其子炎이又相國이되니炎이父祖의功을負ᄒᆞ고遂乃檀君二千五百九十八年(二六五)에魏帝奐을逼ᄒᆞ야位를禪케ᄒᆞ고國號를晉이라改ᄒᆞ며洛陽에仍都ᄒᆞ니是乃晉武帝러라

吳의亡

是時에吳가大帝로브터數傳ᄒᆞ야帝皓가國政을不修ᄒᆞ야勢甚衰弱ᄒᆞ거ᄂᆞᆯ晉武帝가遂吳를擊滅ᄒᆞ고全域을統一ᄒᆞ니時正檀君二千六百十三年(二八〇)이러라

武帝의失政

晉武帝가權臣으로篡位ᄒᆞᆫ故로宗室의援助가無ᄒᆞᆷ을懲ᄒᆞ야宗室子弟를要地에封ᄒᆞ야帝室의藩屛을作ᄒᆞ더라然ᄒᆞ나晚年에倦怠의念이漸生ᄒᆞ야內로宴樂을事ᄒᆞ고外로兵備를怠ᄒᆞ더니밋其子惠帝가卽位ᄒᆞ매極히庸闇ᄒᆞᆫ則外戚楊駿이專政ᄒᆞᄂᆞᆫ지라后賈氏가此를殺

ᄒᆞ고汝南王亮이國政을總ᄒᆞ더니又專橫ᄒᆞ거ᄂᆞᆯ賈后가又楚王瑋와共히亮을殺ᄒᆞ야自此以後로凡十六年間에楚王瑋、趙王倫、齊王冏、成都王穎、河間王顒、長沙王乂、東海王越이互相爭權ᄒᆞ야骨肉이殘害ᄒᆞ매晉室의藩屛이遂空ᄒᆞ니此乃所謂晉朝八王의亂이니라

八王의亂

淸談의盛行

如此히帝室의骨肉이相殘ᄒᆞ야國內가寧謐치못ᄒᆞᆫ同時에又朝野人士ᄂᆞᆫ老莊의虛無를尙ᄒᆞᄂᆞᆫ遺風을承ᄒᆞ야淸談을事ᄒᆞ고放逸을喜ᄒᆞ야世事俗務를排斥ᄒᆞ고禮度法節을棄ᄒᆞ니名敎를重히ᄒᆞ고家國을憂ᄒᆞᄂᆞᆫ者가全無ᄒᆞ야國民의元氣가蕩然掃地ᄒᆞ니是盖漢末의名士가禍를罹ᄒᆞᆷ이多ᄒᆞᆷ과又魏晉의諸帝가刻薄少恩ᄒᆞ야猜忌가太甚ᄒᆞᆷ에由ᄒᆞᆷ일ᄲᅮᆫ더러儒敎崇尙의反動과佛敎東流의影響이亦多ᄒᆞ더라

異人種의內住及侵入

且晉初에地方의武備를懈怠히ᄒᆞ고塞外의征略을放置ᄒᆞᆫ故로支那內地에移住ᄒᆞᆫ異種族이亂을起ᄒᆞ며且諸種의蠻族이相繼侵入ᄒᆞ야晉의內亂을乘ᄒᆞ니其中最强盛ᄒᆞᆫ者ᄂᆞᆫ凶奴、鮮卑、氐、羌、羯의五種이니

匈奴 漢 劉淵이漢國을建ᄒᆞᆷ

西晉의亡

元帝 東晉

成漢의李雄

姚弋仲

所謂五胡가是라時에凶奴人劉淵이最先左國城山西省汾州府에其故業을復코저ᄒᆞ야漢帝라稱ᄒᆞ더니其子劉聰에及ᄒᆞ야勢益強盛ᄒᆞ야其族劉曜及部將羯人石勒을遣ᄒᆞ야晉都를陷ᄒᆞ고懷帝를擄去ᄒᆞ거ᄂᆞᆯ太子業이長安에서帝位에卽ᄒᆞ더니漢이擊擒ᄒᆞ니晉이遂亾ᄒᆞᆫ지라於是에琅琊王睿가建康吳의建業에서卽位ᄒᆞ야晉統을以繼ᄒᆞ니此卽東晉元帝니建康이舊都洛陽의東南에在ᄒᆞᆷ으로써東晉이라稱ᄒᆞᆷ이니時ᄂᆞᆫ檀君二千六百五十年七三一이러라 西晉凡四世五十二年

第九章 東晉과五胡十六國

前述ᄒᆞᆷ과如히東晉은建康에移ᄒᆞ야江南의地를僅保ᄒᆞ고黃河南北의地ᄂᆞᆫ塞外人의角逐에一任ᄒᆞ니時에氐人李雄은成都에據ᄒᆞ야四川貴州를幷ᄒᆞ야成帝라自稱ᄒᆞ더니其弟壽가更히漢이라改稱ᄒᆞ고羌人은先是後漢의時에馬援에게降ᄒᆞ야關中河東에移住ᄒᆞ든者가其中에姚弋仲이라稱ᄒᆞᄂᆞᆫ者가起ᄒᆞ야扶風公이라自稱ᄒᆞ며鮮卑의

鮮卑 前燕의慕容皝

前趙와後趙

前趙의亡

後趙의亡

魏 冉閔

前涼

前秦

東晉

慕容廆ᄂᆞᆫ遼東遼西를占領ᄒᆞ고大單于라自稱ᄒᆞ더니子慕容皝이燕王이라改稱ᄒᆞ더라漢은西晉을滅ᄒᆞ고一時強盛ᄒᆞ더니및劉聰의死後에其國이分裂ᄒᆞ야劉曜ᄂᆞᆫ前趙를建ᄒᆞ고石勒은後趙를建ᄒᆞ야兩相爭鬪ᄒᆞ다가畢竟石勒이勝利를獲ᄒᆞ야前趙를倂呑ᄒᆞ고又東晉을侵ᄒᆞ야勢甚熾盛ᄒᆞ야石勒이天王이라稱ᄒᆞ더니石勒이死ᄒᆞ고子弘이立ᄒᆞ매從子虎가弘을弑ᄒᆞ고自立ᄒᆞ며虎의死後에繼承의亂이有ᄒᆞ야部將冉閔이石氏를盡滅ᄒᆞ고自立ᄒᆞ야魏帝라稱ᄒᆞ더라是時에西晉惠帝時에凉州刺史되얏든張軌의曾孫張重華ᄂᆞᆫ自立ᄒᆞ야前凉王이되며氐酋蒲洪은關中에自立ᄒᆞ야前秦王이되고姓을苻라改ᄒᆞ더니洪의子健이帝라稱ᄒᆞ니於是에江北이大亂ᄒᆞ거ᄂᆞᆯ時適前燕王慕容皝이死ᄒᆞ고子儁이繼ᄒᆞ야長驅南下ᄒᆞ야魏帝冉閔을滅ᄒᆞ고河北과河南을略ᄒᆞ야鄴直隷省內에都ᄒᆞ고帝라稱ᄒᆞ더라

東晉은元帝가立ᄒᆞᆫ後에王導等諸名士를任用ᄒᆞ나王敦蘇峻의亂이

桓溫

有ᄒᆞ야北征에未暇ᄒᆞ더니數世ᄅᆞᆯ經ᄒᆞ야穆帝의時에桓溫이庾翼을代ᄒᆞ야兵事ᄅᆞᆯ總攬ᄒᆞ고江北을討平코저ᄒᆞ야먼저蜀의氏種李漢을滅ᄒᆞ고轉進ᄒᆞ야苻健을擊ᄒᆞ다가得志치못ᄒᆞᆫ故로更히前燕을伐ᄒᆞ야前燕將慕容垂에게枋頭(河南省衛輝府濬縣)에서大敗ᄒᆞ야奔還ᄒᆞ고不軌의志ᄅᆞᆯ陰蓄ᄒᆞ나謝安、王坦之ᄅᆞᆯ畏ᄒᆞ야敢發치못ᄒᆞ고遂死ᄒᆞ니라

前秦이江北을平定홈

此時ᄅᆞᆯ當ᄒᆞ야江北에ᄂᆞᆫ前燕前秦이最强ᄒᆞ니秦은苻健의死後에從子苻堅이立ᄒᆞ야王猛을任用ᄒᆞ야國富兵强ᄒᆞᆫ지라前燕의亂을乘ᄒᆞ야此ᄅᆞᆯ擊滅ᄒᆞ고前凉을降ᄒᆞ야江北을盡定ᄒᆞ고西域諸國을服屬ᄒᆞᆫ則江南의一隅ᄅᆞᆯ平定ᄒᆞ고統一의業을成코저ᄒᆞ야

秦이東晋을攻홈

檀君二千七百十六年(三八三)八月에秦帝堅이精兵九十萬을親率ᄒᆞ고東晋을來逼ᄒᆞᆯ서自誇揚言호ᄃᆡ吾軍의鞭을江에投ᄒᆞ야도流ᄅᆞᆯ可斷ᄒᆞ리라ᄒᆞ더라

淝水의戰

是時에東晋은桓溫이已死ᄒᆞ고謝安이執政ᄒᆞ야其姪謝玄에게八萬의兵을與ᄒᆞ야秦軍을禦케ᄒᆞᆫᄃᆡ玄이乃秦軍과十一月에淝水(安徽省鳳陽府

壽州東)에서戰ᄒᆞ야秦軍을大破ᄒᆞ니秦帝堅이僅히其身을免ᄒᆞ야還歸ᄒᆞ니江北의形勢가頓然一變ᄒᆞ더라

後燕

西燕、後秦、西秦

南凉

後凉

北凉、西凉

秦帝堅이旣敗ᄒᆞ매其領土ᄂᆞᆫ四分五裂ᄒᆞ야江北이復大亂ᄒᆞ니前燕의慕容垂ᄂᆞᆫ中山(直隸省定州府)에據ᄒᆞ야後燕을建ᄒᆞ고慕容冲은平陽(山西省平陽府)에起ᄒᆞ야西燕을建ᄒᆞ고羌酋姚萇은長安에서後秦을起ᄒᆞ며鮮卑의乞伏乾歸ᄂᆞᆫ隴西에西秦을建ᄒᆞ고鮮卑의禿髮烏古ᄂᆞᆫ河西에南凉을建ᄒᆞ고秦의西域都督呂光은河西에後凉을創ᄒᆞ며凶奴의沮渠蒙遜은張掖(甘肅省甘州府)에北凉을建ᄒᆞ고李暠은敦煌(甘肅省)에西凉을建ᄒᆞ더라

前秦의亡

南燕、北燕

秦帝苻堅은後秦에게縊殺을被ᄒᆞ고又其後嗣도皆前後로被殺ᄒᆞᆫ則秦이遂亡ᄒᆞ니라又未幾에後燕의一族慕容德은滑臺(河南省衛輝府滑縣)에南燕을建ᄒᆞ고後燕의將馮跋은後燕을滅ᄒᆞ고龍城(內蒙古土默特)에北燕이라稱ᄒᆞ더라

先是魏晋의交에鮮卑의拓拔力微가漠北에居ᄒᆞ더니晋成帝의時에

後魏의勃興

力微의曾孫什翼健이嗣ᄒᆞ야版圖를四方으로擴張ᄒᆞ다가一時前秦苻堅의侵掠을當ᄒᆞ야殆히衰亾ᄒᆞ얏더니江北分裂의時에什翼健의孫拓拔珪가强大를漸致ᄒᆞ야後燕을擊滅ᄒᆞ고平城에都ᄒᆞ야魏帝라稱ᄒᆞ니此卽道武帝니라

大夏

時에後秦이後凉을滅ᄒᆞ고南、北、西의三凉을臣伏ᄒᆞ야江北에强大ᄒᆞ더니凶奴의赫連勃勃이叛ᄒᆞ야大夏라自稱ᄒᆞ고朔方에據ᄒᆞ야西秦과南凉을滅ᄒᆞᆫ則後秦이大衰ᄒᆞ거ᄂᆞᆯ東晉의劉裕ᄂᆞᆫ南燕을滅ᄒᆞᆫ後其鋒을轉ᄒᆞ야後秦을滅ᄒᆞ니라

東晉의滅亡

東晉은淝水의捷을獲ᄒᆞᆫ後에國內가一時無事ᄒᆞᆷ을得ᄒᆞ나安帝의時에桓温의子桓玄의亂이有ᄒᆞ야國勢가愈弱ᄒᆞ거ᄂᆞᆯ劉裕가起兵ᄒᆞ야此를鎭定ᄒᆞ고又外征의功이有ᄒᆞ야威望이日隆ᄒᆞᆫ지라遂乃帝를弑ᄒᆞ고皇弟奐을擁立ᄒᆞ얏다가越明年檀君二千七百五十三年(四一九)에帝를逼ᄒᆞ야禪을受ᄒᆞ고仍ᄒᆞ야晉帝를弑ᄒᆞ며國號를宋이라改ᄒᆞ고

宋武帝

建康에仍都ᄒᆞ니是乃宋武帝라晉祚가玆에遂絶ᄒᆞ니東西兩晉을統合ᄒᆞ야凡百五十六年이러라

南北對立

此時를當ᄒᆞ야江北에ᄂᆞᆫ魏가最强ᄒᆞ야道武帝의後에漸其版圖를廣ᄒᆞ야北燕、夏、北凉等을次第盡滅ᄒᆞ고楊子江으로宋과分界ᄒᆞ니世人이此를南北朝라稱ᄒᆞᄂᆞ니라

興亡의國數

西晉의末로브터塞外諸族이支那內地에侵入ᄒᆞ야漢人과角逐ᄒᆞᆫ者가凡五種이라伊來百三十年間을戰亂이相繼ᄒᆞ야漢族及異種族의興廢ᄒᆞᆫ國數가十六이有ᄒᆞᆫ故로總稱ᄒᆞ야五胡十六國이라云ᄒᆞᄂᆞ니卽兩趙(前後)三秦(前後西)四燕(前後南北)五凉(前後南北西)漢(成)及夏라其間君王을稱ᄒᆞᆫ者가晉、宋、魏를合ᄒᆞ매凡八十三主가有ᄒᆞᆫ則支那大陸空前의分裂이라可謂ᄒᆞᆯ지라

異人種侵入의結果

然而此間에現著ᄒᆞᆫ變化가社會에加ᄒᆞᆷ은族血의混合과言語의變化가有ᄒᆞᆷ이며又注意를要ᄒᆞᆯ바ᄂᆞᆫ佛敎流布의感化에因ᄒᆞ야慘虐의事蹟이比較的少有ᄒᆞᆷ이니라

第十章 南北朝

南北朝 宋·魏

宋은南을統ᄒᆞ고魏ᄂᆞᆫ北을領ᄒᆞ야互相對立ᄒᆞᆷ으로브터隋의一統에至ᄒᆞ기凡百七十年間을南北朝라稱ᄒᆞ니其紛亂의狀이比前稍少ᄒᆞ나叛寇簒逆等은相繼不絕ᄒᆞ더라元來南北의風氣가相殊ᄒᆞ야北人은勁悍ᄒᆞᆫ中塞外人族과血液이相混ᄒᆞᆷ으로써南人의敵이아니라南人의恃ᄒᆞᄂᆞᆫ바ᄂᆞᆫ一條大江의阻를有ᄒᆞᆯ뿐이니兩相排斥ᄒᆞᆷ의甚ᄒᆞᆷ은南人은北人의辮髮을笑ᄒᆞ야索虜라稱ᄒᆞ고北人은南人의苟安을嘲ᄒᆞ야島夷라稱ᄒᆞ니라

南北의詆誚

宋의亡과齊의興

宋은武帝後에國內가稍平ᄒᆞ더니文帝의時에魏를伐ᄒᆞ다가大敗ᄒᆞ야國力이大衰ᄒᆞ고三傳ᄒᆞ야明帝의時에宗室을殺戮ᄒᆞ야帝室이孤立ᄒᆞᆫ則權臣蕭道成이廢立을行ᄒᆞ고其終은遂乃簒立ᄒᆞ야檀君二千八百十二年(九四七)齊帝라稱ᄒᆞ니라(宋凡八君六十年)

後魏의極盛

魏ᄂᆞᆫ道武帝의後에太武帝ᄂᆞᆫ英傑의人이라西域을招致ᄒᆞ고漢北의凶奴別種柔然을擊破ᄒᆞ며又宋軍의來侵ᄒᆞᆷ을敗退ᄒᆞ고十六國中의餘存ᄒᆞᆫ者를兼倂ᄒᆞ며青海地方에在ᄒᆞᆫ鮮卑의支族吐谷渾을降ᄒᆞ야國勢가極盛ᄒᆞ더니未幾에太武帝가被弑ᄒᆞ고孫文成帝가立ᄒᆞ야民力을休養ᄒᆞ야銳意로富國의策을講ᄒᆞ고獻文帝를經ᄒᆞ야孝文帝에

柔然의衰亡

後魏의改革

至ᄒᆞ야ᄂᆞᆫ其固有의蠻風頑俗을愧ᄒᆞ고中國의文化를慕ᄒᆞ야洛陽에移都ᄒᆞ고元氏라改姓ᄒᆞ며胡語와胡服을禁ᄒᆞ고禮樂을興ᄒᆞ며制度를定ᄒᆞ야諸般文物을漢族에模擬ᄒᆞ며又漢族과通婚을奬勵ᄒᆞ니其改革의急遽ᄒᆞᆷ에反對ᄒᆞᄂᆞᆫ者가或有ᄒᆞ나法令을設ᄒᆞ야此를嚴行ᄒᆞᄂᆞᆫ故로幾多의星霜을未經ᄒᆞ야其目的을貫徹ᄒᆞ야文化學藝가長足의進步를致ᄒᆞ니라

後魏의軟化

然ᄒᆞ나勁悍ᄒᆞᆫ風은柔弱의習으로代ᄒᆞ야戰敗國化가된則國勢ᄂᆞᆫ衰頹에漸至ᄒᆞ니帝의時ᄂᆞᆫ大略檀君二千八百二十年頃이러라

檀君二千八百十二年에蕭道成이簒國ᄒᆞᆫ後로五傳ᄒᆞ야廢帝寶卷이

齊의亡과梁의興

淫虐無道ᄒᆞ야嬖倖을任ᄒᆞ야大臣을誅戮ᄒᆞᆫ則叛亂이數起ᄒᆞ더니畢竟檀君二千八百三十五年(五〇二)에蕭衍이齊帝를廢ᄒᆞ고自立ᄒᆞ야國號를梁이라稱ᄒᆞ니衍은卽梁武帝니라(齊凡七君二十四年)

爾朱榮

高歡

宇文泰

魏가東西에分ᄒᆞᆷ

魏ᄂᆞᆫ孝文帝의後에國政이漸亂ᄒᆞ며又胡太后가執政ᄒᆞ야淫虐無道ᄒᆞ야孝明帝를毒弑ᄒᆞᆫ則國內가紛擾ᄒᆞ더라是時에平城藩衛의將士가給料의薄ᄒᆞᆷ을怨ᄒᆞ야亂을作ᄒᆞ거ᄂᆞᆯ爾朱榮이叛賊을討平ᄒᆞ야重兵을掌握ᄒᆞ고君側의惡을除淸ᄒᆞᆫ다稱ᄒᆞ고檀君二千八百六十二年(五二九)에晋陽(山西省太原府)으로브터洛陽에入ᄒᆞ야胡太后를河에沉ᄒᆞ고孝莊帝를擁立ᄒᆞᆫ後政權을自專ᄒᆞ거ᄂᆞᆯ孝莊帝가爾朱榮을誅ᄒᆞ니其一族이又亂을作ᄒᆞ야帝를弑ᄒᆞᄂᆞᆫ지라冀州刺史高歡이其亂을討平ᄒᆞ고孝武帝를立ᄒᆞ야權柄을握ᄒᆞ고府를晋陽에開ᄒᆞ야威勢가大盛ᄒᆞ니孝武帝가歡을忌ᄒᆞ야遂乃關西大都督宇文泰에게往依ᄒᆞ거ᄂᆞᆯ高歡이更히孝靜帝를立ᄒᆞ니前者ᄂᆞᆫ西魏라稱ᄒᆞ고後者ᄂᆞᆫ東魏라稱ᄒᆞ

니兩相對立ᄒᆞ야交兵不已ᄒᆞ더라

梁武의佛敎의禍

北朝ᄂᆞᆫ如是히亂ᄒᆞ나南朝ᄂᆞᆫ平穩ᄒᆞ니時에梁武帝蕭衍이帝位에在ᄒᆞ매博學能文ᄒᆞ고且治國의器가有ᄒᆞ더니其晩年에佛敎에深惑ᄒᆞ야三寶의奴라自稱ᄒᆞ고身을佛寺에屢捨ᄒᆞ야紀綱이解弛ᄒᆞ고武備가踈廢ᄒᆞ거ᄂᆞᆯ魏의降臣侯景이此機를乘ᄒᆞ야叛旗를擧ᄒᆞ야建康을進圍ᄒᆞ니城中民이皆太平에安眠ᄒᆞ다가猝然當亂ᄒᆞᆫ則防禦치못ᄒᆞ고城이陷落ᄒᆞᄂᆞᆫ지라武帝ᄂᆞᆫ佛佑를未得ᄒᆞ야맛참내侯景과結和ᄒᆞ고檀君二千八百八十二年(五四九)에憂忿病死ᄒᆞ니時年이八十六이라太子統은早死ᄒᆞ니是卽昭明太子라故로次子簡文帝가立ᄒᆞ나亦侯景에게被弑ᄒᆞ고景이自立稱帝ᄒᆞ더니幾多의爭亂을經ᄒᆞᆫ後에陳霸先이兵을擧ᄒᆞ야景을誅ᄒᆞ고終乃霸先이梁朝를簒立ᄒᆞ니時ᄂᆞᆫ檀君二千八百九十年(五五七)이러라(梁凡四君五十六年)

陳霸先이梁을簒ᄒᆞᆷ

陳의興

陳霸先이梁을簒奪ᄒᆞ고陳國이라稱ᄒᆞ니此卽陳高祖라先是에高歡

北齊의興 의子高洋은東魏를簒立ᄒᆞ니北齊文宣帝가是오又未幾에宇文泰의子宇文覺도亦西魏에簒立ᄒᆞ니周孝愍帝가是니正是陳霸先의開國ᄒᆞᆫ年이러라於是에北朝ᄂᆞᆫ齊周가相對ᄒᆞ더니北齊ᄂᆞᆫ文宣帝의後三傳ᄒᆞ야帝緯의時에國步가衰頽ᄒᆞ거ᄂᆞᆯ時에周武帝邕이剛毅賢明ᄒᆞ야國力이大張ᄒᆞᆫ지라遂乃檀君二千九百十年에帝邕이自往ᄒᆞ야齊를擊滅ᄒᆞᆫ則北朝가復合一ᄒᆞ니라

周의興

北齊의亡

隋의興 然ᄒᆞ나周武帝의後帝闡에至ᄒᆞ야外戚楊堅이政을執ᄒᆞ야勢威가隆盛ᄒᆞ매堅이遂乃檀君二千九百十四年(五八一)에周를簒ᄒᆞ야帝位에卽ᄒᆞ야國號를隋라改ᄒᆞ고長安에都ᄒᆞ니是乃隋文帝라此時를當ᄒᆞ야南朝ᄂᆞᆫ陳高祖로브터四傳ᄒᆞ야後主叔寶가在位ᄒᆞ니荒淫侈靡ᄒᆞ야朝政을不顧ᄒᆞ거ᄂᆞᆯ隋帝堅이其子秦王廣을遣ᄒᆞ야一擧擊滅ᄒᆞ니於是에漢末以後로四百年을亘ᄒᆞ든騷亂ᄒᆞᆫ支那가更히統一이되니時ᄂᆞᆫ檀君二千九百二十二年(五八九)이러라

隋의一統

佛敎의流布 以上長久ᄒᆞᆫ歲月間을南北朝에兵連禍結ᄒᆞ야支那에固有ᄒᆞᆫ學術은衰微不振ᄒᆞᆫ則佛敎ᄂᆞᆫ人心의危機를乘ᄒᆞ야盛大히傳布되야南北朝에勢力을俱得ᄒᆞ고

藝術進步의兆 南朝에ᄂᆞᆫ佳麗ᄒᆞᆫ江南의自然的美의感化를受ᄒᆞ야繪畫雕刻等의藝術이次第로進步의兆를顯ᄒᆞ야唐代의先驅를作ᄒᆞ니라

外國交通 陸上貿易과海上貿易 又此間에外國의交通은全然斷絶치아니ᄒᆞ니支那의西北部長城極端의地方에東西貨物의交易이不少ᄒᆞ얏고又海上貿易도支那商人이印度洋方面의씰ᄂᆞᆫ島邊에往航ᄒᆞ고又或波斯灣에도往ᄒᆞᆫ者가有ᄒᆞ며

僧侶의往來 其他僧侶의印度에往來ᄒᆞᆫ者가多ᄒᆞ며朝鮮,日本도時時로南朝와通好ᄒᆞ야佛法이傳入ᄒᆞ니라

第十一章 隋의興亾

隋의興亡

文帝의政 隋文帝가一統의大業을旣成ᄒᆞᆫ後에內政에專力ᄒᆞ야國民의休養을圖ᄒᆞ야勤儉을主ᄒᆞ며賦稅를輕減ᄒᆞ야戶口가增殖ᄒᆞ고府庫가充實

煬帝의工役

ᄒᆞ며同時에又諸般制度ᄅᆞᆯ整定ᄒᆞ니後日唐代의採用된者가多ᄒᆞ니라

然ᄒᆞ나文帝의性이猜忌苛察ᄒᆞ야功臣을誅戮ᄒᆞ며又太子勇을廢ᄒᆞ고次子廣을立ᄒᆞ더니後에悔ᄒᆞ다가遂廣의弒ᄒᆞᆫ바가되니라(檀君二千九百三十八年)廣이其父ᄅᆞᆯ弒ᄒᆞᆫ後에自立ᄒᆞ니是乃隋煬帝라其太子의時로브터放恣淫佚ᄒᆞ며驕奢無度ᄒᆞ더니帝位에登ᄒᆞ매土木을大興ᄒᆞ야二百萬役丁을發ᄒᆞ야洛陽에宮殿苑囿ᄅᆞᆯ大作ᄒᆞ고東都라稱ᄒᆞ며又百

大運河

萬의人夫로運河ᄅᆞᆯ開鑿ᄒᆞᆯ새通濟渠及刊溝ᄅᆞᆯ鑿ᄒᆞ야長安으로브터揚州에達케ᄒᆞ야江河ᄅᆞᆯ連絡ᄒᆞ고又永濟渠ᄅᆞᆯ鑿ᄒᆞ야沁河ᄅᆞᆯ連ᄒᆞ며江南河ᄅᆞᆯ穿ᄒᆞ야揚州와杭州ᄅᆞᆯ通ᄒᆞ고揚州ᄅᆞᆯ江都, 長安을西京이라稱ᄒᆞ야其間에離宮四十餘ᄅᆞᆯ置ᄒᆞ고頻數히巡遊ᄒᆞ니帝의初志ᄂᆞᆫ遊幸을爲ᄒᆞᆷ이나後世에利澤을受ᄒᆞᆷ이多ᄒᆞ더라如是히巨役을行ᄒᆞ야丁男이不足ᄒᆞ면婦女로供役케ᄒᆞ며又大行山을穿ᄒᆞ야馳道ᄅᆞᆯ通ᄒᆞ

니財用이窘竭ᄒᆞ야徵稅가苛重ᄒᆞᆫ則民情이騷然ᄒᆞ더라

煬帝의外征

煬帝ᄂᆞᆫ又秦皇漢武의雄圖巍勳을慕ᄒᆞ야僅纔히兵餘에蘇息ᄒᆞᆫ人民을驅ᄒᆞ야外征을屢行ᄒᆞ니南은今柴棍(사이곤)地方의林邑을滅ᄒᆞ고西ᄂᆞᆫ青海附近의鮮卑族吐谷渾을降ᄒᆞ고西域諸國을招延ᄒᆞ며東南은臺灣을征ᄒᆞ고高句麗에使ᄅᆞᆯ遣ᄒᆞ야招入ᄒᆞ다가高句麗王이拒斥ᄒᆞ거ᄂᆞᆯ煬帝가大怒ᄒᆞ야戰勝의威ᄅᆞᆯ藉ᄒᆞ야檀君二千九百四十四年(一六一一)에親히水陸軍百三十萬을率ᄒᆞ고高句麗ᄅᆞᆯ來擊ᄒᆞ다가大敗ᄒᆞ야

煬帝가高句麗에게大敗

僅히身으로免歸ᄒᆞ고越明年에又來擊ᄒᆞ다가敗歸ᄒᆞ니라

國內의大亂

此時ᄅᆞᆯ當ᄒᆞ야帝가土木을大興ᄒᆞ고外征을屢行ᄒᆞ매人民이困窮ᄒᆞ야怨嗟의聲이大起ᄒᆞ더니高句麗에게敗還ᄒᆞᆫ後에盜賊이四處에蜂起ᄒᆞ며羣雄이各히一方을割據ᄒᆞᆫ則二十餘年의安靜을享ᄒᆞ든支那ᄂᆞᆫ又麻와如히亂ᄒᆞ더라

群雄의割據

於是에李密은滎陽에서魏公이라稱ᄒᆞ고林士弘은江南에서楚帝라

稱ᄒᆞ고杜伏威ᄂᆞᆫ淮南을據ᄒᆞ고竇建德은河北에서夏帝라稱ᄒᆞ며薛擧ᄂᆞᆫ隴西에秦國을建ᄒᆞ고李軌ᄂᆞᆫ河西에凉國을建ᄒᆞ며蕭銑은巴陵에서梁王이라稱ᄒᆞ며此外又劉武周、梁師道等이有ᄒᆞ더라時適李淵이突厥을防ᄒᆞ다가子世民의謀ᄅᆞᆯ從ᄒᆞ야突厥의兵을借ᄒᆞ고太原에서起ᄒᆞ야長安을進陷ᄒᆞ고隋帝侑ᄅᆞᆯ擁立ᄒᆞ며大丞相唐王이라自稱ᄒᆞ니時에煬帝ᄂᆞᆫ江都에往遊ᄒᆞ다가其臣、宇文化及에게弑ᄒᆞᆫ바된지라檀君二千九百五十一年（六一八）에李淵이隋帝侑의禪을受ᄒᆞ야帝位에卽ᄒᆞ고唐이라國號ᄅᆞᆯ建ᄒᆞ니是乃唐高祖러라（隋凡三世三十七年）

隋의滅亡

第十二章 唐의初世

唐의初世

唐帝李淵이帝位에卽ᄒᆞᆫ後에崛起ᄒᆞᆫ羣雄을漸皆削平ᄒᆞ고統一의業을成ᄒᆞ니此皆其次子世民의力이니世民의爲人이文武ᄅᆞᆯ兼ᄒᆞ고英果聰明ᄒᆞ야擧世의英雄이라其兄建成及弟元吉이共히世民의功名을猜ᄒᆞ야殺코저謀ᄒᆞ거ᄂᆞᆯ世民이兄弟二人을皆殺ᄒᆞ고太子가되며

太宗의英武

未幾에高祖의禪位ᄅᆞᆯ受ᄒᆞ니帝卽唐太宗皇帝니라

太宗의功業

太宗이卽位ᄒᆞ기前에도高祖ᄅᆞᆯ扶ᄒᆞ야內政의釐革을行ᄒᆞ며文事ᄅᆞᆯ崇코저ᄒᆞ더니帝位에旣登ᄒᆞ매專히文德으로써國을治ᄒᆞ야人民의休養을謀ᄒᆞ고冗費ᄅᆞᆯ省ᄒᆞ며徭役을減ᄒᆞ고學을興ᄒᆞ고業을勵ᄒᆞ매國內가大治ᄒᆞ니是時에房玄齡、杜如晦等은政治ᄅᆞᆯ總ᄒᆞ고魏徵、王珪等은顧問이되며李世勣、李靖等은兵事ᄅᆞᆯ掌ᄒᆞ야國勢가四隣에轟ᄒᆞ며又太宗의言行은後世人主의師表되ᄂᆞᆫ者가多ᄒᆞ고其大成ᄒᆞᆫ制度典章은朝鮮、日本等東方諸國의模範됨이多ᄒᆞᆫ지라是以로後世에서太宗의時代ᄅᆞᆯ其年號에依ᄒᆞ야貞觀의治라稱ᄒᆞ고又唐朝ᄅᆞᆯ漢朝에擬ᄒᆞ야漢唐이라幷稱ᄒᆞᄂᆞ니라

太宗의將相

貞觀時代

太宗의後에高宗이卽位ᄒᆞ니亦前朝의餘烈이存ᄒᆞ나然ᄒᆞ나晩年에皇后武氏에게政權을委ᄒᆞ야帝室이漸危ᄒᆞ니라

第十三章 唐代의朝鮮

唐代의朝鮮

檀君의開國 / 箕子의來歸 / 衛滿의簒立 / 漢의來侵 / 高句麗 百濟 新羅 三國分立 / 三國의形勢

朝鮮은太古의時에檀君이國을創ᄒᆞ더니檀君一千二百十二年에殷의宗室箕子가來服歸化ᄒᆞ니時에檀君의子孫이國의北方에在ᄒᆞᆫ肅愼種族을遠逐ᄒᆞ고疆土를拓ᄒᆞ야遼河의西를倂有ᄒᆞᆫ則統治의便利를爲ᄒᆞ야北方에移都ᄒᆞ고扶餘國을建ᄒᆞ며箕子의賢明홈을見ᄒᆞ고南方에封ᄒᆞ야朝鮮王을作ᄒᆞ얏더니未幾에檀氏가衰ᄒᆞ거ᄂᆞᆯ箕氏가兼倂ᄒᆞ니라後九百餘年을經ᄒᆞ야支那人衛滿이乃降ᄒᆞ야王의寵을得ᄒᆞᆫ後에王을逐ᄒᆞ고簒立ᄒᆞ더니其孫右渠의時卽檀君二千二百二十六年에支那漢武帝가入寇ᄒᆞ야其地를占領ᄒᆞᆫ디於是에扶餘國의遺民高朱蒙이崛起ᄒᆞ야漢兵을逐ᄒᆞ고故地를盡復ᄒᆞ며高句麗國을建ᄒᆞ고其南部에高句麗의同族百濟와又新羅가有ᄒᆞ야共히三國이라稱ᄒᆞ니新羅始祖赫居世五十八年은卽檀君二千三百三十四年이니耶蘇紀元々年이러라

如是히三國이對峙ᄒᆞ야互相攻戰을事ᄒᆞ니高句麗가最强ᄒᆞ고百濟

隋煬帝의大敗 / 唐太宗의喪目 / 高麗百濟의滅亡及新羅의統一

가最弱ᄒᆞ더니檀君二千九百四十四年六一一에支那隋帝廣이水陸의大軍百三十萬을率ᄒᆞ고高句麗를來擊ᄒᆞ다가薩水清川江에서乙支文德에게大敗ᄒᆞ야生還ᄒᆞᆫ者가二千七百人이僅有ᄒᆞ고厥明年에又來寇ᄒᆞ다가大敗ᄒᆞ야去ᄒᆞ고仍ᄒᆞ야隋朝가亾ᄒᆞ더니唐太宗이卽位ᄒᆞᆫ後에又高句麗에스사로入寇ᄒᆞ다가安市城에서目을喪ᄒᆞ고大敗ᄒᆞ야還歸ᄒᆞ니라

新羅는領地가狹少ᄒᆞ나英君名臣이輩出ᄒᆞ고且團結力이鞏固홈으로써百濟와高句麗를侵略ᄒᆞ더니唐高宗의時에麗濟二國이共히政治를不修ᄒᆞ야國勢가衰弱ᄒᆞ거ᄂᆞᆯ新羅武烈王이其臣金庾信과謀ᄒᆞ고唐兵을借ᄒᆞ야檀君二千九百九十三年〇六六〇에百濟를擊滅ᄒᆞ고越八年에新羅文武王이又唐兵과合ᄒᆞ야高句麗를滅ᄒᆞ고新羅가統一의業을成ᄒᆞ니라

唐代의日本

第十四章　唐代의日本

神武天皇

日本文化의進步

王仁이文字를製홈

日本과支那의交通

日本은太平洋中의島國이라其上古로브터今日에至ᄒᆞ기一系의君主가相傳ᄒᆞ니其上古ᄂᆞᆫ神代라稱ᄒᆞᄂᆞ니其事蹟은荒唐홈이多ᄒᆞ야其建國의體制ᄂᆞᆫ考究ᄒᆞ기不可ᄒᆞ나槪其神武天皇에始ᄒᆞ니古代에此國에未開의種族蝦夷等이有ᄒᆞ거ᄂᆞᆯ檀君千七百六十四年(前六六○)에神武天皇이비로소皇位에卽ᄒᆞ야四方을征服ᄒᆞ고國을創建ᄒᆞ며大和에定都ᄒᆞ고功臣又歸服의人을土地로分封ᄒᆞ고國造縣主라稱ᄒᆞ야各其土地를治케ᄒᆞ고又世襲케ᄒᆞ니라此後에ᄂᆞᆫ可記홀事가別無ᄒᆞ고唯其開進의狀態를暫言ᄒᆞ면專是我國及支那에依ᄒᆞ니百濟人王仁은其國에往ᄒᆞ야文字를製ᄒᆞ고又皇太子를敎授ᄒᆞ며且百濟에서書籍及佛敎와陶法을敎ᄒᆞ고高句麗ᄂᆞᆫ尺度의制를傳ᄒᆞ며又朝鮮人의往住ᄒᆞᄂᆞᆫ者가多ᄒᆞᆫ則日本의文物은其面目을大改ᄒᆞ니라

日本과支那의交通은大略後漢光武帝時에始ᄒᆞ니其後에吳에서織法을學ᄒᆞ고隋朝에至ᄒᆞ야學生僧徒의留學ᄒᆞᄂᆞᆫ者가多ᄒᆞ더니唐朝

에至ᄒᆞ야도亦然ᄒᆞ니라

第十五章 唐의外征及塞外諸國

唐의外征及塞外諸國

柔然의衰亾突厥의興盛

凶奴ᄂᆞᆫ後漢의世에西方에遠逃ᄒᆞ야其跡이殆絶ᄒᆞ고其遺種은支那內地에入住ᄒᆞ야漢族과混同ᄒᆞ나二三의別族은尙且塞外에聚散ᄒᆞ야北邊을屢侵ᄒᆞ니大略東晉의初에漢北의柔然國을建ᄒᆞ고一時ᄂᆞᆫ强盛ᄒᆞ다가後魏太武帝時에其主大檀可汗이後魏에게大敗ᄒᆞ야其國勢가殆亾ᄒᆞ기에至ᄒᆞ더니其後醜奴可汗에至ᄒᆞ야漸次挽回ᄒᆞ고弟勃連頭兵豆伐可汗의時에兩魏分裂을乘ᄒᆞ야其領土를大張ᄒᆞ야全盛을極ᄒᆞ더라然ᄒᆞ나其時에其部屬된突厥이金山(알타이)地方을根據ᄒᆞ야漸次强盛ᄒᆞᆫ지라突厥의主伊列可汗이柔然에게求婚ᄒᆞ다가拒絶을當ᄒᆞ고大憤ᄒᆞ야勃連頭兵豆伐可汗을擊殺ᄒᆞ고仍ᄒᆞ야殄滅ᄒᆞ니時正梁의末葉이러라

突厥이遂其地를開拓ᄒᆞ야西로嚈噠(嚈噠은아랄海南과北印度의間에在ᄒᆞᆫ國이라)을破ᄒᆞ고

東突厥과西突厥

波斯를侵ᄒᆞ며東으로契丹、堅昆을滅ᄒᆞ야今日內外蒙古、新疆、中央亞細亞等을并有ᄒᆞ고都斤山(外蒙古內)에據ᄒᆞ더니其後에內訌이起ᄒᆞ야東西二國에分ᄒᆞ야互相攻伐ᄒᆞ더니隋末에東突厥이極盛ᄒᆞ야其君長始畢可汗이唐高祖를援ᄒᆞ야隋를代케ᄒᆞᆫ故로漸次唐을凌侮ᄒᆞ더라

東突厥의滅亡

始畢의弟頡利可汗의時에愈益驕橫ᄒᆞ야唐邊을屢侵ᄒᆞ는中又撫御가失宜ᄒᆞᆷ으로人心이漸離ᄒᆞ야薛延陀、回紇等北方諸部가先叛ᄒᆞ거ᄂᆞᆯ唐太宗이遂乃李世勣、李靖等을遣ᄒᆞ야東突厥을擊滅ᄒᆞᆫᄃᆡ於是에薛延陀의酋長夷男이代ᄒᆞ야北部의牛耳를執ᄒᆞ더니未幾에又夷男이死ᄒᆞᆫ則國滅ᄒᆞ고回紇이諸部를代領ᄒᆞ니라

西突厥의滅亡

西突厥은玉門關(甘肅省安西州敦煌縣)西의以西諸國을略有ᄒᆞ야勢漸强大ᄒᆞ더니又未幾에二分ᄒᆞ얏다가更히合一ᄒᆞ야唐을屢寇ᄒᆞ거ᄂᆞᆯ唐高宗이檀君二千九百九十年(六五七)에裴行儉을遣ᄒᆞ야討滅ᄒᆞ고其主沙鉢羅可汗을擒ᄒᆞ니라

回紇

突厥이既滅ᄒᆞ나又回紇(畏吾兒)이起ᄒᆞ야其地를悉皆占有ᄒᆞ고强盛에漸至ᄒᆞ야後日唐朝에援兵을屢借ᄒᆞ더니其終은其北隣키기스에게亾ᄒᆞ니라

波斯

此時를當ᄒᆞ야唐이突厥을既滅ᄒᆞᆫ則其版圖는中央亞細亞에及ᄒᆞ야波斯와相連ᄒᆞ니波斯는大略檀君千七百年頃에아리안種메디아人이建國ᄒᆞ더니略百年後에波斯帝國이興ᄒᆞ야西部亞細亞와歐羅巴東部를震慴케ᄒᆞ다가爾後二百年을經ᄒᆞ야마시도니아王알넥샌더에게亾ᄒᆞ고更히파디아帝國(安息國)이興ᄒᆞ야强大를極ᄒᆞ야歐羅巴의羅馬(大秦)와相爭ᄒᆞ더니又其後二百餘年檀君二千五百五十八年(二二六)에아다쉬어가新波斯帝國을建設ᄒᆞ야凡百五十年間을西部亞細亞에서雄視ᄒᆞ다가是에至ᄒᆞ야아라비아(阿羅比亞)의回敎徒가起ᄒᆞ야大食

大食國

國(새라)을建ᄒᆞ고來擊ᄒᆞ거ᄂᆞᆯ波斯帝는遂乃唐朝에來降ᄒᆞ니大食國은愈益强盛ᄒᆞ야西方亞細亞를統一ᄒᆞ고更히東進ᄒᆞ야葱嶺을踰ᄒᆞ

吐蕃

야于闐을陷ᄒᆞ며南으로印度를侵ᄒᆞ더라大食國도亦唐의威名을聞ᄒᆞ고來貢ᄒᆞ니라

唐朝以來로連年入寇ᄒᆞᄂᆞᆫ吐蕃도亦太宗의征服ᄒᆞᆫ바가되니吐蕃은今西藏이라山岳으로圍繞ᄒᆞ야從來支那本部와交通이無ᄒᆞ더니太宗의時에其勢가漸强ᄒᆞ야四川의西境을來寇ᄒᆞᄂᆞᆫ故로遂征服ᄒᆞ나然ᄒᆞ나後來에大强ᄒᆞ니라

印度의笈多王의强盛

印度ᄂᆞᆫ先是南北朝分立의時에中印度阿輪陀國에笈多王朝가起ᄒᆞ니是時印度에諸國이分立ᄒᆞᆫ지라笈多王이起ᄒᆞᆫ後에四方을征服ᄒᆞ고크라크라에都ᄒᆞ고西北中의三印度를統轄ᄒᆞ야文學을奬勵ᄒᆞ얏

戒日王의强盛

시며其後隋唐의交에尸邏迭多王(戒日王)이興ᄒᆞ야又크라크라에都ᄒᆞ고全印度에號令ᄒᆞ야國運이隆盛에赴ᄒᆞ니王이亦文學佛敎를大興ᄒᆞ니라

唐과印度의交通

此戒日王의時ᄂᆞᆫ正是支那唐太宗의時라互相使者를派送ᄒᆞ야兩國의交通이聯絡ᄒᆞ더니밋戒日王의歿後에國內가復亂ᄒᆞ야西

라자푸트種

印度의라자푸트種이崛起ᄒᆞ야半島의大部를領有ᄒᆞ니라然而此時

印度의温都敎

에婆羅門敎ᄂᆞᆫ漸其勢力을恢復ᄒᆞ고更히温都敎를起ᄒᆞ야佛敎를排斥ᄒᆞᆫ則佛敎ᄂᆞᆫ印度에其迹을歛ᄒᆞ니라

漢族의極盛

唐의太宗高宗의疆外經略은實로可히驚嘆ᄒᆞᆯ지라漢族의第一全盛時代니其功業은漢代에遠過ᄒᆞ더라當時唐의屬領及勢力被及範圍ᄂᆞᆫ非常히廣大ᄒᆞ야殆히亞細亞大陸의半部를占ᄒᆞ매六都護府를設ᄒᆞ야써分轄케ᄒᆞ니其府名을擧示ᄒᆞᆫ則下와如ᄒᆞ니라

六都護府

一、安東 (初에朝鮮平壤에置ᄒᆞ다가後에遼東에移ᄒᆞᆷ) 遼東(朝鮮을包括ᄒᆞᆷ)
二、安北 (初에都斤山邊에置ᄒᆞ더니後에陰山의麓에置ᄒᆞᆷ) 外蒙古
三、單于 (雲中城(大同府西北)에置ᄒᆞᆷ) 內蒙古
四、北庭 (庭州(迪化)에置ᄒᆞᆷ) 天山北路
五、安西 (初에高昌에置ᄒᆞ더니後에龜茲에移ᄒᆞᆷ) 天山南路中央亞細亞
六、安南 (嶺南交州(今東京河內)에置ᄒᆞᆷ) 南海諸國

東西의交通 海上貿易

如右히唐의勢力이盛大ᄒᆞ매東西의交通도亦頻繁ᄒᆞ니卽大陸橫斷의陸路交通이行ᄒᆞᆷ과同時에又海上의貿易도前代보다一層隆盛ᄒᆞ야支那의商舡은波斯灣에往來ᄒᆞ고又或紅海에達ᄒᆞᄂᆞᆫ者도有ᄒᆞ며中世以後에ᄂᆞᆫ아례ᄡᅵ아人의東航ᄒᆞᄂᆞᆫ者가愈多ᄒᆞ야交州(東京)廣州(廣東)泉州(福建省)杭州(浙江省)의諸港에來ᄒᆞ야犀角、象牙、胡椒、香料等熱帶的産物을輸入ᄒᆞ고絹布、穀類와易ᄒᆞ니唐은此等諸港에提擧市舶이라云ᄒᆞᄂᆞᆫ官을置ᄒᆞ야海關稅를徵收ᄒᆞ니라

提擧市舶

第十六章 唐의中世

唐의中世

武后攬權의事蹟

唐高宗이卽位의初에父業을能繼ᄒᆞ나晩年에ᄂᆞᆫ政權을皇后武氏에게任ᄒᆞ야因ᄒᆞ야唐朝革命의亂이起ᄒᆞ니라先是에太宗이武士彠의女의美ᄒᆞᆷ을聞ᄒᆞ고年十四에後宮에入ᄒᆞ야才人을삼엇더니太宗의崩後에武氏가山寺에往ᄒᆞ야尼가되얏거ᄂᆞᆯ太宗의子高宗이立ᄒᆞ야又其美를聞ᄒᆞ고後宮에召入ᄒᆞ야寵幸을仍得ᄒᆞ매皇后王氏를廢ᄒᆞ

고皇后가되니高宗이晩年에風眩을病ᄒᆞ야親政치못ᄒᆞ고政事를武后에게委任ᄒᆞᆫ딕后가權數가有ᄒᆞ고巧慧明敏ᄒᆞ야大權을左右ᄒᆞᆫ則其勢가朝野를服ᄒᆞᄂᆞᆫ지라異志를暗懷ᄒᆞ야高宗을廢코저ᄒᆞ다가敢行치못ᄒᆞ더니밋高宗이崩ᄒᆞ고子中宗이立ᄒᆞᆫ지二月에中宗을廢ᄒᆞ야房州에放置ᄒᆞ고其弟睿宗을立ᄒᆞ고스사로臨朝稱制ᄒᆞ니於是에李敬業、越王貞等이起兵ᄒᆞ야討ᄒᆞ다가皆敗死ᄒᆞ거ᄂᆞᆯ武后가已에不服ᄒᆞᄂᆞᆫ者가多ᄒᆞᆷ을見ᄒᆞ고唐의宗室貴戚을誅戮을大肆ᄒᆞ며又櫃君三千二十三年(六九〇)에睿宗을廢ᄒᆞ고帝位에卽ᄒᆞ야國號를周라改ᄒᆞ고名을曌로稱ᄒᆞ니此卽則天武后라后가統御의才가有ᄒᆞ야將相이其人을得ᄒᆞᆷ으로國政이大治ᄒᆞ나素行을不修ᄒᆞ야晩年에嬖倖을信任ᄒᆞ더라其後에宰相張柬之等이兵力으로써武后의老病ᄒᆞᆷ을當ᄒᆞ야嬖倖을誅ᄒᆞ고中宗의位를復ᄒᆞ니於是에凡十五年을中絶ᄒᆞ얏든唐室이再興ᄒᆞ니라

武后가周라國號를改ᄒᆞᆷ

張柬之의反正

韋后의亂　唐玄宗

中宗이其位를復ᄒᆞ나天性이闇愚ᄒᆞᆷ으로政權이又皇后韋氏에게移ᄒᆞᆫ則韋后가武三思를潛通ᄒᆞ고仍復中宗을弑ᄒᆞᆫ디皇姪隆基가兵을起ᄒᆞ야韋后를誅ᄒᆞ고其一族을滅ᄒᆞᆫ後에父睿宗을援立ᄒᆞ더니厥後三年檀君三千四十六年(七一三)에隆基가帝位를禪受ᄒᆞ니是乃唐玄宗이러라

開元의治

玄宗이卽位의初에勵精圖治ᄒᆞ야驕奢를禁ᄒᆞ고賦斂을薄히ᄒᆞ며姚崇宋璟等의名相을用ᄒᆞ야國內가泰平ᄒᆞ고百姓이殷富ᄒᆞ며文學技藝宗教等이並皆鬱興ᄒᆞ니其間三十年을年號에依ᄒᆞ야開元의治라云ᄒᆞ야貞觀의治와並稱ᄒᆞᄂᆞ니라

先是太宗의時에六都護府를配置ᄒᆞ얏더니武韋의內亂이蕭墻에起ᄒᆞ야凡三十年間을延亙ᄒᆞᆫ則邊防이漸弛ᄒᆞ고國威가頓衰ᄒᆞ야外人이邊境을屢侵ᄒᆞ니時에大食은波斯를兼併ᄒᆞ고次第東下ᄒᆞ야新疆地方을略ᄒᆞ고吐蕃도亦黃河上流의地方에出沒ᄒᆞ거ᄂᆞᆯ玄宗이遂乃

十節度

四陲의要地에十節度使(平盧、范陽、河東、朔方、隴右、河西、安西、北庭、劒南、嶺南)를置ᄒᆞ고兵馬의大權을委任ᄒᆞ야四方을經略케ᄒᆞ니於是에唐威가再振ᄒᆞᆷ을得ᄒᆞ나然ᄒᆞ나是로因ᄒᆞ야內로ᄂᆞᆫ藩鎭重權의禍源을釀成ᄒᆞ니라

李林甫　安祿山　楊國忠　祿山이燕帝를稱ᄒᆞᆷ　顔杲卿과張巡

玄宗이開元의郅治를致ᄒᆞ나其晩年에至ᄒᆞ야ᄂᆞᆫ李林甫가國政을總理ᄒᆞ야百弊가俱生ᄒᆞᆯ뿐더러又帝ᄂᆞᆫ楊貴妃를寵愛ᄒᆞ야淫泆驕奢ᄒᆞ야國政을不顧ᄒᆞ고且賦稅를重收ᄒᆞ야全國이騷亂ᄒᆞ더라先是에營州의雜胡安祿山이有ᄒᆞ니性이狡黠阿諛ᄒᆞᆷ으로帝의信任을得ᄒᆞ야平盧、范陽、河東의三節度使를兼ᄒᆞ야重兵을握ᄒᆞ고異志를陰蓄ᄒᆞ나李林甫를憚ᄒᆞ야敢發치못ᄒᆞ더니밋楊貴妃의兄楊國忠이林甫를代ᄒᆞ야國政을執ᄒᆞᆷ애祿山이楊氏의黨을結ᄒᆞ야唐을侮蔑ᄒᆞ고遂乃檀君三千八十八年(七五五)에叛旗를擧ᄒᆞ야其部下十五萬兵을率ᄒᆞ고長驅南下ᄒᆞ야洛陽을陷ᄒᆞ고大燕皇帝라自稱ᄒᆞ니於是에顔杲卿、張巡等이勤王의師를起ᄒᆞ다가皆敗死ᄒᆞ고賊軍은愈盛ᄒᆞ야長安을進陷

호더라時에唐은升平日久호야兵制가紊亂호故로官軍이抵敵치못호則玄宗은遂蜀으로出奔호고太子亨으로留守케호디太子亨이靈武에서卽位호니是卽肅宗이라郭子儀李光弼等으로將을拜호고回紇吐蕃의外援을借호야官軍의勢가漸振호더라

玄宗의出奔과肅宗의卽位

此時에安祿山은其少子慶緖가弒호고自立호더니慶緖가又其將史思明의殺호바가된지라此間에子儀光弼等이國事에竭力호야長安을克復호고玄宗과肅宗을還迎호나賊을盡平치못호고肅宗이崩호더니子代宗이立호나時에史思明은又其子朝義의弒호바가되야形勢가衰弱호거늘遂乃討平호則八年의內亂이鎭定에歸호나塞外諸國은是時로브터唐을愈益輕侮호고又藩鎭은各地方에서跋扈호야唐室이衰運에遂瀕호니라

安祿山의亂과史思明의亂

史思明을平定

先是東突厥의滅後에셀넹가河畔의凶奴一種回紇이其地를領호고唐에歸服호더니安史의亂에唐에援兵을借호後에其功을恃호고唐

回紇의恣橫

의報홈이厚홈을不拘호고歲幣를貪호며婚姻을逼호고尙或不滿의事가少有호면直輒北邊을侵寇호며又吐蕃도反復無常호야西境을屢侵호고往或長安을來陷호기에至호며且今의雲南에는暹羅種의蠻族南詔가漸次强大호야四川安南의兩方面을掠取호야唐의邊疆이極히多事호中內亂이踵起호야帝室이愈危호더라

吐蕃의侵寇

第十七章 唐의末葉

唐의末葉

初에玄宗의時에는要地에十節度使를置호얏더니安史의亂後에內地도亦不穩호故로其數를增호야各히數州를統轄호고民政兵馬의大權을掌握케호고且安史亂後의諸賊將을招諭호야節度使를任호야外國의侵入을防호則漸復其權이重호야恰然히獨立의勢가有호며又其子孫의世襲을許호매愈益驕恣호야諸鎭이互相結托호야中央政府의命令을不奉호니就中河北三鎭이最甚호더라

藩鎭의跋扈

河北三鎭

於是에代宗의後에德宗이立호야藩鎭의跋扈를抑코저호다가果치

兩稅法

못ᄒᆞ고姑息의計를事ᄒᆞ니此時를當ᄒᆞ야人民은流離ᄒᆞ야十의八九는減ᄒᆞ야租庸調法이行치못ᄒᆞ고節度使는各其管內의租稅를私ᄒᆞᆫ則國庫는愈益窮乏ᄒᆞᆫ지라德宗은楊炎의策을依ᄒᆞ야兩稅法을行ᄒᆞ며又各種新稅를課ᄒᆞ니一時는整理의外形이有ᄒᆞ나人民은去益不平ᄒᆞᆫ思想을感ᄒᆞ니라

憲宗의英武

德宗의後에憲宗이立ᄒᆞ니帝性이英武ᄒᆞᆫ지라時에諸藩鎭의叛亂ᄒᆞ는者가多ᄒᆞ거ᄂᆞᆯ賢相杜黃裳의議를用ᄒᆞ야武元衡裴度等으로ᄒᆞ야곰不臣ᄒᆞ든藩鎭을悉皆討平ᄒᆞ니라然ᄒᆞ나晩年에至ᄒᆞ야는漸次驕奢에流ᄒᆞ고政治를不顧ᄒᆞ며忠良을斥黜ᄒᆞ고佞護를信任ᄒᆞ야宦官의專橫이極甚ᄒᆞ야맛참내宦官의毒手에禍를當ᄒᆞ니當時의唐室은一害가去ᄒᆞ고一害가復來ᄒᆞ야藩鎭의代에宦官의弊가有ᄒᆞ더라

宦官의禍

唐初에는宦官의勢가甚히微弱ᄒᆞ더니玄宗이遊宴에耽ᄒᆞᆷ을因ᄒᆞ야其數가增加ᄒᆞ고肅宗代宗의蒙塵ᄒᆞᆫ時에大政에參與ᄒᆞ다가德宗의

宦官이皇帝를廢立

時에禁軍을統轄ᄒᆞᆫ則專橫이益甚ᄒᆞ야玆에憲宗을弑ᄒᆞ기에至ᄒᆞ고後에又敬宗을弑ᄒᆞ며廢立을恣行ᄒᆞ거ᄂᆞᆯ文宗이此를深慨ᄒᆞ야宦官을除코저ᄒᆞ다가謀가泄ᄒᆞ야果치못ᄒᆞ고反히其勢威를高케ᄒᆞ니是後로凡五世가皆宦官의擁立ᄒᆞᆫ바되니라

朋黨의軋轢

右와如히宦官이專橫ᄒᆞ는同時에朋黨의軋轢이又起ᄒᆞ니文宗의頃에李德裕가李宗閔牛僧儒와隙이有ᄒᆞ야朋黨을結ᄒᆞ고互相排擠ᄒᆞ며政權을爭ᄒᆞᆷ이凡四十年間을延及ᄒᆞᆫ則藩鎭은又此를乘ᄒᆞ야跋扈ᄒᆞ니於是에內訌外患이一時에幷起ᄒᆞ야唐室의基礎가動搖ᄒᆞ며亂賊은四方에蜂起ᄒᆞ더라

王仙芝黃巢의亂

懿宗의時에國內가大亂ᄒᆞ더니僖宗이嗣ᄒᆞ매王仙芝와黃巢가叛ᄒᆞ니王仙芝는未幾에誅滅ᄒᆞ나黃巢는愈益猖獗ᄒᆞ야長安을進陷ᄒᆞ고楚帝라自稱ᄒᆞ거ᄂᆞᆯ僖宗은又蜀으루出奔ᄒᆞ니新羅崔致遠이唐에遊學ᄒᆞᆯ시文辭가雄豪ᄒᆞᆫ지라唐將을爲ᄒᆞ야黃巢를討ᄒᆞ는檄文을草ᄒᆞ

李克用
朱全忠
昭宗
昭宣帝
梁朱全忠이唐을簒ᄒ니唐이亾ᄒ다
梁太祖

니巢가其機을見ᄒ고床에下ᄒᆷ을不覺ᄒᆷ은正히此時러라唐帝ᄂ乃沙陀(西突厥의別種)의部將李克用을命ᄒ야黃巢를討平ᄒ고旣히巢의降將朱全忠을宣武節度使로任ᄒ야汴(河南省開封府)에鎭케ᄒ더니밋昭宗이立ᄒ매全忠을召ᄒ야宦官을誅除ᄒ고其功으로梁王을進封ᄒ니라

朱全忠이李克用과隙이素有ᄒ더니玆에至ᄒ야全忠이帝를挾ᄒ고洛陽에遷都ᄒ니時에昭宗이英武의資로唐室을中興코져ᄒᄂ大志가有ᄒᆫ中又四方의羣雄은唐室의恢復을名ᄒ고紛起ᄒ거늘全忠이大恐ᄒ야드듸여檀君三千二百三十七年(九〇四)에帝를弑ᄒ고昭宣帝를立ᄒ더니越三年檀君三千二百四十年(九〇七)에昭宣帝를廢ᄒ고唐朝를簒ᄒ야全忠이帝位에自卽ᄒ야國을後梁이라改稱ᄒ니斯是後梁의太祖라唐은玆에全亾ᄒ니라(唐凡二十世二百九十年)此以下ᄂ所謂五代가是라然ᄒ나全忠의所領은僅히現今河南省附近의地에不過ᄒ고諸方의節度使ᄂ各其一方에割據ᄒ야互相攻伐ᄒ니支那의內에戰亂

이又起ᄒ더라

第十八章 唐의制度及風俗

唐의制度及風俗

唐의制度ᄂ槩是의太宗의制定ᄒᆫ바라前代의制에因ᄒ야多少變更ᄒᆫ바니實로後世의取用ᄒᆫ바됨이多ᄒᆫ故로其槪略을擧示ᄒ노라

官制 三省

官制ᄂ中央政府ᄂ中書、門下、尙書三省과吏、戶、禮、兵、刑、工의六部로成ᄒ니中書省의長은中書令이니皇帝의詔勅을宣奉ᄒ고門下省의長은侍中이니宣奉ᄒᆫ詔勅을審査ᄒ고尙書省은前二省에確定ᄒᆫ詔勅을執行ᄒ니其長은尙書令이라尙書令의下에政務를分掌ᄒᆫ六部가

六部

有ᄒ니每部의長은尙書라吏部ᄂ官吏의進退任免을掌ᄒ고戶部ᄂ戶籍收稅를掌ᄒ고禮部ᄂ禮式貢擧를掌ᄒ고兵部ᄂ兵事를掌ᄒ고刑部ᄂ刑法을掌ᄒ고工部ᄂ工藝殖產을掌ᄒ니尙書令의下에左右僕射가各三部를分統ᄒ고此外에又三師(太師、太傅、太保)三公(太尉、司徒、司空)이有ᄒ나天子의顧問에具ᄒᆯ뿐이오實權은無ᄒ니라

地方制度

地方制度ᄂ全國을十

道에分ᄒᆞ고其下에州、縣을分ᄒᆞ니州에刺史、縣에令을置ᄒᆞ고道에巡察使又按察使를寘ᄒᆞ야州縣을監督케ᄒᆞ니라

田制稅法

田制稅法은古者周初에井田의法을行ᄒᆞ더니戰國의後에ᄂᆞᆫ人民의土地賣買를許ᄒᆞ야富豪의兼併이漸甚ᄒᆞ야貧民이困窮에常陷ᄒᆞ니兩漢의時에ᄂᆞᆫ人民에게十五의一을田租로收ᄒᆞ다가又三十의一로改ᄒᆞ고又口賦、更賦의制를行ᄒᆞ더니後魏의時에井田法을則ᄒᆞ야均田制를立ᄒᆞᆫ지라故로唐에도亦其制를襲ᄒᆞ야均田法을行ᄒᆞ니每年

均田法

國民의年齡을調査ᄒᆞ야十八歲以上의丁男에官田百畝를給ᄒᆞ고其收穫中으로브터粟二石을納케ᄒᆞ니此ᄂᆞᆫ租오又丁男은每年二十日間公役에服ᄒᆞᄂᆞᆫ義務가有ᄒᆞ니此ᄂᆞᆫ庸이오又鄕土産物의略干을納케ᄒᆞ니此ᄂᆞᆫ調라三者를合課ᄒᆞ야國家收入의大財源을以作ᄒᆞ고此外에又商業稅、鹽鐵稅、海關稅等이有ᄒᆞ니라.

租庸調法

兵制

兵制ᄂᆞᆫ全國을十道、六百三十四折衝府에分ᄒᆞ니府에上中下三等이

有ᄒᆞ야上은千二百人、中은千人、下ᄂᆞᆫ八百人의常備兵이有ᄒᆞ며人民의兵役年限은二十歲로브터六十歲에至ᄒᆞ니丁男의三分一以內로써府兵에充ᄒᆞ야禁衛에交番케ᄒᆞ고府兵은租、庸、調를全免ᄒᆞᄂᆞᆫ代에每年一定의時日間武藝를講習ᄒᆞ니라

學制

學制ᄂᆞᆫ京師에ᄂᆞᆫ國子學、大學、四門學等의六學이有ᄒᆞ며州縣에도各히學校가有ᄒᆞ니總其選擧法은學校로브터出身ᄒᆞᆫ者를生徒라ᄒᆞ고州縣의試驗에及第ᄒᆞᆫ者를鄕貢이라謂ᄒᆞ고生徒、鄕貢이每年京師에會ᄒᆞ야尙書省에서考試ᄒᆞ야及第ᄒᆞᆫ者를進士라稱ᄒᆞ며又天子가特別히親擧ᄒᆞᄂᆞᆫ者가有ᄒᆞ야制擧라稱ᄒᆞ니其試驗科目은各其長處에任ᄒᆞ야經義、時務策、詩文等이各異ᄒᆞ며此外에又體貌의長大、言辭의辯正、書法의遒美、文理의優長도亦重要히觀ᄒᆞ니라

生徒鄕貢

官吏登庸法

進士、制擧

考試科目

刑制

刑制ᄂᆞᆫ笞、杖、徒、流、死를五刑으로定ᄒᆞ니合二十等이라但死刑에ᄂᆞᆫ絞、斬二種에限ᄒᆞ며又八議가有ᄒᆞ야犯罪者가若親、故、賢、能、功、貴、勤、賓中

八議

十惡

何者에든지該當ᄒᆞ면評議에附ᄒᆞ야減刑又宥恕ᄒᆞᄂᆞᆫ規定이有ᄒᆞ며且銅을納ᄒᆞ야罪를贖ᄒᆞᄂᆞᆫ法이有ᄒᆞ나君父國家에對ᄒᆞᄂᆞᆫ等은十惡이라謂ᄒᆞ야其罪를不赦ᄒᆞ며又主從의別、親屬의尊卑에因ᄒᆞ야刑의輕重이有ᄒᆞ니라

風俗

四大禮

風水術

纏足蓄爪

風俗은秦漢의間에國內가統一되야到處가殆히同一ᄒᆞ더니其後에戰亂이踵起ᄒᆞ고又異人種侵入의結果로江의南北에截然ᄒᆞᆫ區別이有ᄒᆞ다가唐에至ᄒᆞ야更히歸一ᄒᆞ니自來로異人種의混入이有ᄒᆞ나恒常漢族에게同化ᄒᆞ야漢族의固有ᄒᆞᆫ習俗은變改치아니ᄒᆞ더라冠婚喪祭의四大禮ᄂᆞᆫ周代에模擬ᄒᆞ나早婚의風이行ᄒᆞ고喪期ᄂᆞᆫ頗히短縮ᄒᆞ고又奇怪ᄒᆞᆫ風俗은墓地를相ᄒᆞ야子孫의繁榮을謀ᄒᆞᄂᆞᆫ風水術이盛行ᄒᆞ고又女子의纏足과男子의蓄爪等惡習이行ᄒᆞ니今日에尙存ᄒᆞᆫ바오且今日의辮髮도北朝의時에已行ᄒᆞ얏ᄂᆞ니라

年中行事

一年中定例로行ᄒᆞᄂᆞᆫ儀式即年中行事ᄂᆞᆫ秦漢時代로브터漸次發達

ᄒᆞ야唐에至ᄒᆞ야完成ᄒᆞ니今日猶存ᄒᆞ고又朝鮮、日本等國에도亦傳播流行ᄒᆞ니라

正月一日에雞鳴에爆竹을行ᄒᆞ고屠蘇酒를酌ᄒᆞ야新年을祝賀ᄒᆞ며七日은人日이라稱ᄒᆞ야七種의菜羹을食ᄒᆞ고三月三日은上巳라稱ᄒᆞ야士民이共히江渚池沼의間에出ᄒᆞ야曲水流觴의遊를行ᄒᆞ고四月八日은浴佛의式이有ᄒᆞ며五月五日에ᄂᆞᆫ百草를踏ᄒᆞ고艾餻를食ᄒᆞ며又水邊에競渡를行ᄒᆞ고七月七日의夜ᄂᆞᆫ七夕이라云ᄒᆞ니是夜에牽牛、織女의二星이銀河에會見ᄒᆞᆫ다稱ᄒᆞ야婦人이裁縫手藝의巧를天에乞ᄒᆞ며七月十五日은中元或盂蘭盆이라稱ᄒᆞ니僧俗이皆諸佛을供養ᄒᆞ며八月十五日夜ᄂᆞᆫ中秋라稱ᄒᆞ야月을賞玩ᄒᆞ고九月九日은重陽이라稱ᄒᆞ야高處에登ᄒᆞ야菊酒를斟ᄒᆞ고茱萸를插ᄒᆞ며歲除의日에ᄂᆞᆫ追儺를行ᄒᆞ야疫癘를禳ᄒᆞ고遂相集ᄒᆞ야酣飮ᄒᆞᄂᆞ니以上은其最著ᄒᆞᆫ者오此外에도尙且數多의小儀式이多ᄒᆞ니라

漢唐의儒學及文藝

第十九章 漢唐의儒學文藝

支那의學術은周末에最히發達ᄒᆞ야社會維持의觀念으로中心을作ᄒᆞ더니秦의一統以後에ᄉᆞ사로消滅ᄒᆞ기에至ᄒᆞᆯ뿐더러又焚坑及楚火ᄂᆞᆫ其進路ᄅᆞᆯ阻遏ᄒᆞᆫ지라漢興ᄒᆞᆫ後에文運의回復을計ᄒᆞ야挾書의禁을除ᄒᆞ고又學術을尙ᄒᆞ나黃老의學이大行ᄒᆞ고儒學은尙且萎微ᄒᆞ더니武帝의時에大學을起ᄒᆞ며博士ᄅᆞᆯ置ᄒᆞ야儒學으로써國敎ᄅᆞᆯ作ᄒᆞᆫ則國內가風靡ᄒᆞ야儒學에歸ᄒᆞ나學術의範圍ᄂᆞᆫ極히縮小ᄒᆞ니라漢代의著名ᄒᆞᆫ儒家에董仲舒、公孫弘、孔安國、劉向、楊雄、馬融、鄭玄等이輩出ᄒᆞ나皆經傳의訓詁에從事ᄒᆞ고敢히新說을吐露치못ᄒᆞ더라

黃老와儒學

經傳의訓詁

三國으로브터隋에至ᄒᆞ기其間에儒學으로著ᄒᆞᆫ者가王肅、王弼、杜預、王通等이有ᄒᆞ되其南北朝의時에江南、江北의學說이相異ᄒᆞᆫ故로唐初에太宗이儒臣孔穎達等을命ᄒᆞ야五經正義ᄅᆞᆯ著ᄒᆞ야經義ᄅᆞᆯ一定ᄒᆞ야應試의科目에以供ᄒᆞ니是로브터新說이全無ᄒᆞ니라

孔穎達五經正義

辭賦

支那古代의文章은語短意長ᄒᆞ고簡古遒勁ᄒᆞ더니周末로브터華麗에漸流ᄒᆞ며漢에至ᄒᆞ야巨大히進步ᄒᆞ니賈誼、晁錯의策論과司馬遷、班固의史筆은實로漢代文學의精粹라然ᄒᆞ나思考研究ᄅᆞᆯ主ᄒᆞᄂᆞᆫ精該의實學이其蹤을絕ᄒᆞᄂᆞᆫ同時에遊戲玩賞을主ᄒᆞᄂᆞᆫ浮虛의文學이大行ᄒᆞ야漢代에辭賦가盛行ᄒᆞ니司馬相如와如ᄒᆞᆫ者ᄂᆞᆫ千古의第一이라其辭賦盛行의終末은形式上散文도詩體로變化ᄒᆞ야四六騈儷의體가遂乃盛行ᄒᆞᄂᆞᆫ中又兩晋間은老莊의厭世思想은文學에影響을波及ᄒᆞ야詩文이共히虛玄浮誕에流ᄒᆞ니當時蜀의諸葛亮의出師表와如ᄒᆞᆫ文과陶淵明의詩가獨히超然히古體ᄅᆞᆯ保ᄒᆞ고其他ᄂᆞᆫ皆纖巧ᄒᆞᆯ뿐이러라南北朝에降至ᄒᆞ야ᄂᆞᆫ南朝ᄂᆞᆫ天然ᄒᆞᆫ山水의美ᄂᆞᆫ自然히人의趣味ᄅᆞᆯ發揮ᄒᆞ야詞賦의佳麗ᄒᆞᆷ은人心을驚眩케ᄒᆞ니梁太子統과庾信은當時의絕唱이라然ᄒᆞ나亦浮虛ᄂᆞᆫ難免ᄒᆞ더니唐에至ᄒᆞ야도其初ᄂᆞᆫ亦舊와如ᄒᆞ더라

浮靡의風 統과庾信

唐의文學 李白과杜甫 柳宗元과韓愈

唐의中世에至ᄒᆞ매詩人文士가極多히出生ᄒᆞ야唐朝文學의精粹를發揮ᄒᆞ니李白의飄逸豪放홈과杜甫의雄健痛快홈은今古에冠絕ᄒᆞ야唐詩가歷朝詩學의模範이되며文에ᄂᆞᆫ柳宗元의雄健홈과韓愈의謹嚴홈은從來의陋弊를一洗ᄒᆞ고既絕의古文을復興ᄒᆞ니唐朝의詩人文士의多홈은歷代의第一이니라

書法 書家

又唐朝의藝術에就論ᄒᆞᆫ則虞世南、歐陽詢、顏眞卿、張旭、柳公權等은書法이極妙ᄒᆞ니此ᄂᆞᆫ唐朝考試에書法을取擇ᄒᆞᆫ故라魏晉의時에鍾繇、王羲之가書體의宗이되얏시나其發達은實로唐朝에在ᄒᆞ고又畫에ᄂᆞᆫ漢以后에漸次進步ᄒᆞ야南北朝의時에顧凱之、張僧繇等이著名ᄒᆞ더니唐의時에吳道子、李思訓、王維等이精微ᄒᆞᆫ域에入ᄒᆞ니라

毛筆 楮紙 印刷術

玆에附記홀바ᄂᆞᆫ秦의蒙恬은毛筆을始創ᄒᆞ고漢의末葉으로브터楷、行、草의三體書가并히通用ᄒᆞ며後漢의蔡倫이楮紙의製法을發明ᄒᆞ고印刷術은隋에始ᄒᆞ야唐에盛ᄒᆞ니라

第二十章 唐代의宗敎

唐代宗敎 道敎 道敎의性質

支那에ᄂᆞᆫ其固有의宗敎라可稱홀者ᄂᆞᆫ無ᄒᆞ야唯一의道敎도亦宗敎로ᄂᆞᆫ極히不完全ᄒᆞᆫ者라道敎ᄂᆞᆫ戰國以後에方士等이神仙說을老莊의學에附會ᄒᆞ야仙術의修得을目的ᄒᆞᆫ者니秦始皇、漢武帝等驕傲의君主가此를惑信ᄒᆞᆫ故로世에大行ᄒᆞ야魏晉南北朝間에其勢가熾盛ᄒᆞ야佛敎를壓倒ᄒᆞ나其間에佛理를參互홈이多ᄒᆞ야宗敎의形式을漸成ᄒᆞ더니唐玄宗의時에帝姓李가老子의姓과相同ᄒᆞ다ᄒᆞ야老子로써祖先을作ᄒᆞ고仍ᄒᆞ야老子에게尊號를上ᄒᆞ며道敎로써國敎를作ᄒᆞ고道士를信任ᄒᆞᆫ則武宗의時ᄂᆞᆫ諸敎를悉皆壓倒ᄒᆞ니라

道敎의發達及盛行 諸敎의廢滅 佛敎 僧侶의來往

佛敎ᄂᆞᆫ後漢明帝時에公然傳來홈으로브터三國의後에兩晉及五胡諸國의君主가悉皆信奉ᄒᆞ며又西域及印度諸國의佛敎徒가陸續히支那에來ᄒᆞ야布敎又譯經에從事ᄒᆞ니佛圖澄、鳩摩羅什、達磨等이最有名ᄒᆞᆫ者오支那로브터西域에往ᄒᆞᆫ者ᄂᆞᆫ東晉의法顯의後에後魏의

宋雲이有ᄒᆞ야其結果ᄂᆞᆫ支那內地에佛敎가大行ᄒᆞ며唐太宗의時에僧玄奘은陸路로印度에往遊ᄒᆞᆫ지十七年後에六百五十餘部의佛典을齎歸ᄒᆞ고高宗의時에僧義淨은海路로印度에往ᄒᆞ야二十五年을經ᄒᆞ야四百部의佛典을得來ᄒᆞ니是로브터佛敎의面目이一新ᄒᆞ야經典의譯出과敎理의講究가大行ᄒᆞ며且佛像、寺塔의建設이益多ᄒᆞ고信徒ᄂᆞᆫ四方에遍滿ᄒᆞ야所謂八宗(律、三論、淨土、禪、天台、眞言、華嚴、法相이라)이並行ᄒᆞ니其最隆盛ᄒᆞᆫ時ᄂᆞᆫ寺院이四萬이오僧尼가七十萬에及ᄒᆞ더니武宗이立ᄒᆞᆫ後에道敎를尊崇ᄒᆞ고佛敎를禁壓ᄒᆞ야寺院을毁撤ᄒᆞ고僧尼를還俗ᄒᆞ매佛敎가大衰ᄒᆞ니先是南北朝의時에後魏의太武帝及周의武帝가佛敎를禁斥ᄒᆞ더니玆에唐武宗이又虐遇ᄒᆞᆫ故로佛家에서此를三武의禍라稱ᄒᆞ니라

佛家三武의禍

喇嘛敎

喇嘛敎ᄂᆞᆫ唐玄宗時에印度의僧파드마삼바바가吐蕃에來ᄒᆞ야其國俗에適ᄒᆞ게創ᄒᆞᆫ者이니宋末以後에大行ᄒᆞ니라

祆敎

拜火敎

祆敎ᄂᆞᆫ빡드리아人의소로아스터(耶蘇前千年頃人)가唱起ᄒᆞᆫ바拜火敎라波斯에行ᄒᆞᄂᆞᆫ者니此敎ᄂᆞᆫ宇宙間에陽神、陰神이有ᄒᆞ니陽神은光明至善을司ᄒᆞ고陰神은暗穢至惡을司ᄒᆞ야二神이相爭ᄒᆞᄂᆞ니人은반다시陽神에就ᄒᆞᆷ이可ᄒᆞ다ᄒᆞ고火로써陽神을代表ᄒᆞ야崇拜ᄒᆞᄂᆞᆫ故로拜火敎라稱ᄒᆞ고又天日을拜ᄒᆞᄂᆞᆫ故로祆敎라稱ᄒᆞᆷ이라南北朝의頃으로브터支那에流入ᄒᆞ나其盛行ᄒᆞᆷ은大食國이波斯를略取ᄒᆞ고其敎徒를虐待ᄒᆞ야支那에避入ᄒᆞᄂᆞᆫ者가多ᄒᆞᆷ에因ᄒᆞ니라

景敎

景敎ᄂᆞᆫ東羅馬敎僧네스트리어스(耶蘇紀元五世紀頃)의創始ᄒᆞᆫ바基督敎의一派라亦波斯에行ᄒᆞ야遂乃東流ᄒᆞ야支那에入ᄒᆞ니唐太宗의時에波斯人오로반이其經典을齎ᄒᆞ고長安에來ᄒᆞ거ᄂᆞᆯ太宗은此를迎ᄒᆞ고波斯寺를建ᄒᆞ더니後에大秦寺라改稱ᄒᆞ고景敎라名ᄒᆞ니라然ᄒᆞ나武宗의道敎를尊崇ᄒᆞᆫ影響은此敎가衰微에遂至ᄒᆞ니라

摩尼敎

摩尼敎ᄂᆞᆫ三國의時에波斯人摩尼란者가拜火敎에本ᄒᆞ고基督敎及

回教

佛教를混和훈者라唐肅宗의時에漸次支那에傳入ᄒᆞ니라

回教ᄂᆞᆫ卽모함예드教니後世回紇人이歸依훈바됨으로써此名이有흠이라檀君二千九百三年(五七〇)에아레삐아人모함예드가預言者라自稱ᄒᆞ고年四十에基督、猶太二教를叅互ᄒᆞ야一教를創設ᄒᆞ고干戈로써四方에布教ᄒᆞ니大食國의興起ᄂᆞᆫ其結果라大食國의交通에因ᄒᆞ야漸次支那의西北地方에行ᄒᆞ니라

五代의迭興

第二十一章 五代의迭興

後梁의興 亾 晋王李克用

後梁太祖朱全忠이唐室을簒奪ᄒᆞ나四方에割據훈羣雄은各히建國稱王ᄒᆞ야互相侵伐ᄒᆞ니就中晋王李克用이最强훈지라朱氏와舊怨을懷ᄒᆞ야侵略不已ᄒᆞ더니其子存勗이立ᄒᆞ매遂乃梁室의獘를乘ᄒᆞ야檀君三千二百五十六年(九二三)에梁을滅ᄒᆞ고洛陽에서帝位에登ᄒᆞ니此卽後唐莊宗이러라(後梁凡二世十七年)

後唐의興 亾 後唐莊宗

莊宗이梁을克ᄒᆞ고其他諸國을征服훈後에漸次驕傲ᄒᆞ야宴樂을耽

明宗 後晋高祖 新羅亾

ᄒᆞ야國政이大亂ᄒᆞ거ᄂᆞᆯ克用의養子李嗣源이將士의推戴를得ᄒᆞ야帝位에卽ᄒᆞ니此乃明宗이라帝가內政에專力ᄒᆞ고兵革을罕用ᄒᆞ야國內가稍安ᄒᆞ더니明帝의後에宗室이亂훈則石敬瑭이晋陽에서起ᄒᆞ야契丹의兵을借ᄒᆞ야後唐을滅ᄒᆞ고位에卽ᄒᆞ니此是後晋의高祖니時ᄂᆞᆫ檀君三千二百六十九年(九三六)이니新羅亾後一年이러라(後唐凡四君十三年)

後晋의興 亾과契丹 遼

後晋의起흠은契丹의力에專依훈故로北部諸州를割讓ᄒᆞ고又金帛을厚贈ᄒᆞ며臣을稱ᄒᆞ더니出帝가立훈後에失禮가有훈則契丹의太宗이大怒ᄒᆞ야檀君三千二百七十九年(九四七)에大擧南下ᄒᆞ야大梁(河南省開封府)을陷ᄒᆞ고帝를擒ᄒᆞ며黃河의南北을定ᄒᆞ고國號를遼라改ᄒᆞ더니中國의人民이遼人의剽掠을憤ᄒᆞ야心服치아니훈則太宗은兵을留屯ᄒᆞ고曳히北歸ᄒᆞ니라(後晋二君十二年)

後漢의興 亾 後漢高祖

契丹兵이既退ᄒᆞ매晋將劉知遠이起ᄒᆞ야帝를稱ᄒᆞ니是卽後漢高祖라未幾에殁ᄒᆞ고子隱帝가立훈지二年檀君三千二百八十四年(九五一)

에後周太祖郭威가簒立ᄒᆞ니라(後漢二君四年)

後周의興亾

後周太祖의後에子太宗榮(柴姓)이立ᄒᆞ니性이英明ᄒᆞ고又武事에長ᄒᆞ야在位六年에四方을征服ᄒᆞ더니及其歿後子恭宗訓의時에節度使趙匡胤이將士의推戴에因ᄒᆞ야其出征中에汴(大梁)에서卽位ᄒᆞ니此卽

宋太祖

宋太祖라時ᄂᆞᆫ檀君三千二百九十三年○(九六〇)이러라然ᄒᆞ나宋의統一은尙且十餘年後에在ᄒᆞ니라(後周三君十年)

五代의紛亂

唐의滅亾으로브터宋의興起에至ᄒᆞ기凡五十餘年間에支那의北半部卽所謂中原地方에서後梁、後唐、後晉、後漢、後周의五朝가迭興ᄒᆞ니此卽史上五代라稱ᄒᆞᄂᆞᆫ者라十三君八姓을易ᄒᆞ매其紛亂의狀態ᄂᆞᆫ昔日南朝의六朝보다尤甚ᄒᆞᆫ則將相은其君을迎送ᄒᆞ기에不暇ᄒᆞ야世道人心이汚下ᄒᆞ고節義廉恥가頹廢ᄒᆞ더라且南半部도亦爭亂이極ᄒᆞ야吳、南唐、南漢等諸國이迭起興亾ᄒᆞ니라

第二十二章 渤海와遼及西夏

渤海、遼 西夏

契丹卽遼

遼ᄂᆞᆫ卽契丹이라古東胡의種이니퉁구스族의一派라南北朝의時에契丹이라稱ᄒᆞ야內蒙古東部一帶의地를占領ᄒᆞ얏고隋唐에歸服ᄒᆞ얏더니唐이衰ᄒᆞ매仍ᄒᆞ야獨立ᄒᆞ니라契丹이本是八部에分ᄒᆞ야大人을各戴ᄒᆞ고此中大人中으로브터三歲마다一大人을推立ᄒᆞ야全部를統治ᄒᆞ더니梁의時에耶律阿保機가大人이되매武略이有ᄒᆞ야

契丹太祖

諸部를兼倂ᄒᆞ고交替의制를世襲의制로變ᄒᆞ며又漢人의避難ᄒᆞᄂᆞᆫ者를延用ᄒᆞ야國勢가隆盛ᄒᆞᆫ지라遂乃檀君三千二四百十九年(九一六)에帝라稱ᄒᆞ고臨潢(西喇木倫河上流)에都ᄒᆞ고北으루室韋、女眞을服ᄒᆞ고東으루渤海를滅ᄒᆞ고新羅를侵ᄒᆞ며西으루回紇、吐谷渾、党項等을服ᄒᆞ며吐蕃의貢을受ᄒᆞ야儼然히北方의大國을成ᄒᆞ더라

契丹의隆興

渤海의興亾

渤海國도亦퉁구스族이니周의肅愼이오漢魏의挹婁오南北朝의勿吉이오隋時의靺鞨이라其粟末水(松花江)邊에居ᄒᆞᆫ粟末部ᄂᆞᆫ高句麗에服屬ᄒᆞ더니高句麗의亾後에其部人大祚榮이諸部를服ᄒᆞ고檀君三

契丹의南下

千四十六年(七一三)에渤海國을建ᄒᆞ고文物制度ᄂᆞᆫ總히唐에模擬ᄒᆞ며漸其版圖를廣ᄒᆞ야東方의一强國을成ᄒᆞ더니是에至ᄒᆞ야契丹의太祖ᄂᆞᆫ其國都忽汗城(吉林省寧古塔附近)을陷ᄒᆞ고渤海를亾ᄒᆞ니時ᄂᆞᆫ檀君三千二百五十九年(九二六)이러라

契丹이既强ᄒᆞ매漸次南下를圖ᄒᆞ야其便을俟ᄒᆞ더니太祖의後子太宗의時에石敬瑭이援을請ᄒᆞ거ᄂᆞᆯ太宗이大喜ᄒᆞ야敬瑭을援立ᄒᆞ야後晉帝를作ᄒᆞ고十六州의地와每年三十萬匹의帛을得ᄒᆞ고又晉으로稱臣케ᄒᆞ다가晉出帝의時에前約을背ᄒᆞᆷ으로太宗은晉都大梁을陷ᄒᆞ고晉帝를擄去ᄒᆞ며國號를遼라改ᄒᆞ나人民의不服ᄒᆞᆷ을因ᄒᆞ야不得已臨潢으로復歸ᄒᆞ니라

遼

西夏

西夏ᄂᆞᆫ西藏族이니吐蕃의別種党項의後라唐末의亂에党項이黃巢를討ᄒᆞᆫ功이有ᄒᆞᆷ으로其部將拓跋思恭을夏國公을封ᄒᆞ고姓李를賜ᄒᆞ야世世로夏州(鄂爾多斯의南部)에居ᄒᆞ야其近傍諸州를統轄ᄒᆞ더니宋朝

李元昊가夏帝라稱ᄒᆞᆷ

에入ᄒᆞ매或宋에降ᄒᆞ고或遼에服ᄒᆞ다가其長李元昊의時에及ᄒᆞ매元昊가雄才大略이有ᄒᆞ야回紇을伐ᄒᆞ야河西(黃河以西의甘肅省)를併ᄒᆞ고支那의西北에據ᄒᆞ야國號를大夏라ᄒᆞ고興慶(甘肅省寧夏府)에都ᄒᆞ며帝를稱ᄒᆞ고文字를新製ᄒᆞ며宋의邊境을屢侵ᄒᆞ니라

第二十三章　宋의初世

宋의初世

宋太祖의內治

宋太祖가卽位ᄒᆞᆫ後에梁以來의割據獨立ᄒᆞᆫ諸國을削平ᄒᆞ고從來藩鎭의宿弊를革祛코져ᄒᆞ야宰相趙普의策을用ᄒᆞ야宿將功臣은爵祿을與ᄒᆞ야兵馬의實權을解ᄒᆞ고節度使ᄂᆞᆫ文臣으로ᄡᅥ任ᄒᆞ며州、郡에通判을置ᄒᆞ니亦文臣이오且諸道의精兵을選ᄒᆞ야禁軍을編ᄒᆞ야中央과地方의兵數가相當케ᄒᆞ야中央集權의實을擧ᄒᆞ며又民力休養에專力ᄒᆞ고刑罰을寬히ᄒᆞ며文學을奬勵ᄒᆞ더라然ᄒᆞ나宋朝衰亾의機ᄂᆞᆫ其芽가已萌ᄒᆞ니卽武力을大減ᄒᆞᆷ이러라

太宗의統一과宋의

太祖가諸方을盡服치못ᄒᆞ고崩ᄒᆞᆫ則弟太宗이立ᄒᆞ야統一의業을成

版圖

ᄒᆞ니然ᄒᆞ나版圖ᄂᆞᆫ漢唐에比ᄒᆞᆫ則極히狹隘ᄒᆞ니南으로ᄂᆞᆫ交趾를失ᄒᆞ고北에ᄂᆞᆫ遼가其勢를逞ᄒᆞ더라

交趾

交趾ᄂᆞᆫ秦漢以來로恒常支那의一部를成ᄒᆞ며南朝의時에도尙且拋棄치아니ᄒᆞ고唐의盛時에ᄂᆞᆫ安南都護府를置ᄒᆞ야管治ᄒᆞ더니五代의亂時에其國이獨立ᄒᆞᆫ지라宋太宗이此를恢復코저ᄒᆞ다가炎熱에因ᄒᆞ야其志를能達치못ᄒᆞ고其後에交趾가外藩이라稱ᄒᆞ나其實은儼然ᄒᆞᆫ一個獨立國을成ᄒᆞ니라

交趾의獨立

宋遼의交涉

遼ᄂᆞᆫ是에先ᄒᆞ야太宗이晉에서十六州의地를得ᄒᆞᆫ後로브터恒常南下ᄒᆞ려ᄒᆞ더니宋太宗이立ᄒᆞ매故地를復ᄒᆞ고遼를滅코저ᄒᆞ야檀君三千三百十二年(九七九)에遼를往擊ᄒᆞ다가遼將耶律休哥에게高梁河(北京의西)에서大敗ᄒᆞ고其後에連戰連敗ᄒᆞ야河北의地가南北의交戰場이되야遼勢가益盛ᄒᆞ더니未幾에遼太宗의玄孫聖宗이立ᄒᆞ니年이幼冲ᄒᆞ거ᄂᆞᆯ宋帝가又此를好機로作ᄒᆞ야往擊ᄒᆞ다가大敗ᄒᆞ니라宋

太宗의後子眞宗의時에遼聖宗이大擧來侵ᄒᆞ니聖宗은賢明ᄒᆞᆫ君主라人材를選用ᄒᆞ며罰賞이必信ᄒᆞ야國富兵强ᄒᆞ야可格키難ᄒᆞ거ᄂᆞᆯ宋朝의羣臣이皆其銳鋒을避코저ᄒᆞᄂᆞᆫ지라然ᄒᆞ나唯獨寇準이其不可ᄒᆞᆷ을力爭ᄒᆞ야親征의議를定ᄒᆞ야遼兵을澶州(直隸省大名府)에서大破ᄒᆞ더니畢竟兩國이媾和條約을締結ᄒᆞ야兄弟의誼를定ᄒᆞ고宋으로브터歲幣銀十萬兩絹二十萬匹을得ᄒᆞ니是로브터遼ᄂᆞᆫ其勢가益盛ᄒᆞᆫ지라

歲幣

高麗와遼의交涉

遼又高麗를來侵ᄒᆞ거ᄂᆞᆯ高麗將姜邯贊이屢次大破ᄒᆞᆫ則遼帝가高麗와交兵ᄒᆞᆷ이不利ᄒᆞᆷ을看破ᄒᆞ고和를乞ᄒᆞ야兩國이相侵치아니ᄒᆞ기로盟約ᄒᆞ야後顧의慮가無케ᄒᆞ고

遼의版圖

諸隣을幷呑ᄒᆞ야其版圖가東은日本海에瀕ᄒᆞ고西ᄂᆞᆫ天山에盡ᄒᆞ며南은內外蒙古를包ᄒᆞ야宋의北邊을壓ᄒᆞ고北은쎄이칼湖邊에至ᄒᆞ니國中에五京을設ᄒᆞ고吐蕃以下六十國의貢을受ᄒᆞ더라

遼의極盛時代

此後에遼ᄂᆞᆫ南侵의意가漸甚ᄒᆞ거ᄂᆞᆯ宋眞宗의子仁宗의世에歲幣銀絹各十萬을增ᄒᆞ야和約을繼續ᄒᆞ니라

西夏의崛起

時에宋을侵掠ᄒᆞᄂᆞᆫ者ᄂᆞᆫ遼의外에西夏가又有ᄒᆞ야李元昊가西邊을屢擾ᄒᆞ거ᄂᆞᆯ宋이韓琦范仲淹等을命ᄒᆞ야防禦ᄒᆞ야勝敗가互有ᄒᆞ더니檀君三千三百七十六年(一〇四三)에遼의調停에因ᄒᆞ야夏가請和ᄒᆞ거ᄂᆞᆯ宋이乃元昊로夏國王을封ᄒᆞ고歲幣銀二十萬兩絹二十萬匹을贈

宋及西夏의交涉

ᄒᆞ야封冊을贈ᄒᆞ고臣禮로執케ᄒᆞ니西夏ᄂᆞᆫ名義上宋遼二國에屬ᄒᆞ얏더라然ᄒᆞ나宋은外患을金帛으로免ᄒᆞ야兵力이漸衰ᄒᆞ고國勢이又竭ᄒᆞ더라

第二十四章　宋의中世

宋의中世

仁宗의時에ᄂᆞᆫ外患이有ᄒᆞᆷ이아니오內訌이又起ᄒᆞ야廷臣이二派에分ᄒᆞ야軋轢이甚ᄒᆞ더니後에帝가范仲淹歐陽修等을用ᄒᆞ야仁政을

廷臣의軋轢(黨議)

大行ᄒᆞ나其方針이文事에專傾ᄒᆞ야武威가不振ᄒᆞᄂᆞᆫ中又歲幣ᄂᆞᆫ國財를蕩竭ᄒᆞᆫ지라仁宗의後에英宗을經ᄒᆞ야神宗이立ᄒᆞ니年少氣銳ᄒᆞ야前代의外恥를雪ᄒᆞ고國威를振코저ᄒᆞ야乃王安石을任用ᄒᆞ야

神宗　王安石

王安石의新法

富國强兵의策을講ᄒᆞᆯᄉᆡ安石이遂乃均輸青苗募役市易保馬保甲等諸新法을行ᄒᆞ니保甲은十家一兵의民兵制度오保馬ᄂᆞᆫ官馬貸與의法이오募役은無職의民을募ᄒᆞ야役에充ᄒᆞᄂᆞᆫ制度오市易은市場에서賣ᄒᆞᄂᆞᆫ物品을官에서購求交易ᄒᆞ야資金을商賈에貸ᄒᆞ야利를納케ᄒᆞᄂᆞᆫ法이오青苗ᄂᆞᆫ春에官錢을農民에貸下ᄒᆞ고秋에利息을附ᄒᆞ야還納케ᄒᆞᄂᆞᆫ法이오均輸ᄂᆞᆫ轉輸를便케ᄒᆞᄂᆞᆫ法이러라

神宗의外征

西夏、交趾征伐의失敗

神宗이內政을擧ᄒᆞ야王安石에게一任ᄒᆞ고同時에銳意로又外征에從事ᄒᆞ야三邊을鎭定코저ᄒᆞ다가西夏交趾의征伐은如意치못ᄒᆞ고且遼ᄂᆞᆫ宋의兵政의改革에因ᄒᆞ야疑를懷ᄒᆞ고北邊을累侵ᄒᆞᆫ則地를割與ᄒᆞ야其和를得ᄒᆞ니於是에帝의英氣도맛참내得伸치못ᄒᆞ니라

廷臣의爭論

王安石이新法을行ᄒᆞᆷ은執拗의資로後人의誹議를不免ᄒᆞ나經世의大才ᄂᆞᆫ確然히時人에超過ᄒᆞ거ᄂᆞᆯ但此를須行ᄒᆞᆷ이急遽煩劇에失ᄒᆞᆫ則人民이不便을多感ᄒᆞ니於是에議論을好ᄒᆞᄂᆞᆫ宋人의特性은此로

新舊兩法黨

非議ᄒᆞ야朝廷에自然히黨派가起ᄒᆞ야德望이高ᄒᆞᆫ歐陽修司馬光等은祖宗의遺制에違ᄒᆞᆫ다論ᄒᆞ고道學을尙ᄒᆞᄂᆞᆫ程顥程頤等은先王의舊政을壞ᄒᆞᆫ다論ᄒᆞ야新法을反對ᄒᆞᆫ則保守革新의二主義ᄂᆞᆫ新舊兩法黨을遂成ᄒᆞ니라

熙豐黨과元祐黨

神宗의後에子哲宗이嗣ᄒᆞ니年甚幼沖ᄒᆞᆫ지라高太后가攝政ᄒᆞ야新法을廢ᄒᆞ고安石의黨을黜ᄒᆞ며司馬光을擧ᄒᆞ야政을任ᄒᆞ니舊法黨을熙豐黨이라謂ᄒᆞ고新法黨을元祐黨이라謂ᄒᆞ더라司馬光이政을執ᄒᆞ매勵精圖治ᄒᆞ고太后도亦賢ᄒᆞ더니未幾에太后와司馬光이相繼逝歿ᄒᆞ고其黨이分裂相爭ᄒᆞᆫ則新法黨은其間을乘ᄒᆞ야章惇等이朝政을執ᄒᆞ더라

政權의爭奪

徽宗蔡京

哲宗의子徽宗이立ᄒᆞᆫ後에太后向氏가又臨朝ᄒᆞ야韓忠彦의舊法黨을信任ᄒᆞ더니又未幾에帝가親政ᄒᆞ매新法黨을援用ᄒᆞ야蔡京이朝에立ᄒᆞ니蔡京이乃政權을弄ᄒᆞ야司馬光以下元祐黨人을姦黨이라

宋의衰運

稱ᄒᆞ야幷皆退斥ᄒᆞ며又其子弟의京師에入ᄒᆞᆷ을禁ᄒᆞ고帝를勸ᄒᆞ야奢侈에流케ᄒᆞ야土木을大興ᄒᆞ니朝政은日로非ᄒᆞ고外寇ᄂᆞᆫ邊境을來壓ᄒᆞ니國勢ᄂᆞᆫ日로衰ᄒᆞ더라

蔡京의計謀 女眞과結盟

此時에遼ᄂᆞᆫ天祚帝가在位ᄒᆞ야狂暴肆虐ᄒᆞ야國勢가頓衰ᄒᆞ거ᄂᆞᆯ宋朝의蔡京、童貫等이功名을遂코저ᄒᆞ야滿洲에新興ᄒᆞᄂᆞᆫ女眞과聯合ᄒᆞ야伐遼ᄒᆞᆯ策을建ᄒᆞ니徽宗은此를許ᄒᆞ더라

第二十五章　遼金의興亾

遼金의興亡

女眞은現今滿洲人種의祖先이라其初ᄂᆞᆫ黑龍江地方에居ᄒᆞᆫ靺鞨의一部로渤海國에服屬ᄒᆞ다가渤海의亾ᄒᆞᆫ後에遼에服ᄒᆞ니其混同江(松花江)東北에居ᄒᆞᆫ者ᄂᆞᆫ熟女眞이라稱ᄒᆞ고江北에居ᄒᆞᄂᆞᆫ者ᄂᆞᆫ生女眞이라稱ᄒᆞ더라

生女眞과熟女眞

女眞의獨立

玆에生女眞의完顔部長阿骨打가崛起ᄒᆞ야混同江附近의諸部를盡定ᄒᆞ고遼軍을連破ᄒᆞᆫ後遼의覊絆을脫ᄒᆞ야遂乃檀君三千四百四十八年(一一一五)에阿骨打가自立ᄒᆞ야金國皇帝라稱ᄒᆞ고會

金太祖

寧(滿洲吉林省)에都ᄒᆞ니此是金太祖라遼의天祚帝가親自往禦ᄒᆞ다가混同江에서大敗ᄒᆞ고金兵이長驅大進ᄒᆞ더라

宋金의同盟 遼의滅亡

時에宋은童貫、蔡京의議에因ᄒᆞ야海路로使를金에遣ᄒᆞ야遼를共擊ᄒᆞ야其地를分割ᄒᆞ고從來遼에贈ᄒᆞ든歲幣를金에送ᄒᆞᆫ다約ᄒᆞ니金帝가大喜ᄒᆞ야同盟이成ᄒᆞᆫ지라金은東北으로브터遼를攻ᄒᆞ고宋은南으로브터擊ᄒᆞ야遼를攻滅ᄒᆞ나宋은勝利를不得ᄒᆞ고專是金軍의力으로戰勝ᄒᆞ매金은分割의前約을拒ᄒᆞ고스사로遼의故地의全部를領有ᄒᆞ고但燕京及其附近六州의地를宋에與ᄒᆞ나宋은歲幣의外에錢百萬緡及粮二十萬石을金에게與ᄒᆞ니라

遼帝가既已國을失ᄒᆞ매西으로西夏에走ᄒᆞ야身을寄ᄒᆞ거늘金은又西夏에地를割與ᄒᆞ고遼帝를拒케ᄒᆞ니天祚帝가流離의餘에金軍에게被執ᄒᆞ니時는檀君三千四百五十八年(一一二五)이라(遼가契丹太祖로브터是에至ᄒᆞ기로九世二百十九年)於是에遼의王族耶律大石이餘衆을率ᄒᆞ고中央亞細亞루

西遼의建設

遁去ᄒᆞ야西遼國을新建ᄒᆞ니라

徽宗의傳位

金이遼를既滅ᄒᆞ매宋과國境이相接ᄒᆞᆫ則其兵力의微弱ᄒᆞᆷ을看破ᄒᆞ고南下의機를俟ᄒᆞ더니會에宋이遼의降將을納ᄒᆞ거늘金太祖의弟太宗이大怒ᄒᆞ야南侵의師를送ᄒᆞ야宋兵이大敗ᄒᆞᆫ지라宋徽宗이大懼ᄒᆞ야乃已를罪ᄒᆞ고太子桓(欽宗)에게傳位ᄒᆞ며哀痛詔를下ᄒᆞ야勤王의師를徵ᄒᆞ니欽宗이乃都를南遷ᄒᆞ야金人을避코저ᄒᆞᆫ되李綱이力爭ᄒᆞ야汴京을固守ᄒᆞ기로定ᄒᆞ더니맛참내宰相李邦彦의言에因ᄒᆞ야地를割ᄒᆞ고幣를增ᄒᆞ며質를送ᄒᆞ야一時는和를講ᄒᆞ더라然ᄒᆞ나

徽欽二帝의北行

宋은此約을不守ᄒᆞᆫ則金帝는又兵을起ᄒᆞ야長驅南下ᄒᆞ야汴京을進圍ᄒᆞ니時에城中에兵多粮足ᄒᆞ며外援이又有ᄒᆞ거늘廷臣이皆講和를主唱ᄒᆞ야人心이解體ᄒᆞᆫ지라金人이遂乃汴京을陷ᄒᆞ고欽宗及太上皇(徽宗)과諸皇族以下三千餘人을擄ᄒᆞ고掠奪을大肆ᄒᆞᆫ後北歸ᄒᆞ니時는檀君三千四百六十年(一一二七)이니二帝는後에其地에서歿ᄒᆞ니라

高宗의南遷 南宋

金軍이北歸ᄒᆞᆫ時에張邦昌을立ᄒᆞ야楚帝ᄅᆞᆯ作ᄒᆞᆫ則邦昌이國人이不服ᄒᆞᆷ을知ᄒᆞ고欽宗의弟高宗을迎立ᄒᆞᆫ되高宗이乃金人의鋒銳ᄅᆞᆯ避ᄒᆞ야檀君三千四百七十一年(一一二八)에江南에移ᄒᆞ야臨安(浙江省杭州府)에都ᄒᆞ니此以後ᄂᆞᆫ南宋이라稱ᄒᆞᆷ이라於是에金은河南、關中、淮北의地ᄅᆞᆯ悉取ᄒᆞ니라

第二十六章　宋金의交涉

宋金의交涉

金의侵寇ᄂᆞᆫ宋國臣民의莫大ᄒᆞᆫ恥辱이오且宋人은道義ᄅᆞᆯ重히ᄒᆞᄂᆞᆫ特性이有ᄒᆞᆫ故로憤慨ᄅᆞᆯ感ᄒᆞᄂᆞᆫ者가多ᄒᆞ야軍人、學者가皆戰을主ᄒᆞ매一時ᄂᆞᆫ元氣가大振ᄒᆞ야恢復의望이庶有ᄒᆞ거ᄂᆞᆯ高宗은怯懦ᄒᆞᆫ人이라맛참내成功치못ᄒᆞ니라

高宗의怯懦

高宗이初年은李綱等을用ᄒᆞ야恢復을圖ᄒᆞ더니黃潛善의策을依ᄒᆞ야臨安에定都ᄒᆞᆫ後로漸次苟安을偸ᄒᆞ며又二帝及生母韋太后의還迎을願望ᄒᆞ야戰意가無ᄒᆞ니時에岳飛、韓世忠等이外에在ᄒᆞ야金兵

秦檜의專橫

을屢破ᄒᆞ고河北의地ᄅᆞᆯ恢復ᄒᆞ거ᄂᆞᆯ宰相秦檜가政權을執ᄒᆞ야高宗의意ᄅᆞᆯ揣知ᄒᆞ고金의宰相達懶等과連合ᄒᆞ야和好의利ᄅᆞᆯ主唱ᄒᆞ고岳飛ᄅᆞᆯ誣殺ᄒᆞ며韓世忠을貶黜ᄒᆞ고又歲貢銀、絹各二十萬을納ᄒᆞᆷ과金의封冊을受ᄒᆞᆷ의條件으로和約을結ᄒᆞ고徽宗의梓宮及韋太后ᄅᆞᆯ迎歸ᄒᆞ며東은淮水、西ᄂᆞᆫ大散關(陝西省鳳翔府寶雞縣)으로國境을定ᄒᆞᆫ後에又其功을自負ᄒᆞ고反對黨을壓ᄒᆞ야學者의國政을論ᄒᆞᄂᆞᆫ者ᄅᆞᆯ貶下ᄒᆞ니於是에滿廷이敢히戰을言ᄒᆞᄂᆞᆫ者가更無ᄒᆞ더라

秦檜가金과和約을結ᄒᆞᆷ

金主迪古乃

此時에金의宗室迪古乃ᄂᆞᆫ熙宗을弑ᄒᆞ고自立ᄒᆞ야都ᄅᆞᆯ燕京에移ᄒᆞ고宮室을大營ᄒᆞ며又六十萬의大軍을自將ᄒᆞ고宋을侵擊ᄒᆞ다가宋將虞允文에게采石(安徽省內)에서大敗ᄒᆞ니迪古乃의天性이殘虐ᄒᆞ야人望을失ᄒᆞᆫ故로軍中에서其下의弑ᄒᆞᆫ바가된지라於是에金의國勢가頓衰ᄒᆞ더라然ᄒᆞ나是後ᄅᆞᆯ承ᄒᆞ야世宗의賢君이立ᄒᆞ니라

采石의戰

金世宗

金世宗이卽位ᄒᆞ매賢明의德이有ᄒᆞ야內政에留意ᄒᆞ고南征의師ᄅᆞᆯ

宋孝宗

罷ᄒᆞ며遷都以後에漢人의奢侈文弱의風이大行ᄒᆞᆫ則此를嚴禁ᄒᆞ야剛健의舊俗을維持ᄒᆞ더라同時에宋은孝宗이高宗의後를嗣ᄒᆞ야또ᄒᆞᆫ政治를善良히ᄒᆞ고故地를恢復코저ᄒᆞ다가金의請에應ᄒᆞ야歲貢의額을減ᄒᆞ고君臣의禮를叔姪의禮로代ᄒᆞ며前約의國界에依ᄒᆞ야和를媾ᄒᆞ니是로브터兩國이兵革을休息ᄒᆞᆷ이凡三十年이러라

宋金의連和

宋孝宗과金世宗이同時에俱歿ᄒᆞᆫ則金은章宗이立ᄒᆞ고宋은光宗이立ᄒᆞ지未幾에寧宗이立ᄒᆞ니韓侂胄가權을弄ᄒᆞ야正人을逐ᄒᆞ고又功名을貪ᄒᆞ야金을攻ᄒᆞ다가大敗ᄒᆞ고反히金軍의侵寇를當ᄒᆞ야韓侂胄의首를斬送ᄒᆞ고和를講ᄒᆞ더라然ᄒᆞ나是後에兩國이共히衰頹ᄒᆞᆫ則蒙古族이塞外에崛起ᄒᆞ야東洋史上의大變動을演出ᄒᆞ니라

宋金의衰運

第二十七章 宋의儒學文藝

宋의儒學文藝

宋代學界의氣運

宋初에文治로써政을行ᄒᆞᆯ뿐더러漢唐間訓詁의反動으로嶄新ᄒᆞᆫ研究法이大行ᄒᆞ야哲學的思想이儒學에現ᄒᆞ니學者의多ᄒᆞᆷ이古今에

第一이러라

宋代의學者

程朱의學

是以로宋學은又理學이라稱ᄒᆞᄂᆞ니其開祖ᄂᆞᆫ周敦頤(濂溪)니其弟子程顥(明道)程頤(伊川)의兄弟가此를承繼擴張ᄒᆞ야二程의名을世에傳ᄒᆞ며此와前後에河南의邵雍(康節)은易學數理에通曉ᄒᆞ고又關中의張載(橫渠)가有ᄒᆞ더니南宋高宗의時에朱熹(晦庵)가出ᄒᆞ야此等諸儒의說을集合ᄒᆞ야整然ᄒᆞᆫ哲學的體系를成ᄒᆞ고爾後儒學의正統이되니라此와同時에陸九淵(象山)은朱熹의說과異ᄒᆞ야一門戶를別立ᄒᆞ니라

陸九淵

宋의詩文

詞、文

詩

唐人의所長은詩에在ᄒᆞ나宋人은文에長ᄒᆞ야議論의精妙ᄒᆞᆷ이今古에獨步ᄒᆞ며又詩의一種詞ᄂᆞᆫ此時代에巨大히發達ᄒᆞ니文에ᄂᆞᆫ歐陽修以下曾鞏、王安石、蘇洵及洵의子軾及轍이有ᄒᆞ고詩에ᄂᆞᆫ歐陽修、梅堯臣、黃庭堅、蘇軾이有ᄒᆞ니軾은(東坡)又書、畫를俱善히ᄒᆞ며南宋에朱熹ᄂᆞᆫ詩文이並佳ᄒᆞ고又陸游(放翁)가詩로名ᄒᆞ니라

印刷術

書、畫

印刷業도盛大ᄒᆞᆫ域에至ᄒᆞ야所謂宋板은極히美好ᄒᆞ고畫ᄂᆞᆫ徽宗의時에極히發達ᄒᆞ야名

宋代의日本
日本의大勢

大寶律令

奈良朝

諸가多ᄒᆞ니라遼、金二國은總히宋을繼受ᄒᆞᆫ者인則其文化ᄂᆞᆫ特言ᄒᆞᆯ者가無ᄒᆞ더라

第二十八章　宋代의日本

日本은唐時에新羅、高句麗、百濟及支那로브터文化를輸入ᄒᆞ며又此等諸國人의往住ᄒᆞᄂᆞᆫ者가多ᄒᆞᆷ을因ᄒᆞ야漸次陋劣의狀態를免ᄒᆞ더라然ᄒᆞ나新羅統一ᄒᆞᆫ後에新羅의侵擊을大受ᄒᆞ니라

先是에天智天皇은近江의大津에移都ᄒᆞ고律令을制定ᄒᆞ니此ᄂᆞᆫ所謂近江令이라保守黨이不喜ᄒᆞ더니皇子大海人이簒立ᄒᆞ니是乃天武天皇이라大和루還都ᄒᆞ고其孫文武天皇의時에大寶律令을改正ᄒᆞ며文武天皇의後에其母后元明天皇이卽位ᄒᆞ야奈良에移都ᄒᆞ니此로브터光仁天皇에至ᄒᆞ기七十餘年間을奈良朝라稱ᄒᆞᄂᆞ니其間에聖武天皇、光明皇后ᄂᆞᆫ皆佛法을深信ᄒᆞ야佛敎가大興ᄒᆞ나淳仁天皇의時에僧道鏡이惠美押勝으로더브러爭寵ᄒᆞ야押勝이叛ᄒᆞ다가

西京의都宮

關白의創設

院政

死ᄒᆞ고道鏡은其後에簒立을謀ᄒᆞ다가光仁天皇의時에伏誅ᄒᆞ니時ᄂᆞᆫ檀君三千百五年頃이러라

桓武天皇은卽位ᄒᆞᆫ後檀君三千百二十七年에平安城今京西에移都ᄒᆞ고蝦夷의亂을討平ᄒᆞ더니淸和天皇의時에至ᄒᆞ야外戚藤原良房이攝政을行ᄒᆞ야其權이漸盛ᄒᆞ야陽武天皇이嗣位ᄒᆞᆫ後에良房의子基經이帝를廢ᄒᆞ고子光孝天皇을擁立ᄒᆞᆫ後萬機를悉皆基經에關白ᄒᆞᆫ則天皇은唯虛位를擁ᄒᆞ기에不過ᄒᆞ니日本關白의制가玆에始ᄒᆞ니時ᄂᆞᆫ檀君三千二百二十一年이러라

自是以後로藤原氏가攝政關白을世襲ᄒᆞ야威權이極盛ᄒᆞ고天皇은皆藤原氏의外孫으로冲年에卽位ᄒᆞ매實權이都無ᄒᆞ야國政이漸亂ᄒᆞ더니後三條天皇이卽位ᄒᆞᆫ後에藤原氏의權을抑ᄒᆞ니라其次白河天皇의時에ᄂᆞᆫ子堀河天皇에게傳位ᄒᆞ고院中에在ᄒᆞ야政治를行ᄒᆞ며佛敎에歸依ᄒᆞ며國用을多費ᄒᆞ매國帑이枯竭ᄒᆞᆫ則官爵을賣ᄒᆞ고

又僧侶가專橫ᄒᆞ더라

時에武將의源賴家ᄂᆞᆫ陸奧鎭守府將軍이되야東方에盛ᄒᆞ고平忠盛은天皇의寵을得ᄒᆞ야源平兩氏가朝에立ᄒᆞ야政權을掌握ᄒᆞ더니時適後白河天皇及崇德上皇間에爭亂이起ᄒᆞ야朝臣武將이皆二派에分ᄒᆞ야骨肉相殘ᄒᆞ니源義朝(賴家曾孫)平清盛(忠盛子)은天皇에附ᄒᆞ고源爲義(義朝父)平忠正(忠盛弟)은上皇에附ᄒᆞ야畢竟上皇이大敗ᄒᆞᆫ則義朝清盛이爲義忠正을誅ᄒᆞ니道義ᄂᆞᆫ墜地ᄒᆞ고紀綱은壞敗ᄒᆞ더라然ᄒᆞ나源義朝ᄂᆞᆫ清盛과同功一體의人으로官位가清盛에不及ᄒᆞᆷ을忿恨ᄒᆞ야亂을作ᄒᆞ거ᄂᆞᆯ清盛이討平ᄒᆞ고源氏門族을大殺ᄒᆞ더라

平清盛의亂

清盛이乃太政大臣이되야朝政을擅ᄒᆞ며又驕奢에流ᄒᆞ야一族이高官에昇ᄒᆞᆫ者가六十餘人이오莊園이全國의半을占ᄒᆞ야國內가皆怨ᄒᆞ거ᄂᆞᆯ檀君三千五百十年(一一七八)에源賴政이兵을起ᄒᆞ야清盛을討ᄒᆞ다가敗死ᄒᆞ거ᄂᆞᆯ於是에諸處에散在ᄒᆞᆫ源氏가皆兵을起ᄒᆞ고源義朝

諸源의擧兵

의子賴朝ᄂᆞᆫ禍를避ᄒᆞ야伊豆에在ᄒᆞ다가亦兵을起ᄒᆞ니兵勢가大盛ᄒᆞᆫ지라清盛이大恐ᄒᆞ야防禦ᄒᆞ나勝利를得치못ᄒᆞ고病死ᄒᆞ거ᄂᆞᆯ其子宗盛이天皇을擁ᄒᆞ고西奔ᄒᆞᆫ되源氏의兵이京에進入ᄒᆞ야安德天皇을廢ᄒᆞ고後鳥羽天皇을立ᄒᆞᆫ後에源賴朝가鎌倉에서幕府를開ᄒᆞ야政權을執ᄒᆞ니此以下ᄂᆞᆫ所謂鎌倉時代라日本幕府의設이玆에始ᄒᆞ니時ᄂᆞᆫ檀君三千五百十九年(一一八六)이러라

幕府의設과鎌倉時代

第二十九章 大食國及印度

唐의中世에大食國의"갈니퍼"알만쏘가"싸마스커스로브터"빡다드"에移都ᄒᆞ고其後承繼者가學術을奬勵ᄒᆞ야文化가頗開ᄒᆞ더니其獘ᄂᆞᆫ文弱에流ᄒᆞ야宿衛의傭兵은"갈니퍼"의廢立을恣行ᄒᆞ고又處處에豪傑이蜂起ᄒᆞ야"셀탄"(帝의義)이라自稱ᄒᆞ야獨立의勢가有ᄒᆞ더라此時에波斯의豪族"이스마일"이"갈니퍼"를爲ᄒᆞ야叛徒를征ᄒᆞᆫ結果로其信任을得ᄒᆞ야"쌕하라"에定居ᄒᆞ고廣大ᄒᆞᆫ土地를占領ᄒᆞ니라然ᄒᆞ나未幾

大食國及印度

大食國의强盛

哥疾寧國

에回紇의遺種의中央亞細亞에逃來ᄒᆞ야一部를成ᄒᆞᆫ者가侵入ᄒᆞ야셱하라의領地의太半을奪ᄒᆞ더니會에又이스마일의臣세ᄲᅦᆨ티긴이其君家의衰微를乘ᄒᆞ야哥疾寧(가쓰니 카불의南)에據ᄒᆞ야國을建ᄒᆞ며其子마무드가遂이스마일家를滅ᄒᆞ고附近을征服ᄒᆞ야셀탄이라稱ᄒᆞ고아무다랴河以南波斯灣에至ᄒᆞᄂᆞᆫ地를占領ᄒᆞ더라

哥疾寧國이印度를侵畧홈

此時에印度ᄂᆞᆫ라쟈푸트種族이西、北、中印度를占領ᄒᆞ야數多의小王國에分ᄒᆞ고統一홈이無ᄒᆞ거ᄂᆞᆯ檀君三千三百三十四年(一〇一〇)에哥疾寧의마무드가大食國칼니푸의名을借ᄒᆞ야印度를進擊ᄒᆞᆫ딕諸國王이相合防禦ᄒᆞ나然ᄒᆞ나마무드ᄂᆞᆫ前後凡二十五年間에十七回를印度에侵入ᄒᆞ야到處에伽藍을壞ᄒᆞ고佛像을毁ᄒᆞ야印度의大部를其領地를作ᄒᆞ더니밋마무드의歿後에哥疾寧家의勢威가頓衰ᄒᆞ야其領土의太半은當時셱하라에勃興ᄒᆞᄂᆞᆫ셀쥭家의奪ᄒᆞᆫ바가되니라

셀쥭家의勃興

是에先ᄒᆞ야突厥種族의셱하라附近에移住ᄒᆞᆫ者中에셀쥭이란者가

셀쥭家의强盛

隣近의諸部를倂呑ᄒᆞ고强盛에漸赴ᄒᆞ더니其孫토그룰이哥疾寧家를破ᄒᆞ고코라산의地를得ᄒᆞ야니쉬아푸어에定都ᄒᆞ고칼니푸로브터回敎保護者의號를得ᄒᆞ니時ᄂᆞᆫ檀君三千四百六十年(一〇三七)이러라其後에連ᄒᆞ야兵을用ᄒᆞ야四方을征服ᄒᆞ야西ᄂᆞᆫ카쉬가로브터東은아레ᄲᅵ아에至ᄒᆞᄂᆞᆫ大版圖를領有ᄒᆞ더니中央亞細亞에起ᄒᆞᄂᆞᆫ西遼에게勢力의滅衰를大被ᄒᆞ니라

第三編 近古史 (檀君三千五百三十九年브터同九百七十七年에至홈)

近古史

近古史ᄂᆞᆫ元의統一로브터始ᄒᆞᆯ지나元의先業을述ᄒᆞ며且敍事의便利에因ᄒᆞ야宋朝의滅亡을近古史中에編入ᄒᆞ노라

第一章 蒙古의勃興

蒙古의勃興

宋金分爭의交에蒙古가漠北에興起ᄒᆞ니蒙古族이本來黑龍江의上流斡難河附近地方에游牧ᄒᆞ야遼金에服屬ᄒᆞ더니其部長合不勒이蒙輔國王이라始稱ᄒᆞ고其孫也速該가近傍의諸部落을兼倂ᄒᆞ야强

鐵木眞

乃蠻王太陽汗

成吉思汗

西夏가蒙古에降ᄒᆞᆷ

永濟 宣宗

金이蒙古에服ᄒᆞᆷ

盛을漸致ᄒᆞ더니也速該의子鐵木眞이年十三에其父를嗣ᄒᆞ야隣近諸部에兵을頻加ᄒᆞ야알타이山(金山)附近에在ᄒᆞ야猛威를振ᄒᆞ니時에乃蠻王太陽汗이鐵木眞의强盛홈을大恐ᄒᆞ야鐵木眞을來攻ᄒᆞ더니鐵木眞이太陽汗을杭海山(杭愛山)에서擊斃ᄒᆞ고遂乃內蒙古의地를倂呑ᄒᆞᆫ後에鐵木眞이檀君三千五百三十九年(一二〇六)으로써諸部의酋長을斡難河畔에集ᄒᆞ고蒙古大汗의位에卽ᄒᆞ고强盛ᄒᆞᆫ君主의義를取ᄒᆞ야成吉思汗(스깅기스칸)이라稱ᄒᆞ니此卽蒙古太祖러라

是에先ᄒᆞ야西夏ᄂᆞᆫ李元昊가恒常宋과爭ᄒᆞ다가其後에金에服屬ᄒᆞ더니時에國內가大亂ᄒᆞ거ᄂᆞᆯ成吉思汗이既已塞外의地를倂ᄒᆞ매此機를遂乘ᄒᆞ야西夏를屢擊ᄒᆞᆫ디夏主李安全이其女를納ᄒᆞ고降을請ᄒᆞᄂᆞᆫ지라於是에成吉思汗이其力을專ᄒᆞ야金을進攻ᄒᆞ더라

此時에金章宗이已歿ᄒᆞ고其叔父永濟가卽位ᄒᆞ야國勢가大衰ᄒᆞᆫ지라敢히抵抗치못ᄒᆞ고大臣等이永濟를弑ᄒᆞ고章宗의兄宣宗을立ᄒᆞᆫ

金이汴京에移ᄒᆞᆷ

西遼의興亾

直魯克 屈出律

成吉思汗의西征과乃蠻部의滅亾

後公主와金帛을獻ᄒᆞ야和를乞ᄒᆞᆫ디成吉思汗이引還ᄒᆞ얏더니金帝가燕京이蒙古에近홈을恔ᄒᆞ야汴京으로遷都ᄒᆞᆫ디成吉思汗이金의異心이有홈을疑ᄒᆞ야燕京을進陷ᄒᆞ고汴京附近을侵掠ᄒᆞ야河北의地를盡有ᄒᆞ니時ᄂᆞᆫ檀君三千五百四十八年(一二一五)이러라

西遼ᄂᆞᆫ前述홈과如히遼의王族耶律大石이中央亞細亞에逃至ᄒᆞ야셀주ᄏᆡ家와戰ᄒᆞ야四方을征服ᄒᆞ고一大强國을成ᄒᆞ고吹河(伊犁河東)의土流虎思斡耳朶에定都ᄒᆞ니此卽西遼의德宗이라花剌子模를降ᄒᆞ야其勢가極盛ᄒᆞ더니其孫直魯克의時에遊獵逸樂ᄒᆞ야國運이式微ᄒᆞ거ᄂᆞᆯ又是보다先ᄒᆞ야乃蠻國의太陽汗子屈出律이此에來奔ᄒᆞ야國政을干預ᄒᆞ다가花剌子模王무하멧드와內外相應ᄒᆞ야西遼를滅ᄒᆞ고其地를分領ᄒᆞᆫ後蒙古의蹤을窺ᄒᆞ야舊業을復코저ᄒᆞ거ᄂᆞᆯ成吉思汗이遂乃檀君三千五百五十一年(一二一八)에兵을轉ᄒᆞ야屈出律을擊殺ᄒᆞ고其地를盡領ᄒᆞ니라

花剌子模의興亡

花剌子模는셀쥭家部長의建혼바라셀쥭家滅亾後에西遼에服事혼더니屈出律을助ᄒᆞ야其志를遂케혼結果로中央亞細亞와一部를占領ᄒᆞ야其勢가强盛ᄒᆞ야삼아간드에都ᄒᆞ더라是보다先ᄒᆞ야哥疾寧의衰弱혼際에쏘리家(쏘어에起혼王家니쏘어는헤라트의東南에在홈)가代ᄒᆞ야아프간이스탄(阿富汗斯坦)北印度를倂有ᄒᆞ고中印度를征略ᄒᆞ거늘於是에花剌子模王무하메드가아프간이스탄을襲奪ᄒᆞ고叟히싸다드의갈나프를進擊ᄒᆞ다가無功ᄒᆞ야還혼則國勢가頓衰ᄒᆞ더니會에蒙古隊商이花剌子模國에來혼者를무하멧트가殺ᄒᆞ고且蒙古에서質問키爲ᄒᆞ야來혼使節을亦殺혼지라成吉思汗이大怒ᄒᆞ야遂其四子朮赤、察合台、窩濶台、拖雷를率ᄒᆞ고花剌子模를往擊ᄒᆞ야其國都삼아간드를陷落혼딕무하멧트가遁逃ᄒᆞ거놀蒙古將速不台、哲伯이窮追ᄒᆞ니무하멧트는遂乃裡海의一孤島에客死ᄒᆞ니時는檀君三千五百五十三年(二一〇一)이러라

蒙古軍이一은印度에入ᄒᆞ고一은阿羅思를畧홈

時에무하멧트의子는印度루遁逃ᄒᆞ거늘太祖는兵을進ᄒᆞ야此를討平ᄒᆞ고速不台、哲伯은무하멧트追擊의餘勢를乘ᄒᆞ야大和嶺(코개서스山)을踰ᄒᆞ야阿羅思(아러시)에侵入ᄒᆞ야南部를征服ᄒᆞ더니時適成吉思汗이印度에서班師홈을聞ᄒᆞ고亦退軍ᄒᆞ야俱還ᄒᆞ니時는檀君三千五百五十九年(二一二二)이러라

西夏의滅亡

成吉思汗이東歸혼後에西夏의心服치아니홈을怒ᄒᆞ야檀君三千五百六十年(二一二七)에西夏를伐ᄒᆞ야其主李睍을降ᄒᆞ니(西夏가凡十主二百一年)於是에成吉思汗이叟히金을進擊코저ᄒᆞ다가同年에六盤山(甘肅省鞏昌府附近)에

成吉思汗의病歿

서病歿ᄒᆞ니時年이七十三이러라

蒙古戰勝의原因

蒙古가成吉思汗의用兵혼後로敗衄이都無ᄒᆞ니今其原因을略言ᄒᆞ건되一은成吉思汗의雄圖오一은蒙古人의固有혼習慣이니成吉思汗이沉渼雄毅ᄒᆞ며大略이有ᄒᆞ고戰을好ᄒᆞ며兵을用홈이神과如ᄒᆞ야平生에征服혼바가四十汗國이오且當時에蒙古人은蠻風을尙且

蒙古人의習俗

未免ᄒᆞ야精强無比ᄒᆞ며又騎戰에長ᄒᆞᆫ中軍紀가嚴ᄒᆞ고耕作의事ᄂᆞᆫ婦女가專行ᄒᆞᆫ則男子ᄂᆞᆫ外征에從事ᄒᆞ나家事의憂가無ᄒᆞ고又粮餉의窮이無ᄒᆞ야能히大遠征을企圖ᄒᆞᆷ을得ᄒᆞᆷ이러라

第二章 太宗、憲宗의西征南伐

(蒙古太宗憲宗의南征西伐)

(蒙古太宗) 蒙古의俗에大汗推戴及宣戰、媾和의大事ᄂᆞᆫ王族功臣及諸部長으로成ᄒᆞᆫ集會의議定에任ᄒᆞᄂᆞᆫ故로成吉思汗의死後에其第三子窩濶台가此集會의推立에依ᄒᆞ야大汗의位에卽ᄒᆞ니此卽太宗이라太宗이父의遺志를繼ᄒᆞ야金을擊ᄒᆞᆯᄉᆡ弟拖雷와腹背夾擊ᄒᆞ야汴京을進陷ᄒᆞ니金哀宗이蔡州(河南省汝寧府)에奔ᄒᆞ야宋에게援을乞ᄒᆞ거ᄂᆞᆯ蒙古ᄂᆞᆫ宋과河南의地를與ᄒᆞᆷ을約ᄒᆞ고共히金을擊滅ᄒᆞᆫ則金哀宗及其嗣ᄂᆞᆫ共히亂軍中에서歿ᄒᆞ니時ᄂᆞᆫ檀君三千五百六十七年(一二三四)이니金凡九世百二十年을經ᄒᆞ얏더라

(金의滅亡)

(南宋의狀勢) 時에南宋은理宗이卽位ᄒᆞ니蒙古와共히金을攻滅ᄒᆞᆫ後에其勢를乘

ᄒᆞ야北方을恢復코저ᄒᆞ야和約을破ᄒᆞ고汴京及洛陽을奪ᄒᆞᆫᄃᆡ太宗이軍을發ᄒᆞ야宋을來侵ᄒᆞ니宋은비록孟珙의良將이有ᄒᆞ나其勢가漸益窘縮ᄒᆞ더라

(拔都의西征) 太宗은喀喇和林(카라코람이니外蒙古오콘河畔에在ᄒᆞ)에都ᄒᆞ고東으로高麗를侵ᄒᆞ며又西征의師를起ᄒᆞ야其姪拔都(朮赤子)로元師를任ᄒᆞ고太宗의子貴由와拖雷의子蒙哥及老將速不台로써副ᄒᆞ야歐羅巴에侵入ᄒᆞ니時ᄂᆞᆫ檀君三千五百七十一年(一二三八)이라於是에蒙古軍이阿羅思(아러서)에入ᄒᆞ야모스코로브터各地를蹂躪ᄒᆞ고歐羅巴內地에進軍ᄒᆞᆯᄉᆡ三路에分ᄒᆞ야一軍은폴넨드(波蘭)에入ᄒᆞ야其國都글나고를燒ᄒᆞ고更進ᄒᆞ야其國及저마니(日耳曼)諸王侯의聯合軍을나이스에破ᄒᆞ고東南으루모레비아를服ᄒᆞ며올뭇스를陷ᄒᆞ고一軍은월내키아를蹂躪ᄒᆞᆫ後가페디안山을踰ᄒᆞ야마지아(匈加利)軍을사브河畔에서大破ᄒᆞ고뷰다페스트를陷ᄒᆞ며딴읍河를渡ᄒᆞᆫᄃᆡ歐羅巴全洲가大震ᄒᆞ더니時適太宗의

欽察汗國의成立

許音이軍中에至ᄒᆞᆫ故로檀君三千五百七十六年(一二四三)에拔都가部下의諸將을命ᄒᆞ야凱旋東歸케ᄒᆞ고스사로南阿羅思에留ᄒᆞ야東은키기스荒原으로브터西ᄂᆞᆫ카페디안山에至ᄒᆞᄂᆞᆫ地를領ᄒᆞ고欽察汗國을建ᄒᆞ며벌가河上流畔사라이에定都ᄒᆞ니라

蒙古憲宗

太宗의後에其弟定宗貴由가立ᄒᆞᆫ지三年에又歿ᄒᆞ거ᄂᆞᆯ諸將及功臣이太宗의統을立치아니ᄒᆞ고拖雷의子蒙哥를立ᄒᆞ니是即憲宗이라

蒙古大汗國分裂의遠因

憲宗이太宗의子孫을虐待ᄒᆞᆫ則太宗의子孫은推薦이得當치못ᄒᆞᆷ을因ᄒᆞ야不平을抱ᄒᆞ니是乃後日蒙古大汗國分裂의一遠因을成ᄒᆞ니라

忽必烈의南征

憲宗이即位ᄒᆞᆫ後에又兵을西南兩方에出ᄒᆞ니其弟忽必烈은南征의軍을總ᄒᆞ야大理를服ᄒᆞ고吐蕃을定ᄒᆞ며交趾即安南을降ᄒᆞ니於是에憲宗이其餘威를乘ᄒᆞ야宋을滅코저ᄒᆞ야皇弟阿里不哥로國都喀喇和林을守케ᄒᆞ고스사로大軍을率ᄒᆞ야進發ᄒᆞᆯ시三路로幷進ᄒᆞ야

蒙古가宋을擊ᄒᆞᆷ

憲宗은四川의諸城을取ᄒᆞ고合州(四川省重慶府)를圍ᄒᆞ며忽必烈은江을渡ᄒᆞ야鄂州(湖北省武昌府)를圍ᄒᆞ고兀良哈台ᄂᆞᆫ交趾로브터北上ᄒᆞ야潭州(湖南省長沙府)를侵ᄒᆞ더라

賈似道의賣國

是時에南宋理宗은賈似道를命ᄒᆞ야蒙古軍을禦케ᄒᆞᆫ데似道가鄂州에至ᄒᆞ야大恐ᄒᆞ야暗密히人을忽必烈에게遣ᄒᆞ야臣을稱ᄒᆞ고幣를納ᄒᆞ며地를割ᄒᆞᄂᆞᆫ條件으로和를請ᄒᆞ니時適蒙古憲宗이軍中에서病歿ᄒᆞ고阿里不哥가國都에在ᄒᆞ야大汗位에即코저ᄒᆞ거ᄂᆞᆯ忽必烈이遂乃似道의請을許ᄒᆞ야宋과和ᄒᆞ고師를班ᄒᆞ더라然ᄒᆞ나似道ᄂᆞᆫ其事를秘ᄒᆞ고蒙古軍의退去ᄒᆞᆷ은自己의功이라理宗에誣奏ᄒᆞ야厚賞을受ᄒᆞ더라

憲宗의病歿

旭烈兀의西征

憲宗은右와如히南方을經略ᄒᆞᄂᆞᆫ同時에其弟旭烈兀은西征의任에當ᄒᆞ야波斯,小亞細亞의諸回教國을征服ᄒᆞ며ᄲᅡᆨ다드의칼니프를殺ᄒᆞ고大食國을滅ᄒᆞ며更히시리아로브터이집트에進入코저ᄒᆞ더니時適憲宗의歿ᄒᆞᆷ을聞ᄒᆞ고軍을收歸ᄒᆞ다가伊兒汗國을建ᄒᆞ니라

伊兒汗國의建設

忽必烈의自立 元世祖

時에忽必烈은宋과和ᄒᆞ고北歸ᄒᆞ다가開平(內蒙古多倫河畔)에至ᄒᆞ야將士의勸進에因ᄒᆞ야大汗의位에卽ᄒᆞ고阿里不哥를降ᄒᆞᆫ後에燕京에遷都ᄒᆞ야大都라稱ᄒᆞ고國號를元이라改ᄒᆞ니此卽元世祖니時ᄂᆞᆫ檀君三千六百四年(一二七一)이러라

宋의滅亡及元의統一

第三章 宋의滅亡及元의統一

賈似道가宋帝를欺ᄒᆞ고元과和ᄒᆞᆫ後에宋帝의信寵을得ᄒᆞ야專橫이甚ᄒᆞ고國難을匿ᄒᆞ더니元世祖가玆에至ᄒᆞ야前約을來促ᄒᆞᆫᄃᆡ似道가元使를拘囚ᄒᆞ고還送치아니ᄒᆞ거ᄂᆞᆯ世祖가大怒ᄒᆞ야將軍伯顔을遣ᄒᆞ야大擧南下ᄒᆞ니時에宋恭宗이卽位ᄒᆞ야似道를貶黜ᄒᆞ고勤王의將文天祥張世傑等이徵에應ᄒᆞ야臨安에來赴ᄒᆞ나臨安城이陷落ᄒᆞᆫ則宋帝ᄂᆞᆫ元軍에出降ᄒᆞ거ᄂᆞᆯ宋의宗室及羣臣이恭帝의兄端宗昰을立ᄒᆞ고福州에據ᄒᆞ야恢復을圖ᄒᆞ더니元兵이來逼ᄒᆞᄂᆞᆫ지라張世傑等이遂帝를奉ᄒᆞ고海路로廣州에奔ᄒᆞ매帝가又歿ᄒᆞᆫ則陸秀夫等

宋帝가元軍에降ᄒᆞᆷ

崖山의戰 宋의滅亡

이昺을立ᄒᆞ야崖山(廣東省廣州府新會縣)을守ᄒᆞ니元兵이又水陸並進ᄒᆞ야文天祥이被執ᄒᆞ고陸秀夫ᄂᆞᆫ帝를背負ᄒᆞ야海에沉沒ᄒᆞ매悲壯의極ᄒᆞᆷ은人의雙淚를湧出케ᄒᆞ더라於是에宋朝ᄂᆞᆫ全亡ᄒᆞ니時ᄂᆞᆫ檀君三千六百十二年(一二七九)이러라(宋凡十八君三百二十年)

元과日本

元世祖ᄂᆞᆫ又高麗와和ᄒᆞ고日本을征ᄒᆞ다가得意치못ᄒᆞ매其鋒을遂轉ᄒᆞ야南方을經略ᄒᆞ니先是交趾의降伏以來로安南이一定ᄒᆞ더니玆에至ᄒᆞ야安南이用命치아니ᄒᆞ거ᄂᆞᆯ遂命將征服ᄒᆞ고又緬甸(써마)暹羅(사이암)等後印度諸國을幷服ᄒᆞ고又瓜哇(쟈바)서마트라(蘇木都剌)等諸島國을皆慴服ᄒᆞ더라

南方諸國의降服及來貢

元의極盛及東西交通

第四章 元의極盛及東西交通

成吉思汗의卽位後三世凡七十餘年間에蒙古族의隆盛은其極點에達ᄒᆞ야亞細亞大陸의大部와歐羅巴의東部를奄有ᄒᆞ매其版圖의廣大ᄒᆞᆷ은前古의曾有치못ᄒᆞᆫ바니如是ᄒᆞᆫ大版圖를統轄ᄒᆞᄂᆞᆫ者ᄂᆞᆫ元世

元의皇室及諸國

祖라 世祖는 元의皇帝로 支那本部、遼東、內外蒙古、中央亞細亞를直轄ᄒᆞ고 後印度、南洋諸島及吐蕃을服屬ᄒᆞ며 又四大汗國을統理ᄒᆞ니라

四大汗國

四大汗國은 卽元室과最親近ᄒᆞᆫ血統的關係가有ᄒᆞᆫ者로서往年外征의大功을建ᄒᆞᆫ者라 卽欽察、察合台、窩闊台、伊兒니 今에此를表示ᄒᆞ건ᄃᆡ

國名	始祖	首都	領土
欽察汗國	拔都	薩萊(볼가河의下流)	사이베리아西半部及歐羅巴洲
察合台汗國	察合台	阿力麻里(伊犁城附近曲)	西遼故土
窩闊台汗國	窩闊台(太宗)	也迷里(外蒙古也迷里河附近)	乃滿故土
伊兒汗國	旭烈兀	마라과(우루미아湖의東)	西方亞細亞一帶아무다라河西

以上察合台、窩闊台二汗國은太祖(成吉思汗)가分與ᄒᆞᆫ者오 他二汗國은新建ᄒᆞᆫ者니라

世祖의內治

世祖가統一의大業을已成ᄒᆞ매 遂其力을內治에專ᄒᆞ니 盖世祖以前

에는征伐에專力ᄒᆞ야內治에遑暇치못ᄒᆞᆫ故라 世祖가漢族의學者를任用ᄒᆞ야諸般制度를修整ᄒᆞ고 又蒙漢兩族의調和를謀ᄒᆞ야兩族을並用ᄒᆞ나 然ᄒᆞ나中央政府의長官等은總히蒙古人을任用ᄒᆞ야優者의地位를保코저ᄒᆞ며 又曆法을改革ᄒᆞ고道路를開通ᄒᆞ며運河를完修ᄒᆞ야南北의交通을便케ᄒᆞ니 內地의商業이巨大ᄒᆞᆫ發達을致ᄒᆞ니라

蒙漢의並用

東西의交通 兩洋文化의交換

時에元朝의領土는東西洋에並跨ᄒᆞᆷ으로써海陸上東西의交通이大開ᄒᆞ야 江南泉州와如ᄒᆞᆫ處는當時의第一貿易港이라 外商의來往ᄒᆞ는者가數萬人에至ᄒᆞ니 於是에兩洋文化의交換이自然히其間에發生ᄒᆞ야世界人文의進步에裨補ᄒᆞᆷ이極大ᄒᆞ더라

外國人의任用

太祖로브터歷世의大汗이皆人을任用ᄒᆞᆷ에種族의差別을不問ᄒᆞᆫ故로 世祖의時에아레쎄아、波斯의學者、技師와伊太利(이탈니)의畵家와佛蘭西(프랜스)의金匠과日耳曼(저마니)의鑛夫等이多來ᄒᆞ야元室에仕ᄒᆞ니

耶蘇基督敎의支那에弘布ᄒᆞᆷ

就中伊太利人막코폴노ᄂᆞᆫ元朝에仕ᄒᆞᆫ지二十年에故土에歸ᄒᆞ야東方見聞錄을著ᄒᆞ야世에公ᄒᆞᆫ디支那의富强과日本의樂土를盛說ᄒᆞ야地理學의發達을資助ᄒᆞ고又歐羅巴人의冒險的思想과探利的慾望을愈益鼓吹ᄒᆞ니라

此頃에歐羅巴의基督敎의諸國은十字軍을屢起ᄒᆞ야回敎徒와戰爭ᄒᆞᆫ故로蒙古의隆盛을聞ᄒᆞ고回敎防禦의救助者라稱ᄒᆞ야此와同盟을結ᄒᆞ야回敎徒를夾擊코저ᄒᆞ며又布敎의意도有ᄒᆞ야定宗,憲宗의世에羅馬法王인노센三四世及佛蘭西王루이스九世의使者等이喀喇和林에頻數來往ᄒᆞ더니世祖의末年에至ᄒᆞ야ᄂᆞᆫ宣敎師의來ᄒᆞᄂᆞᆫ者가極多ᄒᆞ야遂乃燕京에一大僧正區,泉州에一僧正區를設置ᄒᆞ니於是에唐末에廢滅ᄒᆞ얏든基督敎ᄂᆞᆫ更其光彩를發ᄒᆞ더라

第五章 元室及四汗國의衰運

元室及四汗國의衰運

元이支那를統一ᄒᆞ고大帝國을建設ᄒᆞ나一世紀를未經ᄒᆞ야衰運에

元室衰微의原因

陷ᄒᆞ니苟其原因을推究ᄒᆞ면一端이아니나要言ᄒᆞ면宗室의內訌과各方特殊의文化가到底히統一의政治를難行ᄒᆞᆷ에在ᄒᆞ더라

海都의叛亂

是보다先ᄒᆞ야憲宗이大汗의位에卽ᄒᆞᆫ時에太宗의子孫은窩闊台汗國을領ᄒᆞᆯ뿐인故로不平을懷ᄒᆞ더니및憲宗이歿ᄒᆞ매阿里不哥를助ᄒᆞ야世祖와爭ᄒᆞ다가時適世祖가東南을經營ᄒᆞ야其暇가頗無ᄒᆞ거ᄂᆞᆯ太宗의孫海都가遂乃檀君三千六百九年(一二七六)에也迷里에서叛旗를擧ᄒᆞᆫ디世祖가欽察汗蒙哥帖木兒와察合台汗八剌로ᄒᆞ야금備禦케ᄒᆞ얏더니海都가此兩汗을誘說結好ᄒᆞ고大汗의直轄地되ᄂᆞᆫ中央亞細亞를占領ᄒᆞ고海都를推立ᄒᆞ야大汗을삼더라此時에唯伊兒汗阿八哈이世祖의弟旭烈兀의子인故로海都를抗拒ᄒᆞ더니未幾에阿八哈이歿ᄒᆞ고國內에繼承의爭이起ᄒᆞ야國力이減衰ᄒᆞ야海都를能히牽制치못ᄒᆞ더라海都ᄂᆞᆫ遂又察合台의兵을合ᄒᆞ야東으루元을侵入ᄒᆞ고滿洲吉林地方에在ᄒᆞᆫ太祖의子孫을誘說ᄒᆞ야世祖를挾擊ᄒᆞ

거늘世祖가伯顔을命ᄒᆞ야喀喇和林을扼守케ᄒᆞ고ᄉᆞᄉᆞ로滿洲를平定ᄒᆞᆫᄃᆡ海都가西루引歸ᄒᆞ더니檀君三千六百二十七年(一二九四)에世祖가歿ᄒᆞ고成宗이嗣位ᄒᆞ매海都가又大擧入寇ᄒᆞᆫ則成宗이其從子海山을命ᄒᆞ야擊破ᄒᆞ니라然ᄒᆞ나未幾에海都가死ᄒᆞ고其子察八兒가元에降ᄒᆞ더니成宗을經ᄒᆞ야武宗海山의時에察八兒가又叛ᄒᆞ다가敗死ᄒᆞᆫ則窩闊台汗國은遂亾ᄒᆞ니玆에大略四十年을亙ᄒᆞ든內亂이一時에鎭定에歸ᄒᆞᆫᄃᆡ宗支의關係가漸益疎遠ᄒᆞᆫ則諸汗國은各히獨立의勢를呈ᄒᆞ더라

(窩濶台汗國의滅亡)

是보다先ᄒᆞ야世祖가吐蕃을征服ᄒᆞᆯ時에其地에喇嘛教가盛行ᄒᆞ야其教僧喇嘛의勢力이盛大ᄒᆞ거ᄂᆞᆯ世祖가撫御의必要에因ᄒᆞ야達賴喇嘛拔思巴를帝師로拜ᄒᆞ야其地를治케ᄒᆞᆫ故로歷世諸帝가亦皆喇嘛尊信ᄒᆞ매僧侶專橫의弊가甚ᄒᆞ고又佛事供養等을爲ᄒᆞ야靡費가多ᄒᆞᆫ則國民의負擔이大增ᄒᆞ고國家의財政이愈窘ᄒᆞᆫ지라是以로紙

(喇嘛尊信의弊)
(財政의窘乏)

幣의一種交鈔를發ᄒᆞ나濫發의結果ᄂᆞᆫ其價를下落ᄒᆞ야正貨의半에不過ᄒᆞ매融通이善치못ᄒᆞ니經濟狀況이極히擾亂ᄒᆞ야貨物의價格이騰貴ᄒᆞ며去來가阻絶ᄒᆞ더라

(交鈔의濫發)

且世祖가自立ᄒᆞ야大汗이된後에其大汗推戴의會를廢ᄒᆞ고又其相續法은父子承繼가아님으로써簒奪의禍가踵起ᄒᆞ야帝位繼承의際에權臣이威를逞ᄒᆞ야國威를損墜ᄒᆞ고且歷世의諸帝가皆庸愚ᄒᆞᆫ則元室은衰亾에漸瀕ᄒᆞ더라

(內訌의連起)

右와如히財政이困難ᄒᆞ야人民은重稅를苦ᄒᆞ고政治ᄂᆞᆫ紊亂ᄒᆞ야國力이衰削ᄒᆞᄂᆞᆫ中且洪水饑饉等天變地異가頻起ᄒᆞᆫ則人心은元室을離ᄒᆞ야盜賊이蜂起ᄒᆞ며又長久ᄒᆞᆫ歲月間을異人種에屈服ᄒᆞ든漢族은憤惋羞恥의心이湧發ᄒᆞ야英雄의起兵ᄒᆞᄂᆞᆫ者가多ᄒᆞ니時에元順帝가在位ᄒᆞ야能히制御치못ᄒᆞ더라於是에徐壽輝、郭子興、張士誠等이各其帝王의稱號를用ᄒᆞ야其勢가熾盛ᄒᆞ더니子興의部將朱元璋

(元室의衰微)
(羣雄의蜂起)
(朱元璋이起)

어子興을代ᄒᆞ야其衆을領ᄒᆞ고金陵(江蘇省江寧府)에據ᄒᆞ야羣雄을掃蕩ᄒᆞ야江南의地를定ᄒᆞ고北上ᄒᆞ야燕京에進逼ᄒᆞ니此時元丞相擴思監이四方의警報를秘ᄒᆞ야太平을假裝ᄒᆞ고互相爭權ᄒᆞ다가朱元璋의諸軍이四處로브터燕京을進圍ᄒᆞᆫ則能히抵敵치못ᄒᆞ고元順帝ᄂᆞᆫ開平으로出奔ᄒᆞ야蒙古族이支那本部로셔驅除를被ᄒᆞ니時ᄂᆞᆫ檀君三千七百十一年(一三六八)이라(元世祖로브터玆에至ᄒᆞ기凡十世八十八年)於是에朱元璋이帝位에卽ᄒᆞ야國號를明이라建ᄒᆞ니是卽明太祖니라

(帝業을創함) (元의滅亡) (明朝)

(三汗國의衰頹) 他三汗國도亦衰運에傾ᄒᆞ니伊兒汗國은阿八哈의孫合贊의時에內政을勵修ᄒᆞ고又外로羅馬法王의十字軍에加ᄒᆞ야埃及을伐ᄒᆞ고시리아를恢復ᄒᆞ더니後에欽察汗、脫脫의子月卽別이其父脫脫이波蘭凶加利를征略ᄒᆞᆫ後를乘ᄒᆞ야埃及의갈니푸와通ᄒᆞ고回敎와同盟ᄒᆞ야伊兒汗阿不賽因을攻擊ᄒᆞ매伊兒汗國은是로브터漸衰ᄒᆞ니라欽察汗國은又月卽別의時에露西亞(아러시아)의모스코大公이반一世를信任ᄒᆞ야露西亞帝國勃興의基를奠케ᄒᆞ더라月卽別의子札尼別의後에繼承의亂이踵起ᄒᆞ야國勢亦衰ᄒᆞ고察合台汗國은元仁宗의時에其東疆의侵掠을被ᄒᆞ고又伊兒汗合贊의弟鄂勒哲圖에게大敗ᄒᆞᆫ中又相續法이完全치못ᄒᆞ야凡四十年間에十五汗을易ᄒᆞ고遂乃東西二汗國에分裂ᄒᆞ며且써어다랴河以南의諸酋長은皆獨立ᄒᆞ야帖木兒의時에延至ᄒᆞ니라

(察合台汗國의分裂)

第六章 元代의朝鮮及日本

(元代의朝鮮及日本) (高麗의開國)

是보다先ᄒᆞ야檀君三千一年에新羅가高句麗를滅ᄒᆞ고統一의業을成ᄒᆞ더니檀君三千二百六十八年(九三五)에高麗太祖王建이新羅의衰亂을廓淸ᄒᆞ고高麗國을創建ᄒᆞ며契丹에게被逐ᄒᆞᆫ바渤海國의遺民을招安ᄒᆞ고國土를開拓ᄒᆞ며支那의後唐과和好ᄒᆞ더니其後太祖의孫成宗의時에遼가方强ᄒᆞ야邊境을來侵ᄒᆞ다가和約을結ᄒᆞ고退ᄒᆞ더라然ᄒᆞ나顯宗의時에至ᄒᆞ야遼가大軍으로써頻數入寇ᄒᆞ거ᄂᆞᆯ高

(高麗가遼를大破함)

麗大將姜邯贊이檀君三千三百五十二年一〇一九에遼兵을大破ᄒᆞ고仍ᄒᆞ야高麗가東方에一强國을成ᄒᆞ매女眞이來降ᄒᆞ고宋朝가請和ᄒᆞ며日本이結好ᄒᆞ야國威ᄅᆞᆯ宣揚ᄒᆞ며밋金이遼ᄅᆞᆯ代ᄒᆞ매亦和約을來結ᄒᆞ니라

高麗와元의關係

然ᄒᆞ나元이支那에入主ᄒᆞᆫ後로其强盛을恃ᄒᆞ고頻數入寇ᄒᆞᄂᆞᆫ지라時에高麗王이兵革으로交戰ᄒᆞᆷ이國家에不利ᄒᆞᆷ을察ᄒᆞ고又前日支那와通婚ᄒᆞᆫ例에依ᄒᆞ야和約을立ᄒᆞ고互相婚姻을媾ᄒᆞ며且使節을兩相派送ᄒᆞ고又高麗王이元의皇室을屢次訪問ᄒᆞ야交誼의敦睦ᄒᆞᆷ이兄弟와如ᄒᆞ매其文物의輸入이亦多ᄒᆞᆫ故로兩國이脣齒輔車의勢ᄅᆞᆯ成ᄒᆞᆫ지라是以로元朝가亾ᄒᆞ고明朝가興ᄒᆞ매高麗王이我 太祖皇帝로大元帥ᄅᆞᆯ任ᄒᆞ야明을征ᄒᆞ니太祖ᄭᅴ셔思ᄒᆞ샤ᄃᆡ隣國의亂을靖ᄒᆞᆷ이大義에固屬ᄒᆞ나時에高麗가失政ᄒᆞ야國內가騷亂ᄒᆞᆷ으로國家의大計ᄅᆞᆯ察ᄒᆞ샤還軍ᄒᆞ시니時ᄂᆞᆫ檀君三千七百二十一年一三八八이

太祖皇帝의開國及朝鮮의國號

라時에我 太祖ᄭᅴ셔日本의入寇ᄒᆞᆷ을擊破ᄒᆞ시고蒙古遺族을滅ᄒᆞ샤大功을屢建ᄒᆞ시며德威가幷行ᄒᆞ시니全國人心이歸附ᄒᆞ야遂乃太祖ᄅᆞᆯ推戴ᄒᆞ야高麗ᄅᆞᆯ代ᄒᆞ니時ᄂᆞᆫ檀君三千七百二十五年一三九二이라於是에國號ᄅᆞᆯ朝鮮이라改ᄒᆞ시고明朝와媾和ᄒᆞ니라

日本幕府의專橫

日本은源賴朝가鎌倉에서幕府ᄅᆞᆯ開ᄒᆞ고武家政治ᄅᆞᆯ行ᄒᆞ야政權을專握ᄒᆞ더니賴朝의後에賴家、實朝가相繼ᄒᆞ야三代將軍이되며又北條時政이源氏ᄅᆞᆯ代ᄒᆞ야幕府ᄅᆞᆯ開ᄒᆞ야皇位의廢立을任意로行ᄒᆞ더라

元世祖가日本을再次侵擊ᄒᆞᆷ

時에元世祖ᄂᆞᆫ支那ᄅᆞᆯ統一ᄒᆞ고其餘威ᄅᆞᆯ乘ᄒᆞ야日本을慴伏코져ᄒᆞ야使ᄅᆞᆯ遣ᄒᆞ야招降ᄒᆞᆫᄃᆡ北條時宗이從치아니ᄒᆞ거ᄂᆞᆯ世祖가兵을發ᄒᆞ야往征ᄒᆞ다가得意치못ᄒᆞᆫ故로翌히十萬의兵을送ᄒᆞ야一擧擊滅코져ᄒᆞ더니會에颶風이大起ᄒᆞ야全軍이覆滅ᄒᆞᆷ으로日本이大禍ᄅᆞᆯ免ᄒᆞ니時ᄂᆞᆫ檀君三千六百十四年一二八一이러라

楠本正成 幕府의廢革

日本이此頃에又皇位의爭亂이有ᄒᆞ야朝臣이二派에分ᄒᆞ야互相軋轢ᄒᆞᆫ則北條氏ᄂᆞᆫ此ᄅᆞᆯ乘ᄒᆞ야武威ᄅᆞᆯ愈張ᄒᆞ더니未幾에北條高時가將軍의位ᄅᆞᆯ嗣ᄒᆞ매昏愚ᄒᆞ야人心이乖離ᄒᆞ거ᄂᆞᆯ後醍醐天皇이此機ᄅᆞᆯ乘ᄒᆞ야楠木正成新田義貞等勤王의士ᄅᆞᆯ鼓起ᄒᆞ야北條氏ᄅᆞᆯ亾ᄒᆞ고幕府ᄅᆞᆯ廢ᄒᆞ니王政이復興ᄒᆞ더라

足利尊氏의叛亂

然ᄒᆞ나北條氏의遺族及其他不平黨이各地에作亂ᄒᆞ거ᄂᆞᆯ足利尊氏ᄅᆞᆯ命ᄒᆞ야往征ᄒᆞ더니尊氏가鎌倉을據ᄒᆞ야叛ᄒᆞᆫ되朝廷이新田義貞을命ᄒᆞ야討伐ᄒᆞ니義貞이楠本正成과軍을合ᄒᆞ야京都ᄅᆞᆯ復ᄒᆞ매尊氏가九州로遁去ᄒᆞ야更히大擧ᄒᆞ야京都로向上ᄒᆞ야正成이戰死ᄒᆞ고義貞이亦敗ᄒᆞᆫ지라後醍醐天皇은得已치못ᄒᆞ야出奔ᄒᆞᆫ되尊氏가京都에復入ᄒᆞ야光明天皇을擁立ᄒᆞ고後醍醐天皇은吉野로奔ᄒᆞ야恢復을圖ᄒᆞ야南北兩朝가幷立ᄒᆞ니吉野ᄂᆞᆫ南朝오京都ᄂᆞᆫ北朝니

南北朝의分立

時ᄂᆞᆫ檀君三千六百六十九年(一三三六)이러라

第七章 明의初世

明의初世

明太祖가帝位에旣登ᄒᆞ야羣雄을剿平ᄒᆞ고支那ᄅᆞᆯ一統ᄒᆞ니然ᄒᆞ나

元順帝

時에元順帝가北方에尙在ᄒᆞ야帝號ᄅᆞᆯ有ᄒᆞ거ᄂᆞᆯ徐達、李文忠等을命ᄒᆞ야往擊ᄒᆞ더니未幾에順帝가殂ᄒᆞ고其遺族이尙且抗拒ᄒᆞᆫ되太祖가又兵을發ᄒᆞ야開平附近에擊破ᄒᆞ고漠南滿洲ᄅᆞᆯ皆明의版圖에歸ᄒᆞ니於是에遼東(盛京)大寧(內蒙古)大同(山西省)洮州(甘肅省)等邊要의地에行都

太祖의邊防

指揮使司ᄅᆞᆯ置ᄒᆞ야變을備ᄒᆞ더라如是히元의部衆이殆皆潰散ᄒᆞ니

韃靼可汗

成吉思汗의後裔ᄂᆞᆫ漠北에猶據ᄒᆞ야韃靼可汗이라稱ᄒᆞ야明의邊陲을窺伺ᄒᆞ더라此時ᄅᆞᆯ當ᄒᆞ야四川、雲南의地가尙且未服ᄒᆞᆫ則帝ᄂᆞᆫ又

太祖의南方諸蠻

將士ᄅᆞᆯ遣ᄒᆞ야征服ᄒᆞ고更히南方의諸蠻을招降ᄒᆞ니라

太祖의政治

太祖가漢族의一統政治ᄅᆞᆯ行ᄒᆞᆫ則漢族의舊文化ᄅᆞᆯ恢復ᄒᆞ기에專力ᄒᆞ야律令을改修ᄒᆞ며衣冠을唐制에復ᄒᆞ고學校ᄅᆞᆯ興ᄒᆞ며科擧法을

官制

復設ᄒᆞ고翰林院을再興ᄒᆞ며元朝大臣의專擅을懲ᄒᆞ야官制ᄂᆞᆫ丞相

을廢ᄒᆞ고六部를置ᄒᆞ며又宋元의帝室孤立의弊를鑑ᄒᆞ야諸皇子를要地에封ᄒᆞ야帝室의藩屛을作ᄒᆞ니北邊의諸王에ᄂᆞᆫ征討의自由를與ᄒᆞ더라然ᄒᆞ나帝性이猜忌가多ᄒᆞ야後日에諸功臣이專恣ᄒᆞᆯ가恐ᄒᆞ야兩次大獄을起ᄒᆞ야誅戮을大行ᄒᆞ야內外偏重의獘를以致ᄒᆞ니라

太祖의失策

太祖의後에孫惠帝允炆이立ᄒᆞ니叔父諸王의强大를恐ᄒᆞ야或廢絶ᄒᆞ며或其封土를削ᄒᆞᆫᄃᆡ燕王棣가燕京에셔叛旗를擧ᄒᆞ야君側의姦을除ᄒᆞᆫ다稱ᄒᆞ고靖難의師라號ᄒᆞ야諸王을脅誘ᄒᆞ고大擧南下ᄒᆞ나宿昔의武臣이旣皆剪滅ᄒᆞ야抵敵ᄒᆞᆯ者가無ᄒᆞᆫ則帝ᄂᆞᆫ地를割ᄒᆞ야和를請ᄒᆞᆫᄃᆡ燕王棣ᄂᆞᆫ不許ᄒᆞ고帝都金陵을進圍ᄒᆞ니宮中의宦官等이燕王을內應ᄒᆞ야城이遂陷ᄒᆞᄂᆞᆫ지라惠帝가出奔ᄒᆞ야其終을知치못ᄒᆞ니라燕王棣ᄂᆞᆫ遂乃檀君三千七百三十五年〇一四〇三에帝位에登ᄒᆞ니此乃明成祖라燕京에遷都ᄒᆞ야北京이라稱ᄒᆞ고舊都金陵을南京이

燕王棣의簒奪

惠帝의出奔

明成祖

라稱ᄒᆞ더라

成祖의爲人이雄武ᄒᆞ야大略이有ᄒᆞᆫ지라帝位를旣簒ᄒᆞ매又遠征에從事ᄒᆞ니時에元順帝의後裔本雅失里가其臣阿魯台의擁立에因ᄒᆞ야韃靼可汗이되거ᄂᆞᆯ成祖가使를遣ᄒᆞ야招降ᄒᆞᆫᄃᆡ應치아니ᄒᆞ고反其使者를殺ᄒᆞᄂᆞᆫ지라帝가大怒ᄒᆞ야스사로往征ᄒᆞ야本雅失里를破ᄒᆞ고阿魯台를降ᄒᆞ며更히漠北에進覘ᄒᆞᄂᆞᆫ瓦剌部를破ᄒᆞ니라

成祖의外征

初에元室이衰微ᄒᆞᆯ時에安南王陳暐가明에來通ᄒᆞ더니其臣黎季犛란者가自立ᄒᆞ야陳氏를代ᄒᆞ고大虞라國號를建ᄒᆞᆫᄃᆡ陳氏의裔陳天平이難을老撾에避ᄒᆞ야明에來ᄒᆞ야援을乞ᄒᆞ거ᄂᆞᆯ成祖가此를納코저ᄒᆞ더니天平이路에서黎季犛의殺ᄒᆞᆫ바가된지라遂大怒ᄒᆞ야張輔를命ᄒᆞ야季犛를征ᄒᆞᆯᄉᆡ其軍을富浪江(紅河)畔에서大破ᄒᆞ고季犛를擒ᄒᆞ며其地를平ᄒᆞ고交趾布政使司를置ᄒᆞ니於是에占城老撾等이皆望風來歸ᄒᆞ더라帝ᄂᆞᆫ更히宦者鄭和에게水軍四萬을與ᄒᆞ야海南諸

交趾의征服

南海의經畧

國을征伐ᄒᆞ니是蓋惠帝가或海外에出奔ᄒᆞᆷ을疑ᄒᆞᆷ이라前後凡七回를海南諸國에歷訪ᄒᆞ니於是에南洋及印度洋沿岸의三十餘國이皆明에歸附ᄒᆞ며아레쎄아도亦入貢ᄒᆞ고셀논島(錫倫)ᄂᆞᆫ是後凡五十年間을明의統轄下에在ᄒᆞ니支那海軍의活動이此時가第一이러라

支那海軍全盛

第八章 帖木兒帝國의勃興

帖木兒帝國의勃興

元室이東方에衰微ᄒᆞᆷ과同時에西方의三汗國도亦其勢力을漸失ᄒᆞ더니帖木兒가察合台汗國에出ᄒᆞ야蒙古大帝國을再設ᄒᆞ기에復至ᄒᆞ니라

帖木兒의興起

帖木兒ᄂᆞᆫ蒙古의疎族이라檀君三千六百六十八年(一三三五)에碣石(캇삼드아)南의에生ᄒᆞ니平生에大志가有ᄒᆞ야恒常成吉思汗의偉業을慕ᄒᆞ더니檀君三千六百九十二年(一三五九)에西察合台汗을助ᄒᆞ야中央亞細亞를討平ᄒᆞ고汗의子에리아쓰를佐ᄒᆞ야中央亞細亞에留鎭ᄒᆞ다가意見이不合ᄒᆞᆷ으로花剌子模에서兵을擧ᄒᆞ야에리아쓰를擊ᄒᆞ고中央亞

細亞를占領ᄒᆞ야삼아칸드에定都ᄒᆞ니時ᄂᆞᆫ檀君三千七百二年(一三六九)이라帖木兒가尋又東察合台汗國을兼倂ᄒᆞ고更進ᄒᆞ야伊兒汗國을倂呑코져ᄒᆞ더라

察合台國의滅亡

時에伊兒汗國은其汗이暴虐을大肆ᄒᆞ야民心이離畔ᄒᆞᆫ則帖木兒ᄂᆞᆫ一擧幷有ᄒᆞ고又欽察汗國을圖ᄒᆞᆯ서此時를當ᄒᆞ야欽察汗의始祖拔都의兒弟의子孫白黨(月即別)哥里米汗의三汗이正統을相爭ᄒᆞ야國內가大亂ᄒᆞᆫ지라帖木兒가哥里米汗토쿠다밋슈를援ᄒᆞ야欽察汗으로立ᄒᆞ얏더니未幾에토쿠다밋슈가反ᄒᆞ帖木兒를來攻ᄒᆞ거ᄂᆞᆯ帖木兒가大怒ᄒᆞ야兵을自率ᄒᆞ고紫牙黑河(河우랄)를渡ᄒᆞ야欽察兵을亦的勒河(河벌가)畔에서大破ᄒᆞ고敗를逐ᄒᆞ야露西亞에入ᄒᆞ야모스코를掠ᄒᆞ고欽察汗國을兼倂ᄒᆞᆫ後班師ᄒᆞ니라

伊兒汗國의滅亡

欽察汗國의降伏

帖木兒가三汗國을旣皆服屬ᄒᆞᆫ則更其銳鋒을轉ᄒᆞ야印度를進擊ᄒᆞ니是에先ᄒᆞ야印度ᄂᆞᆫ셸하이에奴隷王朝가起ᄒᆞ더니又其後에로그

帖木兒가印度의侵入ᄒᆞᆷ

오로만帝國의强盛(土耳其帝國)

帖木兒의西征

帖木兒의東征

帖木兒의病歿

락王家가代興ᄒᆞ야國勢가萎靡ᄒᆞ거ᄂᆞᆯ帖木兒가長驅進入ᄒᆞᆫ則敢格ᄒᆞᄂᆞᆫ者가無ᄒᆞ야王都뗄하이ᄂᆞᆫ陷落에遂至ᄒᆞ더니時適오로만帝國의隆盛ᄒᆞᆷ을聞ᄒᆞ고師를班ᄒᆞ야西征의途에上ᄒᆞ니라

오로만帝國은元太祖에게被逐ᄒᆞᆫ突厥種族이小亞細에避往建設ᄒᆞᆫ者라其酋오스만이아드리아노플에定都ᄒᆞ야오로만土耳其帝國의基를定ᄒᆞ더니今에其子빠자쩌드가希臘을侵ᄒᆞ며東羅馬帝國을略ᄒᆞ고埃及의셜탄과通ᄒᆞ야帖木兒를挾擊코저ᄒᆞ거ᄂᆞᆯ帖木兒가印度에서此報를聞ᄒᆞ고急히還歸ᄒᆞ야埃及兵을破ᄒᆞ고빠자쩌드를小亞細亞의앙골나에서大破生擒ᄒᆞ니其威가東羅馬帝國을震動ᄒᆞ더라

帖木兒가如是히亞細亞의西部를定ᄒᆞ매更히東으로明朝를滅ᄒᆞ고世界를統一ᄒᆞ야成吉思汗의遺烈을恢復코저ᄒᆞ야東征의師를大興ᄒᆞ니明成祖가此를聞ᄒᆞ고大驚ᄒᆞ야邊境을防備ᄒᆞ더라帖木兒가僅히씨어다라河를渡ᄒᆞ야病을獲ᄒᆞ야檀君三千七百三十八年(一四〇五)에途에서歿ᄒᆞ니라

帖木兒帝國의末路와莫臥兒帝國의建設

帖木兒가東征의志를得遂치못ᄒᆞ나廣大ᄒᆞᆫ版圖를領有ᄒᆞ더니及其歿後에其帝國은四分五裂ᄒᆞ며其五世孫빠베르가中央亞細亞로브터印度에轉入ᄒᆞ야莫臥兒帝國을剏設ᄒᆞ니라

第九章 明의中世

明의中世

宦者의專橫

明太祖가國을治ᄒᆞ매歷代宦官의弊를鑑ᄒᆞ야其庶政에干預ᄒᆞᆷ을嚴禁ᄒᆞ더니成祖가惠帝를勝ᄒᆞ고簒立ᄒᆞᆷ은宦者의內應에因ᄒᆞ야其功이多ᄒᆞ매遂乃宦者를信任ᄒᆞᆫ則其勢가漸盛ᄒᆞ야政權을專恣ᄒᆞ야至치아니ᄒᆞᄂᆞᆫ바가無ᄒᆞ니成祖의孫英宗祁鎭의世에至ᄒᆞ야ᄂᆞᆫ宦者王振이朝政을擅ᄒᆞ야國勢가頓衰ᄒᆞ니라

瓦剌部의强盛과土木의變

此時를當ᄒᆞ야빠이칼湖西의瓦剌部酋長也先이來寇ᄒᆞ니瓦剌部ᄂᆞᆫ本是蒙古에臣屬ᄒᆞ다가其衰微를乘ᄒᆞ야次第로勢를得ᄒᆞ야天山北路及外蒙古의西半部를領有ᄒᆞ더니是에至ᄒᆞ야也先이元의遺族을

英宗이捕擄가됨

奉ᄒᆞ야可汗을作ᄒᆞ고南下入寇ᄒᆞᄂᆞᆫ지라英宗이宦者王振의言을信ᄒᆞ야親征ᄒᆞ다가土木(直隷省宣化府)에서大敗ᄒᆞ야也先의捕擄가된則也先이長驅ᄒᆞ야北京을進圍ᄒᆞ거ᄂᆞᆯ于謙等이英宗의弟景帝祁鈺을立ᄒᆞ야城을固守ᄒᆞ고瓦剌를擊退ᄒᆞ니也先이遂和를請ᄒᆞ고英宗을還送ᄒᆞ더라英宗이還歸ᄒᆞᆫ後에景帝와不合ᄒᆞ더니會에景帝가疾이有ᄒᆞ거ᄂᆞᆯ宦者曹吉祥等이此를機會로作ᄒᆞ야景帝를廢ᄒᆞ야郕王으로降封ᄒᆞ고英宗을重立ᄒᆞᆫ後에專橫이極甚ᄒᆞ더니武宗의時에至ᄒᆞ야ᄂᆞᆫ其弊가殊甚ᄒᆞᆫ지라四方에叛亂이踵起ᄒᆞ나幸히王守仁의力에依ᄒᆞ야無事ᄒᆞᆷ을得ᄒᆞ니라也先은其國內訌에被殺ᄒᆞ고因其勢力이衰微에至ᄒᆞ니라

大禮의議

武宗이崩ᄒᆞ고其嗣가無ᄒᆞ거ᄂᆞᆯ太后張氏가諸大臣과議ᄒᆞ야孝宗의弟興獻王의子厚熜을迎立ᄒᆞ니即世宗이라世宗이其父王及母妃의追尊ᄒᆞᆯ議를下ᄒᆞᆫ되禮官等이孝宗을考라ᄒᆞ고父王을皇叔父라稱ᄒᆞᆷ

이可ᄒᆞᆷ으로決議ᄒᆞ거ᄂᆞᆯ帝가不悅ᄒᆞ야改議를命ᄒᆞ야孝宗을皇考、父王을本生皇考라稱ᄒᆞ기에至ᄒᆞ더니張璁이本生의二字를去ᄒᆞᆷ이可ᄒᆞ다論ᄒᆞ야學者와廷臣間에爭論이不決ᄒᆞ더니畢竟은孝宗을皇伯考、其后를皇伯母、父王을皇考、母妃를皇母、武宗을皇兄、其后를皇嫂라稱ᄒᆞ고其反對諸人을免官、罰俸、杖死等에處ᄒᆞ야數年을延亙ᄒᆞᆫ則此에因ᄒᆞ야政務의遲滯됨이多ᄒᆞᆫ매天下의紛亂을馴致ᄒᆞ니라

韃靼部의侵入　大元可汗　俺荅

是에先ᄒᆞ야瓦剌部ᄂᆞᆫ已衰ᄒᆞ나韃靼部ᄂᆞᆫ勢를恢復ᄒᆞ야元順帝의七世孫達延이韃靼可汗이되야內外蒙古를統一ᄒᆞ고大元可汗이라號ᄒᆞ야屢回明朝를來侵ᄒᆞ야河套(今鄂爾多斯)를略ᄒᆞ더니其孫俺荅이檀君三千八百七十五年(一五四二)에大擧入寇ᄒᆞ야支那人二十餘萬을斬殺ᄒᆞ고鹵掠을大肆ᄒᆞᆫ되世宗은嚴嵩을寵信ᄒᆞ야能禦치못ᄒᆞ고几二十餘年間을其兵禍를酷被ᄒᆞ더니及俺荅이瓦剌를破ᄒᆞ고吐蕃을降ᄒᆞ며青海를略ᄒᆞᆫ後에喇嘛敎를深信ᄒᆞ야殺戮을厭ᄒᆞ매明에入寇ᄒᆞᆷ이稍

稱ᄒ더라

交趾의叛服及沿海寇盜

第十章 交趾의叛服及沿海寇盜

初에明成祖ᄂᆞᆫ安南을征服ᄒ고交趾布政使司ᄅᆞᆯ置ᄒ며水師ᄅᆞᆯ派遣
ᄒ야海南諸國을威服ᄒ더니其末年에土民이明의政治ᄅᆞᆯ不悅ᄒ거
ᄂᆞᆯ黎利라云ᄒᄂᆞᆫ人이兵을起ᄒ야明을叛ᄒ다가尋又明에向ᄒ야陳
氏의後ᄅᆞᆯ王으로立ᄒᆷ을求ᄒᆫ딕宣宗이許ᄒ야封冊을與ᄒ더니又未
幾에利가陳氏의王位ᄅᆞᆯ簒立ᄒ고明의封冊을請ᄒ야國號ᄅᆞᆯ大越이
라改稱ᄒ더라

如是히黎氏가相嗣ᄒ야王位에登ᄒ야一時ᄂᆞᆫ其勢가頗盛ᄒ더니後
에國政이亂ᄒ야權臣莫登庸이王位ᄅᆞᆯ奪ᄒ거ᄂᆞᆯ於是에王子黎寧이
遣臣을奉ᄒ고登庸을伐ᄒ며且其狀을具ᄒ야明의援을請ᄒᆫ딕明世
宗이許ᄒ고軍을發ᄒ니登庸이乃罪ᄅᆞᆯ謝ᄒ고藩臣됨을請ᄒᆫ則帝ᄂᆞᆫ
此ᄅᆞᆯ又許ᄒᆫ지라是以로交趾ᄂᆞᆫ兩分ᄒ야黎莫二氏가相爭ᄒ더니後

에黎氏가遂勝ᄒ야國內ᄅᆞᆯ統一ᄒ니라

緬甸

緬甸은元時에元에入貢ᄒ더니明初에緬甸王이明을爲ᄒ야麓川部
長思任發의緬甸에逃來ᄒᆫ者ᄅᆞᆯ捕擄ᄒᆫ故로其後裔의雲南의孟養部
長된者가舊怨을報키爲ᄒ야國都阿瓦ᄅᆞᆯ陷ᄒ고其主莽紀歲ᄅᆞᆯ殺ᄒᆫ
딕其子莽瑞體가洞吾ᄅᆞᆯ奔ᄒ얏더니檀君三千八百八十七年（一五五四）에
瑞體가印度에在ᄒᆫ葡萄牙[illegible]人을雇傭ᄒ야緬甸을恢復ᄒ고四方
을征略ᄒ야南方의强國이되더라然ᄒ나其後에瑞體의子莽應理가
雲南을侵擊ᄒ다가明將劉綎에게大敗ᄒᆫ지라綎이兵을進ᄒ야阿瓦
ᄅᆞᆯ攻陷ᄒ고暹羅도亦此機ᄅᆞᆯ乘ᄒ야其東邊을掠ᄒ니緬甸이大衰ᄒ
더라

暹羅

暹羅ᄂᆞᆫ暹과羅斛의二部에分ᄒᆫ者ᄅᆞᆯ元末에孛羅達伊菩提가비
로소統一ᄒ야暹羅國을建ᄒ니라

明世宗의時에沿海의寇盜ᄂᆞᆫ又極히猖獗ᄒ니盖是에先ᄒ야日本의
西海邊民等이沿海에出沒ᄒ야高麗及元을剽掠ᄒ니所謂倭寇가是

倭寇

라明太祖가因其防備를嚴히ᄒᆞ며成祖의時에日本幕府가明과通商
ᄒᆞ기爲ᄒᆞ야亦此를禁戢홈으로一時ᄂᆞᆫ休息ᄒᆞ더니又未幾에日本의
商民은明人에게虐遇를怨ᄒᆞ야沿海의寇盜로變成ᄒᆞ고且明人의得
志치못ᄒᆞᆫ者가相合ᄒᆞ야其勢가猖獗ᄒᆞᆫ故로明廷은兵을發ᄒᆞ야討平
ᄒᆞ나尙且臺灣에據ᄒᆞ야往往寇盜ᄒᆞ더라

第十一章　明의末世

明의末世

明이朝鮮을救홈

明은北虜南倭의警이稍熄ᄒᆞ매邊境이粗安ᄒᆞ더니穆宗을經ᄒᆞ야神
宗翼鈞의時에日本이朝鮮에大擧入寇ᄒᆞᆫ則明은朝鮮의救에應ᄒᆞ야
兵을出ᄒᆞ야數年을亘ᄒᆞ야將士의死亾과財力의糜費가多ᄒᆞᆫ則國力
이漸衰ᄒᆞ더라

明은太祖以來로言論의自由를許ᄒᆞᆫ故로英宗以後에朝政이紊亂ᄒᆞᆫ
則學者의其得失을論ᄒᆞᄂᆞᆫ者가漸多ᄒᆞ더니神宗時에帝가鄭貴妃를
寵ᄒᆞ고其所生子로嗣를立코저ᄒᆞ니顧憲成은學識이一世에轟高ᄒᆞᆫ

東林黨

人이라此를直諫ᄒᆞ거ᄂᆞᆯ帝가惡ᄒᆞ야其官을罷ᄒᆞ고鄕에逐ᄒᆞᆫᄃᆡ憲成
은田里에歸ᄒᆞ야同志로東林書院에會ᄒᆞ고學을講ᄒᆞ며又朝政을諷
議ᄒᆞ고時事를論難ᄒᆞ더니未幾에鄒元標趙南星이亦志를朝에不得
ᄒᆞ고鄕里에退歸ᄒᆞ야門徒를集ᄒᆞ야學을講ᄒᆞ고憲成을應援ᄒᆞ니在
野의學者에同意ᄒᆞᄂᆞᆫ者가多ᄒᆞᆫ지라於是에廷臣等이又其黨을結ᄒᆞ
야憲成을排ᄒᆞ고東林黨이라指稱ᄒᆞ야互相軋轢ᄒᆞ야數十年에及ᄒᆞ

三案

니其間에梃擊紅丸移宮의三案이有ᄒᆞ야兩黨이各自非議ᄒᆞ더니時
適東林黨의葉向高가國相이되야勢力이大盛ᄒᆞ거ᄂᆞᆯ非東林黨等이
遂乃宦者魏忠賢과結托ᄒᆞ야東林黨을大斥ᄒᆞ고疑獄을屢起ᄒᆞ야忠
良을誅鋤ᄒᆞ야其黨을殆盡케ᄒᆞ고小人이滿朝ᄒᆞ며魏忠賢이專權ᄒᆞ
야國政이愈亂ᄒᆞᆫ지라熹宗의後에毅宗由檢이嗣ᄒᆞ야忠賢을誅ᄒᆞ고
小人의黨를貶黜ᄒᆞ나大厦가已傾ᄒᆞ야國勢가挽回ᄒᆞ기不可ᄒᆞᆫ中又
國用의不足을因ᄒᆞ야鹽茶船舶의重稅를課徵ᄒᆞ고人民의困苦ᄂᆞᆫ不

流賊 李自成

顧ᄒᆞ야民心이皆明室을離畔ᄒᆞ고亂을思ᄒᆞ더니會에又檀君三千九百六十一年(一六二八)에歲가大饑ᄒᆞ야上下가一層困難ᄒᆞᆫ지라於是에流賊이蜂起ᄒᆞ니其中張獻忠、李自成이最强ᄒᆞ더라

四方에流賊은遂皆張獻忠、李自成에應ᄒᆞ거ᄂᆞᆯ張獻忠은四川을略ᄒᆞ고自成은陝西、河南、山西等地를取ᄒᆞ고西安에據ᄒᆞ야國號를大順이라稱ᄒᆞ고北京에進逼ᄒᆞ니時에明은成祖가諸王의兵力을減殺ᄒᆞᆫ故로藩鎭의權이輕ᄒᆞ고又邊陲가多事ᄒᆞ야國內의武備가不足ᄒᆞᆫ則官軍이能히流賊을討平치못ᄒᆞ고檀君三千九百七十七年(一六四四)에北京城이陷ᄒᆞ고毅宗은自經ᄒᆞ야國에殉ᄒᆞᆫ디於是에明將吳三桂가東北에勃興ᄒᆞᄂᆞᆫ滿洲族愛親覺羅氏의援을得ᄒᆞ야自成을討平ᄒᆞ나滿洲人은明室을遂代ᄒᆞ야支那를奄有ᄒᆞᆫ則前門에虎를退ᄒᆞ고後門에獅를進ᄒᆞᆷ매明이玆에亾ᄒᆞ니凡十七世二百七十七年이라是後十九年間에明室의遺族이南方에서帝號를稱ᄒᆞᆷ이三世에及ᄒᆞᆫ則明朝의歷

毅宗의自經 吳三桂 明의滅亾

年에筭入ᄒᆞᄂᆞᆫ者도或有ᄒᆞ니라

第十二章 朝鮮及明과日本과의關係

朝鮮及明과日本과의關係 豐臣秀吉

日本은南北朝가分立ᄒᆞᆫ지五十七年에更히合一ᄒᆞ고其後에國內를羣雄이更히割據ᄒᆞ더니大略檀君三千九百十年頃에織田信長과豐臣秀吉이國內를削平ᄒᆞ고秀吉이關白이되야政權을掌握ᄒᆞ니時에秀吉의威勢가極盛ᄒᆞᆫ지라秀吉이遂其餘威를藉ᄒᆞ야明國을攻코저ᄒᆞ야朝鮮에道를假ᄒᆞ거ᄂᆞᆯ朝鮮이明國에對ᄒᆞᆫ和約을保ᄒᆞ기爲ᄒᆞ야不許ᄒᆞᆫ디秀吉이怒ᄒᆞ야遂乃檀君三千九百二十五年(宣祖二十五年壬辰○一五九二)에浮田秀家、加藤清正等으로水陸軍十五萬을率ᄒᆞ고釜山을來犯ᄒᆞ야長驅進入ᄒᆞ니朝鮮海軍將軍李舜臣은其水軍을連戰破殲ᄒᆞ고陸軍將軍權慄等이其陸兵을大破ᄒᆞᆫ則敢히水路로進치못ᄒᆞ고陸路로迂回ᄒᆞ야京城을迫逼ᄒᆞ거ᄂᆞᆯ於是에 宣祖께오서義州에播遷ᄒᆞ사使를遣ᄒᆞ야明國의援을請ᄒᆞ니明帝가其自國을代ᄒᆞ야戰端을開ᄒᆞᆫ

日本과朝鮮의戰爭 明의救兵

故로遂其將李如松劉綎等을命ᄒᆞ야朝鮮을來救ᄒᆞᆫᄃᆡ明兵이平壤에서日本兵을大破ᄒᆞ고北로逐ᄒᆞ야東進ᄒᆞ다가碧蹄關에서戰敗ᄒᆞ더라然ᄒᆞ나時에朝鮮國內에勤王의師ᄂᆞᆫ到處蜂起ᄒᆞ야日本兵을大捷ᄒᆞᆫ則日本이媾和코저ᄒᆞᄂᆞᆫ지라於是에朝鮮政府가明將과議ᄒᆞ고和約을結코저ᄒᆞ야互相休戰ᄒᆞ더니其平和條件이一致치못ᄒᆞᆷ으로日本은再次來寇ᄒᆞᆫᄃᆡ朝鮮이又明將으로더브러合力防禦ᄒᆞ야日本軍을連破ᄒᆞ매日本이勢漸窮蹙ᄒᆞ더니時適豊臣秀吉이死ᄒᆞ거ᄂᆞᆯ其諸將等이皆獲勝키難ᄒᆞᆷ을見ᄒᆞ고退歸ᄒᆞ니라

戰爭의終局

是戰이凡八年을延亘ᄒᆞ매朝鮮은明國을因ᄒᆞ야兵火에罹ᄒᆞ고明國은直接으로鋒鏑의禍ᄅᆞᆯ不受ᄒᆞ나軍力과財政의耗損ᄒᆞᆷ이多大ᄒᆞ더라日本은秀吉의死後에德川家康이政權을代執ᄒᆞ야朝鮮과通好코저ᄒᆞ나朝鮮이允치아니ᄒᆞᆷ으로凡六年을經ᄒᆞᆫ後에和議가始成ᄒᆞ니라

兩國의和

第十三章 歐洲人의東來及基督教의弘布

歐洲人의東來及基教의弘布 歐人의東漸

元朝極盛의時에ᄂᆞᆫ東西兩洋의交通은자못頻繁ᄒᆞ더니爾後殆히百五十年間을又中絶ᄒᆞ다가更히歐洲에서遠洋航海、陸地發見의事業이勃興ᄒᆞ기에及ᄒᆞ야歐洲人의東來ᄒᆞᄂᆞᆫ端이大啓ᄒᆞ니라

葡萄牙人의東洋貿易

伊太利니이탈人콜넘버스가아메리카洲(亞米利加)發見ᄒᆞᆫ後六年에葡萄牙人바스코다쌔마가檀君三千八百四十年(一五〇七)에喜望峰을回航ᄒᆞ야印度에達ᄒᆞᆷ으로브터葡萄牙人의東航ᄒᆞᄂᆞᆫ者가愈多ᄒᆞ야此後十五年에印度의西岸꼬아ᄅᆞᆯ略取ᄒᆞ야根據地ᄅᆞᆯ作ᄒᆞ고漸次東進ᄒᆞ야말내카、자바ᄅᆞᆯ奪ᄒᆞ야暹羅와交通ᄒᆞ며支那海에航入ᄒᆞ야廣東、寧波、厦門、澳門港에商館을設ᄒᆞ더니맛참내檀君三千八百九十六年(一五六三)에澳門을又略取ᄒᆞ야根據地ᄅᆞᆯ作ᄒᆞᆫ後에更히日本九州의平戶에至ᄒᆞ야東洋貿易의先驅가되니라

西班牙人

葡萄牙人外에又西班牙인스페人도亦東來ᄒᆞ니葡萄牙人마겔나인스

의東洋貿易

는西班牙王의命을奉ᄒᆞ야南아메리카로브터太平洋을出ᄒᆞ야檀君三千八百九十八年(一五六五)에필닙핀群島를占領ᄒᆞ고마닐나市를開ᄒᆞ야根據를作ᄒᆞ고支那及日本과貿易ᄒᆞ나其商權은恒常葡萄牙人下에在ᄒᆞ더라

天主教의流布

右와如히歐洲人의東來와共히東洋에伴來ᄒᆞᆫ者는基督教의一流天主教의流布가是라初에唐太宗時에景教가東出ᄒᆞ얏다가仍衰ᄒᆞ고元朝에至ᄒᆞ야는極盛히傳布되더니明初에嚴禁ᄒᆞ야一時中絕ᄒᆞ니時에歐洲에宗教改革의戰爭이有ᄒᆞᆫ故로舊教徒는新教徒에게西方에失ᄒᆞᆫ勢力을東洋에得코저ᄒᆞ야舊教即天主教의一派예슈이트派의教僧프란시스사비엘이죠아에來到ᄒᆞ야漸次로印度日本에布教ᄒᆞ고支那에往ᄒᆞ는中途에病死ᄒᆞ더니是後에同派의마데오릿치(利瑪竇)가支那에入ᄒᆞ야學術技藝로써明神宗의信任을得ᄒᆞ야公然히宣教ᄒᆞ야北京에教堂을建ᄒᆞᆫ則自是以後로其派教僧의北支那에入ᄒᆞ

프란시스사비엘 利瑪竇

는者가漸多ᄒᆞ더라又其宣教者가皆曆算、砲術에精ᄒᆞ야明帝의信任을得ᄒᆞᆷ으로써布教의便을增ᄒᆞ는同時에支那學術界에裨益이大ᄒᆞ더라

第十四章 元明의儒學文藝

元明의儒學文藝

儒學 朱子學 陸象山 王陽明

宋朝에朱熹의學說이盛行ᄒᆞᆫ後로元明의諸儒는皆此를株守ᄒᆞ야敢改치못ᄒᆞ니就中明의成祖는其說을遂採ᄒᆞ야經義를一定ᄒᆞᆫ故로朱說에反對ᄒᆞ든陸九淵의學說은萎靡不振ᄒᆞ더니王守仁(陽明)이是說을主ᄒᆞ야漸次擴張ᄒᆞ야朱說과相競ᄒᆞ니明末의名士는此에向ᄒᆞ는者가甚多ᄒᆞ더라

詩文 趙孟頫

元明의詩文은唐宋을蹈襲ᄒᆞᆯ뿐이나亦大家가不乏ᄒᆞ니元朝의趙孟頫는書畵文章이一代의獨步오虞集도亦其名이著ᄒᆞ고明朝에는散文에宋濂、方孝孺、歸有光、楊士奇、王陽明이有ᄒᆞ고詩家에劉基、高啓、李東陽、王世貞等이有ᄒᆞ니라然ᄒᆞᆫ中元明에至ᄒᆞ야는小說戲曲이亘大

小說戲曲

科學의發達

히發達ᄒᆞ니元代의水滸傳、三國志演義와明代의西遊記、金瓶梅ᄂᆞᆫ世人에膾炙ᄒᆞᄂᆞᆫ奇書오又雜劇傳奇等所謂戲曲도亦大成ᄒᆞ야作者가極多ᄒᆞ니西廂記와如ᄒᆞᆫ者ᄂᆞᆫ極히有名ᄒᆞ니라

此外에東西洋交通의結果로學術의發達이極多ᄒᆞ니元代의曆法改新이最著ᄒᆞᆫ者오明末에至ᄒᆞ야ᄂᆞᆫ近世의文化를傳ᄒᆞᄂᆞᆫ者가漸多ᄒᆞ야數學、天文學等科學的知識의傳布가盛ᄒᆞ나支那人의留心치아니ᄒᆞᆷ을因ᄒᆞ야可觀ᄒᆞᆯ者가別無ᄒᆞ니라

第十五章 莫臥兒帝國의盛衰

莫臥兒帝國의盛衰

帖木兒死後의中央亞細亞

帖木兒大王의歿後에其帝國은分崩瓦解ᄒᆞ야騷亂이不絶ᄒᆞ거ᄂᆞᆯ蒙古의後裔月卽別族의汗시반이頻頻侵入ᄒᆞ야맛참내檀君三千八百三十年頃에中央亞細亞를占領ᄒᆞᄂᆞᆫ지라時에帖木兒의六世孫빠버ᄂᆞᆫ勇武의資가有ᄒᆞ매慨然히祖業을興復ᄒᆞᆯ志가有ᄒᆞ야波斯王쉬아이스마엘의後援을得ᄒᆞ야시반을擊逐ᄒᆞ고中央亞細亞를恢復ᄒᆞ얏

더니民心이服從치아니ᄒᆞᆫ則시반은此機를乘ᄒᆞ야又빠버를擊破ᄒᆞ고中央亞細亞를占領ᄒᆞ고쌕하라、키바二汗國을建設ᄒᆞᆫ되於是에빠버가中央亞細亞에意를斷ᄒᆞ고印度를征服코저ᄒᆞ더라

印度의形勢와溫都敎의流行

印度ᄂᆞᆫ佛敎의本國이나阿育王、迦膩色迦王의後에佛敎ᄂᆞᆫ數回의興亾을經ᄒᆞ야愈益不振ᄒᆞ고婆羅門敎의變體溫都敎가佛敎를代ᄒᆞ야國敎를成ᄒᆞ더니其後에回敎가流入ᄒᆞ매內에宗敎上의戰爭이有ᄒᆞ고外에成吉思汗及帖木兒의侵略을被ᄒᆞ야極히衰頹ᄒᆞᆫ中帖木兒의去後에로데朝가아프껀이스탄으로브터入ᄒᆞ야其勢가益衰ᄒᆞᆫ지라

莫臥兒帝國의創建

빠버ᄂᆞᆫ此機를乘ᄒᆞ야로데王朝를滅ᄒᆞ고國都쎌하이를奪ᄒᆞ야莫臥兒帝國의基를奠ᄒᆞ니時ᄂᆞᆫ檀君三千八百六十一年(二八五)이러라

아크빠大帝의政治

빠버帝의死後에國內가大亂ᄒᆞ야其子가波斯에出奔ᄒᆞ얏다가波斯王의後援을得ᄒᆞ야國에復還ᄒᆞ더니未幾에歿ᄒᆞ고子아크빠가嗣ᄒᆞ니帝ᄂᆞᆫ天性이英敏ᄒᆞ고治道에通ᄒᆞ야實로莫臥兒朝의第一賢主니

莫臥兒帝國의全盛及其衰運

波斯

帝의治世는正히明神宗의時라卽位의後에婆羅門敎徒와婚을通ᄒ고且從來回敎外의異敎徒에課ᄒ는稅를廢ᄒ야人種上宗敎上의差別嫌惡를調停ᄒ야印度人의心服을得ᄒ며田租의法을改ᄒ고封建의制를立ᄒ며아그라에遷都ᄒ고南印度以外는悉皆其版圖를作ᄒ야國威를伸張ᄒ니國人이其功德을尊ᄒ야大帝라稱ᄒ더라

아크베帝의後에再傳ᄒ야曾孫아우렁젭에至ᄒ야는南印度를倂有ᄒ야莫臥兒帝國最盛의時에達ᄒ나衰頹의兆는亦其時에發生ᄒ니回敎를崇奉홈이太甚ᄒ야異敎徒를虐遇ᄒᆫ則婆羅門敎人은南印度에마라다同盟을結ᄒ야叛亂을作ᄒ더니帝의歿後에勢益熾盛ᄒ며又波斯人은頻數히來侵ᄒ는中其後嗣가槩皆庸愚ᄒ더라

波斯는是보다先ᄒ야일직아크베大帝를助ᄒ야印度를平定ᄒ고又아크베帝의歿後에印度國邊을屢侵ᄒ더라然ᄒ나未幾에아프간이스탄人마무드가波斯를叛ᄒ고侵入ᄒ야國王이되거늘波斯人나델이아프간이스탄人을驅逐ᄒ고王位에卽ᄒ며아프간이스탄을征服ᄒ고其餘威를乘ᄒ야印度에向ᄒ니時에莫臥兒帝는極히暗弱ᄒ고國勢가大衰ᄒ야敢抗치못ᄒ고檀君四千七十一年(一七三八)에婚을通ᄒ고地를割ᄒ야和를請ᄒ니但帝王의名을擁ᄒ야殘喘을僅保ᄒ더라

近世史

第四編 近世史 檀君三千九百七十七年以後

淸의開國及一統 滿洲의興起

第一章 淸의開國及一統

太祖의創業

淸은卽滿洲의改稱이오滿洲族은卽쥬구스族이니滿洲族이金의滅亾以後에殆히萎靡不振ᄒ더니明末에至ᄒ야鴨綠江의上流長白山下에住居ᄒ는一酋長愛親覺羅奴兒哈赤이赫圖阿拉(今興京)地方에移ᄒ야次第로滿洲의諸部落을平定ᄒ고檀君三千九百四十六年(一六一四)에自立ᄒ야帝位에卽ᄒ고國號를滿洲라建ᄒ니此卽淸太祖라時에滿洲諸部中葉赫部가獨히太祖를抗ᄒ거늘太祖가自將往擊ᄒᆫᄃᆡ葉赫部가明의援을請ᄒ니明이許ᄒ고朝鮮에向ᄒ야助를乞ᄒ거늘於

太宗의紹述

是에朝鮮이此를應ᄒᆞ야明兵과合ᄒᆞ야淸太祖를夾攻ᄒᆞ다가反히大敗ᄒᆞᆫ지라淸太祖ᄂᆞᆫ遂葉赫部를滅ᄒᆞ고更히瀋陽(今奉天府)을陷ᄒᆞ고遼陽을陷ᄒᆞᆫ後에瀋陽에定都ᄒᆞ니是卽盛京이라是로브터淸의勢가强盛에愈臻ᄒᆞ야北方에雄視ᄒᆞ더라

淸의國號

未幾에淸太祖가歿ᄒᆞ고子太宗皇太極이立ᄒᆞ니父業을能繼ᄒᆞ야朝鮮에入寇ᄒᆞ다가朝鮮兵에게敗ᄒᆞ야和를請ᄒᆞ고退歸ᄒᆞ니時에蒙古部의漢南에在ᄒᆞᆫ者가明과連合ᄒᆞ야來擊ᄒᆞ거늘淸太宗이先次蒙古를征服ᄒᆞ고國號滿洲를改ᄒᆞ야淸이라稱ᄒᆞ고明의北邊을屢侵ᄒᆞᄃᆡ明毅宗은吳三桂를命ᄒᆞ야防禦ᄒᆞ더라

朝鮮과淸의關係

是에先ᄒᆞ야朝鮮은日本의侵寇를被ᄒᆞᆫ時에明朝에攻守同盟을締結ᄒᆞᆫ지라前次淸의入寇ᄒᆞᆷ에際ᄒᆞ야淸의請에應ᄒᆞ야和約을立ᄒᆞ얏더니是에至ᄒᆞ야明帝ᄂᆞᆫ援兵을來請ᄒᆞ거늘朝鮮政府ᄂᆞᆫ曾往明의厚誼를得ᄒᆞ고又盟約을立ᄒᆞᆫ故로遂明을援助ᄒᆞᄃᆡ淸太宗은前回의得志

치못ᄒᆞᆷ을憤ᄒᆞ야兵을又率ᄒᆞ고京城에進至ᄒᆞ야朝鮮과和約을結ᄒᆞᄃᆡ明을不援ᄒᆞᄂᆞᆫ條件으로以ᄒᆞ고還歸ᄒᆞ니時ᄂᆞᆫ檀君三千九百七十年(一六三七)이러라

淸이北京에移都ᄒᆞᆷ

此時를當ᄒᆞ야明에ᄂᆞᆫ流賊의到處蜂起ᄒᆞ야其勢가極盛ᄒᆞ야明毅宗은李自成에게國을被奪ᄒᆞ고死ᄒᆞ거늘吳三桂ᄂᆞᆫ淸太宗의子世祖福臨에게降ᄒᆞ고其兵을借ᄒᆞ야自成을討破ᄒᆞ니於是에支那全國이自成의手에脫ᄒᆞ나淸에遂歸ᄒᆞᆫ지라淸世祖ᄂᆞᆫ遂乃北支那를領有ᄒᆞ고燕京에移都ᄒᆞ며將軍多鐸을遣ᄒᆞ야南支那를征略ᄒᆞ더라

淸의統一 明의宗室

於是에明의遺臣史可法等은神宗의孫福王由崧을南京에擁立ᄒᆞ고義兵을召募ᄒᆞ야淸軍의南下ᄒᆞᆷ을以禦ᄒᆞ다가其軍이不利ᄒᆞ야可法이戰死ᄒᆞ고南京이陷落ᄒᆞ며福王이被擄ᄒᆞᆫ지라明의遺臣이尙且明室의宗族을擁立ᄒᆞ야復興을圖ᄒᆞ야唐王聿鍵를福州에서帝位에卽케ᄒᆞ고又魯王은紹興에據ᄒᆞ며永寧王은撫州를保ᄒᆞ고桂王은肇

臺灣의鄭氏

淸聖祖、高宗의業

慶에在ᄒᆞ야淸을抗戰ᄒᆞ다가或敗走ᄒᆞ며或戰死ᄒᆞ더라是後에桂王은緬甸에走ᄒᆞ야援을求ᄒᆞ고魯王은厦門에逃ᄒᆞ야鄭成功에依ᄒᆞ니成功의父ᄂᆞᆫ明人鄭芝龍이오母ᄂᆞᆫ日本女라成功이魯王을奉ᄒᆞ고厦門에據ᄒᆞ야水軍으로써善히防戰ᄒᆞ야淸兵을屢破ᄒᆞ고江南의地를稍稍回復ᄒᆞ더니遂勝利를不得ᄒᆞ고臺灣에退ᄒᆞ니時에荷蘭(ᄒᆞᆯ난드)人이臺灣에據ᄒᆞ야學校를設ᄒᆞ고寺院을建ᄒᆞ야開拓에從事ᄒᆞ거ᄂᆞᆯ成功이荷蘭人을擊退ᄒᆞ고此에據ᄒᆞ야竭力防戰ᄒᆞ야明室을恢復코져ᄒᆞ다가檀君三千九百九十四年(一六六一)에魯王이歿ᄒᆞ고厥明年에成功이繼歿ᄒᆞ더라桂王은是보다前三年에緬甸人의淸朝에執送ᄒᆞᆫ바가되則於是에明祀가遂絕ᄒᆞ고淸朝가支那全部를統有ᄒᆞ더라

第二章　淸聖祖、高宗의業

鄭成功이臺灣을據ᄒᆞ던年(檀君三九九四年)에淸世祖가歿ᄒᆞ고子聖祖玄曄(康熙)이立ᄒᆞ니聖祖로브터世宗을經ᄒᆞ야高宗弘曆(乾隆)에至ᄒᆞ기凡百三

康熙、乾隆의世

三藩

十年間은實로淸朝極盛의時라聖祖、高宗의兩帝ᄂᆞᆫ內로ᄂᆞᆫ明의遺族을盡平ᄒᆞ고外로ᄂᆞᆫ疆外經略에從事ᄒᆞ야四邊이皆淸威에服ᄒᆞ매其版圖의廣ᄒᆞᆷ이비록元朝에不及ᄒᆞ나漢唐보다ᄂᆞᆫ極大ᄒᆞᆯ뿐더러又奎運이一時에盛ᄒᆞᆷ으로써世人이其年號에因ᄒᆞ야康熙、乾隆의世라稱ᄒᆞ니實로支那近世에稀有ᄒᆞᆫ盛代러라

明室이已亡ᄒᆞ나其遺臣餘民이尙且江南에伏在ᄒᆞᆷ으로써是에先ᄒᆞ야淸世祖ᄂᆞᆫ明의降將吳三桂를雲南에封ᄒᆞ고尙可喜를廣東에封ᄒᆞ고耿繼茂를福建에封ᄒᆞ야三藩王을作ᄒᆞ야써鎭定케ᄒᆞ더니三藩이地廣兵强ᄒᆞ야專恣의事가多ᄒᆞᆫ지라聖祖가統一의功을奏ᄒᆞᆫ後에此를憂ᄒᆞ야備ᄒᆞᆷ이有ᄒᆞ거ᄂᆞᆯ三藩이自安치못ᄒᆞ야檀君四千六年(一六七三)에吳三桂가先叛ᄒᆞ야耿繼茂의子耿精忠과尙可喜의子尙之信으로相連ᄒᆞ니於是에漢族中淸朝의政令을不喜ᄒᆞᄂᆞᆫ者가響應蜂起ᄒᆞ며鄭成功의子鄭經도亦臺灣으로브터出兵ᄒᆞ니其勢가頗盛ᄒᆞ더라然

鄭氏의末路

ᄒᆞ나 清廷의 討勦가 劇烈ᄒᆞᆫ則 末幾에 精忠之信이 降ᄒᆞ고 三桂가 又死ᄒᆞ며 江南의 地가 悉平ᄒᆞ며 又臺灣도 鄭經의 死後에 清朝에 歸ᄒᆞ니 是로브터 清室을 抗ᄒᆞᄂᆞᆫ 者가 更無ᄒᆞ더라

紅敎喇嘛와 黃敎喇嘛

明朝의 時代에 在ᄒᆞ야 其威令이 遠及지 못ᄒᆞᆷ으로써 內外蒙古及西藏은 度外에 置ᄒᆞ니 元來 西藏은 宗敎政治의 國이라 喇嘛의 管轄을 受ᄒᆞ니 喇嘛ᄂᆞᆫ 恒常 紅衣紅帽를 着ᄒᆞᆷ으로 紅敎喇嘛라 稱ᄒᆞ더니 元朝의 時에 喇嘛가 其尊崇을 受ᄒᆞ매 驕怠ᄒᆞ야 妻孥를 有ᄒᆞ고 他弊害가 不少ᄒᆞᆫ지라 明初에 宗喀巴란 者가 出ᄒᆞ야 革新을 唱道ᄒᆞ고 黃衣黃幘로써 標識을 作ᄒᆞ야 黃敎喇嘛라 自稱ᄒᆞ더라 如是히 黃敎ᄂᆞᆫ 紅敎로브터 改良ᄒᆞᆫ者인則 妻帶를 非認ᄒᆞ고 又其相續法이 頗히 奇恠ᄒᆞ야 世世로 達賴喇嘛 一人을 置ᄒᆞ야 其敎徒를 總轄케 ᄒᆞ니 漸次로 其勢가 熾盛ᄒᆞ다가

宗喀巴

唵噠

및 韃靼部長 唵噠이 歸依ᄒᆞᆫ後로브터 內外蒙古,青海의 地가 悉皆 黃敎에 服從ᄒᆞ며 衛拉剌部의 一族 和碩部가 黃敎에 服從ᄒᆞ야 青海에 入居

和碩部

和碩部가 西藏의 兵權을 掌握

ᄒᆞ야 紅敎徒를 擊破ᄒᆞᆫ則 西藏全土ᄂᆞᆫ 遂皆 黃敎에 歸ᄒᆞ니 和碩部ᄂᆞᆫ 因ᄒᆞ야 其地의 兵權을 掌握ᄒᆞ더라

準噶爾部의 勃興

衛拉部ᄂᆞᆫ 也先의 死後에 分裂ᄒᆞ야 頗衰微ᄒᆞ더니 其遺族의 伊犂地方에 在ᄒᆞᆫ 準噶爾部가 此를 統一ᄒᆞ고 青海及西藏을 征服ᄒᆞ고 和碩部를 代ᄒᆞ야 西藏의 兵權을 攬有ᄒᆞᆫ後 更進ᄒᆞ야 天山南路를 併呑ᄒᆞ고 又東으로 外蒙古의 喀爾喀部를 攻ᄒᆞ니 喀爾喀部ᄂᆞᆫ 韃靼의 達延可汗의 末子 札賚爾의 所封이라 時에 孤立無援ᄒᆞ야 清에 向ᄒᆞ야 援을 求ᄒᆞᆫ되 聖祖가 此機를 乘ᄒᆞ야 遂親征ᄒᆞ야 檀君 四千二十九年 一六九六 에 準噶爾部를 土拉河畔에 大破ᄒᆞ니 於是에 알타이 阿爾泰 山東 內外蒙古의 地가 清의 版圖에 盡歸ᄒᆞ더라

內外蒙古의 征服

西藏青海의 征服

準噶爾部가 旣敗ᄒᆞ매 其遺族이 西藏의 兵으로써 恢復을 謀ᄒᆞ거ᄂᆞᆯ 檀君 四千三十年에 聖祖가 皇子 允禵으로 ᄒᆞ야금 西藏을 討ᄒᆞ야 喇嘛를 征服ᄒᆞ고 爾後에 駐藏大臣을 首都 拉薩에 置ᄒᆞ야 此를 統治ᄒᆞ고 又青

天山南北路의征服

海地方을略平ᄒᆞ더니高宗의時에準噶爾에內亂이有ᄒᆞᆫ지라帝가準噶爾의一酋阿穆爾撒拉의言을聽ᄒᆞ야其地를討平ᄒᆞ나然ᄒᆞ나阿穆爾撒納이清에得意치못ᄒᆞᆷ을怨ᄒᆞ야天山南路의回敎徒와通ᄒᆞ야清의西邊을侵掠ᄒᆞ되清帝가大兵을遂派ᄒᆞ야此를全滅ᄒᆞ고更進ᄒᆞ야天山南路를征服ᄒᆞᆫ則清威가葱嶺以西에遠及ᄒᆞ야西方의經略이玆에全成ᄒᆞ니時ᄂᆞᆫ檀君四千九十二年(一七五九)이러라

苗族의平定

雲南貴州의地ᄂᆞᆫ苗族이住居ᄒᆞ야清朝의威가未及ᄒᆞ거ᄂᆞᆯ世宗의時에此를征討ᄒᆞ나每尙不穩ᄒᆞ더니高宗이卽位ᄒᆞᆫ後에悉皆鎭定ᄒᆞ니라

是보다先ᄒᆞ야明의中世에欽察汗國은內訌이有ᄒᆞ야四分五裂ᄒᆞ거ᄂᆞᆯ露西亞의모스코大公이반三世가此機를乘ᄒᆞ야露西亞內의諸小國을幷呑ᄒᆞ고欽察의二汗을連盟ᄒᆞ야欽察汗을攻滅ᄒᆞᆫ後에이반三世의子이반四世가又欽察의二汗國(卽哥里米、喀山二汗이니前日同盟ᄒᆞᆫ者라)을併呑ᄒᆞ

露西亞人의東略

고更進ᄒᆞ야東方經略의策을講ᄒᆞ니時에拔都의弟昔班의後裔庫程이現時드벨스크附近의月卽別族에君臨ᄒᆞ야屢屢露西亞의邊境을攻掠ᄒᆞ되뜬河畔에漂泊ᄒᆞᄂᆞᆫ喀薩克部長이其部下를率ᄒᆞ고우랄山을超ᄒᆞ야庫程을擊破ᄒᆞ고其地를略定ᄒᆞ야이반四世에獻ᄒᆞ니是實露西亞人東略의第一着手니時ᄂᆞᆫ檀君三千九百十三年(一五八〇)이라自是로愈益東征의策을講ᄒᆞ야喀薩克部로ᄒᆞ야금漸次로사이베리아(西比利亞)를領有ᄒᆞ야黑龍江에遂及ᄒᆞ니時에清朝가新興ᄒᆞ매世祖가南方의經略에急ᄒᆞ야北顧에未遑ᄒᆞᄂᆞᆫ故로愈益南下ᄒᆞ야滿洲를奄有코져ᄒᆞ더라

清聖祖가既己南方의叛亂을定ᄒᆞ고臺灣을降ᄒᆞ매北邊을警備ᄒᆞ야露西亞兵을擊ᄒᆞ고又荷蘭人의紹介로露西亞에書를送ᄒᆞ야邊境을定ᄒᆞᆷ을求ᄒᆞ되於是에露西亞帝彼得一世가公使코로윈을命送ᄒᆞ야清使索額圖와셀넹가河畔에會約ᄒᆞ더니時適準噶爾部에爭亂이有

尼布楚條約

혼則兩國使節이其亂을避ᄒᆞ야檀君四千二十二年(一六八九)에尼布楚(친너스크)江(黑龍江의上流)에會ᄒᆞ야外興安嶺으로定界ᄒᆞ니此是尼布楚의條約이라清聖祖ᄂᆞᆫ更히黑龍江沿岸에屯田兵을置ᄒᆞ야써防守ᄒᆞ더라

清朝의內治 漢族의人心을收攬홈 清이衰運에漸傾홈

右述홈과如히外征에因ᄒᆞ야大功을建ᄒᆞᄂᆞᆫ同時에又聖祖ᄂᆞᆫ內治에注意ᄒᆞ야制度를創定ᄒᆞ고學藝를奬勵ᄒᆞ며且明末以來의名儒를任用ᄒᆞ야修史編纂의事에與케ᄒᆞ야漢族의心을收攬홈을務ᄒᆞ고高宗도亦其遺志를繼ᄒᆞ야國威가大揚ᄒᆞ나然ᄒᆞ나高宗의在位六十年間에征戰行幸을因ᄒᆞ야金穀을多費ᄒᆞᆫ則財力이罄竭을遂告ᄒᆞ야衰運에漸傾ᄒᆞ니라

第三章 清의制度와學術

清의制度와學術 清의制度

漢唐의制度ᄂᆞᆫ時代의變遷에因ᄒᆞ야後世에幾度의沿革이有ᄒᆞ다가清에至ᄒᆞ야其面目이大新ᄒᆞ니此皆康熙、乾隆의間에大成ᄒᆞᆫ者니라

中央政府의組織

其中央政府의組織은主腦ᄂᆞᆫ內閣이니太學士、協辦大學士를置ᄒᆞ야

天下의政務를綜理ᄒᆞ고其下에吏、戶、禮、兵、刑、工의六部가有ᄒᆞ니長官은尙書오次官은侍郞이니其職掌은唐의六部와無異ᄒᆞ며乾隆以後ᄂᆞᆫ軍機所를設ᄒᆞ야親王重臣中에서特選ᄒᆞ야軍機大臣을任命ᄒᆞ야軍國의機務를議定케ᄒᆞᆫ故로內閣의實權은此에盡移ᄒᆞ고又近世에降至ᄒᆞ야外交를掌ᄒᆞᄂᆞᆫ總理各國事務衙門과海軍을統轄ᄒᆞᄂᆞᆫ海軍衙門及都察院、理藩院、翰林院의三院이有ᄒᆞ니重要ᄒᆞᆫ大官은滿漢人員의均衡에注意ᄒᆞ니라

軍機所 三院

地方行政 直省 總督 巡撫

其地方行政은全帝國을直省、藩部에分ᄒᆞ니直省은支那本部ᄂᆞᆫ十八省、滿洲ᄂᆞᆫ三省、天山南北路ᄂᆞᆫ合ᄒᆞ야新疆省이라稱ᄒᆞ니本部ᄂᆞᆫ每省을又府、州、縣에分ᄒᆞ고地勢에因ᄒᆞ야一省或二三省에總督一人을置ᄒᆞ야其管內의文武大權을掌握케ᄒᆞ매恰然히自治와同ᄒᆞ며總督의下에巡撫가一省에一人이有ᄒᆞ야亦民治兵事를掌ᄒᆞ나或不置ᄒᆞᄂᆞᆫ省도有ᄒᆞ고又其下에知府、知州、知縣이有ᄒᆞ야各管內를統治ᄒᆞ고滿

洲ᄂᆞᆫ每省에將軍一人을置ᄒᆞ야統轄ᄒᆞ고(昨年에滿洲三省總督一人과每省에巡撫各一人을置ᄒᆞᆫ)新疆省에ᄂᆞᆫ巡撫가有ᄒᆞ고又伊犂將軍이有ᄒᆞ며蒙古에ᄂᆞᆫ親王、酋長、管長이有ᄒᆞ고靑海及西藏에ᄂᆞᆫ各히辦事大臣이往駐ᄒᆞ고

藩部 藩部ᄂᆞᆫ理藩院의管轄이니蒙古、靑海及西藏이니라

兵制 **八旗** 兵制ᄂᆞᆫ陸軍은八旗、綠旗에分ᄒᆞ니八旗ᄂᆞᆫ太祖의時에其部下滿洲兵을八旗(正白、正黃、正紅、正藍、鑲白、鑲黃、鑲紅、鑲藍)에分ᄒᆞ고其後에更히漢人八旗、蒙古八旗로編制ᄒᆞ니八旗ᄂᆞᆫ皇帝의親軍이니滿洲及京城을守衛ᄒᆞ고且全國內의要地를防備ᄒᆞ니各旗의長을都統이라稱ᄒᆞ고

綠旗 綠旗ᄂᆞᆫ專히漢人으로編成ᄒᆞᆫ常備軍이니本部의守備를主ᄒᆞ니各省의總督이統轄ᄒᆞ니라此外에又本部에勇兵이有ᄒᆞ고內外蒙古及靑海에旗兵이有ᄒᆞ니各其方面을警備ᄒᆞ고

海軍 海軍은近時의創設에係ᄒᆞᆫ北洋、南洋、福建、廣東四艦隊가有ᄒᆞ야海軍衙門에屬ᄒᆞ니라

考證學 淸朝의儒學은考證學이盛ᄒᆞ니宋學流行ᄒᆞᆫ以來로性理說을專主ᄒᆞ

야議論이動輒高遠에騖ᄒᆞ야空理를尙好ᄒᆞ더니其反動의結果ᄂᆞᆫ明末에至ᄒᆞ야顧炎武、黃宗羲、閻若璩等이古典의互證을根據ᄒᆞ야緻密精確ᄒᆞᆫ硏究를主張ᄒᆞ니此是考證學이라要言ᄒᆞ면考證學은漢唐訓詁의舊에復ᄒᆞ고更其範圍를廣히ᄒᆞ며程度를高케ᄒᆞᄂᆞᆫ者니蓋其主ᄒᆞᄂᆞᆫ바ᄂᆞᆫ經義에專在ᄒᆞ나亦此로因ᄒᆞ야地理、考古、言語、史學等의諸學科가亦其影響을受ᄒᆞ야巨大ᄒᆞᆫ進步를致ᄒᆞ더라如是히考證學이盛行ᄒᆞ나宋學도專廢ᄒᆞᆷ이아니오官吏의考課에ᄂᆞᆫ尙且使用ᄒᆞ니라

官撰의書籍 康熙乾隆의間에全國의文人學者를召集ᄒᆞ야編纂에從事ᄒᆞᆷ으로有用ᄒᆞᆫ書籍이世에多出ᄒᆞ니卽康熙字典、佩文韻府、四庫全書、圖書集成、淵鑑類函과如ᄒᆞᆫ者ᄂᆞᆫ浩瀚ᄒᆞᆫ巨帙이오又學術界에資助ᄒᆞᆷ이極大ᄒᆞ니라如是히文臣으로勅撰ᄒᆞᆯ뿐아니라又高宗은親히纂述ᄒᆞᆫ者가有ᄒᆞ니御批通鑑輯覽이是니라

詩文 考證學은畢竟文字의學에不過ᄒᆞᆷ으로써淸朝의詩文도亦形式의方

面에傾ᄒ야典故의該實과文句의精巧를競ᄒ더라然而康熙乾隆의盛世에在ᄒ야ᄂᆞᆫ文學이彬彬ᄒ니史家에趙翼、玉鳴盛의大家가有ᄒ고侯方域、王士禎等은詩文으로著ᄒ고李漁、蔣士銓等은小說戲曲으로聞ᄒ니라

第四章　東洋에歐羅巴諸國의競爭

荷蘭人의東洋貿易

葡萄牙及西班牙가東洋貿易의先驅로航來ᄒ야凡百餘年間을商權을獨攬ᄒ더니밋西班牙의屬國荷蘭이西班牙의羈絆을脫ᄒ고獨立ᄒᆷ으로브터亦奮然히東洋貿易에從事ᄒ야檀君三千九百三十一年(一五九八)頃에東印度會社를印度에建ᄒ고印度의通商에盡力ᄒ야漸次西班牙及葡萄牙를壓ᄒ고셀논、말네카、써마트라等을奪ᄒ며更히자바의빠다비아를占領ᄒ야根據를作ᄒ고又東으로臺灣을占領ᄒ야支那及日本과通商ᄒ니其初에葡萄牙及西班牙二國이東洋에通商ᄒᆷ과共히天主敎의傳布에努力ᄒᆫ故로東洋諸國이此를厭嫌ᄒ야貿

東洋에荷蘭人의商業上勢力

易에妨害됨이不少ᄒ거ᄂᆞᆯ荷蘭人이此를看破ᄒ고專히貿易에留意ᄒ고宣敎ᄂᆞᆫ擧論치도아니ᄒ매其勢力이能히次第로西葡兩國人을壓倒ᄒᆷ을得ᄒᆫ지라於是에東洋商權이殆히荷蘭人의手中에全歸ᄒᄂᆞᆫ傾向이有ᄒ더라

大不列顚의東洋貿易

然ᄒ나此時를當ᄒ야又大不列顚(그렛브리텐 卽英吉利)人이來ᄒ야東洋貿易에從事ᄒᆫ則玆에荷蘭及大不列顚間에競爭이遂起ᄒ니初에大不列顚人이荷蘭人보다稍先ᄒ야印度、暹羅、자바等地에商館을開ᄒ나西班牙의勢力에壓倒되더니檀君三千九百二十一年(一五八八)에大不列顚人이西班牙의海軍을大破ᄒ야海上權力을掌握ᄒ고女王엘니사베드가東印度商會에貿易의特權을與ᄒ야其東洋에當ᄒᆫ勢力이頓然膨大ᄒᆫ지라日本及支那와通商ᄒ더니是에至ᄒ야荷蘭人이他人을壓倒ᄒ고支那及日本의貿易을獨自掌握ᄒ고大不列顚人을東印度群島로브터驅逐ᄒ거ᄂᆞᆯ於是에大不列顚人이專히印度貿易에用力

ᄒᆞ야更히其地의商權을攬有ᄒᆞᆯ뿐아니라其他勢力이亦極盛ᄒᆞ더라

佛蘭西人의東洋貿易

此時를當ᄒᆞ야丁抹뎬마크人도亦東來ᄒᆞ야東印度商會를設ᄒᆞ다가荷蘭人의妨害에因ᄒᆞ야得志치못ᄒᆞ고退歸ᄒᆞ니라然ᄒᆞ나時에又佛蘭西쓰프랜人도亦東洋貿易에從事ᄒᆞᆫ지라大不列顛人이마드리스、갈커타를領ᄒᆞ야勢力이有ᄒᆞ거놀佛蘭西人도亦東印度商會를設立ᄒᆞ야印度의商權擴張에從事ᄒᆞ야遂乃印度의葡萄牙人及荷蘭人을逐ᄒᆞ고互相競爭ᄒᆞ야印度를蠶食코저謀ᄒᆞ더니畢竟兩國間에戰端이起ᄒᆞ야大不列顛이勝利를得ᄒᆞ니此는下章에更陳코저ᄒᆞ노라

第五章　大不列顛의印度帝國

大不列顛의印度帝國

印度는檀君四千百年頃에北方은波斯의侵蝕을被ᄒᆞ고南方에는温都敎徒의마라타同盟의騷擾가起ᄒᆞᆫ則莫臥兒朝의威勢는頓然墜地ᄒᆞ거놀又此時에歐洲의諸國人은東洋貿易에盛大히從事ᄒᆞ야漸次土地를占領ᄒᆞ기에至ᄒᆞ니就中大不列顛人이最盛ᄒᆞ야荷蘭東印度

佛國人이印度에셔驅逐ᄒᆞᆷ

商會及西班牙、葡萄牙人을驅逐顚仆ᄒᆞ고佛蘭西人과相爭ᄒᆞ니時에佛蘭西人은펀디쉐리를占領ᄒᆞ고大不列顛人은마드리스를占領ᄒᆞ더니時適歐洲에셔西班牙王位相續戰爭이起ᄒᆞ야大不列顛과佛蘭西間에衝突이生ᄒᆞᆫ則印度에在ᄒᆞᆫ兩國의臣民間에互相反目嫉視ᄒᆞᆷ은亦是固然의勢라然ᄒᆞᆫ中莫臥兒帝國의形勢는愈益衰頽ᄒᆞ야國內가分裂ᄒᆞ야諸王이各其獨立의狀이有ᄒᆞ거놀於是에佛蘭西펀디쉐리總督듀프레가侵略蠶食의雄圖를懷ᄒᆞ야地方의諸王을援ᄒᆞ야펀디쉐리附近의地를兼併ᄒᆞ고大不列顛人을攻ᄒᆞ야其勢가頗盛ᄒᆞᆫ지라

大不列顛及佛蘭西兩國人의戰爭

此時에大不列顛東印度商會의書記클나이브가憤慨ᄒᆞᆷ을不勝ᄒᆞ야地方諸王의此를援ᄒᆞ야他를攻ᄒᆞ고佛蘭西兵을擊破ᄒᆞ며佛領펀디쉐리를攻陷ᄒᆞ야佛蘭西東印度商會의占領地가殆皆大不列顛에歸ᄒᆞ더니檀君四千八十九年一七六五에佛蘭西人은又印度의諸王國과聯合ᄒᆞ야大不列顛人을攻ᄒᆞ거놀클나이브가擊破ᄒᆞ고又其翌年에

클나이브의大捷

大不列顚人이印度의實權을掌握홈

聯合軍을풀낫시에大破ᄒᆞ고벵갈地方의實權을攬有ᄒᆞ니是以로史家에서此年으로大不列顚領印度帝國建設의紀元을作ᄒᆞᄂᆞᆫ者가有ᄒᆞ니라

是로브터大不列顚人은恒常印度의內亂에干涉ᄒᆞ야漸次各地方의稅權을收得ᄒᆞ더니클나이브後에헤스팅스가비로소印度總督이되야民政兵權을掌握ᄒᆞ고벵갈을擧ᄒᆞ야悉皆大不列顚의領地를作ᄒᆞ며아우드國을保護國으로作ᄒᆞ고莫臥兒帝에게年金을與ᄒᆞ야其歡心을買ᄒᆞ고漸次로諸侯王의權威를減衰ᄒᆞ야領土를削除ᄒᆞ더니其後任의總督이悉皆同一의政策을執ᄒᆞ야莫臥兒帝로브터全印度號令을代行ᄒᆞᄂᆞᆫ權을得ᄒᆞ니라

波斯와아프간이스탄

是에先ᄒᆞ야波斯王나칠이歿ᄒᆞ고國內가騷亂ᄒᆞ거ᄂᆞᆯ아프간이스탄人아마드가崛起ᄒᆞ야北印度를征略ᄒᆞ고莫臥兒帝를挾ᄒᆞ야南方마라타同盟을破ᄒᆞ니時ᄂᆞᆫ檀君四千九十四年(一七六一)이라於是에아프간

이스탄人이北印度를併有ᄒᆞ고莫臥兒帝ᄂᆞᆫ虛位를唯擁홀뿐이며마라타同盟도亦微弱ᄒᆞ더니未幾에아프간이스탄王아마드가死ᄒᆞ매繼承의亂이有ᄒᆞ야更히印度를領ᄒᆞ기不能ᄒᆞ더라此機를乘ᄒᆞ야大不列顚人은遂乃莫臥兒帝를擁ᄒᆞ야殆히印度全國을征服ᄒᆞ니時ᄂᆞᆫ檀君四千百八十二年(一八四九)이러라

緬甸과大不列顚의關係

初에緬甸王셴다풀나가阿羅漢을擊降ᄒᆞ고更히暹羅를進攻ᄒᆞ다가大敗ᄒᆞ거ᄂᆞᆯ阿羅漢人이此機를乘ᄒᆞ야獨立을謀ᄒᆞ다가得成치못ᄒᆞ고벵갈地方으로多走ᄒᆞᆫᄃᆡ緬甸兵이此를追ᄒᆞ야벵갈에侵入ᄒᆞ야大不列顚人과葛藤이起ᄒᆞ더니檀君四千百五十二年(一八一九)에緬甸王이又아삼의內亂을乘ᄒᆞ야其地를占領ᄒᆞ거ᄂᆞᆯ아삼王이大不列顚에게援을求ᄒᆞᆫᄃᆡ大不列顚의印度總督아마스트가水陸軍으로써往救홀시緬甸과戰ᄒᆞ야直히랑군에出ᄒᆞ야其都城에入ᄒᆞ야檀君四千百五十七年(一八二四)에아삼及阿羅漢의地를割讓케ᄒᆞ고又償金百萬磅을支

緬甸의滅亡

出케ᄒᆞᆫ後에兵을罷ᄒᆞ니此是大不列顛의緬甸第一征이라是로브터緬甸人은不列顛人을瀆含ᄒᆞ더니漸次不列顛人을虐待ᄒᆞ거ᄂᆞᆯ檀君四千百八十五年(一八五二)에大不列顛印度總督은下緬甸의地ᄅᆞᆯ取ᄒᆞ니此是大不列顛緬甸第二征이러라是後檀君四千二百十一年(一八七八)에緬甸에相續의亂이有ᄒᆞ다가新王치바우가立ᄒᆞ매不列顛人을疎外ᄒᆞ거ᄂᆞᆯ佛蘭西人이此隙을乘ᄒᆞ야勢ᄅᆞᆯ逞코저ᄒᆞ야檀君四千二百十八年(一八八五)에佛緬攻守同盟을締結ᄒᆞ고媚公(메콩)河左岸의地ᄅᆞᆯ佛國에割與케ᄒᆞᆫᄃᆡ大不列顛印度總督은又緬甸王을迫責ᄒᆞ나其言을納치아니ᄒᆞᄂᆞᆫ지라遂乃兵을發ᄒᆞ야緬甸을攻ᄒᆞ야其國都만달네ᄅᆞᆯ陷ᄒᆞ고王을廢ᄒᆞᆫ後其地로印度의屬州ᄅᆞᆯ作ᄒᆞ니於是에東洋에一王國이絶滅ᄒᆞ얏더라

印度ᄅᆞᆯ大不列顛人이占領ᄒᆞᆫ後에內治의改良이急激에失ᄒᆞ야遂乃檀君四千百九十年(一八五七)에土兵이叛亂을起ᄒᆞ야莫臥兒帝ᄅᆞᆯ推戴ᄒᆞ

莫臥兒帝國의滅亡

고大不列顛兵을攻ᄒᆞ거ᄂᆞᆯ不列顛人이此ᄅᆞᆯ討平ᄒᆞ고厥明年에莫臥兒帝ᄂᆞᆫ叛徒에與ᄒᆞᆫ故로써遂其皇帝의名義ᄅᆞᆯ奪ᄒᆞ니莫臥兒帝國이創建ᄒᆞᆫ지凡三百二年에亾ᄒᆞ얏더라

大不列顛領印度帝國

印度가其初브터東印度商會의所有에屬ᄒᆞ더니大不列顛政府ᄂᆞᆫ其政治改革의名을因ᄒᆞ야檀君四千二百十年(一八七七)에政權을政府에移ᄒᆞ고大不列顛女王빅토리아ᄂᆞᆫ印度女皇을兼ᄒᆞ고칼커타總督은大不列顛印度大臣의下에在ᄒᆞ야全印度의政務ᄅᆞᆯ執行ᄒᆞ더라是後에又馬來半島의諸小國을檀君四千二百二十八年(一八九五)에其保護國으로作ᄒᆞ니라

第六章 阿片戰爭

淸國衰運

淸國은聖祖、高宗의至治가有ᄒᆞ나乾隆의末年에降至ᄒᆞ야劉松(安徽省人)이白蓮敎ᄅᆞᆯ創唱ᄒᆞ야衆을惑ᄒᆞ고財ᄅᆞᆯ貪ᄒᆞᆷ으로松을遠謫ᄒᆞ나其遺徒劉之協等이四川、陝西、湖北에서亂을起ᄒᆞ니仁宗의時에甚히猖獗

天理教匪

ᄒᆞᆫ故로清政府ᄂᆞᆫ此ᄅᆞᆯ討平ᄒᆞ나凡九年을亘ᄒᆞ야軍費가二億兩에至ᄒᆞ고賊徒의殺戮이數十萬에及ᄒᆞ더라然ᄒᆞᆫ中此教匪ᄅᆞᆯ繼ᄒᆞ야南海의寇盜가又有ᄒᆞᆷ으로此ᄅᆞᆯ剿平ᄒᆞ더니又未幾에李文成이天理教匪의亂을起ᄒᆞ야亦一時騷亂을釀ᄒᆞ나久치아니ᄒᆞ야剿平ᄒᆞ니라然而此等教匪ᄂᆞᆫ其跡이恒常不絶ᄒᆞ야近時에又哥老會、天地會等이有ᄒᆞ더라要컨ᄃᆡ此等內亂은比較的足言ᄒᆞᆯ바尙無ᄒᆞ고清朝가外侮ᄅᆞᆯ始受ᄒᆞᆫ事實은阿片戰爭에始ᄒᆞ니此誠清朝衰運에傾ᄒᆞᄂᆞᆫ端을啓ᄒᆞᆫ者니라

阿片戰爭

阿片支那輸入의沿革

阿片은一名阿芙蓉이라初에檀君三千八百年頃(十五世紀頃)에葡萄牙人이東洋貿易의全權을掌握ᄒᆞ야말내카에阿片의輸入이始有ᄒᆞ고明末에荷蘭人이자바로브터臺灣에輸入ᄒᆞ야藥用에唯供ᄒᆞ더니其後에日常의吸料ᄅᆞᆯ遂成ᄒᆞ야禁令을屢下ᄒᆞ나其效가無ᄒᆞ거ᄂᆞᆯ大不列顚人이印度의商權을掌握ᄒᆞᆫ後에其地에產出ᄒᆞᄂᆞᆫ阿片을盛大히支

林則徐

那에輸入ᄒᆞ야人民의烟毒을受ᄒᆞᄂᆞᆫ者가多ᄒᆞ거ᄂᆞᆯ高宗、仁宗의時에其輸入을禁ᄒᆞ나密輸入이尙多ᄒᆞ야流弊ᄅᆞᆯ可禁키難ᄒᆞ더니宣宗의時에林則徐가湖廣總督으로브터兩廣總督에移任ᄒᆞ니則徐ᄂᆞᆫ此以前브터阿片의弊害ᄅᆞᆯ痛論ᄒᆞᆫ者라今에廣東에至ᄒᆞ매遂乃檀君四千百七十二年(一八三九)에廣東에在ᄒᆞᆫ大不列顚商人에게嚴命을下ᄒᆞ야其現品二萬餘箱을公然沒收ᄒᆞ야悉皆燒棄ᄒᆞ고其灰ᄅᆞᆯ海中에投ᄒᆞ나大不列顚人은依然潛賣ᄒᆞ거ᄂᆞᆯ林則徐가遂其通商을禁ᄒᆞ니라

於是檀君四千百七十三年(一八四〇 道光二〇年)에大不列顚政府ᄂᆞᆫ戰을決ᄒᆞ야貿易保護라稱ᄒᆞ고水師提督쌔렘어ᄅᆞᆯ命ᄒᆞ야軍艦十餘艘ᄅᆞᆯ率ᄒᆞ고舟山列島ᄅᆞᆯ占領ᄒᆞ며廣東、廈門等諸港을封鎖ᄒᆞ고又大不列顚將조지엘니오트ᄂᆞᆫ渤海에入ᄒᆞ야國書ᄅᆞᆯ贈ᄒᆞ야和ᄅᆞᆯ促ᄒᆞᆫᄃᆡ清廷이廣東에서和ᄅᆞᆯ議ᄒᆞ다가不成ᄒᆞᆫ則大不列顚兵이復浙江을侵ᄒᆞ거ᄂᆞᆯ清政府ᄂᆞᆫ更亦戰을繼續ᄒᆞ더니時適印度로브터援軍이至ᄒᆞ야大不列

顯軍勢가大振ᄒᆞ야遂乃定海、鎭海、寧波、乍浦를相繼陷落ᄒᆞ고上海를取ᄒᆞ며楊子江을溯上ᄒᆞ야鎭江을略ᄒᆞ니南京이震駭ᄒᆞᄂᆞᆫ지라淸帝가戰의不利ᄒᆞᆷ을知ᄒᆞ고得已치못ᄒᆞ야伊里布와耆英으로欽差大臣을任ᄒᆞ야大不列顚全權大使헨리•포틴저와南京에서媾和條約을締結ᄒᆞ니是乃所謂南京條約이니時ᄂᆞᆫ檀君四千百七十五年(一八四二 道光二二)年八月이러라

南京條約

南京條約의要件及其結果

此條約의成立條件은淸國은償金二千五百萬兩을出ᄒᆞ고香港을割讓ᄒᆞ며又廣東、福州、廈門、寧波、上海의五港을開ᄒᆞ니於是에從來默許의在淸外人은法律上認定의保護를受ᄒᆞ기에至ᄒᆞ니此後未幾에北米合衆國及佛蘭西도相繼ᄒᆞ야通商條約을締結ᄒᆞ니라

第七章 長髮賊의亂及北淸戰爭

長髮賊의亂及北淸戰爭

淸朝極盛의時代ᄂᆞᆫ旣去ᄒᆞ고內亂이蹶起ᄒᆞ며又阿片戰爭의結果ᄂᆞᆫ屈辱을未免ᄒᆞᆫ則人民은淸廷을輕視ᄒᆞᄂᆞᆫ者가多ᄒᆞᆫ中兩廣地方이大

洪秀全

饑ᄒᆞ야盜賊이蜂起ᄒᆞ거ᄂᆞᆯ檀君四千百八十二年(一八四九 道光二九年)에廣西桂平人洪秀全이兵을起ᄒᆞ야淸朝를叛ᄒᆞᆯ시基督敎에附會ᄒᆞ야耶和華의次子、耶蘇의弟라稱ᄒᆞ야外人의意를迎ᄒᆞ고又明室을興復ᄒᆞᆫ다稱ᄒᆞ야漢人의心을收ᄒᆞ더라此時에淸宣宗이崩ᄒᆞ고子文宗(咸豐)이立ᄒᆞ야林則徐로命ᄒᆞ야賊을討伐케ᄒᆞ더니則徐가途中에서病歿ᄒᆞ거ᄂᆞᆯ秀全은檀君四千百八十四年(一八五一)에王位에卽ᄒᆞ야國號를太平天國이라稱ᄒᆞ고天王이라號ᄒᆞ며其徒ᄂᆞᆫ皆髮을蓄ᄒᆞ야淸朝의辮髮剃頭ᄒᆞᄂᆞᆫ俗을廢ᄒᆞ니是以로此를長髮賊又太平賊이라稱ᄒᆞᄂᆞ니라

太平天國

長髮賊

時에淸朝에綠旗、八旗의兵은皆老衰ᄒᆞ야能禦치못ᄒᆞᆫ則賊軍은日益熾盛ᄒᆞ야湖南으로브터江을下ᄒᆞ야南京을進取ᄒᆞ고此에定都ᄒᆞ니時ᄂᆞᆫ檀君四千百八十六年(一八五三 咸豐三年)이라於是에秀全이器械를整ᄒᆞ고金穀을蓄ᄒᆞ야長江을守ᄒᆞ고南淸에臨ᄒᆞ야明室의正嗣라號ᄒᆞ며律令制度ᄂᆞᆫ西洋典章을模擬ᄒᆞ고基督敎로써下를敎ᄒᆞ고自由를重

太平天國의政治

히ᄒᆞ며蓄妾賣娼을禁ᄒᆞ고纏足의風과奴婢의制를廢ᄒᆞ며恤民院을設ᄒᆞ야貧窮을賑ᄒᆞ니改革의新政이民心을收攬ᄒᆞ야各省志士의來投ᄒᆞᄂᆞᆫ者가多ᄒᆞ더라

曾國藩及其他義勇兵

秀全이遂其軍을分ᄒᆞ야北으로直隸省을逼ᄒᆞ고又四方을掠略ᄒᆞ나然ᄒᆞ나賊中에內訌이起ᄒᆞ야互相殘滅ᄒᆞ거ᄂᆞᆯ清文宗은官軍이能制치못홈을因ᄒᆞ야詔를下ᄒᆞ야四方에勤王의師를徵ᄒᆞᆫ딕湖南湘鄉人曾國藩이義勇兵을首倡ᄒᆞ며國藩의弟曾國荃과李鴻章、左宗棠等이相繼起兵ᄒᆞ야賊을討ᄒᆞ야其功이漸著ᄒᆞ더니時에北支那戰爭이又起ᄒᆞ야賊勢가復盛ᄒᆞ기에至ᄒᆞ니라

北支那戰爭

清國은如是히內亂이有ᄒᆞ거ᄂᆞᆯ又外難이有ᄒᆞ야大不列顚及佛蘭西와兵을交ᄒᆞ기에至ᄒᆞ더라曩時南京條約締結後에清廷은其實施를遷延ᄒᆞ야容易히廣東을開港치아니ᄒᆞᆫ則大不列顚人은자못不平을懷ᄒᆞ더니時에清國의犯罪人은外船에逃ᄒᆞ야拿捕를避ᄒᆞᄂᆞᆫ者가多

아로號事件

ᄒᆞᆫ지라檀君四千百八十九年(一八五六 咸豐六年)에廣州의清國官吏ᄂᆞᆫ大不列顚國旗를懸ᄒᆞᆫ丁沫船아로號에照會를經치아니ᄒᆞ고擅入搜索ᄒᆞ야其中에在ᄒᆞᆫ清人의使役ᄒᆞᄂᆞᆫ犯罪者十二人을逮捕ᄒᆞ니盖是時에아로號ᄂᆞᆫ其實이清人의所有라然ᄒᆞ나大不列顚香港知事ᄂᆞᆫ此로問題를作ᄒᆞ야互相交兵ᄒᆞ기에至ᄒᆞᆫ中又其時에廣西의清民이佛蘭西宣教師一人을殺害ᄒᆞ거ᄂᆞᆯ是時佛蘭西皇帝나폴니온三世가東方에威를振코저ᄒᆞ야遂乃大不列顚과聯合ᄒᆞ야兵을支那에送ᄒᆞ더라

大不列顚과佛蘭西의聯合軍

檀君四千百九十年(一八五七)에大不列顚及佛蘭西聯合軍이廣東을陷ᄒᆞ고翌히北上ᄒᆞ야太沽의砲臺를陷ᄒᆞ고天津에進逼ᄒᆞ니時에清廷은長髮賊의亂에因ᄒᆞ야奈何치못ᄒᆞ고大學士桂良等을遣ᄒᆞ야大不列顚使臣엘긴及佛蘭西使臣구로와天津에서會ᄒᆞ야檀君四千百九十一年六月에假條約을締結ᄒᆞ고一時戰局을終ᄒᆞ더니翌年에二國使節이批準交換을爲ᄒᆞ야北京에向來ᄒᆞᄂᆞᆫ路에太沽에至ᄒᆞᄂᆞᆫ者를清

北京條約及其結果

露國調停의報酬

國은前度의恥를雪코져호야砲擊을加호딕於是에兩國의聯合軍은更히檀君四千百九十三年(一八六〇 咸豐十年)에來호야天津과北京을陷落호거늘淸文宗은難을熱河(直隷省承德府)에避호고露西亞公使의斡旋調停에因호야淸國全權大臣恭親王이兩國使節과北京에서媾和條約을締結호니라

右條約의結果로淸國은大不列顚及佛蘭西二國에對호야償金一千八百萬兩을支撥호고基督敎의公布를許可호며又牛莊、登州、臺灣、潮州、九江、漢口、瓊州의七港을開호고且露西亞는北京條約을結홀時에中間에서斡旋혼功을藉호고우수리(烏蘇里)江東一帶의地를取호야東亞沿岸에廣大혼根據地를有호니라

此間에長髮賊의討伐은全力을用치못호야비록李鴻章、左宗棠、曾國荃等이賊兵을屢破호나平定에未歸호더니穆宗(同治)의時에北米合衆國人와드와大不列顚人쏠든이精銳혼洋鎗隊를編成來助홈을因호

長髮賊의平定 亂後의形勢

야南京을恢復호니時에淸政府은歐洲諸國에向호야太平天國에通好치아니홈을通혼故로列國은皆局外中立을宣호고宣敎師도又其基督敎徒가아님으로써援助치아니혼則秀全이力盡호야檀君四千百九十七年服藥自殺호고餘賊諸匪도次第盡平호니라

長髮賊의亂이凡十五年을亙호야其侵掠을被혼處가十六省六百餘城에達호고人命의殺害가二千萬에上호야國力이疲弊에頓至호고邊境의守禦가踈忽에自歸혼則於是에外國의侵迫이益甚호니就中露西亞는滿洲를窺호야其患이最大호더라

第八章　露國의東略及파미어問題

露國의東畧及파미어問題 너첸스크 키아크타條約

支那及露西亞의東方境界는너첸스크條約에已定호얏시나露西亞는東方經略이其度를益高호야淸世宗의時에캬아크타(恰克圖)條約을結호야通商布敎의權을得호고又一邊으로는캄첫가(堪察加)를略호더니長髮賊의亂을乘호야黑龍江口를占領호고니콜나이스크를建호

露淸의境界

야根據地를新定ᄒᆞ고淸廷을迫脅ᄒᆞ야檀君四千百九十一年(一八五八)에아이군(愛琿)條約을結ᄒᆞ야黑龍江北을倂ᄒᆞ며又北京條約에因ᄒᆞ야烏蘇里江東의地를割讓케ᄒᆞ고其南端에블나디보스토크港(海蔘威)을開ᄒᆞ야我朝鮮과境을接ᄒᆞ고又日本과交涉ᄒᆞ야千島諸島와薩哈連島

樺太千島의交換

(樺)太를檀君四千二百八年(一八七五)에互相交換ᄒᆞ야薩哈連島를得ᄒᆞ니於是에日本海對岸의大陸의地가悉其領土가되야東方諸國을威壓ᄒᆞ더라

露國의中亞經略

右와如히露西亞는東方亞細亞의侵略을行홀ᄲᅮᆫ아니라又中央亞細亞를蠶食코저謀ᄒᆞ니中央亞細亞는支那、印度間에介在ᄒᆞᆫ要地라露西亞는키기스部의싸어다라及우랄河間에在ᄒᆞᆫ者를征服ᄒᆞ고漸次南下ᄒᆞ니此時에中央亞細亞에키바、뽁하라、코칸드三汗國이鼎立ᄒᆞ

코칸드三汗國의滅亡과키바、뽁하라二汗國이露

야互相爭鬪ᄒᆞ거ᄂᆞᆯ露西亞는此機를乘ᄒᆞ야次第侵略을逞ᄒᆞᆫᄃᆡ코칸드와뽁하라兩汗國이協力ᄒᆞ야露西亞軍을防禦ᄒᆞ다가反히大敗ᄒᆞᆫ

國의保護를受홈

故로뽁하라汗은得已치못ᄒᆞ야檀君四千二百一年(一八六八)에五十五萬圜의償金과삼아칸드以北의地의割讓과又其保護를受홈을約ᄒᆞ고兵을罷ᄒᆞ니라露西亞는又키바汗國에王位繼承의亂을乘ᄒᆞ야檀君四千二百六年(一八七三)에兵을進ᄒᆞ야키바를大破ᄒᆞ고償金二百四十萬圜과아무다랴以北의地를奪ᄒᆞ고又露西亞의保護를受홈을約ᄒᆞ니라코칸드汗國도亦是보다前에露西亞의保護國이되얏더니國人이此를厭惡ᄒᆞ야露西亞人을頻頻虐殺ᄒᆞᆫ故로露西亞는此를檀君四千二百九年(一八七六)에攻滅ᄒᆞ고其地로튀키스탄(土耳其斯坦)省에合附ᄒᆞ니於是에露西亞의版圖가支那北西邊과相接ᄒᆞ야葛藤이復生ᄒᆞ더라

回敎徒의亂과露國의伊犂占領

先是高宗의時에天山南路를征服ᄒᆞ매其地의回敎徒는코칸드國에逃走ᄒᆞ야保護를乞ᄒᆞ는者가多ᄒᆞ더니長髮賊의亂後에故地에侵入ᄒᆞ니此地는本是回敎徒의巢窟이라響應蜂起ᄒᆞ거ᄂᆞᆯ露西亞가遂其自國邊境을鎭ᄒᆞᆫ다托ᄒᆞ고伊犂地方의回敎徒를伐ᄒᆞ고其地를占領

伊犂條約

호니時는檀君四千二百四年(一八七一)이러라

檀君四千二百十一年에清將左宗棠이回敎徒를討平호고清政府는露西亞에向호야其兵의撤退를要求호나露西亞가應從치아니호야兩國이將次開戰코저호더니清政府는又曾紀澤을露西亞에遣호야談判會商호야互相讓步혼結果로霍爾科斯河(伊犂河의支流)로써兩國의境界를定호고且清國으로브터露西亞에對호야守備費九百萬留(大畧一千萬圓)를支撥호고和를結호니此是伊犂條約이니檀君四千二百十四年(一八八一)(光緖七年)의事니라

露國의南侵

露西亞가清國과境界의紛爭을既解호매遂中央亞細亞로브터南下호야머브를略호고更進호야아프컨이스탄에入호야헤라트를逼호니是보다稍先호야大不列顚의印度總督오크랜드가露西亞의南下홈을憂호야아프컨이스탄王무하멧트를說호야大不列顚과同盟호야露西亞와波斯를共禦홈을謀호니蓋波斯가일직露西亞와葛藤이

波斯와露國

起홈으로大不列顚의後援을得호야露西亞를排擊호다가中途에大不列顚人은其後援을辭호고波斯兵은連敗혼故로得已치못호야波斯는裏海西岸의地及償金을露西亞에與호고和를媾혼後兩國이聯合호야아프컨이스탄에侵掠홈이라然호나아프컨이스탄王은오크랜드의言을從치아니호는故로檀君四千一百七十二年(一八二九)에오크랜드가카불에進軍호야무하멧트를廢호고新王을立호더니反히아프컨이스탄人의怨을招호야事가成치못호거늘其後任印度總督엘넨포로가무하멧트를更히援立호고同盟을結호더라

大不列顚과아프간이스탄

然호나무하멧트의死後에其後王이暗密히露西亞와通호야大不列顚과의同盟을背호거늘於是檀君四千二百十一年(一八七八)에大不列顚人은又其國都카불에進入호야王의廢立을恣行호더니是에至호야露西亞人이中央亞細亞를略有호고漸次南下의野心을懷호야印度에大害가有홀지라是로써大不列顚人은將次아프컨이스탄王을助

大不列顚과露國과의衝突及平和

ᄒᆞ야露西亞와開戰코저ᄒᆞ더니時適大不列顚이亞弗利加洲수단의遠征이有ᄒᆞ야東顧에不遑홈으로檀君四千二百二十年一八八七에大不列顚이一步를輸ᄒᆞ야兩國의委員이境界를議定ᄒᆞ고平和의局을結ᄒᆞ니라

파미어問題

露西亞ᄂᆞᆫ旣已其志를아프간이스탄에不得ᄒᆞᆫ則更히파미어地方을占領ᄒᆞ니파미어ᄂᆞᆫ地理上亞細亞의脊梁이오又政治上에도重要ᄒᆞᆫ意義를有ᄒᆞ야清國、露西亞、大不列顚三國의利害衝突点이되ᄂᆞᆫ中大不列顚과露西亞間에殊甚ᄒᆞᆫ處라於是에大不列顚及露西亞間에紛議가又起ᄒᆞ니清、露ᄂᆞᆫ檀君四千二百二十七年一八九四에파미어境界를定ᄒᆞ고大不列顚及露西亞間에ᄂᆞᆫ其翌年에境界를議定ᄒᆞ야其局을結ᄒᆞ니라

第九章 佛蘭西의後印度經略及清國과의戰爭

佛國의後印度經略及清國과의戰爭

後印度ᄂᆞᆫ印度支那의地라安南이此에在ᄒᆞ니安南은本是交趾의地

大越과廣南 交趾와東京

라前章에已述홈과如히黎氏가國內를一統ᄒᆞ더니其功臣阮、鄭兩氏가相和치못ᄒᆞ야阮潢은南에廣南國을建ᄒᆞ고鄭松은黎氏를挾ᄒᆞ야北에大越國을建ᄒᆞ니라然ᄒᆞ나清高宗의時에阮文岳은廣南을滅ᄒᆞ고交趾王이라稱ᄒᆞ며其弟阮文惠ᄂᆞᆫ大越을取ᄒᆞ야黎氏를滅ᄒᆞ고東京王이라稱ᄒᆞᆫ되黎氏의後裔黎維祁가清에奔至ᄒᆞ야援을求ᄒᆞ거ᄂᆞᆯ清高宗이文惠를征ᄒᆞ다가反히不利ᄒᆞ나然ᄒᆞ나文惠가清兵의再來홈을恐ᄒᆞ야清에臣服ᄒᆞ니라

越南

然ᄒᆞ나王族阮福暎이檀君四千百三十六年一八〇三에佛蘭西의宣敎師의勸告에因ᄒᆞ야割地와通商을約ᄒᆞ고佛蘭西의援助를得ᄒᆞ야阮文惠를抗ᄒᆞ더니未幾에文惠의死홈을乘ᄒᆞ야文惠의子를逐ᄒᆞ고越南國을建ᄒᆞ니라

暹羅

此時에暹羅ᄂᆞᆫ方強ᄒᆞ니是보다先ᄒᆞ야清聖祖初年에希臘人콘스탄틴이暹羅에來ᄒᆞ야王의信任을得ᄒᆞ야軍國大權을掌握ᄒᆞ고國王을

說ᄒ야佛蘭西의保護를受ᄒ라勸ᄒ며又天主敎를專力宣布ᄒ더니맛참내佛蘭西兵을境內에請入ᄒᆫ故로國民이反抗ᄒ거늘此機를乘ᄒ야又緬甸人이來侵ᄒ는지라在留支那人鄭昭가同志를糾合ᄒ야緬甸人을擊逐ᄒ고暹羅王國을復興ᄒ야盤谷에都를유지아로브터移ᄒ니時는檀君四千百年一七六七이니現時王朝의祖先이라是에至ᄒ야暹羅王은安南의紛擾를乘ᄒ야眞臘을來侵ᄒ되眞臘王이越南에援을求ᄒ거늘越南王이暹羅와戰敗ᄒᆫ故로眞臘은檀君四千百七十四年一八一四에暹羅의朝貢國이되니라

眞臘

曩時에越南王阮福暎이安南을統一ᄒᆯ時에佛蘭西에結ᄒᆫ割地의約을履行치아니ᄒ고且國人이佛蘭西人을厭ᄒ며又其布敎에政治的意義가有ᄒᆷ을疑ᄒ야排外思想이大起ᄒ야佛蘭西의宣敎師를苛遇虐殺ᄒ되於是에佛蘭西는東方侵略의意를遂決ᄒ야檀君四千百九十一年一八五八에佛蘭西帝나폴니온三世는兵을遣ᄒ야越南을破ᄒ고

佛國의柴棍占領

柴棍을占領ᄒ고越三年에兩國이和를訂ᄒᆯ새越南은交趾支那三州의地와二千萬法償金을出ᄒ더니又未幾에佛蘭西人은東蒲寨國(캄보듸아)으로其被保護國을作ᄒ니時는檀君四千百九十六年一八六三이러라

交趾支那가佛國領이됨

佛蘭西人의野心은愈益肆行ᄒᆫ則越南의君臣은憎厭心이大生ᄒ야佛蘭西人을屢次殺害ᄒ는지라於是에佛蘭西人은檀君四千二百七年一八七四에越南王을逼ᄒ야基督敎天主敎의公布와紅河航行의自由를得ᄒ고尋又以上諸權의保護로口實을作ᄒ야東京地方에兵을擅自留屯ᄒ거늘越南王이大怒ᄒ야佛蘭西와戰ᄒᆯ새長髮賊의敗將劉永福을招延ᄒ야其部下黑旗兵을率ᄒ고佛蘭西兵을禦케ᄒ니永福이善히防戰ᄒ야佛蘭西兵을屢勝ᄒ거늘佛蘭西海將쿠버가兵을轉ᄒ야國都順化府에衝入陷落ᄒ되越南王은遂乃東京地方을割讓ᄒ야和를講ᄒ고又其被保護國이되니時는檀君四千二百十六年一八八三이러라

佛國의東京占領

越南이佛國의被保護國이됨

淸佛戰爭

越南이佛蘭西에對ᄒᆞ야東京地方을割與ᄒᆞ고又其保護ᄅᆞᆯ受ᄒᆞᆫ則淸國은從來의越南王에게封冊을授ᄒᆞ야藩屬으로視ᄒᆞᆫ故로써其和約에異議ᄅᆞᆯ唱ᄒᆞ고李鴻章、曾紀澤으로ᄒᆞ야금佛蘭西將軍에게詰問ᄒᆞ나佛將은固執不聽ᄒᆞ야協商이成치못ᄒᆞ고佛國人은條約의實行으로諒山上流(紅河)地方을占領코저ᄒᆞ거ᄂᆞᆯ淸國守兵이逆擊ᄒᆞ야大破ᄒᆞ니兩國의和親이破裂에遂歸ᄒᆞ야佛蘭西人이償金千二百萬法을要求ᄒᆞ나淸國은此ᄅᆞᆯ峻斥ᄒᆞᄂᆞᆫ지라於是에佛蘭西陸將네크리엘은諒山을陷ᄒᆞ고鎭南에侵入ᄒᆞ며海將쿠르베ᄂᆞᆫ福建艦隊ᄅᆞᆯ擊破ᄒᆞ고臺灣을封鎖ᄒᆞ야淸廷을大苦케ᄒᆞ더니時適佛蘭西의主戰派內閣이國論의反對에因ᄒᆞ야顚覆ᄒᆞ고新內閣을組織ᄒᆞ야外交政策이一變ᄒᆞ고又英不列顚은其間에斡旋ᄒᆞ야調停을試ᄒᆞ며淸將馮子材ᄂᆞᆫ諒山을復ᄒᆞ거ᄂᆞᆯ쿠르베ᄂᆞᆫ澎湖島에서憤死ᄒᆞ더라是以로檀君四千二百十八年(一八八五)六月에李鴻章이佛蘭西公使와天津에서和約을結ᄒᆞ야佛蘭西ᄂᆞᆫ償

金의要求ᄅᆞᆯ撤退ᄒᆞ고淸國은越南의主權을拋棄ᄒᆞ니於是에佛蘭西ᄂᆞᆫ厥再明年에佛蘭西領印度支那ᄅᆞᆯ設ᄒᆞ야柴棍에總督을置ᄒᆞ고更進ᄒᆞ야暹羅、緬甸을圖ᄒᆞ더라

暹羅와佛國의關係

是에先ᄒᆞ야暹羅王은歐羅巴諸國과通商ᄒᆞ야開國의方針을取ᄒᆞ더니現王쭈리롱콘一世가西洋의文化ᄅᆞᆯ移植ᄒᆞ야內治ᄅᆞᆯ改良ᄒᆞᆯ새時에佛蘭西가東京地方을占領ᄒᆞᆫ後에뽀히메콩河東岸地方은曾往캄색디아及越南에屬ᄒᆞ얏다稱ᄒᆞ고暹羅ᄅᆞᆯ迫ᄒᆞ야割讓ᄒᆞ라請ᄒᆞᆫ데暹羅王이從치아니ᄒᆞ고將次開戰코저ᄒᆞ다가可敵키難ᄒᆞᆷ을察ᄒᆞ고遂乃檀君四千二百二十六年(一八九三)에메콩河로써佛蘭西領地와暹羅의境界ᄅᆞᆯ作ᄒᆞ고又償金五百萬法을支撥ᄒᆞ니라

大不列顚과佛國의境界問題

於是에大不列顚은曾往緬甸을倂ᄒᆞ고메콩河의上流ᄅᆞᆯ扼ᄒᆞᆫ故로支那雲南과의交通을專有코저ᄒᆞ더니今에佛蘭西가메콩河東의地ᄅᆞᆯ得ᄒᆞᆫ則其利益을侵害ᄒᆞᆯ가恐ᄒᆞ야異議ᄅᆞᆯ唱ᄒᆞ야메콩河上流에五十

英哩의中立地를置ᄒᆞ고事가隔決ᄒᆞ니라

第十章　日本의維新

日本의維新

幕府의政策

德川家康은豐臣秀吉의後에政을執ᄒᆞ야江戶에幕府를開ᄒᆞᆫ後로世世將軍이되야幕府維持의必要的政策으로鎖國主義를堅執ᄒᆞ야西洋人의通商ᄒᆞᄂᆞᆫ者와布教ᄒᆞᄂᆞᆫ者가有ᄒᆞ나南蠻이라指稱ᄒᆞ며且出洋ᄒᆞᄂᆞᆫ者를禁ᄒᆞ니時에荷蘭人이日本貿易을獨占ᄒᆞᆫ故로大不列顚人이荷蘭人과來爭ᄒᆞ다가敗退ᄒᆞ니라

北米合衆國이通商을請ᄒᆞᆷ

檀君四千百七十一年(一八三八)에荷蘭人이開國通商을來請ᄒᆞ나幕府ᄂᆞᆫ聽치아니ᄒᆞ고反히外艦擊退의令을下ᄒᆞ더라然ᄒᆞ나檀君四千百八十六年(一八五三)에北米合衆國海將페리가軍艦을率ᄒᆞ고浦賀에來ᄒᆞ야通商을請ᄒᆞ거ᄂᆞᆯ幕府ᄂᆞᆫ明年에返荅ᄒᆞᆷ으로荅送ᄒᆞ더니是에來ᄒᆞ야佛蘭西、大不列顚、露西亞、荷蘭의諸國이相繼ᄒᆞ야通商을請ᄒᆞ며又北

井伊直弼의武斷

米合衆國公使하리스가條約을來促ᄒᆞ거ᄂᆞᆯ井伊直弼이外交의難局

列國과通商條約을結ᄒᆞᆷ

에當ᄒᆞ야檀君四千百九十一年(一八五八)에勅許를待치아니ᄒᆞ고北米合衆國等五國과通商條約을結ᄒᆞ며長崎、函館、神奈川、兵庫、新潟의五港을開ᄒᆞᆷ을約ᄒᆞ니於是에尊王攘夷論이大起ᄒᆞ야幕府를廢코저謀ᄒᆞ며又直弼을暗殺ᄒᆞ니라

聯合軍의馬關砲擊

檀君四千百九十五年(一八六二)에攘夷黨領袖長州藩主毛利慶親이佛蘭西、北米合衆國、荷蘭船舶의赤間關海峽에過ᄒᆞᄂᆞᆫ者를砲擊ᄒᆞᆫ故로其翌年에大不列顚、佛蘭西、北米合衆國、荷蘭의聯合軍이赤間關을砲擊ᄒᆞ야威勢가急激ᄒᆞ거ᄂᆞᆯ幕府ᄂᆞᆫ償金三百萬弗을支撥ᄒᆞ고和를僅得ᄒᆞ니라

王政의復興과幕府

於是에長藩及薩摩藩은外人의可抗치못ᄒᆞᆷ을始知ᄒᆞ고攘夷論을棄ᄒᆞ더니時에長藩의亂이有ᄒᆞᆫ故로幕府가此를擊ᄒᆞ다가大敗ᄒᆞᆫ지라薩藩이遂乃長藩과合ᄒᆞ야勤王討幕의兵을擧코저ᄒᆞ니時에幕府ᄂᆞᆫ威權이全衰ᄒᆞᆫ故로將軍德川慶喜가遂乃檀君四千二百年(一八六七)에平

利로大政을今皇에게奉還ᄒᆞ니玆에幕府의制가遂廢ᄒᆞ니라
然ᄒᆞ나德川氏의臣僚가不平의心을懷ᄒᆞ야關東各地에兵을起ᄒᆞ니榎本武揚과大鳥圭介等이其領首라戰術에長ᄒᆞ야善히防禦ᄒᆞ더니맛참내歸服ᄒᆞ니라

明治의維新

日本은長久의歲月에亙ᄒᆞᆫ攝關幕府가旣廢ᄒᆞᆫ則皇帝가親政ᄒᆞ야封建의制를廢ᄒᆞ고郡縣의制를施ᄒᆞ니此是明治의維新이라即位元年即檀君四千二百一年一八六八에江戶에遷都ᄒᆞ야東京이라改稱ᄒᆞ고諸外國의文化制度를採用키爲ᄒᆞ야岩倉具視大久保利通伊藤博文等을歐洲及亞米利加諸國에遣ᄒᆞ야視察케ᄒᆞ더라

東京의遷都

是에先ᄒᆞ야日本이朝鮮에使를遣ᄒᆞ야和를通ᄒᆞ거ᄂᆞᆯ朝鮮政府가許치아니ᄒᆞᆫ故로西鄕隆盛板垣退助後藤象次郞이征韓論을主ᄒᆞ야太政大臣三條實美를迫ᄒᆞ더니是에至ᄒᆞ야岩倉具視等이返來ᄒᆞ매大勢의不合ᄒᆞᆷ을察ᄒᆞ고其議를拒絶ᄒᆞ거ᄂᆞᆯ隆盛等이乃官을辭ᄒᆞ고鄕

西鄕隆盛의叛亂

에歸ᄒᆞ야鹿兒島에兵學校를私立ᄒᆞ야士官을養成ᄒᆞᆫ後에兵을熊本에起ᄒᆞ니時ᄂᆞᆫ檀君四千二百十年一八七七이러라
西鄕隆盛은陸軍大將이오又維新의元勳이라人望을大得ᄒᆞ더니今에兵을起ᄒᆞ매來附ᄒᆞᄂᆞᆫ者가多ᄒᆞᆫ지라於是에日本政府ᄂᆞᆫ熾仁親王으로總督을任ᄒᆞ고山縣有朋河村純義로參軍을拜ᄒᆞ고又黑田淸隆을命ᄒᆞ야共히往討ᄒᆞ야敵兵을鹿兒島에困圍ᄒᆞᆫᄃᆡ隆盛이戰死ᄒᆞᆫ則其衆이悉降ᄒᆞ니라

隆盛의亂이平定ᄒᆞᆷ

第十一章 韓日淸의關係及日淸戰爭

韓日淸의關係及日淸戰爭

朝鮮은淸朝와和約을結ᄒᆞᆫ後로每常淸國에歲幣를與ᄒᆞᆫ지라 太皇帝即位의初에佛蘭西及北米合衆國이兵艦을萃ᄒᆞ고朝鮮에來ᄒᆞ야通商을勸請ᄒᆞ다가仍ᄒᆞ야隨岸을砲擊ᄒᆞᄂᆞᆫ故로朝鮮兵이擊攘ᄒᆞᆫ지라於是에兩國이淸國政府에向ᄒᆞ야詰問ᄒᆞ니是蓋諸國이朝鮮과淸國의關係를誤解ᄒᆞᆫ所致라是以로淸政府ᄂᆞᆫ答言ᄒᆞᆫᄃᆡ朝鮮은獨立國

米佛軍이朝鮮에게大敗ᄒᆞᆷ

鮮獨立을明言홈

朝鮮과列國의通商條約

日本이臺灣을征홈

인則其外交를淸政府에서干與홀바아니라云ᄒᆞ거ᄂᆞᆯ諸國은始乃朝鮮의獨立을覺知ᄒᆞ더라

檀君四千二百九年에日本이黑田淸隆을朝鮮에遣ᄒᆞ야江華에서通商條約을結ᄒᆞ고釜山,元山,仁川의三港을開ᄒᆞ고朝鮮의自主獨立國됨을確認ᄒᆞ니是後에大不列顚,日耳曼,佛蘭西,露西亞,北米合衆國이相繼ᄒᆞ야通商條約을來結ᄒᆞ니라

是보다先ᄒᆞ야日本琉球의漁民等이臺灣에漂至ᄒᆞ거ᄂᆞᆯ臺灣의生蕃等이殺害를加ᄒᆞᆫ지라是以로日本政府ᄂᆞᆫ淸國政府에向ᄒᆞ야質問ᄒᆞ다가要領을不得ᄒᆞᆫ則西鄕從道를命ᄒᆞ야檀君四千二百七年一八七四에生蕃을征服ᄒᆞᆫ故로淸國은異議를唱ᄒᆞᄂᆞᆫ지라日本은又大久保利通을淸國에派遣ᄒᆞ야淸政府와談判ᄒᆞ야償金五十萬兩을得ᄒᆞ고臺灣의兵을撤ᄒᆞ니自是以後로日淸兩國感情이漸益背馳ᄒᆞ더라

檀君四千二百十五年一八八二에朝鮮에軍亂이有ᄒᆞ야京城에駐在ᄒᆞᆫ日

東洋史敎科書 近世史 韓日淸의關係及日淸戰爭 二一九

東洋史敎科書 近世史 韓日淸의關係及日淸戰爭 二二〇

朝鮮의軍乱과淸國의援兵

金玉均,朴泳孝

天津條約과日淸戰爭의遠因

本公使館을焚燒ᄒᆞᆫ되朝鮮이淸國의軍을借ᄒᆞ야亂徒를鎭壓ᄒᆞ니於是에日本은花房義質을朝鮮에遣ᄒᆞ야償金四十萬圓을求ᄒᆞ고又京城에公使館守備兵을派駐홈을約定ᄒᆞ니라

世界의大運은墨守固鎖의不可홈을看破ᄒᆞᆫ朝鮮의靑年은內政을改革ᄒᆞ고世界에獨立의光榮을著코저ᄒᆞ나保守黨이鞏固ᄒᆞᆫ勢力을有ᄒᆞ야此를防遏ᄒᆞᄂᆞᆫ지라於是檀君四千二百十七年一八八四에獨立黨金玉均,朴泳孝等이日本兵을借ᄒᆞ야保守黨을除去코저ᄒᆞ다가淸兵이保守黨을援ᄒᆞᆫ則事가敗ᄒᆞ야日本으로逃去ᄒᆞ니時에京城日本公使館이又燒火를被ᄒᆞ얏더라

日本政府ᄂᆞᆫ井上馨을朝鮮政府에派送ᄒᆞ야償金十三萬圓을求ᄒᆞ고伊藤博文을淸國에遣ᄒᆞ야其全權大臣李鴻章과天津에서會合ᄒᆞ야朝鮮에駐在ᄒᆞᆫ兩國兵을共히撤退ᄒᆞ고後日派兵홀時ᄂᆞᆫ兩國이互相通知ᄒᆞᄂᆞᆫ協約을結ᄒᆞ니時ᄂᆞᆫ檀君四千三百十八年一八八五이러라

東學의乱

天津條約後九年을經ᄒᆞ야檀君四千二百二十七年（一八九四）에朝鮮에東學의亂이起ᄒᆞᄂᆞᆫ故로朝鮮政府ᄂᆞᆫ清國에援을求ᄒᆞᆫ지라於是에清政府ᄂᆞᆫ此에應ᄒᆞ야大兵을朝鮮에派送ᄒᆞ거ᄂᆞᆯ日本政府ᄂᆞᆫ天津條約의實行을通告ᄒᆞ니清政府ᄂᆞᆫ日本의請求를拒絶ᄒᆞ고朝鮮은自國의屬國이라稱ᄒᆞ면셔肆然히兵을出ᄒᆞᄂᆞᆫ지라是以로日本政府ᄂᆞᆫ又清政府의背約ᄒᆞᆷ을憤ᄒᆞ야亦兵을出ᄒᆞᆫ則兩國은戰端이遂啓ᄒᆞ니多年積嫌이一朝에破裂ᄒᆞ얏더라

日清戰爭

日本兵이朝鮮地方에셔清兵을屢次擊破ᄒᆞ고長驅大進ᄒᆞ야遼東을陷ᄒᆞ고又海軍은清國의北洋艦隊를黃海에破ᄒᆞ고又威海衛에셔大捷ᄒᆞᆫ後水陸이相合ᄒᆞ야北京을進陷코져ᄒᆞ더니清廷이得已치못ᄒᆞ야全權大臣李鴻章을日本에派遣ᄒᆞ야檀君四千二百二十八年（一八九五）四月에日本全權大臣伊藤博文陸奥宗光으로더브러馬關（赤間關）에셔會ᄒᆞ야和를媾ᄒᆞᆯ시其條件은第一清國은朝鮮의獨立國됨을確認ᄒᆞ고

馬關條約

第二清國은日本에遼東半島及臺灣、澎湖列島를割讓ᄒᆞ고第三沙市重慶、杭州、蘇州를開放ᄒᆞᄂᆞᆫ事와償金二億萬兩支出ᄒᆞᄂᆞᆫ事를約ᄒᆞ고戰局을結ᄒᆞ니라

三國干涉

時에露西亞ᄂᆞᆫ크리미아戰爭에敗衄ᄒᆞᆫ後에意를歐洲에斷ᄒᆞ고又中央亞細亞地方에도亦大不列顚에因ᄒᆞ야其野心을得逞치못ᄒᆞᆫ故로遂其力을東亞에專注ᄒᆞ야불나디보스토크로써太平洋方面에根據地를作ᄒᆞ고사이쎄리아（西伯利亞）鐵道를極力敷設ᄒᆞ야南下의志를逞코져ᄒᆞ든次에遼東半島가日本에歸ᄒᆞᆫ則甚히失望ᄒᆞ야遂乃佛蘭西와日耳曼을勸誘連合ᄒᆞ야遼東의日本에屬ᄒᆞᆷ은極東의平和에妨害되ᄂᆞᆫ者라藉托ᄒᆞ고異議를唱ᄒᆞ야遼東半島의還附를日本에請要ᄒᆞᆷ매日本은得已치못ᄒᆞ야忿恨을含ᄒᆞ고償金三千萬兩을受ᄒᆞ고遼東半島를清國에還附ᄒᆞ니라

清國의內乱外憂

第十二章　清國의內亂外憂

列國이清國에當ᄒᆞᆫ利益爭取

日清戰爭의結果ᄂᆞᆫ老大ᄒᆞᆫ清國이其衰弱을世界에公布ᄒᆞ야歐洲諸國의利益爭奪場을成ᄒᆞᆫ지라是以로歐洲諸國은清國에强請ᄒᆞ야利益을奪取ᄒᆞ니最先遼東還附干涉의報酬로佛蘭西ᄂᆞᆫ廣東、廣西、雲南의採鑛權을得ᄒᆞ고(日清媾和의同年) 露西亞ᄂᆞᆫ西伯利亞鉄道에連絡ᄒᆞᄂᆞᆫ滿洲鐵道의布設權을得ᄒᆞ니時ᄂᆞᆫ檀君四千二百二十九年(一八九六)이러라

佛蘭西와露西亞의取得ᄒᆞᆫ利權

日耳曼이膠州灣을租借ᄒᆞᆷ

越明年에日耳曼의宣敎師가山東省에셔清人에게被害ᄒᆞᆫ故로日耳曼은償金을取ᄒᆞ고又軍隊로膠州灣을占領ᄒᆞᆫ後에九十九年間借領權을仍得ᄒᆞ며且山東省內에採鑛及鐵道布設權을得ᄒᆞ니라又大不列顚은清廷을迫ᄒᆞ야楊子江沿岸은何邦國에든지貸與又割讓치아니ᄒᆞᆷ을約ᄒᆞ니라

露國이旅順大連을租借ᄒᆞᆷ

然ᄒᆞ나列强은猶尙滿足치못ᄒᆞ야檀君四千二百三十一年(一八九八)에露西亞ᄂᆞᆫ旅順口、大連灣을二十五年의期限으로借領ᄒᆞ니此卽前日檀東의平和를爲ᄒᆞ야日本에勸告ᄒᆞ야清國에返還ᄒᆞ든遼東半島의地

方이라果其平和를藉稱ᄒᆞ든者의手中에仍歸ᄒᆞᆫ則露西亞ᄂᆞᆫ東洋에不凍港을仍得ᄒᆞ얏더라於是에大不列顚도露西亞와均勢를保ᄒᆞ기爲ᄒᆞ야二十五年間의期限으로威海衛를借領ᄒᆞ며佛蘭西도亦同期限으로廣州灣을借領ᄒᆞ며且同時에大不列顚은香港附近의地를租借ᄒᆞ고南清地方及緬甸方面에當ᄒᆞᆫ鐵道布設權을得ᄒᆞ며佛蘭西ᄂᆞᆫ東京鐵道를雲南에延長ᄒᆞᄂᆞᆫ權及廣東、廣西、雲南의三省을他國에割讓치아니ᄒᆞᆷ을約ᄒᆞ니日本은福建省의割讓치아니ᄒᆞᆷ을約ᄒᆞ니라

大不列顚은威海衛佛蘭西ᄂᆞᆫ廣州灣을租借ᄒᆞᆷ

清國의改革黨

右와如히清國戰敗ᄒᆞᆫ後에列國의强迫을受ᄒᆞ야損害가極大ᄒᆞ매國家를可保키難ᄒᆞᆫ지라於是에有志의人士ᄂᆞᆫ憤慨ᄒᆞᆷ을不勝ᄒᆞ야奮然히起ᄒᆞ야變法自强ᄒᆞᆷ을唱道ᄒᆞ니南清地方에其氣運이最盛ᄒᆞ더라

康有爲

廣東의儒生康有爲ᄂᆞᆫ此改革黨의領袖라屢次上疏ᄒᆞ야改革의必要를陳ᄒᆞ매帝ᄂᆞᆫ聽從ᄒᆞ야康有爲를擧用ᄒᆞ야新政을施行ᄒᆞ니時ᄂᆞᆫ檀君四千二百三十一年(一八九八)이라然ᄒᆞ나其改革이急激에過ᄒᆞᆫ故로在

延의舊臣、大臣及滿洲人이此로不悅ᄒᆞ야遂乃妨害ᄒᆞ야康有爲로逐ᄒᆞ고其黨의名士를誅戮ᄒᆞ며西太后로奉ᄒᆞ야大政을總케ᄒᆞ고光緖帝로幽囚ᄒᆞ니라

義和團의亂

淸國의國權이衰微ᄒᆞᆫ中又檀君四千二百三十三年(一九〇〇)에內亂이又起ᄒᆞ니此卽義和團匪라西敎排斥과外人撲滅로其主旨를作ᄒᆞ니初에山東에起ᄒᆞ야漸次蔓延ᄒᆞ거ᄂᆞᆯ淸政府ᄂᆞᆫ鎭壓치아니ᄒᆞᆯᄲᅮᆫ아니라宗室端郡王은反히援助ᄒᆞᄂᆞᆫ形跡이有ᄒᆞᆷ으로써其勢가日强ᄒᆞ야맛참ᄂᆡ北京에入ᄒᆞ야官軍과合ᄒᆞ야列國의公使館을襲擊ᄒᆞ고外人을殺害ᄒᆞᄂᆞᆫ지라

列國의聯合軍이北京을占領ᄒᆞᆷ

於是에日本、大不列顚、北米合衆國、佛蘭西、日耳曼、露西亞、伊太利、墺地利의八國이聯合軍을組織ᄒᆞ야大沽를略ᄒᆞ고天津을陷ᄒᆞᆫ後北京을進取ᄒᆞ야公使館及居留民을保護ᄒᆞ니時에淸帝及西太后ᄂᆞᆫ西安府(古長安)에出奔ᄒᆞ야難을避ᄒᆞᆫ지라於是에慶親王及李鴻章이列國使臣

과議ᄒᆞ야償金四億五千萬兩을出ᄒᆞ고首惡을誅ᄒᆞ며謝罪使를派遣ᄒᆞᆷ을約ᄒᆞ고和를結ᄒᆞ니時ᄂᆞᆫ檀君四千二百三十四年이러라

此後에淸帝及西太后ᄂᆞᆫ北京에歸ᄒᆞ니改新의氣風이漸又興起ᄒᆞ야近年에至ᄒᆞ야ᄂᆞᆫ外[illegible]人에孜孜ᄒᆞ니保守의遺風이牢固ᄒᆞ더라

第十三章 日露戰爭及東洋의現勢

露國의滿洲占領

淸國團匪의亂이有ᄒᆞᆯ時에露西亞ᄂᆞᆫ其軍을進ᄒᆞ야滿洲의要地를占領ᄒᆞ고將其版圖를作ᄒᆞ거ᄂᆞᆯ日本及大不列顚諸國이抗議를提出ᄒᆞ야撤兵을要求ᄒᆞᆫᄃᆡ露西亞ᄂᆞᆫ平和克復의後에撤兵ᄒᆞᆷ으로答言ᄒᆞ더라

朝鮮의國勢

是보다先ᄒᆞ야朝鮮은日淸戰爭의後에獨立의宣言을世界에公布ᄒᆞ고又內政의改革을大行ᄒᆞᆯ새日本人을顧問으로聘用ᄒᆞ야漸次就緖ᄒᆞ더니檀君四千二百二十九年(一八九六)에露西亞駐在京城公使가暗密

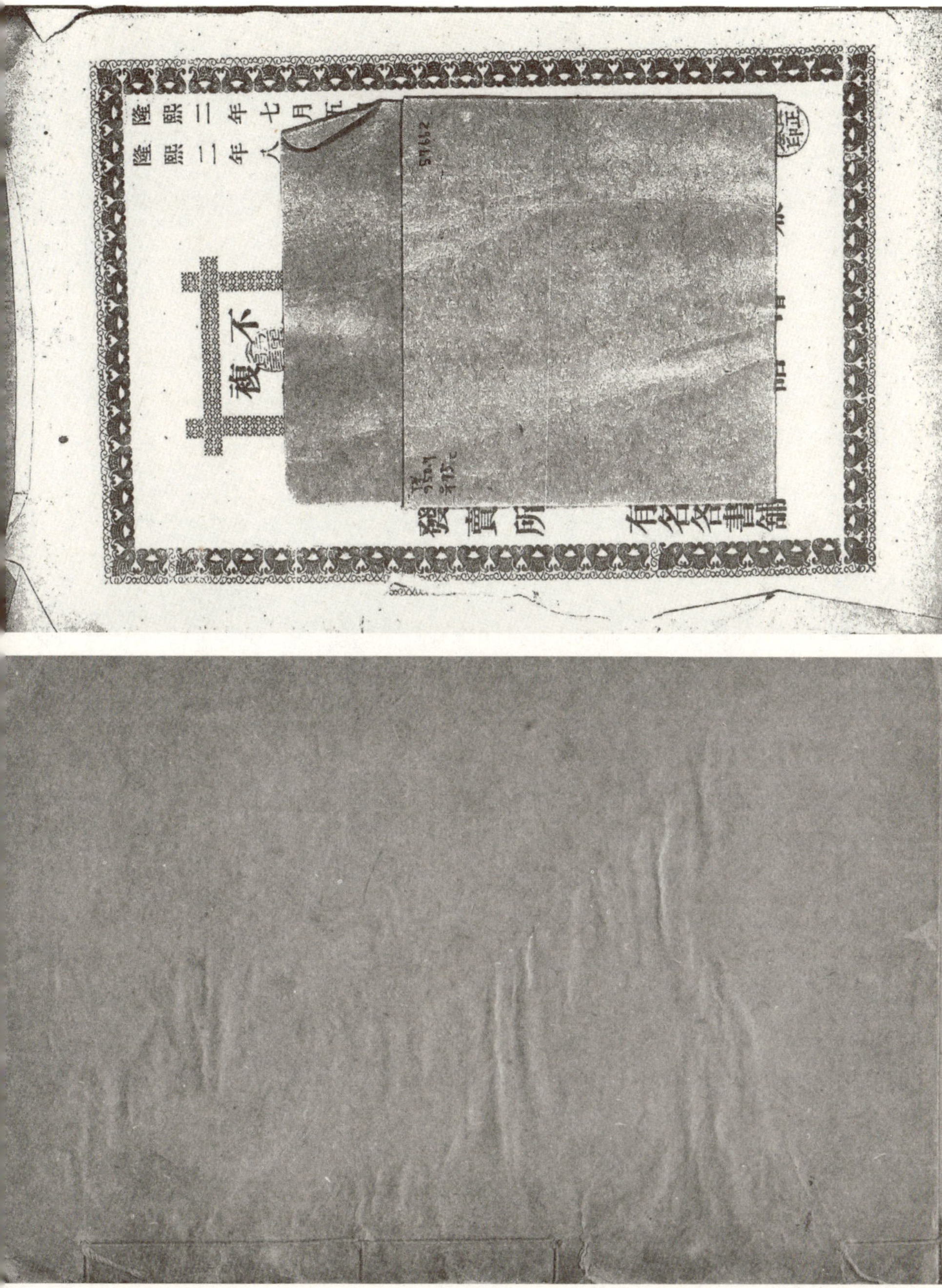
隆熙二年七月
隆熙二年八
發賣所
有名各書舖